地势坤，君子以厚德载物。

王蒙自传

第二部

大块文章

WANGMENG AUTOBIOGRAPHY

SECOND PART

王蒙——著

北京联合出版公司
Beijing United Publishing Co.,Ltd.

自　序

孰能无过？孰能免祸？

写到了第二十四节，我忽然想起了青年时代读过的俄罗斯剧作家奥斯特罗夫斯基的一个剧名：谁能无过，谁能够免祸。他生活于十八世纪，不是后来写《钢铁是怎样炼成的》的那个一般译作奥斯特洛夫斯基的人。

早在一九四九年以前的地下党领导的学生运动的歌咏活动中，我们就学会了奥著《暴风雨》一剧中的插曲：

> 顿河的哥萨克在河流上，
> 有个少年痴痴地站立在门旁，
> 因为他想着怎样杀死他的妻子，
> 所以他站在门边暗自思量……

歌词刺激，曲调别致，有好几个下滑音。

五十年代，曹禺给当时的文学青年王蒙讲过，话剧剧本有两种风格，一个是以契诃夫为代表的散文与诗的写法，一个是以奥斯特罗夫斯基为代表的悬念与冲突的写法。

回想本卷自传所写的一九七八年至一九八八年，我所参与的政治风云、文学潮汐、社会动荡、地位浮沉，回想此期间我历任的北京市青联副主席、北京作协副秘书长，中共中央候补委员、委员，中国作协书记处书记，《人民文学》编委、主编，中国作协常务副主席，党组副书记，艺术研究院院长，文化部部长、党组书记，回想这十年我出版的《青春万岁》《冬雨》《王蒙小说报告文学选》《当你拿起笔》《夜的眼及其他》《木箱深处的紫绸花服》《创作是一种燃烧》《漫话小说创作》《活动变人形》，以及各种有关争论，我愿意与读者共享孰能无过、孰能免祸的经验种种。

目 录

/ / /

, , ,

, , ,

1. 要快乐，也要小心

都说一九七六年把四个人抓起来是第二次解放，对于我来说，其兴奋，其感触，其命运攸关，生死所系，甚至超过了第一次解放：指的是一九四九年解放军席卷了全国。那一次体会的是革命的胜利，是战胜者的骄傲和欢欣。这一次体会到的却是终于绝处逢生，黑暗的地窖子里照进阳光，绝望变成了希望，困惑变成了清明，惶惶不可终日变成了每天都有盼头，更有意料得到的与意料之外的喜讯。

《人民日报》立即重发毛泽东的《论十大关系》，这在毛著中是最最务实求真、通情达理、灵活机变，不搞教条主义、不搞绝对化、不照抄苏联模式的一篇典范之作。紧接着《人民日报》上竟然发表了反驳所谓批判“唯生产力论”的文字，大意说是经济都搞成了这个样子，还在那里批判“唯生产力论”，是不是要让我们喝西北风呢？其实这样的话、这样的说法，早已经在我的头脑里夹杂着叹息、怨愤说了不知多少遍了。绝对用不着什么水平、什么理论的老百姓的常识，早就弄清了的道理，却由于政治的特殊情况变成了禁忌，而一旦这样的禁忌说破，就像皇帝的新衣本来无物一样地清晰，竟然有云开日出、天翻地覆的感觉。

却原来，鹿硬是可以在压力下被指成铁定的马，越不是马，就越要说成大马，而最后说破它是鹿的时候，又伟大，又壮烈，又感人，又可悲，又可笑。

为了把鹿说成鹿，不是马，我们的伟大祖国、伟大人民、伟大的党，付出了多少时间，多少代价，更新换代了多少机遇！

事后回忆这些事情的发生似乎只在一瞬。谁能想得到，所有的所谓“铁案如山”都在推翻，所有的批倒批臭，一阵风便变成了批红批香。压在五行山下的各种文艺作品纷纷重见天日：人们又听到了“洪湖水，浪打浪”，人们又听到了王昆、郭兰英，各地戏曲名角，人们又看到了戏曲影片《红楼梦》，边疆影片《冰山上的来客》，人们终于可以尽情吐露对于周恩来总理的怀念，而我在电视屏幕上看李维康主演的《杨开慧》的时候，听到一句词提到“爱晚亭”“橘子洲”，竟然痛哭失声……人们感叹地引用着那几年上演的南斯拉夫影片《瓦尔特保卫萨拉热窝》里反法西斯英雄瓦尔特（据说是以铁托为原型）的名言：“活着，就能看得见！”我们看见了，因为我们活着！而徐宝伦、L、班长们看不见了……我们充满了怯懦偷生者的庆幸与欢喜！

郝关中老夫子几次对我说：“右派真的翻了天了……”有什么办法呢？如果把常识、常理、常人、常情、平常的物品与形状行状都定成了右派，如果不狂言狂语、装腔作势就算右派，如果凡认定一加二一定等于三的都算右派，那么，什么创世功业，什么威猛泰山，什么辉煌旭日、雄辩江海、千钧霹雳、万里东风、玉宇澄清、乾坤扭转、新纪元新篇章新发明，还有令人头晕目眩的冲霄汉、上九天、反潮流、光芒万丈、光焰无际……不是早晚会稀里哗啦、踢里秃噜的吗？

真正的日子渐渐来到了，我从一开始已经意识到这一点了，然而我必须夹紧尾巴，我必须格外小心，我相信还有反复，还有曲折，还有坎坷……再不会以为从此天下太平，顺风顺水啦。我好像见到了自己朝思暮想的一件娇嫩的宝器，我生怕由于自己的不慎而将宝器打碎，与宝器失之交臂。我已经痛感一切美好都是那样脆弱，而一切横蛮与困厄都是那样顽强纠缠乃至貌似威严。我不当出头椽子，我必须若无其事。但是我还是流露了我的压不住的快乐，以至于一些和我要好的亲朋好友，都善意地告诫我：天道无常，上心难测，慎重，慎重，第三还是慎重。

而春风在悄悄地吹着，回到常识的过程日进百米。我填了四首词，表达我的心情：

满江红

浪打洪湖，歌又起，深情瑰丽。十数载，韩英无恙，万感交集。征战情怀须作赋，英雄血性岂无戏。恨四人，杀了好文章，园坛寂。

贺龙已，总理逝，洪湖水，长相忆。念主席，今日得人后继，莲艳波清愁雾扫，龙腾虎跃车轮疾。待从头，描画好山河，挥彩笔。

满江红

古国千年，有多少，风流故事。拍案喜，尸魔伏法，猴儿淋漓。信手拈来成妙趣，随心舒卷含真谛。舞金箍，除尽白骨精，方如意。取经远，磨难续，心似铁，何为惧？霎时间，大圣巧施神力，摇扇喷砂贼老道，盘丝螯顶野狐狸。善矣哉，轻轻收将在，葫芦里。

双头莲

烈士英名，映江山万代，蝶恋花开，情深如海，真绝唱，能不热泪满怀！一个小小鼠豺，竟招摇叫卖，施淫威，英雄寂寞，却似雾遮云盖。

盖也盖不住的，有人民八亿，铭心记载，骄杨光彩。风雷动，消去胸中垒块，长沙陵园永在，唱游仙词牌。歌澎湃，开慧巍巍，江青尘埃。

双头莲

革命惊雷，唤中华儿女，血染红旗，悲歌国际，头颅掷，花媚神州大地。谁道"四丑"横行，冷男儿心意，堪痛惜，残害忠良，玷污马列真义。

主席功业千秋，容毁于一旦？遥望京畿，忧心如炽，何日里，得慰英灵遗志？忽报缚鬼擒妖，升杲杲红日，泪如雨，遍洒江河，追怀·总理。

第一首写重睹歌剧《洪湖赤卫队》，第二首写到了《孙悟空三打白骨精》，第三首则是写在从电视里看到李维康演的《杨开慧》后。"龙腾"句出自第一批解禁的影片《龙腾虎跃》与《车轮滚滚》。"游仙词牌"则是指毛主席写的《蝶恋花》。虽然写出来的都是共识，都是规范语言（除一句“猴儿淋漓”较有王蒙特点），仍然堵不住我的真情实感，包括政治情怀。

又，我过去也填过若干词，没有一首留下来或发表过。这四首也是多亏新疆文友陈柏中、楼友勤夫妇保存。最后一首是三十余年后的近日才发现的，下面是陈柏中同志当年的记录：

> 1976年12月1日，吾在库车维吾尔农村支农，王蒙兄来信，内有他的新词“双头莲”一首见示，现抄录，备日后重读，慷慨话当年矣！

幸亏有他的抄录。

我曾拿我填的词给剧团的一位朋友看，恰值另一位搞舞台美术的人在那里。他真诚地问我，你写这些个有什么用啊？我觉得他实在是问得诚恳，问得好。我就是做了一辈子没有啥大用的事。聊以解嘲的是，按庄子所说，“知无用而始可与言用也”，这里讲的一个人的容足之地以外的地面的无用，这种无用其实是备用将用随时用。没有任何无用的储藏，这个人能够有用吗？另外庄子也讲过“树无用而免遭斤斧”，叫作无用之用，并叹息：“世人皆知有用之用却不知无用之用也。”

同时我也想到，旁的人，一般人，未必人人对于“四人帮”的倒台都那么在意。有一个子侄辈的年轻人，回了一趟北京，又回到新疆来，我问他北京的情况，他说：“唉，一开头大家瞎高兴了一阵子，现在呢，外甥打灯笼——照舅（旧）。”

各有感受不同。

我试探地写了一篇小文《诗·数理化》，歌颂高考的恢复，指名道姓地歌颂当时的领导人华与叶，批判“四人帮”的一切已被揪出示众的谬误，政治上没有一句自己的语言，没有独到的见解，如果说此文有任何可取之处，应在于我长久以来的对于诗歌和数理化的兼收并爱，甚至于我认为：“那种一切通过实验的不苟分毫的态度和作风，那种建筑在最平凡最一般的事实与公理上的令人神往的高、精、尖的大厦，不都是极其富有诗意的吗？”我赞美诗与数理化都是智慧的硕果，文化的奇葩，远在二十世纪八十年代福建学者林兴宅提出最高的诗是数学之前。我是怎样将此文投寄给《新疆日报》的，已经记不起来，反正此前或此后，传出来报纸的说法，说是领导研究了，对王蒙可以抱一个良好对待的态度。这篇文章在报纸副刊上刊登了出来，时为一九七七年十二月，距上次在《新疆文学》上发表《春满吐鲁番》——一九六四年五月历时十三年多，加上一九五八至一九六二年的封杀期、一九六二至一九六四年的半封杀期，我前后被冻结十七年，半冻结四年。

受到小文发表的鼓励，我又写了小说《向春晖》，发表在《新疆文学》一九七八年一月号上。写一个在少数民族地区与农民结合得很好的女农业技术员。连主人公的姓名都充满小儿科的“文革”色彩。王蒙写出这样的小说，不能不说是已经改造得很可以了。别人读了说是不像鄙人写的，后来我自己读也觉得不太像。作品有筋骨脉络，却没有肌肉神情，没有细节，没有丰满的生活情趣，没有生动的气韵。但仍然符合当时的潮流，酷似当时的许多作品，意在笔先，大树先进，斗争激烈，合图、合谱、合辙，绝对不越雷池一步。同时，这又毕竟是王某写的，有小说人称视角的转换，有农业知识的术语（还真有个务农的样儿呢），有对于窃窃私语、是是非非的长舌汉的描绘，还有一句结尾的话，说是：

> 向春晖的声音是空前的欢快，响亮，明净，像一支金唢呐，震响在弥漫着秋日的白杨和庄稼的香甜气味的空气里。

这句话很长，略显欧化，是王某喜欢写的对于秋天农村与大地的体味。金唢呐的比喻也还差强人意。也可以说这一句是使得孙猴子变成庙宇后露出了馅儿的那根尾巴，那根与庙宇风格不协调的旗杆。

《向春晖》的人物和故事却并非凭空捏造。伊犁巴彦岱公社的公社秘书罗远富和他的妻子、湖南人李惠坤都是那个时代的与少数民族农民结合得极好、服务得极好的典范。可以干脆说李就是我的小说的人物的灵感起源，而我的拔高的写作方法，只是贫乏化了而不是升华了人物的形象。他们都是新疆“八一农学院”的优秀毕业生。罗不但能讲维吾尔语，而且能用木片写维吾尔书法。罗还有一手绝活，可以用特制的陶土制造馕坑，维吾尔语称“吐努尔”，我则喜欢音译为“土炉”。这可是真正的匠人——师傅——大师才干得了的活。李是公社农技站的技术员，经常出没在田间地头，用湖南味的N、L不分的维吾尔语推广着“无芒四号”“乌克兰八十四号”“红星二号”优良麦种与“白马牙”“双杂交”等玉米良种，以及其他先进技术。他们曾经住在公社拖拉机站，屋顶上晾着许多他们自种的大个儿南瓜，屋檐上挂着红辣椒，极适应新疆农村的生活。我和芳，头一回吃带辣味儿的豆豉蒸肉，是在他们那里。

世界与人生有时候是讲不清楚公理与道德的，我过去认为今天仍然认为，毛泽东提倡的与工农结合、为工农服务的方向有一股感人的诚实与献身热情，然而仅仅靠奉献与克己的精神，靠道德品质与精神力量硬是解决不了发展问题、温饱问题。何等地可叹啊！

他们二位是从底层一步步做起的。后来罗远富曾任吐鲁番地委书记，新疆维吾尔自治区党校常务副校长。李惠坤则在自治区政府农办工作。

接着收到了《人民文学》杂志向前编辑的约稿信。春江水暖鸭先知，杂志送暖作者知。那个年代，能不能上《人民文学》，能不能得到《人民文学》的约稿，竟然成为行情，不，甚至是等级与身份，是命运的通蹇祸福的标志。得到了约稿信，我读了又读，连人家的字体我也觉得帅气、潇洒、老到。好歹一本杂志是一个组织的果实，甚至是一个机构的代表，而这个机构又是全部组织的一个细胞，想一想就知道有多厉害了，而作家只不过是一个个的个人，歪瓜裂枣似的个人。李凖兄有言：“作家莫见面，见面熊一半。”当组织拥有无上的威权的时候，个人，作家，才华，灵感，（被作家们爬的）格子……都显得如此渺小与脆弱！不论是打仗还是修水库，组织化之远远优于个人是明显的，偏偏文学这个玩意儿不能不依赖于作者个人，人越多越搞不好，组织越严密，小说或者诗歌越写不成，搞文学，这带来了多少麻烦与悖谬！

对于《人民文学》，应该写点什么，才能表示出王某仍然宝刀未老，仍然不辜负所谓“有文才”的“最高”点评，而毕竟又是十年生聚十年教训后的王蒙，很有些个令人刮目相看的无产阶级的面貌呢？

与二十世纪五十年代的写作相比，这时的思路完全是另一样的了，它不是从生活出发、从感受出发，不是艺术的酝酿与发酵在驱动，而是从政治需要出发，以政治的正确性为圭臬，以表现自己的政治正确性为第一守则乃至驱动力，把调动自己的生活积累、调动自己的生命体验与形象记忆视为第二原则，视为从属的却是不可或缺的手段。这样艺术服务政治，应能充分运用自己在新疆前后十多年的体验，特别是在农村生活，与维吾尔农民同吃同住同劳动的体验，写出又“红”又专的新作来。

我的新作是《队长、野猫和半截筷子的故事》。主题当然是对“四人帮”“篡党夺权”的批判，但要写得有生活气息、民族文化气息，有异域风情，有边疆味、农村味、民族味，有维吾尔人、农民、农村干部的形象与生活细节，有意想不到的情节主干：把一只野蛮残暴的猫儿称为莫名其妙地被推崇为法家的“吕后”。这来自我的女房东赫里倩姆妈妈的妙喻的启发：她称一只驯顺聪慧的黑白花猫为“筹委会”，那是伊犁地区一派比较能与领导特别是军区合作的组织大联合后的名称。而另一只乖戾凶狠的虎皮猫，则被房东妈妈称为“红造会”，是另一派以更加造反为标榜的群众组织的通称。这只猫常常会在有人临近它的时候翘起腰臀，发出喷鼻的“气声”，它的这种怪声曾经把一条大狗吓得后退，从中我算懂得了“一猫拼命，三犬难当”的道理，我算懂得了当你处于弱势的时候，你很容易铤而走险、穷横亡命的道理。我写到了这样一只“野猫”，写到它咯吱咯吱吃掉了自己刚生下的小崽。我的全部作品中，很少写得这样残酷的。

小说的开头，有王式的一段抒情旁白，文曰：

> 应该怎样为人民公社的基层干部画像呢？是刻画他们风吹日晒下黝黑而皴裂的皮肤吗？描写他们的沾满了尘土、芒刺、树叶、粪肥的长靴吗？渲染他们的黑条绒上衣的后背上透过来的白花花的汗渍吗？同情他们的熬红了的眼睛和嘶哑的喉咙吗？羡慕他们在本地的无上威权，走到哪里都被注视、被谛听、被请示和申诉包围起来的举足轻重的地位吗？还是为了他们往往处在矛盾的焦点，受到各方的夹击而不平呢？

后来在一九七九年的文代会上，公刘见到了我，特别提起了这一段。这段旁白的用语有点翻译味儿，例如，被注视就不如说是受到注视更顺当。但是“被请示和申诉包围起来”的说法，如果说成是人们围着他们请示工作和申诉意见，就不够味儿了。我以为，一种来自外文的语法与构词造句方式，一旦为国人所接受，就成了语言的新的资源、新的补充，就有可能为我们的古老长寿的汉语带来某种新意。

我每每疑惑，如果我一直用《向春晖》《队长、野猫和半截筷子的故事》的创作方法进行下去呢？这会不会也成为一种写小说的路子呢？会不会成为一种符合要求的写作路子呢？主题先行，政治挂帅，推敲（政治）含义，形成轮廓，犹如论文之定出大纲，再补充或填充材料：细节、人物肖像与（所需）个性、风景背景、情绪、语言文字……我甚至怀疑，有并非极少数的写作人在那个年代已经形成了这样的写作路数，已经无法更改，一动笔就是这么个格式，他们甚至很容易投合需要，符合既定的调式，得到好评，行时于某个特定时段，收到极好的效益。写到这里，立刻有一些姓名与书名呼之欲出。

我永远不会忘记一位卓有成绩的著名同行、作家大哥亲口告诉旁人的话：“‘四人帮’倒的时候我还压在县里，我不知道发生了什么事，我口袋里装着两篇小说来到了北京探听情况，一篇是批‘走资派’的，一篇是批极‘左’的……你不管怎么变，你难不住咱们！”呜呼哀哉，难不倒的中国作家！他还在接受记者采访的时候说：“在‘文革’中被批斗得最狼狈的时候我对老婆说过，别看今天你老公落到如此境地，早晚有一天，你老公也会坐上小汽车！”

啊，文学！最初与你邂逅的时候你是高扬在九天的艺术的安琪儿，有点神秘，十分纯洁，无比地动人。你比作者更完美，比生活更迷人，比青春更永久，比欢乐更深情，我想着的是怎么样小心翼翼地侍奉你，围绕你，服从你与吟味你，用最最尊崇与细致的体贴来表现你，用最最美丽与善良的感悟来接近你，生怕有对你的些许亵渎与冒犯……

而现在，曾几何时，狂风恶浪，电闪雷鸣，狗血喷头，死去活来，千夫所指，人心所向，叱咤喑呜，天崩地裂，原子爆破，火炮轰击，改头换面，弃旧图新，指天画日，过去种种，比如昨日死……终于，我明白了，文学是一堆素材，是一堆橡皮泥；艺术是一种手艺，是一种材料，是一种习惯，是一种糊口的方式，是几个手指，捏捏揉揉，拉拉扯扯，抠抠拽拽，你要它粗它不会细，你要它大它不会小，你要它往东，它绝对不会向西！一石三鸟，鼓舞士气，打击敌人，提升自己，皆大欢喜！

多么难忘，多么可怜，又是多么如意！初夏，下着冷雨，芳从乌鲁木齐十四中的办公室跑到家属院，我正在包韭菜馅饺子，一屋子韭菜味儿，手上脸上都沾上了面粉，饺子已经摆满了一盖浅儿（或称盖垫，指用细秫秸排列固定成的放食品的器具），瑞芳大呼小叫地走了回来，脸色都变了，嗓音都变了，她从来不曾这样：却原来是我的这篇小说发表出来了。不管怎么样地戴着镣铐，至少还有语言与文字的掂量与发挥，我读着时隔多年又在《人民文学》上亮相的王某人的文字，暖从心来，悲从心来，喜从心来，五内俱热，百感交集：想不到王某人还能等到这一天！这是真实的吗？这就是王某的新作了吗？

立即有老同志、老领导告诉我，你还要加把劲呀，不知道是说我写得还不够革命，还是不够动人。反正是不完全符合这种要求，却又不符合那种要求。我读着自己的新作，似曾相识，又似乎相当陌生。这是谁写的呢？曰，王某，王某是哪一个？王某写《组织部来了个年轻人》的时候只有二十二岁半，现在，距那时又过了整整二十三载了。

我戏改邓拓的诗作曰：

魂断音销二十年，分明火海与魔山。
诗词扫地文章祸，蛊咒遮天翰墨闲。
屈指可知功又过，关心只在命何堪？
春风又绿北南岸，大道恢恢泪阑珊。

2. 日子又开始了

波浪涌动着波浪，日子开启了日子。此前半年，一九七七年冬，我在《人民文学》上读到了刘心武的《班主任》，它对于“文革”造成的心灵创伤的描写使我激动也使我迷惘，我的心脏加快了跳动的节奏，我的眼圈湿润了：难道小说当真又可以这样写了？难道这样写小说已经不会触动文网，不会招致杀身之祸？难道知识分子因了社会的对于知识的无视也可以哭哭自己的块垒？天哪，你已经能够哭一鼻子？

《队长、野猫和半截筷子的故事》的发表意味着我的公民权的部分恢复，我给时在广东、任《作品》主编的萧殷老师写了信，收到他的孩子般热情的回信。他说他见了人就说：“王蒙来信了，王蒙来信了……”

从电视屏幕上看到白桦的紧跟形势的剧作，写革命历史，批极左。从一些文学刊物上，透露出了从维熙、邵燕祥的消息。

全——活——了！

人生不相见，动如参与商。
今夕复何夕，共此灯烛光。
少壮能几时，鬓发各已苍。
访旧半为鬼，惊呼热衷肠。
焉知二十载，重上君子堂。

我想起的是杜甫的诗，虽然不是样样贴切，一代又一代的中国人的沧桑感、幸存感、隔世感竟是一脉相承。我确实觉得自己已经活完了一辈子，从一九三四年到一九七八年，享年四十四岁（我与一批同龄作家所迷恋与崇拜的契诃夫就只活了四十四年，留下了那么多精致与忧伤）。现在，一九七八年开始，我正处于重生的过程，我正在且喜且虑、且惊且赞、且悲且决绝地注视着四周，果真是一个新的开始了吗？是乍暖还寒抑或欲擒故纵？不是陷阱？不是阴阳谋？不是几个勇敢分子的横冲直撞，最后导致的只能是头破血流、益发无望？

我五内俱热。我弹额（早已无“冠”可弹）相庆。我不恤一搏。我同时又是左顾右盼，前瞻后顾，不惜用最险恶的心意去做好应对险恶的突变的准备。半生多事，波诡云谲，历史起落，吞噬无情，生聚教训，动辄二十余年，到了这步田地，天真、幼稚、轻飘，就是犯罪也。

我在一九七八年的清明节这一天（由于一九七六年的“四五”，清明节又有了新的意义），写了《最宝贵的》，我已经受到《班主任》的鼓舞，敢于写到滴血的心，写到例如“文革”，例如“四人帮”，总而言之是一种非人的力量把血肉的心换成了冰冷的石头，正像我二十世纪五十年代看到过的民主德国电影《冷酷的心》那样。也是在东德的这部电影里我第一次听到了德意志民歌《勿忘我》：“有花名勿忘我，开满蓝色花朵，愿你佩戴于身，常思念我……”所有这些被扼杀、被活埋了的柔软的心灵的颤抖，居然“撑”到了复活的一日，终于可以被引用，可以成为王某小说新作的理念与素材。我只敢谴责那个少不更事的孩子，在“文革”中的本来可以原谅的失误（把一个“走资派”的藏身地点告诉了造反派，导致了这位“伯伯”的不幸），我不谴责他又去哭谁去？至于他的所谓错误、所谓过失、所谓造成的严重后果，该去问责于谁，我想那是读者自己去想，也可以想明白的事。北京有一句俗话，叫作“惹不起锅就去惹笊篱”，软弱的文学从来是惹笊篱的能手，文学常常只能敲打笊篱而适当思锅或避锅，例如文学家都是善于骂同自己一样软弱的同行的行家里手。读者不是总会明白的吗？读者就不会用一下自己的头脑，去想一想笊篱的悲惨处境吗？

果然此时与此后，都有明白人说王某对那个孩子太严厉了，大概是王某太“左”太“左”了，呜呼……

无论如何，我借着蛋蛋的姓名牌，哭出了王蒙的眼泪。作品描写市委书记严一行（一个直白的教条味儿的人名）的儿子蛋蛋，十五岁时在胁迫、恐吓下向造反派头子透露了一位老领导的下落，造成了严重的后果，为此，严一行几乎是像批判叛徒一样地批判了儿子蛋蛋。

然后，我写道：

> 但你总应该觉得终生遗憾，总应该掉一滴滚烫的眼泪。为了陈伯伯的不幸，也为了你最宝贵的东西的失去。你总应该懂得憎恨那些蛇蝎，他们用欺骗和讹诈玩弄了、摧毁了你少年的信念和真诚。就像外国故事里的巫鬼，他们劫窃人们的鲜红的心，换上一块黑色的石头。在这块石头上，没有革命的理想，没有原则，没有对真理的追求和献身，没有勇气、忠实、虔敬和坚贞，没有热也没有光；只有利己的冷酷，只有虚伪、权谋、轻薄、亵渎，只有暗淡的动物式的甲壳、触角和保护色……

许多天，在构思这一段应该说是抒情独白的时候我听到了一个声音在我的耳边反复地响动。你总应该觉得遗憾，总应该掉一滴滚烫的眼泪……一遍又一遍地重复着、背诵着、回旋着，沉重、深情、憋闷、决绝，像朗诵，像话剧台词，像哭吼，像低音大号。更像是从天空降下来的历史的叹息，宇宙的怜惜，岁月的哭泣……或是一个藏在我的身体里的精灵在不停地提醒、宣示、翻滚，用刀刃卷搅着我的心尖。这段词已经成了精，与我昼夜相伴，我确实看到了一滴巨大的眼泪，弥漫天宇，痛彻魂魄，我感到了这滴眼泪的分量与热度。我已经无法躲避。

石破天惊！电闪雷鸣！

这是说蛋蛋吗？怎么像是说的王蒙？王蒙也经历了换心的手术？时至今日，时至写这篇短短的不足三千字的小说的二十八年以后，王蒙读起来仍然是怦然心动，泪流在眼眶！血淌在心底！

这里还有一个并非“一日之寒”的思考，我们的政治运动的理念是非常宏伟崇高的，这些运动的宣示足以惊天地而泣鬼神，超圣贤而惊万世。而这些政治运动的策略有时却依靠调动人们的最渺小、最卑微、最利己的私心，分化瓦解，转舵告密，从宽从严，打打拉拉，让你为了恐惧、为了怀疑、为了自己的蝇头小利而不惜卖掉旁人……这对于人的品质节操道德风尚，起的将是什么作用呢？

而小说的结构与前后文，披挂好了全部攻防甲胄，有对毛主席的深情，有对共产主义的讴歌，有把“四人帮”与党严格分割开来的快刀斩乱麻的界限，还有结尾处的“心啊，你要听话，要好好地跳！要保证严一行这个老兵，在党中央领导下，把揭批‘四人帮’的第三战役打下来！”这样的严一行的心语。怎样揭批“四人帮”也是严守华主席部署，无一字无出处，无一词无来历：大大的良民一个！堪称无懈可击！哪怕是交给我的那些如河南作家张宇所言的私淑“研究生”（有这么一些人，以专门研究和找碴子为他们从事他们实在无力从事的文学事业的毕生使命），也未必有文章可做。

小说寄给了萧殷，萧老似乎对此作不十分满意，他回信说到我搁笔太久了，尚需恢复一段。也是需要再加劲之意。我想他老不喜欢我的这种理性与直挺挺的抒情，这种大帽子阵势与直接政论。他在夏秋之际的《作品》上将此小说发为第二题，头题是舒展的《复婚》，写一个“文革”中跳跃不止的夫人，有些幽默讽刺，也比《最宝贵的》多了些趣味。

此后许多年，一位广东作家对我说，广东乃至南方作家在全国的文学作品评奖当中常常吃亏，原因是他们太重视文学的趣味性了，而北方的文学界的头面人物，重视的是思想性与政治性。有此一说，录以备案。

后来得知，这篇东西很快被一位在《德国之声》供职的深度近视眼的联邦德国汉学家（他的姓名的第一个字母是D或T，我记得应该译作杜什么什么）译成了德语，他指出，换心的故事发源于德国。

与此同时，令人鼓舞的是我收到了青年出版社第二（文艺）编辑室著名编辑黄伊的信，约我去北戴河团中央疗养所去写作。也许这才是两篇小说所宣布的王某人的存在与“复出”（此词也有些恶心）的最大“效益”。

喜讯醉人。北戴河！是北戴河！是领导、巨商、要人、洋人（此时有一个更加高尚的雅号：“外宾”）们居住的地方，是毛主席喜欢去的地方。是大海无边。是sanatoria——疗养地，维吾尔语、俄语、英语都是这个词。我迫不及待地回信说我要去。

出发前我的一大成就是把烟戒掉。与旁人所说吸烟助文思的说法相反，吸烟使我困倦，我忙于构思与写字的同时，还要搞什么点火、放火柴头、吸烟、吐烟、抖烟灰、叼烟……的鬼名堂！刚恢复写作，这些都成了我的额外负担。而且，我压根儿就时有咳嗽（后来正式判定为慢性支气管炎），家人也劝我戒烟，我说戒就戒了。

我的戒烟方法与别人不同。我读了一篇谈吸烟毒害的文章，里边特别提出香烟燃烧中出现的三四苯丙芘与煤焦油对人体的危害。我很喜欢“三四”这个词，直觉认定它的科学含量高。到了二十一世纪，你可以从网上查到下面的话：

> 三四苯丙芘（Acrylamide），又称聚丙烯酰胺，总之都是让普通人八辈子也说不清的陌生名词……其致癌性是黄曲霉素的一百倍。

而我在戒烟的关键时段，一犯烟瘾，一有戒烟半途而废之虞，例如饭后思烟，就找出我留下的剪报，阅读有关三四苯丙芘的段落，一见此词，立即感到了刺激，不似吸烟，胜似吸烟，看到了三四苯丙芘在肺叶上的侵蚀与细胞开始糜烂，看到了白脓与红血，找到了戒烟的感觉，找到了恐惧、警惕、科学与终极眷顾……也找到了烟与生命的形象与内涵，再不想、不必、不劳吸烟了。

此后许多年，一次我在南方，与一些文友闲扯，文友说，对于既不吸烟又不饮酒的男人要警惕，而对于原来吸烟，后来说戒就戒的人更要敬而远之。我讲了自己的戒烟史，人们啧啧称奇。我的为人打破了他们的以烟画线的谬论。我相信我的教条主义、理性主义、科学主义唯理论戒烟方法独一无二，堪称一绝。

其实我的吸烟从一开始就不是为了吸下去而是为了此后戒绝方便（这个造句法很像我的朋友，俄国汉学家托洛普采夫后来的名言：苏联是为了失败而不是为了胜利而创造出来的）。

一九六四年春节将至，初到新疆的我为自己成了“文艺界”的人而小小热昏，便从自治区文联的迎春联欢会上拿了一支不花钱的香烟，吸了两口，感觉有点特殊。这样一吸就是十四年。尤其是“文革”期间，不可以文学，不可以政治，不可以交友，不可以寒暄，不可以闲话，不可以（没有足够的粮票与钱票）吃喝玩乐，尤其是例如一九七一年我回到了乌鲁木齐的自治区文联，与相熟的农民也分离了，而文联的“阶级斗争盖子，尚未完全揭开……”。大家不文不艺不上班不干活一揭就揭了六七年！从早到晚，你让我干什么呢？机关食堂里打饭，四两（新疆的说法是二百克）

饭，一个素菜或略带荤腥的菜，五分钟就吃完了，你干什么去呀！

幸亏有个烟吸。你打开烟盒，你抽出一支烟，你戳捣戳捣，你为这种牌子的烟丝装得太松而摇头，你拿出火柴，你欣赏火花，你端详火柴盒壁被划出来的痕印，你琢磨这次的火柴应该在哪里发力，力不可以发得太大，不可以发得太小，大了损坏盒壁，我常常发现有人用火柴，不等火柴用完盒壁已经塔稀郎——来自维吾尔语，垮台完蛋之意——了。我想起了一本苏联小说，上面提到斯大林同志从来不用打火机，因为斯大林相信第一口烟最香，而打火机的汽油味儿会败坏这第一口烟的感觉。斯大林果然各方面都高。然后边吸烟边设计边体验边改进边实验吸的方式，叼的方式，吐的方式，咂嘴的方式，从鼻孔里出气的方式，手指的捏烟卷的方式……至少，它给了我几分钟的充实。那么，一旦生活开始恢复正常，身份恢复了正常，公民权恢复到基本正常，叫作新的历史时期开始啦，还抽他个什么鸟香烟！

我还常常通过控制吸烟来锻炼意志。想吸的时候偏偏不吸。吸一口戛然而止，捻掉、掐灭，留待十二个小时以后再接续吸。多时我一天吸过十来支，少时我两三天才吸一支。烟友曰，敢情你没有瘾。王说，我不能做吸烟的奴隶，我也不能做不吸烟的奴隶，我不做自己的奴隶，更不做外物的奴隶，从吸烟的头一天起，我始终让我自己牢牢支配着香烟，而绝对不允许香烟支配上王某。

吸烟对于我最多是一个尝试，是一个知识，是体验生活，是新经验与新知识。我吸过四分钱一包的珍珠鱼，七分钱一包的航行，此种牌子的烟边吸边轻微爆炸，并发出又臭又辣的刺鼻瓦斯气息。一角五的绿叶：这是丙级烟中较好的一种。二角钱左右的海河、青鸟、古车、解放……这些算乙级烟，介于乙丙之间的有黄金叶与战斗，可笑的是战斗原名烟斗，“文革”中那个叫作革命小将实为糊涂蛋的群体嫌它名号不红，改成了战斗。乙甲之间最好的是光荣，烟盒上印着一朵大红花，产地上海。甲级烟我也没有少吸，凤凰、牡丹、彩蝶、红塔山、红山茶，后来还有新疆自产的顶级品牌：雪莲。我也吸过以长白山为标记的据说含有人参的烟。

我吸过烟斗。我买过各种烟嘴。我自己往莫合烟或烟斗用烟叶里加上蜂蜜、奶油糖炒烟。我往一种中空的烟嘴里塞过洁净的白棉花，说是可以吸收什么尼古丁。但我又怀疑，没了尼古丁，还算香烟吗？我吸过莫合烟——在苏联小说里叫作马合烟。都说是伊犁的莫合烟最有名，因为某一位自治区的领导同志就是吸伊犁厂生产的莫合烟的。我很佩服特瓦尔托夫斯基的长诗《瓦西里·焦尔金》，他写道：

战士的马合烟，
就如同战士的老婆，
凶恶，暴烈，火辣，
……然而战士离不开她。

关于卷莫合烟的纸，也有各种说法，如说苏联中亚的加盟共和国的报纸适合卷烟，因为它们的报纸通通是用白桦木材做的。也有人说报纸上的油墨燃烧起来会产生危险的致癌物质，我的好友、维吾尔诗人铁依甫江与克里木·霍加都是因肺癌而不幸去世的，这都与他们喜吸用各种报纸卷的莫合烟有关。

一九七八年四月底，王蒙结束了他吸烟十四年的历史，从此再未吸过，即使最好的“三五”或者“七星”或者“万宝路”，我也是一闻到就不喜欢。与香烟从此恩断义绝。只是后来许多年后有那么一次，有几天我好像想吸一支烟，终于还是没有吸，吸烟的年代已经与所有的不愉快的事件一道，变成了陈年旧事。

我曾经喷云吐雾，我曾经大醉酩酊，我曾经无所事事，我曾经缩脖拱腰，我曾经信誓旦旦，时代前进了，王蒙早已剔除净了“文念”，他早过了时了（无劳后来的上海文友宣布），他早已断了根死了心，绝对不会再抄起笔来重操旧业。

那时候我当然不知道聂绀弩老的名句：“哀莫大于心不死。”我却不是从诗句而是从生活经验里体悟到了“心死”的其乐融融，其乐无穷：和其光，同其尘，清水濯缨，浊水濯足，绝圣弃智，绝仁弃义，绝巧弃利，专气致柔，如大婴儿，树于无何有之乡，广漠之野，彷徨乎无为其侧，逍遥乎寝卧其下。不夭斤斧，物无害者，无所可用，安所困苦哉！

而现在这位名叫王蒙的人又架不住红尘扰扰，功业熏熏，坐到了桌子前边，心潮澎湃，今儿收到了这个角落、明儿收到了那个旮旯的约稿信，像煞有介事，划拉起来，据说还能思想，还在遣词造句，推敲斟酌，竟好像什么事也没有发生过一样！你可以为写作而激动。你可以认定自己不要写、不能写、不思写啦。你可以对写作狗血喷头，嘲笑咒骂。你可以迎合着写。你可以替别人构思。按完全非己的思路构思。你可以说写就写，像超女一样想唱就唱其实是有了平台与褒奖才唱。你可以说不写就不写。你身上已经安装好了开关，你操纵自己的写作比操纵任何灯泡电门都易如反掌。

我住家在乌鲁木齐第十四中学校园的最南端，我们的后窗对着操场，我常常在写作的时候听到篮球击打在后窗护栏上的砰砰声。我们门前有一个只有十平方米的小院，我与儿子建造了一个不到四平方米的歪歪扭扭的小库房，入春以后在那里用我自砌的炉灶烧饭。我一面写作一面照顾着炉火，照顾——我要说是“摆弄”炉火是我的一大乐趣。煤炭的燃烧、封存与熄灭是一个伟大的化学过程，是生命与宇宙万象的象征。我的生物钟中有自动定时与报时装置，我能专心写着写着，忽然灵机一动，放下笔，到小库房去揭（蒸）锅，去竖暖水瓶，去添煤、撤灰或者去封火。我可以一面写作一面不时立起出去收信、报，去缴纳水电费，我从来没有旁的同行写作时的谱儿，什么不许有响动啦，什么不可以有旁的事打搅啦，无所谓。我可以一面写作一面蒸包子，时间掌握的误差不会多于五分钟。我从小学会的就是全天候抗干扰写作，开始有点痛苦，经过了这二十几年的锻炼觉得很正常，没有什么可痛苦的。我的经历提高了我的抗逆性。经过了那么多的反写作、非写作、仇写作、蔑写作，说了那么多狠话贬低写作，我终于可以比较正常地写作了，这已经够了。虽然不无滑稽与悲哀。生命是用时间、年龄来标志的，王某人在四十多岁时重新写作起来，已经是中年写作而绝对不是青春写作了呵。一切就这样重新开始。

人的一生需要两次，各种重要事件包括恋爱、革命和写作都不是一次能够成事的，第一次如诗如梦如孩提如云烟，如火如喷泉如旋转起来了的万花筒，它注定会曲折会失败会垮台会碰壁破灭……第二次已经不那么激情那么洒满露珠那么七彩绚丽了，第二次已经不那么纯洁那么义无反顾那么一厢情愿了，第二次的人生你会精明一点点，你会老练一点点，你会谨慎许多，只是你有时候会责备自己，怅然若有所失，你会回忆一些事情，暗自苦笑，终于……释然，有一点漠然。

3. 北戴河之夏

一九七八年六月上旬，已经干净利索地戒了烟的王蒙坐了三天半硬席卧铺（能报销）火车到了北京。十六日一早，我们在北京站与中青社的同志会合，登上了经天津到北戴河的列车。同行的有老作家管桦与他的一个助手小刘，有安徽的单超、辽宁的洪钧和来自河北的一个年轻人。还有一位搞俄语翻译的说话声音洪亮的先生。此后，还有云南作家彭荆风、评论家唐弢、上海作家孙峻青与师大教授许嘉璐都作为中青社或中国少年儿童出版社的客人来到了这边。我们坐的那一趟火车走了五个小时，那时经玉田的北线铁路更不要说是高速公路了，还没有通车。简朴的北戴河站，已经给我以不凡的感觉，整齐清洁爽利，大量树木花草，空气新鲜，天空蔚蓝，地面是由比重大的沙土而不是北京或者乌鲁木齐那样的易于飞扬的黄土构成，这些都不一样。而且，从火车站一出来，就从树木的缺口处看到了似乎是固定在城镇上部的浅灰色的半透明式（我觉得像是果冻）的海洋，听到了海涛的呼吸一样的声音。那时的北戴河，经过“文革”十余年的闲置，门庭冷落，人车俱稀，建筑低矮，视觉听觉，不受任何阻拦。如果是小说家，更欣赏的应该是冷落的北戴河。但是欣赏冷落，并不意味着反对发展。作家的思想情绪也是说不透的。

两年后我在小说《海的梦》里运用了我初到北戴河火车站的感受，我写道：

> 下车的时候赶上了雷阵雨的尾巴，车厢里热烘烘乱糟糟迷腾腾的。一到车站，只觉得又凉爽又安静又空荡……

这说的是二十世纪七十年代末八十年代初，那时是糟糕的车厢与美好的站台。现在不同了，有各式旅游专列，双层、软席、空调设备，而站台上人头攒动，动辄人山人海，前挤后拥，不那么雅致清爽了。

我又写道：

……空气里充满了深绿色的针叶树的芳香……清洁得令人吃惊，一幢幢方方正正的小房子，好像在《格林童话集》的插图里见到过似的，红色的瓦顶子晶晶地闪着光……

不只是风景，更是心情。新疆的冬天是从五一才算正式结束的，离开严冬不过一个多月，突然来到了阳光与海浪互映互戏的地方。

团中央的休养所在离海有一点距离的黑石路，是一处老建筑，老式房屋隐藏在桃林中，虎皮石墙，雕花木窗，木质地板与洋灰地混用，可能是由于许久无人居住，一进去就显得很阴潮，但毕竟是凉爽宜人。

我在这里改写新疆后期我所写的《这边风景》，上午与晚上写作，下午去海上游泳。每顿饭后坐在宽宽的阳台上破损的藤椅上，赤着上身，穿着裤衩，拍着肚腹，吹着清风，海阔天空地聊天。

写作当然是去北戴河的主要目的，但是写得糊里糊涂，放不开手脚，还要尽量往“三突出”、高大完美的英雄人物上靠。我想写的是农村一件粮食盗窃案，从中写到农村的阶级斗争，写到伊犁的风景，写到维吾尔的风情文化。但毕竟是先有死框框后努力定做打造，吃力不讨好，搞出来的是一大堆废品。

游泳的成绩就大了。我们选的是老虎石煤矿工人浴场。现在进这个浴场要买票，那个时候干脆没有什么人。我给自己定的功课是每次从沙滩到防鲨网两个来回。我虽然喜欢游，但是姿势极差，呼吸掌握得也不熟练。过去，一年游不了几次，刚找到感觉，季节已过，次年夏天再从头学起。而如今，有了天天洗海浴的条件，其乐何如！六月中，水温很低，我们已经正儿八经地游上了，确有长进。我有时甚至于觉得自己的运动动作条件反射带点傻气，一进了水，一下，两下，三下，蛙式就胡噜上了。我也游仰泳，是反着游蛙式，姿势不合规范。两次出征防鲨网之间则躺在沙滩上晒太阳，那时还没有晒多了有害的讲究。

到了北戴河才知道了什么叫夏天，夏天是多么美好！青天白云，碧浪黄沙，灰涛白沫，绿树红花，海风吹拂，日光灿烂，汹涌弥漫，起落吟歌，抛却半生烦恼，忘却一己得失，远望船舟入画，近闻波浪拍岸，弃我去者，昨日之日不可留。抚我心者，今日之日何烦忧？俱往矣，成一笑，过昆仑大漠，游山海瀛洲。遍走边陲身未老，终得大海，饱经宠辱意犹闲，又见蓝天。如今戏水知鱼，享受惊涛无数，弄潮破浪，思量大地多情。芳龄不过四十有四，正是心强力壮，行旅无非八千零八（里），堪说月黑风高，梦乎？非梦。幻乎？非幻。哀乎？痛也！乐乎？快哉！

有时候设想游泳比真游还浪漫，还如画如诗如仙如鱼。在水里，动作不免单调机械，当然也有呛水咳嗽的时候，而且我是近视眼，又习惯了入水呼气，游前摘下镜子，看得模模糊糊。倒是上岸以后，颇觉自得。躺在沙滩上，四仰八叉，也大有回归自然的豪迈与优游。

游水游得多了，一次看自己的皮肤，毛孔的纹路与鱼鳞无异，相信自己正在变成一条鱼。就如在新疆唱歌，我相信自己正在变成“胡人”。在新疆撒尿，包括出汗，都有明显的羊膻气味。而在沙滩打滚，我更相信经过这么多事在下仍是顽童。我还年轻！想把一个快乐坚强、心存良善的青年彻底收拾掉，固非易事。

在这里游完，我们常常混入煤矿工人疗养院的休养员的队伍，跑到对面的该院淋浴室冲一个冷淡水澡。也有时候就穿着泳裤，趿拉着拖鞋走一个小时，围着海滩转一大圈，再从东山宾馆一带回到住地。有时候走种植了大量针叶树的东经路。有时候走到处长满红柳的海滨路，那时的北戴河主要就是这两条路。本以为红柳是新疆的特产，现在才知道至少在盐碱多这一点上，边疆与海滨无异，二者也有共同的植被。

这时的北戴河人烟稀少，但时能碰到少量外国人，据说是辽阳化工厂的法籍专家。也有时候去西面的人民浴场洗浴，那里有温水淋浴设备，每次只需花几角钱。往西走就更开阔。说是有一位领导同志说了，各单位的疗养所全部开放给老百姓。也算是一种劫后余生的理想化、天真化吧。

常常黄昏时、入夜后到海边走走。我看到过月儿从海中升起，我看到过银光在水中闪烁，月光映照中的波浪，特别像一个个游泳者的头颅，我常常感觉到是一大批健儿在月光中游水。

这个感受我也写到了《海的梦》中，我写道：

……所有的激动都在平静下来，连潮水涌到沙岸上也是轻轻地，试探地……而超过这一切，主宰这一切，统治着这一切的是一片浑然的银光。亮得耀眼的，活泼跳跃的却又是朦胧悠远的海波支持着布满青辉的天空，高举着一轮小小的、乳白色的月亮。在银波两边，月光连接不到的地方，则是玫瑰色的，一眼望不到头的黑暗……这天海相连，缓缓前移的银光是这样地撩人心绪……这一切都是安排好了的，海在他即将离去的前一个夜晚，装扮好了自己，向他温存，向他流盼，向他微笑，向他喁喁地私语。

海——呀——我——爱——你！——他终于喊出了声，声音并不大，他已经没有当年的好嗓子。然而他惊起了一对青年男女。

这是很有趣的。这些都是我一九七八年在北戴河度夏期间的感受，一九七九至一九八〇年写的，然而当时的一九七八年写的是别样的小说《光明》，当时还不敢写《海的梦》那样太知识分子味道的小说。

休养所的伙食标准是每月三十元人民币，个人缴得不多，其他由出版社补助。伙食相当不错。

饭后聊天天南海北，主题不离揭批“四人帮”，揭批极左路线。各种故事， 真真假假，触目惊心。如说到一个愣小子，由于唱“老三篇，最爱读，读完心里热乎乎”时，唱成了其他部位热乎乎，说是给枪毙了。还说是哪个哪个农村，一家地主，一儿一女，无法婚配，最后地主爸爸下了狠心，如何如何。如说到某地驴厩失火，“觉悟高”的人认为是阶级敌人破坏，老百姓认为是小驴驹踢倒桅灯所致，于是省“革委会”号召全省展开了对于“小驴踢灯论”的大批判。痛极悲极则喜，说起“小驴踢灯论”来，我确实笑破了肚皮。这样的妙人妙事，哪里值得什么人愤怒一番呢？

天热无君子。我们几个男性，穿着短裤，拍着肚皮，喝着热茶，吹着海风，谈天说地，海阔天空，边写边看，边说边骂，端的是神仙般的日子。短短几十天，我拍拍肚皮觉得膘情渐好。我的开始变胖就是从这儿开始的，原来只有五十三公斤，我一直梦想自己能够上六十公斤，现在，实现了。

最可笑的是，说是老作家管桦在伙食上享受了特权，什么单独给他熬了什么粥啦，其他的几位作者，在做好了另两位老作家唐弢与峻青以及中青社的伙食管理员的沟通，取得了他们三人的谅解以后，在一次用餐时发动了对于管老的哄闹。想来着实可笑，“文革”搞得确是个个斗争成性，爱斗善斗，不甘寂寞，有机会就要斗一家伙。

身在渤海之滨，“火热”的生活仍然是纷至沓来。我收到了《上海文学》编辑、工人作家费礼文的约稿信，收到了人民文学出版社老编辑王笠云的约稿信。信上并说为了落实什么什么政策特向我约稿，周边一道写作的同志读后还有点反感，说是谁落实谁的政策？一个出版社又不是党，怎么这样说话？总而言之，我们这些人的尾巴开始翘起来了。

时值《上海文学》发表李子云以本刊评论员名义发表的文章，批评“文学从属于政治”的提法而大受关注。我给上海寄去了稿子，短篇小说《光明》，仍然有按政策——当然这个政策符合我的思想与情感——编情节的痕迹。

然而这篇小说或许也有它的可注意之处。第一，我写了再不要发生“文革”这类的悲剧了的决心，这是我的泣血之论。第二，我同情地写了弱者在“文革”中的悲惨处境，直到被逼得发了疯。在某种意义上，这一点弥补了《最宝贵的》里的过分严峻。关于“乱咬”者的故事，我运用了一些新疆文联那边发生的事情作为素材。第三，我现趸现卖地写了海与海滨。第四，我虽然二十年前已经落马，我写起领导机关、领导干部、机关工作人员来仍然比较像那么回事，它不是官场黑幕小说的路子，不是青天大老爷在上的路子，也不是对立面的写法，一句话，我把他们当作与我一样的人，基本是好人，也是有各种弱点的人来写。小说结尾我酝酿得比较久。我写道：

> ……瘦小的邵副书记默默地走到了礁石上面，他挺立着，本身就像一具巉岩。半个月亮刚刚从海面上升起，橙红，巨大，斜仰着，像一颗沉思的警惕的心。海水在涨，波涛呼啸着，愤怒着和欢笑着，手拉手地一次又一次向岸边涌来，溅起一团团银雾。
>
> “竹梅，你安息吧，我们绝对不让这一切重演……”

竹梅是小说主人公邵容朴的妻子的名字，她是被极左害死的。

时隔近三十年，王蒙在写到这一段旧事的时候，发现自己已经完全忘记了小说的情节，却记得他对于海与月的描写，记得那月亮像一颗沉思的、警惕的心，记得波浪是手拉手地向岸边涌来的，记得那海浪激起一片片银雾。

中间改过一次，是我寄去稿子后根据费礼文文友的意见修改的。此后见到老费我就对人说，他是领导过我的，他就哈哈一笑，说：你又来了，你又来了。再后，短篇小说评奖时是《最宝贵的》而不是《光明》获奖，老费颇为不平。他是喜欢这篇东西的。

北戴河期间我也读了不少书，印象最深的是钦吉斯（王按，即成吉思，与成吉思汗同名）·艾特玛托夫的中短篇小说集。他是苏联吉尔吉斯斯坦的著名作家，我很佩服他描写的细腻与情感的正面性质。我甚至此后有意对之仿效。

此后，二十世纪八十年代我收到过他的来信，邀请我担任苏联一个文学机构的顾问之类，因当时中苏关系尚未完全正常化，我未予作复。又后来，我在韩少功的一篇文字中看到韩写到他，似乎印象不佳，说是他颇富VIP的官气。他在戈尔巴乔夫时期做过驻卢森堡的公使。被认为受过他的影响的我国作家颇多，包括张承志的《黑骏马》、张贤亮的《肖尔布拉克》，铁凝的某些短篇等。

此时正逢我的二儿子参加高考，他考入了位于陕西三原县的空军二炮学院。能入军校，似乎也非常光荣，说明了我家命运正在发生变化。他的哥哥早在春季，作为七七届毕业生，考入了新疆大学。

从六月十六日游到七月，从七月游到八月三十一日。我在北戴河整整待了四十六天。到八月底，一逢阴天，颇有凉意，我知道，没有不散的筵席，在北戴河观海戏水，算是足足的了，该走啦。

生活里其实充满偶然与无序，回忆与思想却使它们变得有理有致。北戴河之夏，是一个过渡，是我的第一次生命与第二次生命之间的一次衔接、一次休息、一次转换，从此，王蒙又忙活起来了您哪！

4. 八面来风

海边方数十日，世上已二十年。一九七八年九月一日，我从北戴河回到北京，本计划探望一下亲属，立即回疆，早已想家了，谁知来到北京，已是八面来风，五方逢源，走不了啦。

人民文学杂志社，人民文学出版社与韦君宜，中青社，老朋友黄秋耘（正在编辑《辞源》），老同事与老同学，老文友与老关系，都从四面八方找上门来了。

黄秋耘一见到我就讲起了邵荃麟的悲惨命运，“文革”一开始，他就被关进了“牛棚”，多少人睡一个大通铺，他一夜夜地无眠，干咳不住，死后连遗体都不知道哪里去了，生不见人兮，死不见尸。由于他的保护，黄才在反右中勉强过关。他是陀思妥耶夫斯基的小说《被侮辱与被损害的》的译者。而我相信，所有的革命出自被侮辱与被损害的悲情。谁能料到他是这样地走掉了呢。

我到我去过前后三次的大雅宝胡同的荃麟的家，他的夫人葛琴已经偏瘫失语，坐在轮椅上，流着眼泪，连哼一声亦属不可能了。终日不能活动，不见日光，她倒是又白又胖，更是惨不忍睹。我还记得一九五四年我在《人民文学》杂志上读到的她的电影剧本《母亲》，写十年内战时期的白区斗争的，贯穿全剧的是白居易的诗句“离离原上草，一岁一枯荣。野火烧不尽，春风吹又生……”，以此来描写历尽迫害的革命的种子一代一代地传了下去。他们都是革命的元勋啊！革命，你太对不起你的仁人志士们了！

和这些元勋比，我们这一代人又是不幸中有大幸啊！谁活着谁就能看得见，而荃麟他们看不见啦。

我到《人民文学》杂志编辑部去了一趟，碰到老编辑徐以、涂光群、崔道怡、周明等人，与《队长、野猫和半截筷子的故事》一稿的责编向前。抬头见喜，一是他们邀我参加众作者的华北油田之行，一个是要我做他们的特约记者出席采访第十次团代会。

当然都是好事。去油田的还包括了筹备文联作协的恢复的一些工作人员，看了任丘油田，听了鼓舞社会主义建设的志气的油田介绍，游了白洋淀，联想到孙犁的小说，欣赏着遍地的芦苇与一望无际的清亮的水面。当然也吃鱼喝酒一番。在一个物质生活长期匮乏的地方，吃喝俗务也不可略而不计。当然更重要的是我已经从不可接触不可提及的另册、被封杀被冻结者变成了正常的文艺人，我的生活面一下子扩大了。

去团代会就更是百感交集了。一进人民大会堂，就感动起来。后来我看张贤亮的《绿化树》里提到了大会堂里的红地毯，笔有得色，受到某些高雅文人的批评，其实我也有类似的感慨，不是无动于衷，不是置身事外。中华人民共和国对于我从来没有是身外之物。而且，你喝的水、吃的粮，全部来自“国家”——国营体系的供应，你拉的屉屉全部需要政府的环境卫生部门去处理，你自吹疏离，是真的吗？

二十世纪八十年代以后的红地毯，对于张贤亮是大姑娘上轿第一遭（估计经验来自他当了政协委员），他毫不掩饰自己的俗态俗念，这是他坦直与可爱的地方，他很少装腔作势。俗毕竟是俗，这也是事实。红地毯对于我则是二次重来，带给我的主要不是得意，而是沧桑与警觉，隔世之感与无法掌握自己命运之感。我仍然且信且疑，我仍然把握不定，我仍然感觉变化未免太快。

会议期间我参加了胡耀邦同志与大会部分领导人员的见面。我只记得耀邦说：“老乡见老乡，两眼泪汪汪，老（团）干见新（团）干，大家拼命干！”不论何时，胡耀邦同志总是热情燃烧，宣传鼓动，干劲冲天。而我已经不是当年那个年轻的团区委干部喽。

我的记者任务带来的是报告文学《火之歌》，写南京的“四五”英雄李西宁。我写得很努力，也很拘谨。我还写了一篇散文《敬礼，合金钢》，称这些经历锻炼、富有正义感的青年为合金钢，此文发在一个青年杂志上，颇有反响。而报告文学，我只记得在市文联一次座谈会上，初次见到张洁，她提到了此作并给予称赞。

在会上我见到了王照华同志，与他谈了我一九五八年的事情，这是根据韦君宜同志的意见办的。

九月，我也见到了君宜，她要言不烦。第一，决定立即出我的《青春万岁》，只要稍稍改动一点易被认为感情不够健康的段落，如写到的杨蔷云的春季的迷惑即可，但要写一篇后记，说明是当时写的，不一定完全符合当前规格。第二，她认为时机已是适合，我当提出甄别二十世纪五十年代的右派问题与调回北京来了。她还让我去找了在市委工作的项子明同志。项子明也是地下党学生运动的领导人，中华人民共和国成立初期他的身份是学校支部工作科科长。曾任北大党委书记等职，后来结合在市“革委会”里。项子明也算老相识，对我很热情。进一步找到了市委组织部的黎光与沈谦等有关领导。黎光是我的入党介绍人。而沈与我的姐姐、姐夫都很熟悉，大家都是北京的学生中的地下党员，他们对我关心备至，几乎是有求必应的。

我参加了刘仁同志的追悼会，来的人比上级规定的人数多出了许多倍。提起刘仁，提起华北局城市工作部，来自地下党的同志无不心潮澎湃，而刘仁被“四人帮”迫害致死之惨状更是骇人听闻。二十七年后即二〇〇六年，我在河北省泊头市第一次参观了灰瓦高墙地点偏僻、院落神秘的华北局城市工作部旧址，感慨系之。这是当年平津地下党员的圣地，我当年中心区的一位同事李永华，从白区到了解放区，他步行一步步走到了城工部，他说是走到城工部，人都瘫在那里了。而城工部的副部长之一是武光，曾任北京航空学院院长，后任新疆维吾尔自治区党委副书记与自治区人民政府副主席，多年后他退下来，担任振兴河北梆子协会会长。我们在新疆、在北京听梆子戏的时候，都见过。

毛主席晚年常讲党心民心党员之心，那时听着还有点模糊，一参加刘仁同志的追悼会，我算明白什么叫党员之心啦。

团市委的各色追悼会我也参加了不少。死者长已矣，生者仍恻恻。

当然，从来没有人追悼徐宝伦或者L，即李鲁同志。他的妹妹在读了我的自传的头一部后写信告诉我，他并非死于劳改队，而是在完成劳改后回到家乡，不久因癌症辞世。还有生前有自己的隐痛也有自己的阴沉的负担与心计的班长薛德顺……愿他们的亡灵也能够得到安息。

苏联在后斯大林时期有过所谓解冻文学，语出爱伦堡的中篇小说《解冻》。我则宁愿挑选“返青”或者“转机”这两个词。经过了多么长时间的荒凉，把多少苗芽压到了地表之下，突然，一株绿了，又一株顶开了瓦块和片石，伸展出了腰身，然后是可以预期的大地苍翠。

在我出发赴北戴河之前我从新疆给中央人民广播电台邵燕祥写了一信，差不多同时，他从北京给新疆文联写了一信找我，二信对发，也算友谊与缘分了。我从北戴河回京后到西便门广播局宿舍去看望了他。从他那里得知了林斤澜的地址，就在芳娘家的近处，幸福楼。我很快看到了老林，不久出席了林的请客，不但看到了邓友梅、从维熙、刘绍棠、邵燕祥、刘真，还看到了浩然。当时广东的《作品》杂志发起了对于浩然的批评，人称《作品》发射了中程导弹。而在林斤澜这里，一片团结起来搞创作的皆大欢喜气氛。林斤澜比我大十好几岁，人称林大哥，很有团结四面、安定文场的气概。林大哥定了调子，包括“文革”中被浩然点名批判过的刘绍棠对浩然也是称兄道弟，亲如手足。倒是浩兄似乎仍在耿耿于怀，委屈、失望、不服……他适应不了从云端跌下的落差。

我们在老林那里聚谈甚欢，笑声不断，说的都是“文革”中极左分子的笑话，这些笑话与社会上流传的例如曾任“文革”时期《人民日报》负责人的鲁瑛的笑话异曲同工，说是鲁曾将班达拉奈克夫人称为班禅夫人，把赤裸裸读成吃果果。还说到一位曾居高位的坐火箭上来的人，在接待外宾时听到外国人对于中国古代医书作者李时珍的称道便问：“李时珍同志来了没有？”

有什么办法呢？知识分子就是多认几个字，多知道一点古往今来、趣闻逸事。排斥知识的人必定出丑。而有点小小知识的人又着实可怜：我们知道的不过是裸不读果，班达拉奈克夫人出自东南亚的斯里兰卡国罢了，又有多大出息？

而最妙的是江苏的陆文夫正在北京电影制片厂改剧本，那时候的各电影厂都在拉着一批作家改本子，作家们借此也探亲访友一番，算是文艺复活、作家复生的一景。他辗转打听到我在北京，便与他的妻子管毓柔一起到我的岳母家崇文区光明楼找到了我。陆文夫比我大六岁，江苏泰兴人，他在苏州上的中学，毕业后一九四六年到苏北老区上了华东军政大学，一九四九年随着解放军的渡江船只过了江，又到了苏州。他与苏州结下了不解之缘，长于斯，写于斯，逝于斯，甚至获得了“陆苏州”的美誉。

一九五六年由作协编辑的年度短篇小说选中，我的《组织部来了个年轻人》与他的《小巷深处》同列，我们之间有一种同科“进士”之感。

又同科落难。一九五七年，江苏几个青年作家要办“同人刊物”《探求者》，出了一期，表示要好好探求，定为反党集团事件。陆由于不是党员，没戴帽子，但一下子降了三级，这一闷棍着实不轻。我是戴帽子没降级，他是狠降级不戴帽子，我们的不同遭遇表现了那个年代少有的生活的多样性。

“大跃进”以后，陆文夫似乎稍稍活跃了那么几下子，茅盾还评论过他的作品，到了一九六三年以后，文艺界叫作搞了一下“假整风”，已经假得文夫狼狈不堪，干脆送到工厂做工去了。

一九七八年夏，被封杀者纷纷露头，文夫也不例外，我在《人民文学》上读了他的小说《献身》，他写得非常动情，我读得也非常感动。我们见面，有一种大难幸存、相濡以沫的感慨，也有一种天涯比邻、（即使从不见面）相知相惜的温热。其实我们过去并无私交，现今一见如故：同是天涯沦落人，相逢何必曾相识。“文革”灾难，造成了那几年的前所未有的作家间的团结和友谊，文人相轻已经变成了同生死，共患难。却原来，文学如此脆弱，并非一旦可以绝灭；作家如此无能，也非雷霆——哪怕是反复大轰大嗡——可以摧毁。

他的好友，江苏著名作家方之同来或是以后也来了，并建议我们一起去看望一次周扬，方之负责去联系，从方之那里我第一次听到周扬的秘书谭小邢的名字，她的笔名则被更多的人知道：逯菲。

时周扬任社会科学院副院长，胡乔木是院长，陈荒煤是文学研究所所长。当时的一些文艺机构或者已经被解散（如文联作协），尚未恢复，或者太敏感，暂时不宜由原来的老领导“还乡”杀回，便先贮藏到社会科学院，也是过渡一景。

周扬精神很好，风度依然，无法想象他是怎样度过了“文革”一难，我们的领导干部还是真经得住折腾。美其名曰“锻炼锻炼”。我们与周扬同志谈得高兴，周扬并关心我的工作，说是社科院要成立民族文学研究所，可以把我调来。

通过文夫我知道了张弦的情况，他在“文革”中在马鞍山电影院收门票，怪道他一复出便写了一个由于胶片翻倒造成了政治冤案的故事《记忆》。他正在争取把工作转到南京来，马鞍山行政区划上虽属安徽，实际离江苏更近。

我住在岳母家时期，常常绕着龙潭湖漫步。我非常想写一部能更充分地发挥我的精细描写与浪漫抒情特点的作品，我要写一篇风格追逐钦吉斯·艾特玛托夫的作品。我要用全部的心力歌唱新疆，歌唱大地，歌唱人民。我围着龙潭湖走了一圈又一圈，终于构思好了《歌神》。

请读这篇小说：

> 除了我正在恼怒，这初秋黄昏的田野上的一切，是多么美妙而且和谐！
>
> 落日给温雅地摆动着的、道路两侧的杨树林的顶端镀上了一层金辉，又透过竞相伸展的茂密的枝条，婆娑摇曳地飘洒到汩汩流淌着的、正在为播种冬麦而备墒的大渠的水面上……郁郁的秋草之中，时而抬起个把山羊或者毛驴的头颈……有一辆辆载重汽车驶过，挡风玻璃上滑动着橙色的、愈来愈清晰可触的落日……靠近“家”了，乳牛们撒开了欢，哞哞地叫着，拙笨而又起劲地摇摆着它们的肚腹和肥臀，蹚起了团团尘雾。
>
> ……
>
> 大地无言而变化有定……昼和夜、夏和秋、燥和湿、暑和寒更迭交替的时刻，空气、温度、微尘……一切都在升腾和下降，旋转和安歇……

几乎再找不到我写的别的小说，这样认真地描写风景，我是在写世界，写祖国，写边疆，而基本上没有什么自我表现。接着我写到了维吾尔人民的歌声：

> 好像在一个闷热的夏季，树叶颤动了……好像一个熟睡的婴儿，梦中听到了慈祥的召唤，他慢慢地、慢慢地张开了眼睛，他第一次看到了世界的光和影，看到了俯身向他微笑的美丽的母亲。
>
> ……一声高亢的呼唤，中断了连续，艾克兰穆蓦地把头一甩，用一只手支持着自己，放下弦琴，面对着苍茫的天上升起的第一颗星，

> 用一种全然不同的、天外飞来般的响亮的嗓音高唱……像洪水冲破了闸门，像春花在一个早上漫山红遍，像一千个盛装的维吾尔少女同时起舞，像扬场的时候无数金色的麦粒从天空撒落。艾克兰穆的歌儿从他的嗓子，从他的胸膛里迸放出来，升腾为奇异的精灵，在天空，在原野，在高山与流水之上回旋。我呢，也随着这歌声升起，再升起，飞翔，我看到了故乡大地是这样辽阔而自由，伊犁河奔腾叫啸，天山云杉肃穆苍劲，地面上繁花似锦……

百分之百的正面描写，认真的体验与衷心的歌颂，连续用着华丽的比喻与繁复的词语，这是谁写的呢？毕竟是经过了二十余年新奇的生活经验的王蒙！

> 啊，歌声，驯良而又剽悍的，乐天知命而又多情善感的维吾尔人怎么能离得开你！难道不是所有的维吾尔人在没有学会说话的时候就学会了唱歌，没有学会走路的时候就学会了跳舞吗？只是因为有了歌儿，这雪山上的松涛，这长河里的波浪，这百灵和黄鹂的啁啾，这天马的长嘶，车轮的吱呀和驼铃的叮咚，这呼唤孩子的母亲和呼唤母亲的孩子的大千音响才有了意义，有了魅力；只因为有了歌儿，人民的苦难，祖国的光荣，民族的命运，英雄的襟怀，少女的爱情……才都成为可以表达，可以被人同情和理解的了。维吾尔人的歌曲呀，就是维吾尔人的灵魂！

天马是伊犁马的别名。

无怪乎胡乔木同志独喜此篇作品。新疆话剧团的尚九骖给我写信，说是读了《歌神》才知道“才”字是几笔几画。在此篇中，我的思想感情是何等的规范正当，我的语言文字是何等的丰满雍容，我的艺术感觉是何等的敏锐周全，而作者的爱憎又是何等的热烈奔放！多数其他短作品，我都是突然受到某个细节、某个情绪的触动，所谓灵感激动了内心，铺染生长，以至全篇的。我的多数作品是被文思所挟持，被灵感所推动，是“它们”写我。而此作却是殚精竭虑的产物，来自整体性的歌唱愿望，清清晰晰，明明白白，是我在写“它”。故事情节完全符合口径，不但有批判

“文革”，而且有批判“苏修”，爱憎分明，立场坚定。顺便说一下，反修早已搞得如火如荼，我们这一代作家当中，文字中加进了反修内容的人绝无仅有，是王蒙才跟得这样紧，王蒙已经做到了指向哪里，打向哪里，而且打得有声有色、有才有艺了。

如果我一直这样写下去呢？

5. 大难之后

一九七八年秋，更重大的事件是党的十一届三中全会的举行。借着三中全会的东风，文学界毫不犹豫地进行了一系列平反。三中全会一闭幕，在新侨饭店，举行了大规模的座谈会，宣布为一大批曾被错误地批判否定过的所谓毒草作品平反，其中就有《组织部来了个年轻人》，我得到通知，去开会和讲话。

我还有点不知就里，什么为《组织部来了个年轻人》平反？我自己怎么为自己平反？不是应该由组织来说话吗？怎么成了我个人的事情？到了会场，诗人柯岩热情地对我说："你讲讲，你讲讲……"我说："由我个人说合适吗？"她笑了，她说："那你说点合适的……"

我的发言低调，无非是说那篇作品并非敌对，不必那样上纲上线。

别人讲了些什么我已完全忘记，但是许多多灾多难的作品，一股脑儿一家伙就解了禁了。解禁之容易如同动一根手指，我要说是糊里糊涂就没了事了，与狠打猛批时的庄严隆重、用出九牛二虎之力，雄辩而且煽情，叫作高屋建瓴而且势如破竹，成为鲜明的对比。大大小小，内内外外，斗起来拼老命，白刀子进，红刀子出，不惜一切代价。时过境迁，了结起来不过是"一风吹"三个字，划错了三个字，改正两个字，此事之方便简单，甚至使我不敢相信其严肃性与可靠性。莫非历史的写成与作废就是这样简单容易？历史的转折就是这样一挥而就？

几个月以前，几星期以前，还没有什么人会大胆设想二十年的一次又一次的大批判就这样土崩瓦解，云消雾散。万物生于有，有生于无，有终于变成了无，无中生有与有终归无，同样是万众一心，全无异议……这叫啥呢？

我甚至于为当年那些响应号召批判或者由于“觉悟”自动杀出来批判的伙计叫屈，你们费尽心思，你们深文周纳，你们罗织罪名，你们扶摇直上，你们独占鳌头，你们中的代表人物姚文元一直当到了政治局委员，而你们的心狠手辣刺刀见红的贡献与成果竟然在一个早晨就一风吹散，不留痕迹，甚至连一个小手指都不需要动一动，你们的“上层建筑”就化为齑粉了，你们该有多冤！你们把青春汗水脑汁和名誉献给了以姚生（这是广东话，先生可简称为“生”）为领军人物的文艺大批判，当初你们哪怕是只干描红模子或者装订扫盲小册子，也比干这个的下场好一些啊。

后来过了许多年，一次听陈荒煤同志对社科院的研究人员说：“请你们注意，不要随便写那种奉命的批判文章，写完，最后编你的评论集的时候，一篇也不能往集子里边收，我这方面是有教训的。”

（王按，包括可敬的夏衍与周扬同志，在为他们编文集的时候，都碰到过类似问题，真是令人叹息！）

宣传的声势很大很大。据说第二天早晨中央人民广播电台的新闻和报纸摘要节目的头条，就是一批文艺作品平反的消息，而《人民日报》的头条标题中特别提到了《组织部来了个年轻人》的名字。

那时有那时的朝气、勇气、豪气、热气，主持这一工作的不过是文联与作协的筹备组，定了，就干，赶紧干，也就成了。这就是潮流与民心的力量了。

我没听到广播，但是芳远在乌鲁木齐，听到了，她激动地写信来，说是中央已经向全世界宣布了对于王蒙作品的平反。

好像只剩下了我自己，似信非信，仍然有点二乎。

已是初冬，此会一过，我打道回乌鲁木齐去了。

回到乌鲁木齐位于十四中学的自己的家，才感到了房间是那样狭小，照明是那样不足，红砖砌的地面缝子大，不平坦而且日久了变得黝黑。比较一下，北京诸亲友家的洋灰地是多么整洁呀。怎么了？我已经不那么安于满于现状了吗？人就是这样浅薄，这样轻浮，这样容易满足和不满足，这样容易恐惧也容易张狂，这样容易焦虑也容易想入非非，干脆说，王某就是这样廉价，这样为外物所左右的吗？

不，我没有什么具体的想法，平反也好，回京也好，都还没有敲定。

岁末，我收到了寄来的一张《光明日报》，副刊上发表了我的《青春万岁后记》，这太出乎意外，我并没有将稿子给他们，是出版社拿过去的。小小后记，多少言语：

……我终于同意了，就让这往日的带着露珠的小草儿与读者见面吧，它多少也反映着新中国的朝阳的光辉……并谨以此书献给一九五三年北京市东四区马特洛索夫夏令营的朋友们……

回顾昨日，愧勉有加，瞻望明天，壮心不已。

这里有多少微笑，多少泪花，多少往事，多少当今！从开始写《青春万岁》，已有二十五年有余，等待的时间比我动笔时生命经历过的日月还长。历史荒唐与严酷起来迹近疯狂，莫名其妙，如今却忽然间露出了笑脸，叫作脉脉含情。岁月已逝，青春何堪？何昔日之芳草兮，而今为此萧艾也！

然而堂堂正正的一张大报，代表着权威、地位与“精英社会”（虽然没有人承认这样的名词）的一张中共中央主办的报纸，上面清晰无误地印刷着的长宋体（也许是楷体？）字“王蒙”，印着更大的标题“《青春万岁》后记”黑体字。这怎么让人如此舒服！

舒服得何等悲伤！

我们立即收到了《光明日报》转来的芳的老同学，也是当年的团干部，马特洛索夫夏令营的“营干部”程庆荪的来信，她说她接收到了“营长”王蒙的召唤，她是天津一所中学的优秀语文教员，她献身教育，永怀青年时代的革命理想，永远纯真如初。她给学生讲解高尔基的《海燕》的时候向来是热泪盈眶。她的儿子就是钱程，承包过音乐厅，成绩卓著，名噪一时，后因经济问题身陷囹圄。现已假释。

叫作立竿见影。我们这个社会，吗事都是立竿见影，这是可喜还是可哀？

我们在重温一九五三年北京西苑马特洛索夫夏令营篝火的激动中迎来了一九七九年。记忆复活了，青春复活了，友谊复活了，文学也复活了。我们进入了当代中国的复活节日，复活的季节。二十余年前程庆荪老师是女二中团总支部的组织干事，常常送待批的新团员入团申请书到团区委来，芳多次托她给我带信。团区委的同事有人开玩笑，说程是我们的红娘——其实她是被蒙在鼓里的。

一月，我收到了人民文学出版社召集长篇小说座谈会的邀请，乘伊尔–62飞机去的。住在友谊宾馆。我与当时可能是在内蒙古，后到了山西的焦祖尧同住一室，他的《工程师和他的女儿》一书刚刚出版。他的作风比较稳健谦逊，易于相处。同会的还有内蒙古的冯苓植，他的长篇小说《阿力玛斯之歌》是那个时期的重要作品。黑龙江的刘亚舟（不是刘亚洲）、上海的孙颙（现任上海市新闻出版局局长）与竹林……多为新秀。我记得那时在会上大家谈得最多的仍然是文学与政治、文学与现实、文学与生活的关系。我则谈了两点略有创见的意见。一个我说，希望今后的作协不再具有消灭作家的职能。因为，前一个历史时期，作协的重要，作协的威严，恰恰在于每逢运动，作协一开重要会议，完结后，几个作家就这样被消灭——打入冷宫——了。一个我说，文学要追寻我们的精神支柱，这比伤痕、反思（历史经验教训）什么的更重要。我们的生活、我们的人，失去了精神支柱，这太可怕了。我们曾经从左翼文艺运动中寻找精神支柱，我们曾经从苏联文学中寻找精神支柱，我们曾经从一些著名人物的生平与事迹中寻找精神支柱，然而，可悲的是，这些支柱一一被连续摧毁了。这怎么成呢?

这个会当然表达了有关方面繁荣创作的心愿。会一开，也增加了穿着整齐、谈吐文雅的写作人的人五人六感。更重要的却是借此次进京，我完成了大事。

经过一些手续，由当时的团北京市委给我下了“改正”通知，一九五八年的事不算了。还给我向新疆维吾尔自治区党委开出了党员组织关系介绍信，时在我离开北京到达新疆十五年余之后。似乎不可思议，反而低头无语。时间是可怕的，时间使激动变成了惶惑与木然。据说中国人的说法是得病如山倒，去病如抽丝，而我的政治急腹症，却是得病如排山倒海，风云雷电，如庄严的祭祀大典，去病如弹指儿戏，如早已褪了色走了味的淡茶。甚至没有什么人想多对你说一句话，说一句对不起或者祝你好运，或者，哪怕是请好自为之。

当然，共青团机构还不像别的单位，干部轮换很快，此时的团市委已经无人相识，接待我的至少小我十八岁的工作人员态度冷淡、倨傲，彼此皆感陌生，互无兴趣，人家不过是执行公事。

世事变化，几个月后，团市委人员的面孔都变了。不是变新了而是变旧了：那些被认为是“文革”时期上来的团市委干部多转了岗，而此后的团北京市委，已经是由我们那个时期的团市委的老干部金鉴回来任书记，由我的老搭档王晋等任副书记了。王晋等老同事为了回来工作染黑了头发，并拉着我担任了北京市青联副主席。儿童文学作家刘厚明一直以此打趣，说是此时他任全国青联副主席，说明他正对口是我的“上级”。

与此差不多同时，中共北京市委的调函也已开出，这时已经有了“摘帽办”，按照统一的政策负责改正错划右派与“收回”这些人员。

其中的李鲁已经去世。另一位被劳动教养后遣返家乡务农的广东人W，则还健在，似已接近耳聋眼瞎，不成样子了。我仗着年轻，硬算是没受太大的罪，不幸中有大幸焉。

我回到新疆，众友人嗟叹不已，也有人说真是三十年河东、三十年河西呀。

河东河西，这也是一种制衡，可惜的是，并非共时性的制衡，而是时间纵轴上的平衡。所以中国更需要毋为已甚，留有余地，乃至道中庸而极高明。这些道理是后来才悟到的。

我与领导谈回京事，领导当然理解支持，但也叹息，我们新疆成了什么地方啦，一不受冤屈了，也就该走了。

叫作沉冤昭雪吧，虽然这种说法对于我似乎有点封建性。平平静静地回到新疆以后，有一件小事倒是值得一提。就是此时至少是在新疆文联，邓丽君的歌曲风靡起来了。我很可惜那么多各类治史专家没有人研究一下二十世纪七十年代末八十年代初出现在中国内地的邓丽君热。没有人知道它是怎么来的、怎么站住的。谁是始作俑者呢？开头，似乎是偷偷地听，说偷听吧，又不像听到海外华语广播那么紧张那么犯私，“文革”中偷听“敌台”一项罪名足够判你个反革命，而邓丽君自始便是听则听矣，喜则喜矣，粉（丝）则粉矣，无大碍但也始终不那么合法。例如，时至今日，没有一个大电视台或广播电台正经八百地上过邓丽君的歌。没有一次正经八百的音乐会或歌舞晚会上上过邓丽君唱红了的歌。其中她唱的《何日君再来》与《夜来香》（都不是她首唱的）更始终具有一种政治上的可疑性，大概被看作“敌伪歌曲”的吧。开始时至少邓丽君是不登大雅之堂的，还有一种说法，说是在人家香港，邓丽君早已过时了，中国内地行时邓某，纯粹是不赶趟儿。但这样说同样也未能给邓丽君热降温。

一位现在已经誉满全球的定居海外的大作家老弟，就告诉过我，他写作时一定要用录放机放着邓丽君的歌曲。

一九七九年春我“改正”（昭雪）完了回到新疆文联，听到一位天津籍的会计小女孩在放邓丽君的歌曲，她坦然地向我推荐那首《千言万语》，说是怎么怎么好听。我听了两次，觉得不错，调调记了个八九不离十。但我只是莞尔一笑，没有说一句邓丽君歌曲的好话，说明其时我对意识形态问题仍抱着极其警惕与慎重的态度。从此我知道了个词叫“爱的寂寞”，这个词是否通顺，是否无病呻吟，我一直抱着疑问，但它带来了些另类的感受、另类的信息。

而且我有时也哼哼起“爱的寂寞”来了，那时还不知道“千言万语”是歌名。我后来甚至想，允许文艺中出现一点无病呻吟，出现一点速朽准废料，出现一点浅薄小市民和搔首弄姿、撒娇撒赖，允许（不是提倡）唱一点诸如“我的心太软”“爱就爱了”“你背着我爱上了旁人”“不求天长地久”之类的无聊之作，这当然不理想，但是却又难于避免。这当然可以批评（其实也无劳伟大精英型思想者们批评，伟大精英的思想如同精确制导弹道导弹，本来不应该浪费在这些无聊也无大害的哼哼着的蚊子与吱吱着的小鸟上），它的出现却仍然是一种宽松与和谐的符号，而不是动辄一脸悲情的阶级斗争硝烟。

好玩的是，一九八二年冬，我与一位长春作家傅先生共去西沙群岛，我没事就哼哼邓丽君式的“爱的寂寞”，我咏的调儿十分不准，傅先生本来唱得好好的，被我的走调的“爱的寂寞”所误导，竟然一阵子怎么也唱不出应唱出的调子来了。看到他沮丧的样子，我像一个坏孩子完成了恶作剧一样，很有些欢喜。

后来，我倒是把“爱的寂寞”云云写到小说《蝴蝶》里去了。老导演齐兴家据此改编并导演的影片《大地之子》里出现了邓丽君的此歌，不知道这算一个亮点？花絮？噱头？穷极无聊？纪念？

这时又收到《人民文学》杂志社关于拙作《最宝贵的》获得一九七七、一九七八年度最佳短篇小说奖与即将在京召开颁奖大会的通知。我不好意思刚回来又走，我也知道整个自治区创作研究室（尚未恢复成文联）的出差费极困难，我这么连连飞去飞回，岂不缺德？但是北京方面极重视这个“文革”后的第一次小说颁奖，不断来电话催，最后我还是去了。

这次会议也带有劫后重逢，作家复活、文学复生、二十年后仍是一批好汉的性质。刘心武的《班主任》如新科状元。陆文夫的《献身》、萧平的《墓场与鲜花》、邓友梅的《我们的军长》、宗璞的《弦上的梦》、王愿坚的《足迹》都获了奖。这些应该算是所谓二十世纪五十年代作家。此外还有贾平凹、贾大山、刘富道、祝兴运、李陀、成一、张承志、莫伸等新人的作品。卢新华的《伤痕》是发表在《文汇报》上的，是一大批同类作品命名为伤痕文学的来由，这次也获了奖。唯一的老作家是周立波，他的《湘江一夜》，在获奖名单之上。张洁的《森林里来的孩子》在《北京文学》上一发表，就引起了极好的反响，而此文是《人民文学》的退稿，而且决定退此稿的是该杂志最优秀、最有影响的老编辑。呜呼，识文亦难也。在回忆各种文坛佳话趣话的时候，人们会讲许多自己在发现新人、扶植佳作方面的故事，谁不愿意大讲过五关斩六将？谁又愿意毫无惧色地说说走麦城的经历？知耻近乎勇，中国人这点认识是何等的宝贵！

我们住在“向阳一所”，据说这与“二所”都是为了民众瞻仰毛主席纪念堂而新修建的，现在，一所即崇文门招待所，二所即宣武门招待所。茅盾、周扬都在颁奖会上讲了话，对于当时以刘心武为代表的伤痕文学，甚表支持。

外文局的日本籍专家押川雄孝参加了颁奖活动，抓住邓友梅与我等合影，我忍不住说刻薄话的恶习，便对邓说，想不到牛鬼蛇神一下子变成了珍禽异兽。后见到时为十岁的女儿伊欢，我也自嘲变成了珍禽异兽。女儿当然不理解我的命运变迁，却已经学过珍禽异兽一词，为了表示她完全懂这个词，她从字面上解释说：“金丝猴！”我大笑如哭。

李陀的得奖作品是《愿你听到这首歌》。李时称小孟，真名孟克勤，达斡尔族，工人，讲话非常生动，喜欢东拉西扯，引经据典。贾大山评曰：“……真是上知天文，下知地理哟！”话中不无别的话。

据说后来他回到正定，他的家乡，他称这批作家是一堆“狗男女”，有此一说，查无实据，聊供解颐，不妨参考。中国的事没有那么简单，所谓文坛的人都伶牙俐齿，是非多，说吗的都有，不可不查。

张承志的得奖作品是《骑手为什么歌唱母亲》，相当正面地叙述在蒙古族牧民中插队时对于蒙古劳动人民、老额妈的情感，我是很能够体会这种情感的，这里边有美好的东西。而历史是被十分粗糙地记忆着的，后来，“上山下乡”越来越被写成一个大灾难了。而这些灾难的描写，也有十足的真实依据。张承志发言中说到对于“文革”中的青年人（红卫兵）希望各位手下留情。他所珍爱的青春与他预感到的对于他的珍爱的威胁，使我一怔。虽然我对他的作品和形象风度极为欣赏，我还做不到各美其美，美人之美，爱屋及乌（或红）。

当笔者写这段回忆的时候距离“文革”后的第一次短篇小说颁奖会已经二十七年，二十七个春秋的变化也是罄竹难书（这里打趣一下，并非与阿扁一样不会用这个成语）。回顾一下名单，周立波、陆文夫已经作古。张洁、贾平凹如日中天。张承志特立独行，忧愤沉郁，声音渐稀。宗璞以老病之身不断贡献着精品力作。有的人已经当过了各层作协主席、副主席，现已退下。有的则正在张主席李主席地知白守黑，知雄守雌。有的虽然没有辍笔，嘀嘀嘚嘚，但也不再有当年的动静。多数“金丝猴”儿已经偃旗息鼓，其余的包括王某，正在走向尾声。

时列榜眼——第二名的是王亚平的小说《神圣的使命》，写一个老公安干部反冤假错案的故事。《人民日报》曾经专门发表一篇评论员文章，支持和提倡这篇作品，我想这后面有与“凡是派”斗争的背景，但对于一篇小说来说，也够吓人的。小王是获奖作者中年龄最小的一位，他后来参加报道自卫反击战，说是他（在战地？）买了一只猴子做伴，引人非议。再后来去美国读中国现当代文学。我在一九八二年在纽约见过他一次，后来失去了联系。另一名唯一以科幻故事入围的作者是四川大学教师童恩正，篇名《珊瑚岛上的死光》，后来也移民美国。而卢新华则很有一段时间在美国某俱乐部当分牌员，近年还写了以赌城生活为题材的书。我早就在小说里写过，中国人的戏路子最宽。

萧平的作品一直受我喜爱，他的《海滨的孩子》写得远远好于我们一些人，却只是一九五六年第一次青年创作会议的列席代表，使我为之不平。他的写老区革命者的文字如《三月雪》，也极受好评。这次他的获奖小说，相对来说比较平缓悠长，多了些人生沧桑的感慨，少了些深揭猛批的急迫。后来他任烟台师范学院院长，新作渐稀。二十世纪九十年代见到他时，他已退休，颇有笑看花开花落、闲说云长云消的从容。还有一名似乎是六十年代后渐渐出名的写农村题材的作家张有德，他的获奖小说是《辣椒》，写得极好，无后来的音讯。

生活越来越正常化，反而是平常化了。不知道对于追求暴风和雷电的人来说，这后来的宝刀入鞘、马放南山的一切，幸欤，悲欤？

历史的转变也提供了机遇，一大批当时的所谓“中、青年作家”红火了起来。有人抱怨此后的写得更好的人未必得到了同样的重视与安排（如当了什么委员什么理事之类，不要以为作家应该清高，作家俗起来是能够做到比一切俗人都恶俗的，正像作家如果真的而不是假的清高起来，确实可以脱俗拔尘一样）。

还有的说那时得奖的作品只是伪文学，这也完全脱离了当时的情况，只能说如此站着说话不腰疼的人太幸福了，你们总算掉到蜜罐子啦（这是当年最爱责备青年人的话，说他们从小生活在新社会，身在福中不知福，掉到蜜罐子里不知道甜啊）。你们总算可以指点江山，激扬文字，粪土一切得过二百元奖金的冲锋陷阵的作家们了，你们已经是说大话不用上税的了，祝贺你们。

但也不无可议。那时的以冯牧为代表的文学领导们，本来可以更注重一点小说的艺术性啊。

领完奖回到新疆，开始办理调回北京的事宜。只是在这时刻我想起了点自己的豪情，或者叫作牛皮。想当初来疆的时候我曾经私下说过，能做出一番事业，户口在哪儿，关系在哪儿，算哪儿的人，根本不是问题。天生我材必有用，千金散尽还复来。有力量走，就有力量回。而如果未能做成什么，好吧，长叹一声，是我没有出息——我是无怨无悔。新疆待长了以后，我确实并无长铗之叹，我多次对姐姐说过，我现在已经是“胡人”了。有好友和亲属对我说，新疆好是好，只是太远了些。我回答说，你们在北京，觉得新疆远；我在新疆，还觉得北京远呢。

我受到了自治区文联诸同志的热情相送，各种好话，暖人心肺。作协秘书长韩文辉（后任新疆新华分社社长），特别说王某的“思想很好”。人在逆境，往往会谦虚谨慎，注意尊重他人，克制私心，克制骄娇蛮横……对于老韩对我的夸奖，我做如是解。

我变得很期待，很忙碌，要读要写要关注全国的政治形势与文化动态（谁让我这一辈子个人的命运与大形势老是那么息息相关），要与新老文友与各有关方面联系，与新疆某些老友在一起，开始感觉赔不起时间了，一喝酒大半天，划拳行令，我心疼时间心疼得要命。呜呼，我开始变化了吗？鲁迅诗云，一阔脸就变，所砍头渐多。我并没有阔，也没有砍谁谁头的动机，但是我已经发现了自己在起一些变化。以此为题材，我写了小说《友人和烟》，已经无法是好了，好事坏事，大事小事，已经都成了小说的题材、小说的资源。可资炫耀的，要写；笃定挨骂的，也得写出来。果然，我的新疆酒友们对此篇大不以为然。

一九七九年六月十二日，我与芳“举家”乘七十次列车离开乌鲁木齐，大儿子王山还在新疆大学读书，不跟着我们。二儿子王石则在陕西三原读军校。女儿伊欢，一九七八年年底已经回到北京借读小学。那时新疆是春季始业，北京是秋季始业，她等于跳了半年班，对付了一下子，也跟上了。

到站台上送我们的达四十多人，车内车外，竟然哭成了一片。芳一直哭个不住。新疆，我们有缘，你对我们有恩，客观上，正是新疆人保护了我，新疆风习培育了我，新疆的雄阔开拓了我，新疆的尤其是维吾尔人的幽默熏陶了我。不论是在什么特殊情况下来的新疆，新疆好，新疆维吾尔自治区人好，新疆的值得学习消化的知识多，新疆的文化对于逆境者是一件御寒的袷袢，是一碗热茶。有生之年，我永远爱新疆，想念新疆，我永远会怀着最美好的心情回忆我在新疆的经历。虽然也有苦涩，整体仍是阳光。

我想起了老房东阿卜都热合曼突然高兴时唱的一首歌：

我也要去呵，
在世界上转一转，
如果平安呵，
回到生我养我的故乡。

维吾尔语发音用拉丁字母拼写则是：

Man mo bariman，
Dunya aylinixka，

Isan bolsam kalarman,
Togolgan oskan yarim ga.

而维吾尔人的一个家喻户晓的谚语是：“好男儿自当经历一切（酸甜苦辣）。”

6. 难忘的东华门小驻

一九六三年十二月，我将妇携雏，变卖床具，抱着死马当活马医的心情与远游他乡的好奇心、自娱心，却也有冒险心、不甘心离开北京。近十六年以后，一九七九年六月十四日，我与芳双双回京。我的接收单位是市文联，她则到了七十二中继续教她的高中物理。

两个儿子仍留在大西北，我曾经试图想法给大儿子转学到北京，没门儿。对于他们的挂念影响了我对于此后的生活的选择。我必须打足精神，做好一切，更好地做一切。我没有选择清高、归隐与自我边缘化，原因之一是我还对儿子负有责任，哪怕这是最最不重要的因素也罢。我必须承认有这个因素。

没有房子住，我的物品暂时存放于市文联库房。经文联领导关照，临时安排我住到市文化局北池子招待所。时于市文联负责日常工作的是朱璜与郑德山，他们都是我在团市委时的老同事，当然对我很关心帮助。

北池子招待所原是一个小小的剧团的排练场，好像还有一个舞台，现在干脆用塑料板遮住了天井的上空，增加了一点活动平面，例如公用电话就在棚子下边。那时的人们，为了多一点遮阳避雨的地方，正在毁掉最后一块空地。我们住的六号房间约有十平方米，窗外是公共电视，每晚大家在此看电视，喧闹异常。门前则是公共盥洗室，水声嘹亮，香皂与牙膏气味芬芳。找我的电话不少，多是约稿的，经常会听到一位胖胖的和蔼的女服务员用洪亮的声音喊叫："六号，电话！"

这个住所还是留下了许多记忆、许多温馨。我在这里写下了《布礼》《蝴蝶》《夜的眼》和一些评论。我在这里见到了到京组稿的陕西老作家贺鸿钧（李若冰的夫人）与董得理，他们担任着很有品位与影响的《延河》杂志的副主编。我在这里见到了黑龙江《北方文学》的资深编辑鲁秀珍女士。她有一种真诚和亲和力，她有好几次睡眼惺忪地被叫醒去接电话，被我看见。《光明日报》的银发老编辑黎丁与文艺评论版的史美圣也与我见了面。碰到贺、董、鲁、黎、史等这样好的编辑，你不能不产生负（文）债感。

有许多老友到这里来看望了我们，包括作家张弦，老团干部范与中、程庆荪等。还有一些记者到这里来对我进行了采访，包括《文艺报》的雷达，《工人日报》的王晨——现为人民日报社长——等。

靠近东华门的这个招待所，位置恰在黄金宝地，我们常常晨昏时节从这里到故宫周围的筒子河散步。垂柳、水光、晨星、夕阳、黄金般地流光溢彩的故宫角楼，令人快乐地流泪。雷霆万钧，狂风暴雨，咋呼归咋呼，咋呼完了北京人仍是那么悠闲，那么自在，那么与生活亲密无间。有提着笼子遛鸟儿的，有骑着自行车带着恋人的，有带着半导体收音机听早间的新闻广播的，有边走边吃炸油饼的。常常看到听到有年轻人提着录放机，播放着当时流行的《乡恋》《太阳岛上》《我心中的玫瑰》……播放着李谷一、朱逢博、邓丽君、郑绪岚，得意扬扬地自路边走过。有一次看到一群人围着一个弹电吉他的年轻人，听他弹琴唱歌，令人对社会生活、青年人的生活的解放与新意留下印象。我在一本“自发刊物”上读到了一篇署名刘树华的小说《吉他的朋友》，描写这样一位在大街上自娱的年轻人。用洋名词来说，是她首次写到了“文革”后出现的一个公共空间（public space）。她写得真好啊，可惜此后未见新作。

后来有说是筒子河这边发生了抢劫案件，劫匪把一对谈情说爱的情侣的手表抹（读妈）了下来。时老作家萧军刚刚安排到北京文联，据说萧老常到筒子河一带晨练，我告诉他要注意安全，他则豪迈地说：“什么？碰到坏人，不定谁把谁的表抹下来呢！”萧军自称是“不扣不鸣一老钟”，又自诩是“出土文物”。他的晚年脾气随和，心情舒畅，经常说一些一套套的话。如：“形势是严峻的，任务是艰巨的，责任是光荣的，心情是豪迈的。”（大意）他去完美国大讲印象最深的就是厕所干净，真干净啊。

但我也听说一位有地位有尊严有作品，风度与声音共鸣极佳的老作家、老领导，始终不同意为萧军平反。政治上因时因地的阵营调整、策略调整、利益调整、观念变化，似乎比文艺上的态度变化更容易。富有或自以为富有激情的作家们严峻起来，苦大仇深起来，钻起牛角尖来，比他们的领导——真正的政治家们要厉害多了。

向东走，没有几步就是东安市场，对于我们来说，入夜后王府井大街与东安市场的璀璨灯光与商品的琳琅满目，已经令人喟叹：久违了，北京，久违了，东安市场——“文革”时更名为东风市场，这种更名的幼稚与廉价令人觉得奇异，一个古老的国家怎么这么多小儿科？

这里越发是亮亮堂堂。在乌鲁木齐尤其是在伊犁，一入夜就是到处昏暗与静谧的啦。东安市场有一个中西门，进去就是书刊店。那时的杂志品类极少，除了政治宣传性的与少量自然科学性的以外，稍稍轻松一点的只有文艺主要是文学杂志。我多次在这里的几百瓦的白炽灯光下看到载有我的与朋友们的新作的杂志堂而皇之地摆在那里。《青春万岁》的第一版也摆到了那里，深绿色封面，小花图案，定价六角七分。我与芳远远看到一个年轻人掏钱买下了我的推迟了四分之一个世纪才出世的书，非常快乐。而上海电影制片厂的编辑刘果生已经迫不及待地与我联系改编电影剧本的问题了。

招待所没有伙食，我们就打游击。早晨多半会去吃炸油饼、喝豆浆。有一个蓬莱小馆，我们在那里吃过炒疙瘩和几角钱一碗的芝麻酱拌面条。后来的小说《风筝飘带》里运用了这方面的经验。有一个位于东华门大街上的路南的山东馆，算是稍稍正规一点的餐馆，我们在那里要过冰啤酒和木樨肉，它的炝锅的葱花特别香。附近的馄饨馆、面馆，我们也是常客。另外在南池子路西，有一家灌肠馆，生蒜味与猪油味都极刺激，与往日不同的是，过去，灌肠是粉红色的，现在变成米黄色的了。估计那个粉红乃是颜料的作用。

从筒子河西行，我们有时进入中山公园。那时逛公园的时候常常听到“游人须知”之类的广播，讲述游人的政治责任、法律义务和惩罚措施。除了禁止随地吐痰和乱丢果皮屑之外，须知还明确规定了严禁跳舞之类，那个时候说是出现了在公园聚众跳集体舞（还不是交谊舞）的新动向，引起了警惕和忧心，男男女女靠得那样近，有时还手拉着或碰着手跳腾，谁能保不出事？告别乌鲁木齐的时候，新疆的一些单位已经批判开交谊舞了，上纲说交谊舞的动机是寻求性的刺激。据说一些大学里跳舞，工宣队员们在旁监督，边看边用阴沉的声音提醒青年男女学生：“注意舞姿！”其实集体舞是一九四九年后才兴起来的，二十世纪五十年代“五一”“十一”的天安门广场夜晚，大中学生都在那里跳集体舞。游园须知里还动辄出现“违规者处以罚款、驱逐出园，情节严重者送公安部门处理”的威胁字样，大大败坏了你去游公园的胃口。

然而北京人的生活胃口奇佳，威胁也罢教训也罢，挡不住逛公园的男男女女。这个年代公园里到处是人，不像后来人们还有咖啡馆、酒吧、D厅、豪华影院、茶楼茶室、足浴按摩……各种休闲消费场所可去。我们想在公园找个凳子坐，太难了，到处都坐得满满的（据说上海外滩那边座椅问题更加困难，那里的游人休息椅都是一张椅子坐两对情侣，各自拥抱热吻，互不相扰）。偶尔远远见到一把空椅，飞跑过去，一看，原来是椅边一大堆呕吐物。我把这个细节写到《风筝飘带》里，而且向伟大的祖国，辽阔的九百六十万平方公里土地呼吁：“给年轻人一个拥抱和接吻的地方吧。”《北京文学》的编辑、回城知青章德宁（现为该杂志社社长）称赞我写得如何真实。他们那一代人大概都尝到过那种无处落脚的滋味。

却又是劫后余生，百废待兴，百废俱兴，充满憧憬希望。

我们也去过劳动人民文化宫，对着中山公园，原名太庙。这里我们冒着夏日的雷阵雨与二十世纪五十年代的同学旧友，大部分是那时的团干部聚会，一起唱了许多革命歌儿和苏联歌儿。古柏青松在雷雨后，发出的芳香沁人心脾。估计那里的负离子老鼻子啦，不需要添置什么改善空气的装置。在那个夜晚，我甚至觉得，我们还没有老，我们并没有受到太多的什么打击，我们仍然充满阳光。少年时代的影响是太大了，我们的底色既然是那样明朗，谁又能让我们变得阴晦如铅呢?

这也是回击。你不可摧毁我，你不可毒化这一代，你不可用卑鄙的阴暗取代我们心头的太阳。

住房里有一张小小的书桌，我在这里一住下来就继续写上了《布礼》。天热无君子，我光着上身，下身也只穿一件小裤衩，一面在噪声中写呀写一面挥汗如雨。一次这样一副打扮接待了来访的记者，被称为赤膊上阵。

《布礼》此篇在新疆已经动笔。这里需要补叙一下，我在回疆办理调动期间还应我多次供过职的杂志《新疆文学》之邀写了风味独特的《买买提处长逸事》，副题是“维吾尔人的‘黑色幽默’”。正文前我标上了

"泪尽则喜"与"幽默感即智力的优越感"的自撰"格言"。还把幽默与空气阳光食品水并列为维持生活的基本要素。幽默是一种成人的智慧，我年轻时最不喜欢的就是幽默，我要的是煽情，是伤感，是献身的悲剧性，是一种价值激越，是爱欲其生恶欲其死的鲜明与决绝。劫后余生的王蒙，变得维吾尔人般地大大幽默起来，在某些事情上无可无不可起来。后来，尤其是二十一世纪到来前后，我也不止一次地遇到某类失望的愤青儿，也是惹不起锅只敢惹笊篱的愤青儿，对着我的笊篱式的幽默跳脚咒骂。这也是现世报应循环的一例吧。

后来这篇东西被朱虹翻译介绍给了美国，还被美国一家出版社收到一种小学语文课本里去了。

此外还写了《悠悠寸草心》与《友人和烟》，具体写作时间与情况，记不清了。

《布礼》自然没有多少幽默。我要写的是灵魂，是那个毒化人的心灵的岁月里人们所受到的灵魂的折磨。在那个年代的小说中是前所未有的，我写下了这样一些直面灵魂的句子：

> 黑夜，像墨汁染黑了的胶冻，黏黏糊糊，颤颤悠悠，不成形状却又并非无形。白发苍苍、两眼圆睁得像两口枯井一样的钟亦成拄着拐杖走在胶冻的抖颤中。呼啸着的狂风，来自无边的天空，又滚过了无垠的原野，消逝在无涯的墨海里。是闪电吗？是地光吗？是磷火还是流星？偶尔照亮了钟亦成在一个早上老下来的皱缩的、皮包着骨的脸颊。他举起手杖，向着虚无敲击，好像敲在一个老旧的门板上，发出剥、剥、剥的木然的声音。
>
> 钟亦成，钟亦成，钟亦成！
>
> 他发出的声音苍老而又遥远，紧张而又空洞，好像是俯身向一个干枯的大空缸说话时听到的回声。
>
> 钟亦成，钟亦成，钟亦成！
>
> 黑夜在旋转，在摇摆，在波动，在飘荡，狂风在奔突，在呼号，在四散，在飞扬。桅杆在大浪里倾斜，雪冠从山顶崩塌，地浆从岩石里喷涌，头颅在大街上滚来滚去……
>
> 钟亦成，钟亦成，你怎么了？

钟亦成，钟亦成，他死了。

闪电之后是彻底的黑暗。

寂静无声。暗淡无光。凝定无波。

王按，截至此处，也许能够看出鲁迅的《野草》的影响。下面是：

多么微小，好像一百个小提琴在一百公里以外奏起了弱音，好像一百支蜡烛在一百公里以外点燃起了青辉，好像一百个凌雪在一百公里以外向钟亦成招手……

布礼，布礼，布礼……你对我有什么意见？

他要追逐这布礼，他要去追逐这意见，他要抬起这难抬的、被按着的头，他要睁开眼，极目远望……

又是一道闪电，他看见钟亦成了，钟亦成就在凌雪的身边，戴着袖标，举着火炬。不，那不是火炬，那是一颗痛苦的、燃烧的心。

这里就不但有鲁迅了，有高尔基，有雨果，有蒙太奇，有交响乐，有贝多芬。

《布礼》里写了主人公的忠诚与冤屈，他所受到的许多不公正与残酷，他与凌雪的纯洁与勇敢。但是核心是上文这一段直入灵魂的疾书。这样的疾书，不敢说是唯一，至少也是极其少有。

我还要说，就在我完全不能写作的时期，我已经隐约准备着，一旦拿起笔，我要写出这黑暗中的空洞声音来。

“布礼”是布尔什维克的敬礼的简称，是共产党员们在中华人民共和国成立初期喜欢用的一个词，在自以为是职业的革命者的我们因公通信乃至私人信件中，常常写上“此致布礼”，这个词表达了革命者的一种骄傲与特殊身份感。后来，尤其是在中苏关系恶化以后，这个浪漫、（有点）幼稚（和装腔作势）、（过于苏联化）洋化的词已经从生活中蒸发。我当时以此作为我的第一部中篇小说的标题，包含了弘扬自己的强项：少年布尔什维克的特殊经历与曾经的职业革命者身份的动机。我相信，到了这个年代，除了我已经没有太多的人怀念互致布礼的岁月了。革命的成功弘扬了革命，却也消解了、褪尽了革命的浪漫色彩。革命的曲折也使人难以坚持——直至会嘲笑浪漫主义与理想主义。所以至今人们仍然不会忘情于切·格瓦拉，格瓦拉？我老王早就是过来人啦。

我偏要这样写，正是为了从另一个角度强调，那种怀疑和冷酷，那种内部的迫害与拒绝，那种打入冷宫长期废黜的做法是多么荒谬，多么丧尽天良，多么令人嗟叹。

中篇小说的突然行时，我记忆中与从维熙的率先实践有关，他的《第十个弹孔》与《大墙下的红玉兰》连续发表，我戏称他是“大墙文学之父”，而张贤亮只能算是“大墙文学之叔”。周扬读了从维熙的《第十个弹孔》，向我们称赞不已。

《布礼》的影响不算小。法共人道报出版社出了它的法译本。二十世纪八十年代末，美国乔治·华盛顿大学出版了它的英译本，蓝温蒂译。

小说是发表在才创刊不久的《当代》上的，具体是孟伟哉同志编的。后来《当代》的一位女编辑告诉我，上海作家王若望说这是一篇“表忠心”之作。香港方面的反应更差，不止一次有人说“布礼”的名称肉麻兮兮。这也不难理解。他们的经验、心思和情调，与我不可能那么合拍。正如我很长一段时间不无偏激地认定香港影片是专门为庸俗的白痴们拍摄的。同时，比较有在老区当儿童团的经验的李纳同志，就特别喜欢此作。李子云也以“永远的少共布尔什维克”为题写了评论文章。倒是我自己在一些场合表示永远做少共是不可能的，该成长一定要成长，不成长就会变成可笑的丑态百出的老莱子，乃至于，就是犯罪。

《当代》时任主编的是秦兆阳老师，他盛赞此篇。后来在评奖中篇小说时，因为每个作者只能得奖一篇，对于奖《布礼》还是奖《蝴蝶》争执不下。有人问起我个人的意见，我说就奖《蝴蝶》吧，此事使秦兆阳老师甚为恼火。因为奖了《蝴蝶》等于挖了《当代》的墙脚而为《十月》添彩。后来《当代》自己奖作品时也说道，既然王某自己不抬举《布礼》，我们何必追着求着去奖它呢？

秦老师是从广西回来的，他在“文革”中受到极大的凌辱迫害。他特别与我说到被迫给红卫兵下跪时的感受，他深深觉得，人一跪，尊严扫地，人格无存。他家里挂着他的激情澎湃的诗，其中有“人民最伟大”之句。他热情地写了一部中篇小说，发表在吉林省的大型刊物《新苑》上。

他拿给我看，我觉得有点直露，未多表达自己的读后感。芳还提醒我，你的这种态度会让秦老失望和沮丧的。我犯了教条主义，说是艺术评价是没有情面与师生关系可讲的。我很可能给他造成了伤害。对不起了。

多么难忘的日子。十平方米的地盘，巨大的噪声，流浪着吃饭。且看故宫角楼上的朝阳与夕照，且看东安市场的繁荣与灯火，且看东华门大街的车水马龙。紫气东来，海晏河清有望。跳舞仍然可疑。李谷一唱《乡恋》的气声受到大报的质疑。邓丽君不知道算不算合法？已经悄然入境和风靡各地。各个活埋掉了的名字纷纷出笼。各种断绝了的来往一一恢复。昨天的铁案今天已经平反。昨天的冤魂，今天正在控诉。陶铸的女儿陶斯亮的文章感人肺腑。《于无声处》话剧演完以后，“四五”已经平反。文艺走在了生活的前面，走在了中央文件的前面！这是一个文学引领生活的时代！诗歌朗诵会上的诵读声泪俱下。朗诵家殷之光、瞿弦和……都是这个时候出的名。昨天是人人红卫，抬头望见北斗星，心中想念毛泽东。今天是人人冤屈，个个受到“四人帮”的迫害。每天都有新的进展，每天都有新的阳光。每天都想再写一篇两篇三篇五篇新作，每天都得到邀请、拜访、采访、电话、约稿，国内以及国外。澳大利亚的与日本的友人。你笑着，你期待着更大的欢笑。你沉思，你准备着进一步的思想与经验的果实。你出口成章，你涉笔成趣。你谈言微中，你微言大义。你下笔千言，你谈笑风生。你谈虎也不再那么快就色变。你下笔如有神。你仍然是你，国运兴文运兴蒙运兴。世界是大家的也是你的了，国家是大家的也是你的了。党是大家的也是你的了。你仍然意气风发，你仍然充满希望。你的筋骨更加强壮，你的头脑更加精密，你的性格更加沉着。二十年后，你当真像是一条好汉了呢！

7. 陌生的夜的眼

时隔一十六载，回到北京，永远的北京，依然的北京。“文革”后期，出现了一批歌颂北京的歌曲，还是很有真情，也确实被传诵学唱。我个人喜欢这些歌，虽然无法认同歌词里的“文革”腔调。其中有《北京颂歌》：“灿烂的朝霞，升起在伟大的北京……”《天安门广场》，新疆歌曲《伟大的北京》：“伟大的北京，我们为你歌唱……”在一种特定的政治形势下，歌词必须结合某种宣传口径，例如唱北京一定要唱到天安门广场，毛主席检阅我们的地方，但是其动人之处却更在词外，在它的大气与雍容，在它的自信与定力。北京自有它的气象和历史，北京毕竟比被检阅的“红卫兵”与“文革”运动更恒久也更生动具体雍容大气，北京是我们最熟悉的地方，而附加的政治符号即使褪尽，北京也仍然是我们喜爱的北京。同样，我们唱着政治符号，我们想着的却可能是白塔寺与什刹海，三座门与太和殿，五四运动与蓟门燕树，长安街与人民英雄纪念碑。

然而一九七九年重回的北京已经满目疮痍。我们到陶然亭公园去玩，居然发现了一家西餐馆，我大喜，便带着孩子去吃饭。第一道手续是先为刀叉付押金。说是如若不然，一顿饭下去会丢掉好几把不锈钢刀叉。在街上喝“北冰洋”牌汽水，你就立在卖主的眼前喝，也不行，需要先为玻璃瓶付押金。到大众餐馆就餐，喝一杯啤酒，需要为歪七扭八的塑料酒杯——我称之为瘪三酒杯——而付押金。只有小瘪三才会用这样的洗也洗不干净的，缺少硬度所以形状永远无法合格的酒杯饮啤酒。这种塑料杯子似乎还带有一种气味，略似胶皮，又如做布鞋鞋帮用的袼褙。喝这样的酒杯里的酒，你不能不感到你的背兴，你的渺小，你的不成样子。经过“文革”，伟大首都的消费者已经瘪三化乃至小偷化了吗？你需要像防贼一样地防备顾客吗？你能不为北京一恸吗？

直到一九八三年，我就任《人民文学》主编以后，在杂文《痛苦三章》还写过这种交押金与退押金的感受，另外两种痛苦是听同义反复的讲话与看到少有的几块草坪被践踏得成了癞痢头。押金事毕竟是不那么重要的，而且过了若干年，这样的怪事已经不再出现，以致我写这段回忆的时候几乎漏掉了这一节。

与痛苦交织的是温馨。温馨还是痛苦，其实并不表现在文章或者报纸上。我住在东华门附近，往西走是故宫筒子河，往东走就是百货大楼与东安市场，虽然那时已经改名东风市场。连市场的名称也跟着“文革”风云改来改去，令人悲悯。然而到了一九七九年，日子毕竟逐渐恢复，我宁愿保持旧称的东安市场出现了较多的鸳鸯冰棍、杏仁豆腐、奶油炸糕、牛肉干、槽子糕、话梅糖果……而每天傍晚与周末时分，这里人山人海，而且有了勾肩搭背的青年男女，一个生活，一个日子，一点日常的小食品，再加不那么藏着掖着的青春与伴侣，足令我热泪盈眶。艰难也罢，匮乏也罢，只要不与生活为敌，不与日子为敌，生活是不被消灭的，日子是不被抹杀的，希望永在人间，快乐永在世上。

而我与我的亲人、朋友，付出了二十多年的代价。

这一章我真正要写的是这一段我的最值得回顾的作品《夜的眼》。我必须用整整一节来谈我的《夜的眼》。

这是在我二十世纪七十年代喷发式写作过程中突然出现的一个变数。它突然离开了伤痕之类的潮流或反伤痕的潮流。认为写伤痕不好，坚持有伤痕也不要写不去写，或者至少认为写伤痕早晚要出问题（反党，要不就是“政治手淫”，这都是文艺界大人物用过的词儿），过去有，后来有，现在更有。我个人对写伤痕远远没有那么热情，因为它太浅俗，它太不文学，它也太廉价。它又确有不可小视的意义，就是说人们期待于它的是多一点拨乱反正，从此少一点极左，这更多的是政治潮流、政治期待。而反伤痕就更令人无话可说，除了嘘一口气。

就在这种没有多少文化含量、文学含量却又难以跨越的争论中，叫作指导思想的斟酌中，它（说的是拙作《夜的眼》）突然出现了。它来自一种说不清道不明的感觉，对不起，是真正的感觉，艺术的也是人生的感觉。它用一种陌生的，略带孤独的眼光写下了沸腾着的，长期沸腾永远沸腾着的生活的一点宁静的忧伤的观照。它写下了对于生活，对于城市，对于大街和楼房，对于化妆品与工地，对于和平与日子的陌生感。它传达的是一种作者本人也不甚了了的心灵的涟漪。是一声温柔的叹息，是一种无奈的平和，是止水下面的澎湃，是泪珠装点着的一粲，是装傻充愣的落伍感与一切复苏了吗的且信且疑与暗自期待并祝福着的混合体。有记忆也有遗忘，有遥远也有近前，有观望也有祝愿，有激情却更多的是平静。

而且，小说里还有匈牙利作曲家的自天而降的音乐。请看：

> 临走到门口的时候他忽然停下了脚，不由得侧起了耳朵，录音机里放送的是真正的音乐，匈牙利作曲家韦哈尔的《舞会圆舞曲》。一片树叶在旋转，飞旋在三面是雪山的一个高山湖泊的碧蓝碧蓝的水面上，他们的那个边远的小镇，就在高山湖泊的那边。一只野天鹅，栖息在湖面上了。

为什么我忽然说到了真正的音乐？是不是已经很久很久，没有真正的音乐了呢？为什么忘不了边远的小镇，你曾经因为什么政治的或是世俗的原因去到那里，这对于生命、对于人生也许并不像有些人想的那样重要，重要的是命运使你一口气生活在那里许多年，在那里度过了你最美好的年华，在那里你体验了人的，多数人的，老百姓的生活和日子，艰难的与辛苦的日子……那里有高山湖泊，有野天鹅，有雪峰与湛蓝的水面，有与匈牙利的、我要说是欧洲的与世界的作曲家相通的东西。

这篇小说的写作在前，实景的一次发现在后。十七年后，一九九六年，我在访问苏格兰时，看到了高山湖泊、野天鹅。英国朋友告诉我，原来那里经常伫立着一对野天鹅，可最近，只剩下孤独的一只（又过了些年，这只天鹅也不见了）……的景色，与我在《夜的眼》中的因音乐而生发的想象完全一样。至于新疆，那里的高山湖泊给了我这样写的动机，但也许边疆有另外的风景，辽阔微茫，寂寥如铁……柔和的韦哈尔，使我对边疆的想象变得亲切了。

然而这里也有一点小小的计谋，没有说俄罗斯的也没有说西欧的作曲家，避开当时尚不方便的修正主义或者资本主义的话题。王蒙已经变得多么小心。更多的是偶然，是文学写作的定数，写《夜的眼》的时候，收音机里正播放韦哈尔的《舞会圆舞曲》。“文革”以后，已经许久没有听到过欧洲音乐的播放了。我当然为之感动。文学就是这样的，它集合了天边云外、身旁心内的种种触发，种种波光峰影，它发酵酦酷，成就了新奇的、此前世上没有、此后风光不再的令自己也一惊的温柔的篇章。

> 街灯当然是一下子就全亮了的。但是陈杲总觉得是从他的头顶抛出去两道光流。

小说一开始就写下了主观的感觉。如果不是阔别十六年，如果不是已经习惯于生活在伊宁市解放路二号或者乌鲁木齐市南梁团结路东端高地，如果不是到京后我们夫妇常常彳亍在例如王府井大街上观看天是怎样变黑的（此时我们在北京还没有“家”），也许不会有这种对于街市灯火的感受。

然后是：

> 大城市的夜晚才最有大城市的活力和特点。开始有了稀稀落落的、然而是引人注目的霓虹灯和理发馆门前的旋转花浪。有烫了的头发和留了的长发。高跟鞋和半高跟鞋，无袖套头的裙衫。花露水和雪花膏的气味。城市和女人刚刚开始略略打扮一下自己，已经有人坐不住了。这很有趣。
>
> ……二十多年，他待在一个边远的省份的一个边远的小镇，那里的路灯有三分之一是不亮的，灯泡健全的那三分之二又有三分之一的夜晚得不到供电。不知是由于遗忘还是由于燃料调配失调……那里的人大致上也是按照农村的日出而作、日入而息的古制而生活的，傍晚六点一过，所有的机关、工厂、商店、食堂就都下了班了。人们晚上都待在自己的家里抱孩子，抽烟，洗衣服，说一些说了就忘的话……

理发厅门前的旋转花浪，高跟鞋和长发，无袖衫和花露水（那时当然还没有巴黎香水），日子就是这样复苏的，这样的复苏感动得人满眼是泪。这里已经埋伏下了此后十余年对待世俗人生的歧义的种子。叫作城市和女人刚刚打扮一下自己，就有人坐不住了，怎么咱们的敬爱的同胞喜欢并倾向于这样命苦！人是困难的，教人活，无论如何，它显得平庸苟且。而叫人死，叫人英勇牺牲，自是会壮烈升华乃至神性得多。

对于边远小镇生活的略带夸张的描写，灯泡不亮之属，绝无嘲讽，却是同情与留恋。那是一种诗，比街灯亮如白昼、霓虹五颜六色更诗意。不知道这是历史的过程还是艺术的平衡，不发达的，我要说是困苦的状态更易入诗。香格里拉永远属于原始生活方式而不属于摩天大楼五星级酒店购物中心。匮乏之美在于单纯，在于审美与道德上的优越性。如海德格尔的主张，叫作“诗意地栖息”的生活方式，其实是经过知识分子和什么思想者美化了的一种相思，是一种描摹，一种心灵化的想象而并不完全是现实，却也帮助了不幸者去安享现实。

我曾经万分得意于人生的审美观照态度、人生与社会的审美方式、美式的价值取向。直到二〇〇六年秋我在《读书》杂志上读到一篇文章，说是墨索里尼一直致力于政治的审美化……我糊涂了。我只说是，我已经知道，用审美取代现实，用浪漫取代务实，不管你的动机可能多么伟大与超拔，后果却可能是造孽，尤其是政治家。

新疆的生活，伊犁的生活是我的宝贵财富，对比它与北京，是本作者小说灵感的一个重要源泉与特色。我不会放过我的独一无二的创作本钱。十六年了，容易吗？何必侈谈路线或者政策呢？差别永存，差别带来文学、小说和诗情，带来的可能是愤激的叫嚣煽情，可能是与世俗作战到底的偏执、骄傲与豪迈，可能是困惑与怀疑，可能是自我的安慰（瞧，我都尝过了），也可能是轻轻地长出一口气。

> 上来两个工人装束的青年，两个人情绪激动地在谈论着：“……关键在于民主，民主，民主……”来大城市一周，陈杲到处听到人们在谈论民主，在大城市谈论民主就和在那个边远的小镇谈论羊腿把子一样普遍。这大概是因为大城市的肉食供应比较充足吧……

我要说的是，多么意味深长，多么前瞻！多么苦涩又是多么真切！

老王果真是改造得可以了。

也许只是自嘲。自嘲能不能也具有一点点深刻呢？

> 火车在一个小站上停留了一小时零十二分钟，因为那里有一个没有户口而有羊腿、卖高价的人被轧死了；那人为了早一点把羊腿卖出去，竟然不顾死活地在停下来的列车下面钻行……列车滑动了那么一点点，可怜人就完了。

触目惊心！对于北京，这样的故事可能感到陌生，北京人本应该知道这类故事。小说的主人公陈杲，他觉得羊腿的故事更亲切。人为财死，鸟为食亡，说到底是为了生存而失去了生存的渺小的悲哀。有什么办法呢？北京的高谈阔论已经使他对民主的侈谈感到无能为力，凶多吉少，他已经“有了经验”，他比当年的刘世吾更加成熟了。他只能悲哀地观望着，力图捉摸却硬是捉摸不住地感触着。

> 这么多声音、灯光、杂物都堆积在像一个一个的火柴匣一样呆立着的楼房里……这种密集的生活，陈杲觉得……甚至有点可笑。和楼房一样高的一棵棵的树影又给这种生活铺上薄薄的一层神秘。在边远的小镇，晚间听到的最多的是狗叫……在一片汪汪声中他能分辨哪个声音是出自哪种毛色的哪一只狗和它的主人是谁。再有就是载重卡车夜间行车的声音，车灯刺激着人的眼睛，车一过，什么都看不见了。临街的房屋都随着汽车的颠簸而震颤。

对比的目的不是说明什么例如城乡差距或者弱势群体。当时不可能有这么新的名词和观念。当时压根儿不知道什么法兰克福学派或者詹明信。只是为了人生，为了艺术，为了变迁感和多样感。为了对于祖国的质感与阔大感，为了对于一切清谈的疑惑与愁苦忧心。生活对于王蒙从来不是单一的，于今尤甚。也许这是一种艺术的方式，同时感受两种以上的生活、言说和角度，叫作百感交集，叫作纷至沓来，还沾点意识流的边。单打一呀，我们这个几千年的文学大国，怎么会那么习惯于单打一，一个主题，一个题材，一个标准，一个风格。单打一害了社会，害了政治，更害了文学。

而把房屋比作火柴盒，这里又有黑泽明导演的苏联电影《德尔苏·乌扎拉》的影响，虽然我读到的只是供批判用，作为苏修亡我之心不死的例证的电影文学剧本。那个赫哲人德先生，始终不接受人需要住入房屋的思路，坚持天为穹庐，地为席毯。由于影片可能暴露了狼子野心，我们同仇敌忾地口诛笔伐过。

也是公刘说过，他欣赏我对于房屋随着汽车颠簸而震颤的描写。这说明他和我一样，曾经居住在这样的土屋里。

而刘绍棠认为我对狗叫的描写太夸张了。

> 绕还是跳……一、二、三，不好，一只腿好像陷在沙子里，但已经跳了起来，不是腾空而起，而是落到沟里……但他也过了将近十分钟才从疼痛和恐惧中清醒过来……谁知道刚爬出来又一脚踩到一个雨水洼里……脚感到很牙碜，和吃了带土的米饭时嘴的感觉一样。他一抬头，看到楼边的一根歪歪斜斜的杆子上的一个孤零零的、光色显得橙红的小小的电灯泡。这个电灯泡存在在这里，就像在一面大黑板上画了一个小小的问号……

许多普通的读者喜欢看这一段，觉得有趣。有人说是看不懂，还有人以为我在微言大义，意在讽刺什么，如“大跃进”——一跳，掉到沟里了。其实我无此意。我在二十世纪六十年代参加市文代会时有过在工地跌跤的不幸经验。这也是我后来一直喜欢写的一种尴尬。我相信尴尬是小说的元素，尴尬比胜利成功更小说。普通读者容易感受到尴尬和自嘲的趣味，文学的专门人才尤其是有地位的，生性自吹自擂自曝的人反而感受不到了。

小电灯泡是一个灵感，是诗神飞过这里时给我的《夜的眼》的又一新解。这篇小说的写作特点之一是，一上来我就明确了小说的标题——夜的眼，怪怪的。先有标题，后有小说，有了标题，小说自然形成了。另一些作品，先有小说，或者是先有了一部分小说，后有标题，一旦确定标题，以下的小说也是势如破竹。这次是，我还没有确定写什么，我已经明白地决定，它叫“夜的眼”。

时有外国朋友特别是此小说的译者打越洋电话来问我“夜的‘眼’”里的“眼”是单数还是复数，是eye还是eyes？我无法回答。夜的“眼”之眼，有三种解释。一是主人公陈杲的眼，当是复数，因陈君没有交代是独眼龙。二是那只孤独的灯泡，当是单数。三是将夜拟人，设想夜本身具有一只或许多眼睛，那么单数就是复数，单数与复数无异。我无法与国际专家讲清楚。

《夜的眼》的形象有一点冷，是冷中的期待与温暖。有一点距离，是曾经沧海后的有距离的关切和心愿。有一点黑，是被点亮了，却仍然不十分明亮的夜晚。有一点旁观，是但愿一切顺遂的心连着心的旁观。

小说的主人公去走关系办一点具体事，这样地办事对于他也是陌生的。他找着的人对他不甚热情，我这样形容那个他找到的人：

> 他转身就走，并不招呼客人，那样子好像通知病人去拔牙的口腔医院的护士。

好不好？奇不奇？

好像还有一点冷漠，有一点遗憾，有一点失望。为什么会这样对人？

此后，我还有写拔牙的作品。我对于拔牙极有兴趣。被拔牙也是文学的资源，被拔牙包含着尴尬、疼痛、医学、科学、技术、艺术，尤其是哲学思辨。世间万物，除了人，谁会拔自己的牙呢？余华老弟从牙医变成小说家当非偶然。通知病人去拔牙的护士呢，应是天使，却易被认为是魔鬼，是希望，却易被认为是晦气的象征。你哪怕是最有同情心的女人，也不可能为每一颗被拔除的龋齿洒下同情之泪。

> 陈杲跟着他走去。小伙子的脚步声——咚、咚、咚。陈杲脚步声——嚓、嚓、嚓。黑咕洞洞的过道。左一个门，右一个门，过了好几个门。一个门里原来还有那么多门。

作者故意写陈杲的“土”。脚步嚓嚓，提不起自己的鞋底子。

> ……柔和的光线，柔媚的歌声，柔热的酒气传了出来。钢丝床，杏黄色的绸面被子，没有叠起来，堆在那里，好像倒置的一个大烧卖。

作者曾经形容海像果冻，惊涛翻滚的海面像乐口福牌（现在这个牌子也少见了）麦乳精冲泡了海水，现在又描绘绸面被子堆起来像一个大烧卖……说明了作者的贪吃。

落地式台灯，金属支柱发出拒人于千里之外的亮光。

当然，金属没有拒人于千里之外，是陈杲“近乡（城）情更怯”。
小说相信一切道具都充满了生命，相信一切物品都在对你言说。

床头柜的柜门半开，露出了门边上的弹珠。边远的小镇有好多好友托付陈杲给他们代买弹珠……做大立柜的高潮方兴未艾。再移动一下眼光，滕椅和躺椅，圆桌，桌布就是样板戏《红灯记》第四场鸠山的客厅里铺过的那一张。四个喇叭的袖珍录音机……香港歌星的歌声，声音软，吐字硬，舌头大，嗓子细……如果把这条录音带拿到边远的小镇放一放，也许比入侵一个骑兵团还要怕人。

曾经是这样，可能是这样！
我们已经走过了很远很远的路。

只有床头柜上的一个装着半杯水的玻璃杯使陈杲觉得熟悉……就像在异乡的陌生人中发现了老相识。甚至是相交不深或者曾有芥蒂的人，在那种场合都会变成好朋友。

陌生使不足挂齿的熟悉变成了真正值得珍贵的亲切。
只有一个玻璃杯是老相识，那不就是举目无亲的另一种表现方法吗？
所有的比喻都特别主观，特别感受化，不是修辞的比喻，而是感觉的，达达主义的。
……我不再引用原文了。苏联外国文学杂志，在中苏关系恶化、时隔多年停止了两国文学交流之后，在中国“文革”之后，首次发表的当代中国作品俄译是此篇。美国在二十世纪八十年代初期出版当代中国文学作品选集《玫瑰与刺》，收了这一篇。一九八〇年我在美国与小说家格丽丝·

佩里同乘飞机从中西部到东岸的时候，她从英语版的中国文学上读了此篇，称赞不已。《光明日报·副刊》负责人秦晋说这个小说创造了新的境界。时隔多年，赵玫著文说，她当时正在上大学，读了《夜的眼》，突然觉得生活和文学都不一样了，原来是可以这个样子的，她忘不了那种激动。

有趣的是责编黎丁，临发稿时曾来电话，说是多出了三行半，无法在一个版上登完。我立即表态，坚决删去三行半，实际是删了四行多。我是多么配合，多么听话的乖乖作者啊。

我为这篇小说也付出了代价，小说的走关系办小事的故事太像新疆一位文艺界的领导托我办事的情节了，我的小说使他老大为震怒。四次文代会期间，他对我高声怒斥，震动了新疆代表团与整个宾馆。他老认为我是写小说骂他。我解释说具体事只是躯壳而已，写成小说已与任何人与事无关，他更愤怒，说是我拿他当了躯壳——当然迹近侮辱。我静静地听取着训斥，还好，后来大家忘记了此事，我们仍然是忘年之交。

一些我深深敬爱和引为同道的文学界老专家老领导，都对此作不怎么感兴趣。一位发声共鸣极好的老领导老作家说是此作“不好”“很不好”。一位对我印象颇好的评论家（唐弢）老师说是此作头重脚轻，意即本应集中笔墨写一个不成功的走后门的故事，而不是大写什么从边远小镇来到大城市的感受。一位最好意的老领导，我说的是陈荒煤，则承认此篇写了一个“侧面”。而谈到此作，冯牧的表情像是吃了一枚霉变了的果子，他感到此作莫名其妙，不应也不必置评。媒体上也有反映，说是小说看不懂。而一位刚参加工作的青年读者对看不懂表示完全不懂，他说：“一跳，掉到沟里了，这有什么不懂的呢？从头到尾，有哪一点是难懂的呢？”

还有一位文友喜欢此作，他是《人民文学》杂志编辑部的崔道怡，他正在受邀编辑中华人民共和国成立三十年短篇小说选，他想选此篇作为结尾，开篇是刘白羽的《初升的太阳》，收尾是《夜的眼》，简直是妙极了。他说他的感觉，读着此篇，觉得那么多美好的东西都失去了。按，此篇是发表在一九七九年十一月二十一日的《光明日报》上的，当晚，我与芳在离东安市场不远的地方一个阅报栏里读到了它，激动极了。我们还躲在一边看有没有什么旁的人去读。中华人民共和国成立三十年，应该截止于此年的十月一日，由于偏爱，老崔利用职权，曲为解释说，发表是十一月，写作应是十月一日前，故可以算到那三十年之内。其实此篇我恰恰是在十一国庆期间一挥而就的。

后来花城出版社出版了《夜的眼及其他》，把它和别的引起争议来的作品连同争鸣文字一起发表。责任编辑是一位姓胡的女士，她的名字，我已经忘记了。你能相信吗？已经过去了二十七年。那时候的文艺家多半是连《夜的眼》也看不懂的。

原因是，我们中的许多人，其中不少是文艺工作的领导太相信小说目的论了。对于他们，小说的故事、细节、语言、人物与描写都是手段，主题思想才是目的，政治思想的正确、及时、尖锐或者深刻、稳妥或者勇敢才是目的。而他们需要获得的主题思想是那样浅白，那样需要与报纸上的、教科书上的，至少是他或她本人的一篇论说文的某个标题挂钩。我曾经开玩笑，说是一个老朋友询问我张洁的《爱，是不能忘记的》是不是提倡婚外恋，我的回答是提倡晚婚，这样才使我的老朋友放心了些，此事并非空穴来风。

与十分政治化的文艺观同时存在的还有过分文学化的政治理论与政策表述。我们相信高屋建瓴与势如破竹，这与其说是政治的原则、政治的法门，不如说是修辞的原则、文气的法门。“鼓足干劲，力争上游，多快好省地建设社会主义”，这是一种路线的表述，还是一种心绪、一种志向的文学性表述呢？“百花齐放，百家争鸣”，这种运用比兴的修辞策略的政策规定，也是极少见的。

我相信，阅读小说与阅读文件，需要的是不怎么相同、相当不同的两种心理结构，两种频道接收制式，两种编码系统，两种语言符号。我也相信阅读的愉悦感，这是一种相对轻松得多，却未免有些神奇与微妙的过程。而愉悦是各式各样、各层各类的。可以并不高级，也可以是如诗如梦如云天如星空如深海的另一个罕见的世界。我也追求阅读的愉悦，同时更追求对于生活的深层，对于灵魂的深层的探求，或者只能说是尝试，带着困惑，似有所感，全无把握，若即若离，从而更加兴致盎然。我追求的是一种突然的感触，是内心的一个颤抖，是一个不知来自何方的启示，一个小说与世界、小说与灵魂终获相通的狂喜，一种远久的回味，一种不是你在写而是“天假尔手”的感觉——更正确地说是一种状态，有点像运动员

“打疯了”的那种状态。似乎好的作品，至少是差强人意的作品都不是你想好了怎样精辟才写出来的，而是另一个冥冥中的力量，激情与运气突然主宰了你，你的手指自己动作起来了，一篇令你自己大吃一惊的作品出现了。在它出现以前，你永远想不到它。言者不辩，辩者不言，真正的主题当然是有的，然而是言说不清楚的。因而，在目的论者那里，那样的言说不清的小说永远不在正册。

人们，我说的是读者和评者，不会满足于那种简单化与单纯政治化的阅读趣味与阅读选择，于是人们反其道而行之，你不是只认伤痕文学、反思文学、议政文学，一句话，及时反映重大社会问题的所谓现实主义文学吗？你不是猛吹书记、厂长、贫农、烈士、英雄模范吧，我就海抬汪曾祺的遗老气与边缘气，我就追求禅佛，我就专写强盗土匪妓女牛鬼蛇妖恶虎狂犬，我就把今天的中国生活写成例如跟明朝差不多……有谁正视过这种悖论呢？

8. 文联、文坛、文友

我回到北京，叫作成了北京市文联的专业作家。专业作家一词，如果是英语professional writer，应是指以写作为业，以稿费收入为生活来源的人，在中国，却是指不用上班也不用靠稿费收入就可以保障基本生活——领到月工资的人，当然受人羡慕。

许多词变成中文以后，会发生质变，“专业作家”四字便是一例。

当时北京文联诸公对浩然的事有点意见不一。管桦、杨沫，都对浩印象很好，大多一般工作人员与司机也都喜欢浩，道理之一是浩对大自己四岁、没有上过什么学的发妻态度极好，这在中国是很重要的好人坏人分野的一个标志。浩然对农民业余写作者的态度也一直比较好，而对作家同行却多了些提防。爱体力劳动者而防脑力劳动者，这大概也算一种阶级感情，也是多年宣传教育引导的结果。另外有几位老作家，对别人在“文革”中挨整而浩一花独秀，尤其是浩当“文革”头目时的一次红卫兵批斗大会耿耿于怀，此次会后老舍自杀了。那还是在批判“资产阶级反动路线”之前，浩说他极力保护那些老作家，怕闹出人命关天的事。而一位老作家坚持说是浩说过打死没关系（按：我也认为此说比较离谱）。社会上有一些文学界同行，例如曲波，一提浩然就怒发冲冠，说是“文革”后的一次什么文艺集会，如果浩参加的话他就不参加。民心也有对浩然极不利的一面，一个红里透紫的人突然崩盘，它有一种大快人心之感。我没有你红，我没有你紫，我早就红眼而且犯酸了，现在竟然看到现世报，你小子垮啦，真是老天有眼呀。所有的，就是说各式各样的所谓成功者，都应该明白这个仇强仇富仇官仇比你“大”的人物的民心定则。

浩然自己很郁闷，自称“像是一名输光了本钱的赌徒”。显然，他只有红里透紫的经验、根正苗红的自我感觉，却没有受挫的锻炼与任何自省的习惯。“归来”的我等（包括刘绍棠、邓友梅、从维熙以及后来的葛翠琳、杲向真等），都对浩然抱着善意。我等已经受够了，不想看另一个作家品尝被封杀冻结的滋味。反正这一辈子本人是常被说成什么“心慈手软”，乃至假仁假义的，到时候硬是狠不起来。另外这些归来的写作人，还有这么点心绪，都是写小说（作品）的，你写你的，我写我的，谁碍得着谁？你方向如何，我又能如何？就是说这些人有股子自扫门前雪的劲儿。说句笑话，你方向不好，更是凸显了我的“方向”比你强，除了文艺批评，我怎么会用非文学手段去纠正你的方向去？犯得着吗？而越是对个人的创作失去信心与灵感的人，越会百般计较文坛上的是是非非，从这些是非的斗争与竞争中寻找自己的存在的证明。

那一段，浩然与我们关系都很好，为我二儿子毕业分配的事，浩然也帮过我的忙。

有过一个命运也大致相近的作家，当着我的面向胡乔木汇报浩然走到某地受到大张旗鼓的超规格接待的事，似乎是一种什么涉嫌未能全面否定“文革”的“动向”，胡对他的汇报非常反感，后来专门向我提及，听了他的话，他是如何的不快，胡并进而告诉我，他已与媒体打了招呼，要正面报道浩然的新作《苍生》出世的信息。

那个时代，只有司局级领导干部才可在家里安装电话。说是“文革”中浩因“首长”找过，有关单位给浩安了电话，后来大势有变，就想拆浩的电话。浩以妻子有病，受不了拆电话这样的打击为由，拒绝拆，并说可以自己负担有关费用。不知是否因为工资过低，还是供给制的习惯，组织认为，个人负担电话费用是不可想象的。这使市文联相当为难。但人们还是讲情面和心存厚道的，浩也就一直保留着电话。说不定此事也会使一些没有电话的人不快。此属小事，与如今的电话的安装使用按市场规律办事相比较，倒也令人一哂。

北京文联还有一位人物，与浩关系好、处境接近，他是工人诗人李学鳌。他由于一九七六年春特定情况下写过什么“打得好”之类的诗，此时也很压抑，至少是觉得无趣。他是高占祥同志在人民印刷厂时的师傅，为人还是很诚朴热情的，我到文化部后他给我写过极热情、迹近溢美的信。据说占祥对他也一直十分念旧。他因病早逝，令人惋惜。

我相信他是一个纯朴的好人。弄成“专业诗人”，太苦。一个人专门写诗，从理论上比专业小说创作更不可能。我怀疑其可行性，李白也不是专门写诗，他还要醉草吓蛮书，还要在唐明皇、杨贵妃、高力士等人中混混，他还要帮助永王李璘闹点事。再说李学鳌由于工人阶级的关系受到特别的关照，能不感恩戴德？能不五体投地？能不跟着叫喊？他其实哪里有什么政治经验政治辨别力？包括浩然，浩然一直耿耿于怀，他永世也想不通的是“文革”后的拨乱反正大转弯。

一到北京，我常常被邀请参加座谈会。会议的召集方多为社科院文学研究所、新创办的《十月》杂志、甫恢复正常的《文艺报》等。在这些会上我结识了一批风华正茂、活力四射的人物，包括时在北京改本子的白桦、安徽的张锲、北京的李陀，因了话剧新作《丹心谱》而受到瞩目的作者苏叔阳等。刘心武有时也出席会议，正是当红时期。当时谈论过的话题有对于“文革”中批判的文艺“黑六论”的拨乱反正。电影《望乡》为什么不得上演？伤痕文学是好得很还是糟得很？多少年来文艺工作的主要问题是不是极左？历次运动中受到伤害的文艺工作者与他们的作品的命运。所谓“三人主义（人性、人情、人道）”问题。要不要尊重艺术规律？何谓艺术规律？以及现实主义传统的恢复等。

谈得相当痛快，也相当高兴，能有这样的时候、这样的场合，把许多过去无法讲的话说一说，何其美哉。这些问题，进一步深入研究讨论，汲取经验教训，实是功德无量。

主持会议的不是冯牧就是陈荒煤，他们都是中青年作家的朋友与支持者，也是我个人感到亲近与敬重的老领导老作家。他们是拨乱反正的拥护者，是十一届三中全会的热烈赞颂者。荒煤多次讲到一个问题，说是许多文艺界的人找他“摸精神”，就是说大家对最高领导对文艺工作的想法不甚有底，不甚放心，希望知道这样写下去评下去会不会惹麻烦。荒煤劝大家不要老那儿“摸精神”，而应该专心致志地写作。

表面看荒煤讲得当然全对。身为作家而在“摸精神”，叫人说啥好呢？一个作家难道就没有自己的主见、主心骨？一个动辄几万字几十万字写文章的人难道没有自己的良心良知良能、自己的责任，却要唯上是听？而且，在“文革”刚刚结束，百废待兴、百乱待理的时候，确实有一个很大的空间，你看准了的事情，就应该勇于实践，勇于承担历史的责任，就会办成，就会受到各方的拥护。胡耀邦同志在平反冤假错案、改正反右的扩大化方面就是这样做的。

是的，当时文艺界的老领导也有这种当仁不让的责任感与雄心壮志。他们大刀阔斧地推动着以中青年作家为主力的伤痕文学、反思文学、改革文学。老领导们正在全面收复“文革”中被江青践踏得千疮百孔的文艺园地——失地。但是，更高层的领导，更资深一些的作家似乎并不是同样的估计、同样的判断。不断地传来高层领导批评了这个与那个文艺活动、文艺言论、文艺作品，如黄山上的笔会、某电影、某小说都有说法。而除巴金、夏衍等几个老前辈外，更多的久经风雨的作家对于如火如荼的当代文学，对于活跃的中青年作家，基本上保持慎重态度。如陕西的胡采、王汶石、杜鹏程、李若冰，山西的马烽、西戎、孙谦、胡正、李束为。如天津的孙犁，这个影响极大的老作家，对于现状大致保持沉默。担心中层领导的部署不符合大领导的精神，担心跟着“中领导”活跃的结果是一个筋斗栽入泥沼，这并非穷极无聊，而是事出有因，而且有丰富的历史经验作智力支撑。对多数平凡的人来说，做文艺，不要说有功有成绩，就是仅仅为了平安也不能置精神于不顾。与精神对着干会有什么后果，无须提醒。荒煤的说法虽然纯洁伟大，然而仍是书生气。后来，他因为批准了一个什么有大量赤身裸体镜头的外国片在内部放映，他几乎，也可能是已经受到了纪律处分。荒煤、冯牧等的日子并不那么好过。

我记得冯牧的一句名言，十一届三中全会以来，当代文学的脚步与党的意图是同步的。开始，确实是一个同步时期。以邓小平为代表的中央要说的话，差不多正是话剧与小说里说着的话。你要拨乱反正吗？《班主任》就是要拨乱反正。你要平反冤案吗？《神圣的使命》要的是平反冤案。你要为老干部老领导正名吗？你要为痛悼周恩来总理的事件恢复名誉吗？你要扭转极左吗？你要解放思想吗？你要痛骂江青吗？咱们做的都是这个，正是这个。除了少数坚持“文革”那一套的与客观上利用了“文革”青云直上的几个人情绪别样以外，大家又一次做到了万众一心，同仇敌忾。

冯牧阅读了大量时下作品，据说他每天读新作到后半夜。他当时的全部的热情倾注在刘心武身上。继《班主任》以后，心武又写了《爱情的位置》，提出了能不能写爱情的问题，并写了一段绝对革命的柏拉图式的爱情，认定这等爱情对于革命者的思想灵魂具有极正面意义。我在新疆的最后一次理发，恰逢广播电台播送此小说，理发师激动地听着小说朗诵，时不时调整一下收音机，时而忘记了给我剪发，我为心武的此篇小说多在理发店待了半个小时。

后来他又写下了《醒来吧，弟弟》，关于个人迷信问题；《我爱每一片绿叶》，个性问题；《如意》，人性论与人道主义问题；《没工夫叹息》，集中精力向前看问题。后者深受一位新任文艺领导赏识，几乎要把它提前一年放到此前一个年度的评奖中奖励之。而一年后，他老干脆忘记了此篇。

会议、发言，以心武为代表的所谓“新时期文学”的崛起，对于我来说确是东风浩荡，春潮澎湃。但是我毕竟更关心的是写作、是作品，我知道天气再好再暖再兴起充满生机的风与潮、态与势，并不能代替写作本身。最重要的是开花而不应该是刮风下雨，风调雨顺对于花开当然重要，但文学之花也常常在风不调雨不顺的情况下开出奇葩。还有，与动笔者相比，发言者的姿态更加雄伟、激进、畅快、透辟，尤其是有一种真正的写作者所不具有的特别的明白。同时某些相对年轻一些的人的流畅得近于油滑的京腔，他们的善说，他们的滔滔不绝，他们的开朗自信乃至春风得意，使我这个刚从边疆回来的人感觉跟不上，感觉“耳”花缭乱：怎么像古书上讲的“赵括谈兵”？“兵”，凶事也，岂可谈得那么指指画画，头头是道，轻而易举？而我的记忆犹新的经验是，“文（学）”，也未必不是凶事。

某些发言者的这个特别明白劲儿包括对上头的人事胸有成竹。我忘了是谁说的了，一参加这样的座谈会，发现怎么都像是刚参加完政治局会议出来的呀？至少是刚开完组织部或宣传部的部务会。他们怎么什么都知道？他们批评的极左都是指名道姓的，他们的发言常有人事格局需要调整的潜台词：某某与某某，代表的就是极左。别人检讨了认识了，改正了“左”的面貌，而这两三位就是不改正，不认错，还要坚持“左”下去。而另外的领导人，如何正义，如何良心，如何汲取教训，如何赔礼道歉，如何地保护中青年作家，等等。

我相信这些都是言之成理的与大体有据的。我个人对此一时期的积极发言者们不赞成不喜欢不认同的人，大致也不怎么有好感；对大家寄予期待的人，也完全寄予期待还要加上亲近和信任。但我毕竟有些教条，有些酸腐，有些从小受到的教训在那里耿耿于怀。座谈文学嘛，何必那么鲜明具体，那么联系人事，何必那么急切地介入谁接周扬的班、原来的文艺领导要不要全部杀回去管文艺、现任的文艺领导是不是胜任等这样不该由我们，并非由我们主管的事宜上去？

而且我想到了“文革”中学会的一个词，站队。站队，说穿了就是参与上面的人事斗争，再说得损点就是押宝。我可不能干这个！不管多好的人，我可不侍候个人。两位领导意见不一，你如何站队呢？这可了不得啦，站好了直上青云，站错了就变成臭大粪啦。

我不想站队，站队令我想起了投靠，令我想起了山头、造势与倚众倚人成事。我王某虽然身高不足一米七，工资不到九十元，作品发表了的不足三十万字，自信还能实实在在地写小说，想贡献出来的是好小说，是独具的匠心，不是大轰隆的热度，是描写与构思的准确与精微，不是站队的准确与精微。

我想起了新疆的郝关中老夫子的名言：“永远不把自己绑在任何个人的战车上。”厉害呀，郝老弟！

一位我所相好的诗人受另一位其时与之甚相好的特殊身份的文学人物的委托，特地来找我，告诉我说：“××说了，你刚刚从新疆回来，许多事不知道，你要多找找BH，他什么都了解……”

我笑了，这有点“路线交底”的味道了。我不想这样做。我不认为一个人可以代表真理，我追求真理却无意效忠某人，我不认为认识论、艺术论的问题需要人身化，我认为甲可能在甲问题上接近真理，而在乙问题上远离了真理。我更不需要依仗山头伙伴或人多势众。当然，好人也要抓人事、抓权，一个好人上来，至少可以顶掉一个坏人，这样的名言，确是真理，这样的真理，已经震响在我的耳边。我并非雏儿，我并非书呆子与抓住头发就想上天，我知道有许多会是要开的，有许多该说的话是要说的，有的领导是可以信赖的，而另一些人却始终以另类眼光窥测着你，你即使想去信赖靠拢也硬是没有机会。但是我坚信文艺靠的是作品、是货色，忙于开会发言站队，拥戴张三，抵制李四，对于文艺本身未必那么有意义。好人应该清高一些，至少是大些。

我至少向一个命运与年纪接近的同行表示过，我愿意参与文学讨论，我会同意我所同意的意见，争论、批驳我所不同意的意见，然而我针对的是文学题目，不是某某人，或某几个人。老作家、老领导，都是我的师长，我都尊敬，同行们、青年们，我都喜爱，但也不想重点拉拢谁谁。我不准备站队，我也并不喜欢站队。

而且，一个作家整天出没在炮声隆隆的座谈会上，我觉得别扭。我们当中是不是有不以写作为特长而以站队与发言为特长的同行呢？算同行吗？

我早在一九七九年就明确宣示过，我愿尊重每一位师长，但是绝对不投靠。我愿团结每一位同行，但是绝对不拉拢。

我不知道这个态度说明了我的精明还是高尚，谋略还是境界，心机还是真诚，穷酸还是成熟。反正我不喜欢跟着旁人走，不喜欢起哄，更不喜欢仗势造势造舆论。我的刻薄话是，只有那些人，他们非要搞文学不可，又写不出小说诗歌剧本散文以及真正的文学批评来了，才需要这样做，才只得这样做。他们是多么咋呼又多么虚弱！

我愿意把这些个想法提交给广大的读者，提交给历史。从个人经历来说，新时期以来，在我回忆的这个时期，我是有所不为、有所不取、有所选择的，我并不感情用事、拉拉扯扯、叽叽咕咕。相信历史终能做出评判。

还有一件事我绝对不干。就是不与同行搞口舌之争。我离开北京市文联的时候，文联的一位领导宋汎同志，特别提出来，王蒙从来不搞以眼还眼，以牙还牙。是的，我也常常听到谁谁在什么场合说了我什么什么的传言。文人相轻，那些在背后说我的人多半说的不是太好的话。但我只能付诸一笑。我没有那么可怜那么小气。对谁谁的文学作品有看法，我会光明正大地写文章，岂能背后嚼舌头？至于旁人说自己，则属于难免的不忿心理，弱者心态，不平则鸣……其中也有某些值得参考的道理，你已经在许多事情上占了先机（例如你的工资级别），何不让心理不平衡的人说点不平的话？

我还有两个“思想问题”。第一，抓文学是不是能不只注重题材，以题材取胜？仅靠题材，能行之久远吗？第二，把这两年的文学潮流命名为“现实主义”回归，是不是太狭窄，乃至会作茧自缚呢？

我不完全理解茅盾老师早年关于文学史上贯穿着现实主义与反现实主

义的斗争的提法。我不怀疑，现实主义是文学的顶梁柱，是最基本的、基础的、主体的文学丛林。然而，一根柱子不是大厦，一棵大树也还不就是全部森林。屈原、李白与雨果、梅里美的浪漫主义，王尔德与李商隐、李贺的某种程度上的唯美主义，莎士比亚、唐宋传奇的古典主义，以及什么象征主义、心理分析、神秘主义、印象主义……直到现代主义（那时候还没听说过“后现代”一词），都是异端？都是充当反题的反现实主义？王尔德的童话《快乐的王子》在揭露社会弊端、同情劳苦大众、弱势群体方面，不是做得十分出色的吗？为什么现实主义与别的不那么现实的主义不能双赢、共赢、互补、齐放、交融，而一定要是一个与另一个谁战胜谁呢？

再说中国的文艺观念是另一种体系，另一套语码：写意，写实，工笔，泼墨，神思，气韵，意境，风骨，似与不似之间……一个现实主义，够用吗？

我觉得，毛泽东的“革命的浪漫主义与革命的现实主义相结合”的说法，要好过苏联的“社会主义现实主义”，至少多了一点回旋余地，多了一点创作方法上的空间。至于在浪漫主义口号下搞什么廉价的“神鬼同台，畅想未来”，只能证明我们自己太幼稚，太贫乏。我讲了一点这方面的意见，李陀总括说：我们遭遇的问题是反现实主义与伪浪漫主义。我同意。我们常常写得不真，又偏偏太实。文学文学，连点梦幻、变形、象征、奇想——《文心雕龙》上叫作“神思”的玩意儿都没有，我们民族的想象力萎缩成这个样子了吗？

这说明，此后那个关于“现代派”的小风波，也是早有伏笔。

我看望了从大墙后面出来不太久的从维熙。他与妻子张沪双双进了“大墙”，只剩下了老母和孙子相依为命，这时挤住在一间小屋，其时张沪只能住在娘家，令人鼻酸。

我们去给刘真等的新生活贺喜。当时的同命运的文友们极力撮合她与邓友梅的再结连理，当然事实证明，这个撮合是失败的。刘真做了几道菜，招待大家。其中有一道，是一只鸡炖熟在一个冬瓜中，打开冬瓜盖子，拎出来一只垂头丧气、无精打采的落汤鸡。她说了这只鸡的这种做法，我说干脆起个名就叫“摘帽右派”吧，大家哭笑不得。刘真说话比较痛快，当然也有些夸张，她纵论张三李四，知道的事很多。她学着康濯老作家结结巴巴地批判她的“阶——级级级本本本能”，“大跃进”时康在徐水搞沼气田，有成绩也有虚夸。她批评某同行的电影如何干巴。她一扫就是一片，她的丑话丑说令人开心。至于她自己在“文革”中的遭遇，据说也是惨不忍闻。除了政治上的事，还有性格与生活上的艰难。

她的新生活并没有成功，但是大家都有一种劫后余生、渴望过好日子的心情，也都热情祝愿，但愿从此一切平安顺利，国泰民安，顺风顺水。有一位理论家概括说人心思定，人心思安。可惜的是他概括得嫌早了些，有些人没有在意他的概括。

邓友梅讲了一些他在“文革”中的可怖的经验，与迫害致死的人的灵牌一起挨斗，一边挨打一边放革命样板戏（所以他一直反对再唱样板戏），斗后放入一个冷屋，太冷，引起了肠胃痉挛和呕吐。

确如隔世。

急急忙忙，我们几个并非作协会员的人儿都入了会，然后紧接着当上了四届文代会三届作家代表大会的代表。虽然一事无成，年龄已经进入了新阶段，有些事也就水涨船高，迎刃而解了，这大约应算是自然增值的结果吧。

还说到谁谁有遗留的法律官司缠身的麻烦，也都随着风解决。叫作一风吹。但也都经过了手续。虽说不像当初定罪时寻样是九牛二虎之力，也还得费上三猫二狗之力——推翻，咱们也真会给自己找事情做。

提到这一个时间段，我也想到了《十月》杂志。当时《十月》的主编是苏予，这位大姐是地下党的老同志，一九四九年以前是燕京大学学生，一九四九年后一直磕磕绊绊。她编杂志也仍然保持着团结起来到明天的真诚理想。这是较早的一本大型文学刊物，紧接着《收获》复刊，《当代》创刊，《花城》《清明》《新苑》……出刊，东西南北，一片文学的波涛汹涌。有几年我住在崇文门附近，常到时在打磨厂的北京出版社的《十月》编辑部去。我相信苏予是一个始终如一的革命理想主义者。

另一本难忘的刊物是南京的《青春》，主编也是一位大姐：斯群。从它创刊起，我在上面连载了创作谈《当你拿起笔》，据说颇有影响，后来专门出了小册子。在此长文（当有七八万字）中，我努力把政治正确的文艺指导思想与灵动丰富、色彩缤纷的创作体验结合起来（现在更时兴的说法是整合起来）描绘、铺染、论证，我用了不少修辞手段。说是陆文夫兄一次说，你们谁能与王蒙比？他一个意思能用十八个词儿？你行吗？

不知道这是批评讽刺还是表扬。我的大排比句早已可见端倪、丰赡，也没准是啰唆。我想起了林斤澜引用的一句名言，似乎是北大某名人说过，比如唐诗，如果你只写过一首绝句，四句，也难以算是诗人。文学上的高产当然不足取，但是难产呢？就更无法恭维。

从一九四九年，我在共青团系统，一帮子地下学生党员，整天组织生活、批评与自我批评，又是革命凯歌行进的年代，一个个要求自己严格得不行，一个个要求别人更是滴水不漏。后来，进入了不仅自身，而且别人夹紧尾巴的年代，一个运动又一个运动，动辄从文坛开刀，对于知识分子的政治压力，谁敢掉以轻心？三十年风水轮流转，终于，雨过天晴，俯首帖耳的小作家们又一个个人五人六起来，这与团干部们、党委部门，更不要说劳动大队了，实是大异其趣。遇到这种时候，就看出人与人的不同来了。我喜欢你们，但是又不能太苟同你们。你们想到了吗？

9. 第四次全国文学艺术界代表大会

回京后不久就听说要开文代会了，大家都说文艺界是“文革”中的重灾区，重灾区的代表大会，将是什么样的呢？

一九七九年秋我与一些同行在丁玲的老秘书张凤珠同志陪同下去看望刚刚回到北京的丁玲，丁玲反而显得冷静谨慎，不想说太多的话。痛巨则思深，她似乎仍在观望。她仍然很健康，她的湖南话字字有力到位。她并不怎么跟着风骂“四人帮”。她更想骂的，更较劲的可能另有其人。杰出的作家有一种个性，有一种自我中心，至少是更加自信与独立思考的味道，她或他不会轻易地人云亦云，她或他有意或无意地与人们保持着距离，保持着不（轻易）为所动的人格的独立。他们容易赢得尊敬也招致批评，使人羡慕也叫人失望，最后他们更会惹恼许多无法与之对接对话的同行，使得许多同行因爱成怨，恼羞成怒。

我记得，丁玲毫无顾忌地说，她写了《牛棚小品》一文，她拿给了一本杂志的编辑，并嘲笑说：“拿去吧，时鲜货！”她的样子充满不屑。她没法不得罪人。她的悲剧在于她与作协文联的领导干部完全互不相容，她以为她的不幸完全是某几个人或某一个人所造成的。如果看不到人际关系的因素，是过分天真。如果只看到了人际关系的因素，是一叶障目。您至少应该考虑一下当时伤痕文学的出现与红火并非偶然。如果如此不屑，您何必写什么时鲜货呢？如果您写了，又为什么那么急于与伤痕文学划清界限呢？你可能不喜欢那些提倡伤痕文学的人，拿着伤痕文学做资本的人。但是，这么多写作人已经卷进去了，它已经成了事，你就不能全面照顾一下吗？

而且写作人靠的是自己的作品的文本，而不在意作品的归类，也不会在意作品的题材时鲜与否。如果时鲜不一定是功，那么只要写得好，时鲜就更不可能是过。莎菲女士，我在霞村，又能归入什么类别，能做出题材是否时鲜的判断吗？

当然这是属于前一代人的事，我不可能做出合适的判断。

文代会前一位中央领导同志在他家里接待了一批中青年作家。他讲到了发展生产力与改变社会风气的任务，讲到了对于繁荣文艺的期待。我已经很久没有听到过这种登高望远、心怀全局的讲话了，我很注意。我不甚了了的是，一位有头有脸的同行对此会不满意，大意是与会人员没有指名道姓地反映拥护谁反对谁，没有直奔主题地表达对于文艺界领导班子的组成的民意，没有热诚地表达对于她的亲属的拥戴与对于对立面的决不接受。其实，我们这里也是很注意以民意来说事的。我们有我们的发动与运作民主的方式与动机。

我只能摇摇头。讨论呀研究呀理论呀路线呀民主呀解放呀繁荣呀前进呀，最后落实到人事安排上，我觉得不很得劲，我不想过度去掺和。

还有，文艺人不团结就不团结好了，相轻就相轻好了，陀思妥耶夫斯基与别林斯基、屠格涅夫不和，契诃夫对托尔斯泰不甚服气，托尔斯泰干脆把莎士比亚一股脑儿地否定，这又有什么大不了的？何必把中央领导也扯出来，拉着中央领导给你出气，你这不是害中央领导吗？

当然我也见识过另外的脾气、另外的趣味、另外的风格方式。有一种兼有领导职务的同行作家，一遇到人事纠葛、人事安排就全身放电，就招式迭出，就东奔西走，就上访下联，就到处整材料送材料写告状信托关系，就选择时间——一般在换届的大会、做总体性人事安排前三五个月，暗箭连连，箭无虚发，挤入黑箱，一拼到底，虽然成事不足，却至少是败事有余，他可以与你同归于尽。这样的人却又是作家、文人，真是命运的捉弄，这块美丽的土地的土特产啊。

文代会前夕一位文笔极好的新华社著名女记者郭玲春特别约了白桦、刘宾雁与我三个人做了一次访谈，地点在新侨或和平饭店。新侨是作协在没有自己的办公楼前最喜欢用的开会活动地点。而和平是每次白桦兄到京常住乃至长住的地方。由于他在戏剧和电影方面的著作，在京不乏接待他的有实力的文艺单位。访谈内容全不记得了，这个“阵容”倒是令人莞尔。事情就是这样，人要的是个明白，明白的前提是简单，汉语叫作“简明”。传媒舆论一直到公众与文坛的印象与概括，远远一看的认知与归类法就比简明还更加简明。简明性是人类认识论的一个奇迹，也是一个悲剧（同样的认识论奇迹与悲剧是“豪华”性，这个范畴要后面再探讨）。顺便说一下，斯大林亲自审定的那本书就叫《联共党史简明教程》。

这个简明性当然不是出自新华社的著名记者郭同志。一九五六、一九五七年后，文坛一谈到拙作《组织部来了个年轻人》必定会先谈到刘君的《在桥梁工地上》与《本报内部消息》，后来由于非文学的原因才不再提那两篇作品。而且，有趣的是，需要深思的是，一九五六年下半年至一九五七年年初，发生险情的是拙作而不是刘文。刘文曾经被认为相对健康，因为那里黑白分明，“好人”一往无前，势如破竹，坏人颟顸废料，早该完蛋。一句话，刘文本身符合“简明”的预期。刘文比王文容易接受得多。早在五十年前，就有团市委的同志指出：“王某的思想太复杂。”此后，一些文友在海外也屡次放言，王蒙的思想复杂，不像是在夸奖。

那么，您的思想就不嫌太简单吗？

一九七九年十月三十日，四次全国文代会开幕。老文艺家，有的坐着轮椅，有的扶着双拐，有的需要人搀扶，有的说话已经不清楚，惊魂乍定，大难不死，一肚子委屈，都来了。老作家萧三、楼适夷等到了台上发言，说上一句“咱们又见面了……”泣不成声。我感到的是，连“文革”中已死的文艺家的冤魂也出现在主席台上啦。那种场面，亘古少有。

大会上一些中青年作家激动兴奋，眉飞色舞。有两三个人发言极为煽情、活跃、大胆、尖锐，全场轰动。他们中有些人本来不在文联全委的候选名单上，但是由于言发得好，人气旺，被增补到名单上了。

小平同志代表中央致辞祝贺。人们对他讲的“文艺这种复杂的精神劳动，非常需要文艺家发挥个人的创造精神。写什么和怎样写，只能由文艺家在艺术实践中去探索和逐步求得解决。在这方面，不要横加干涉”欣喜若狂，掌声如雷。许多人记住的就是“不要横加干涉”六个字。能这样讲，谈何容易！

但我的印象不尽相同。我是主席团成员，姓氏笔画又少，坐在主席台第一排，我近距离地感染到了也领会到了小平同志的庄严、正规、权威，他的决定一切、指挥一切的神态、举止和语气。他是一个真正的指挥员，他牢牢地掌握着局势和权力，他的姿态和论断绝无令文人们想入非非之余地。他强调："这次大会，标志着全国文艺工作者的空前团结。"他肯定："文艺界是很有成绩的部门之一……从总体来看，我们的文艺队伍是好的。"他的口气当然是在做结论。他指出："文艺工作者，要……在意识形态领域中，同各种妨害四个现代化的思想习惯进行长期的、有效的斗争。要批判剥削阶级思想和小生产守旧狭隘心理的影响，批判无政府主义、极端个人主义，克服官僚主义……"斗争的弦并没有放弃，也很难说是放松。他说："文艺创作必须充分表现我们人民的优秀品质，赞美人民在革命和建设中，在同各种敌人和各种困难的斗争中，所取得的伟大胜利。"赞美的要求也并没有收起。

他强调"我们的文艺，应当在描写和培养社会主义新人方面，付出更大的努力"，"我们的社会主义文艺，要……真实地反映丰富的社会生活，反映人们在各种社会关系中的本质，表现时代前进的要求和历史发展的趋势，并且努力用社会主义思想教育人民……"他讲的是反映本质而不只是写真实，不是"无边的现实主义"。尤其是他说："对于来自左的和'右'的，总想用各种形式搞动乱，破坏安定团结局面，违背绝大多数人利益和意愿的错误倾向，要保持清醒的头脑……造成全社会范围的强大舆论，引导人民提高觉悟，认识这些倾向的危害性，团结起来，抵制、谴责和反对这些错误倾向。"他反对左也反对"右"，他预感到了动乱的危险，他发出了警告，勿谓言之不预。怎么说呢？这里有欢庆，有抚慰，有共鸣，有交融，有心连心，这里也有领导与被领导的明确定位。他不允许出现失控的局面，他确实是坚强如铁。这里没有什么含糊，没有什么好商量的。

按，其时已经传达过小平同志在理论务虚会上的讲话，大家已经知道了关于坚持四项基本原则的精神。我感到有些活跃人物可能活跃得太过了也太早了。我不觉得意外，共产党而不讲四项基本原则就活见了鬼了。虽然从情绪上一上来我对理论务虚会的召开与广开言路十分兴奋，我对四项基本原则的提出也有尚未做好准备的一怔的感觉。我希望再让文人们多吐吐苦水，提提意见。毕竟是封杀了十几年二十年，或者更多，例如萧军，还有陆续或刚刚恢复自由的胡风和他的分子们。而现在这些人只说（话）了、哪怕是狂了那么几个月。

我不怀疑众文友的悲情、真心、巧言、深思、动人、多姿多彩、心灵的火焰熊熊燃烧。文者文也，人也，心也，言为心声，而那么多文人的心在滴血。不错，这是一次扭转乾坤的会议，全部在“文革”中被废黜、被羞辱、被乱棍打死的文艺家，尤其还有早在二十余年前就被打入另册的我辈，如今，都复活了，谁活着谁就看得见，除了不幸去世的，又是一个个气宇轩昂、谈吐豪迈的“座上客”、人五人六啦。不过，是不是太天真，太一厢情愿乃至有点轻浮了呢？

你是真正的歌者，你感到的是文代会上的杜鹃啼血，精卫填海。你是闹者叫者吵嚷者呢？对不起，在四次文代会上我想到了对于众声喧哗的一些不敬的说法。喧哗是喧哗了，然而浅多于深，情大于理，跟着说、奉命说、人云亦云大于认真负责的思考。说实话，四次文代会上，活跃者兴奋者放炮者的数目有限，就是说，在四次文代会上有所响动的文艺家人数有限。更多的人保持听（吆）喝状态，观察、思考，留有余地，告诫自己不要跳得太高。谦虚使人进步，骄傲使人落后，东方式的道德标准；枪打出头鸟，东方式的低调哲学；少说话，多磕头，东方式的政治经验。例如路翎、胡风在平反以后的言论与文字中，也绝对是首先讲感谢、感激的。王蒙的态度也是从来如此。二十多年的另册，谁扭转得了乾坤？是邓小平，王某怎么可能不感恩戴德？

当时流行的说法来自交通宣传标语，叫作：“一慢二看三通过。”

我们有久经锻炼和教育的文艺队伍，其实活跃者也是摸着了某种精神以后适当活跃一下的，说声转弯，也就转过来了。极少数活跃得收不住闸的情况，此是后话。

你是梦者思想者行吟者记录者，你得到了或者正在得到海阔与天空。你大有可为。你是按精神说话办事的谨慎者，那么有多少水，和多少面，不会过分。而如果你寻思的是充当人民的领导者、领袖，呼风唤雨，改天换地（如你在十余年后向外国朋友所表示的那样）呢，你让我想到了孙猴子跳不出如来佛的手掌的故事。把故事叫作“掌故”是太妙了。掌故掌故，掌中之故也。

蝉噪林愈静，鸟鸣山更幽。这里有大兴安岭森林，这里有泰山、华山、天山、五行山。作家艺术家们的慷慨激昂，锦心绣口，言语瀑布，思想奇观，弄不好反而成了蝉噪与鸟鸣。有任何另类算盘的余地吗？喊喊喳喳，吵吵嚷嚷，不过是自我高兴罢了。而哭哭啼啼，抽抽搭搭，就更像是挨了继母枉打的小儿，在那里哭爹叫娘。还提倡什么“议政、议经、议文”，这样的提法似乎是将作协往政协上扭，无非是说作家有公民权、有国家主人公的责任罢了。

但我又不能不承认，不能不欢欣鼓舞，能开成四次文代会，一批原来打入另册的人能恢复名誉，能坐上主席台，一批冷冻二十余年或者更多的人能大放（更正确地说是小放）厥词，这已经是多少鲜血多少青春多少岁月的付出才获得的果实了。你过去想过吗？你敢想吗？邓小平的拨乱反正，换另外一个人，你不担心他会掉脑袋吗？

而且我也是文人，文人多半是蛙种，我也具有强烈的蛙性，思叫，思呐喊，要呼吁，要歌唱，还要惊天动地，尽兴。不同之处只在于我意识到了自身有蛙性、蛙运、蛙势，我很少将自身与同行们无条件地误认作腾云降雨、掌管天时、左右乾坤的蛟龙。甚至也不想，绝对不愿，死活不干，以精神领袖的面貌出现，并对所谓精神领袖的概念抱半信半疑基本全疑的态度。但求无愧我心，这是一个低的标准，也是高的标准。成败利钝，置之度外，香臭宠辱，形象观感，也只能碰运气，但是不能愧对良心，愧对文学，愧对历史。我学会的一个最有用的词就叫“大言欺世”，谨妨大言欺世，这是我一辈子的经验，我的黄金定则，不二法门。

精神领袖或导师于作家中出现，也许鲁迅的那个时候行。也不是鲁迅当时，而是以后被评价被承认被尊崇。现在不行。而且除了鲁迅，古今中外，作家而成为世纪良心、精神导师的绝无仅有。李白、杜甫、曹雪芹，荷马、巴尔扎克、塞万提斯……都不算。托尔斯泰在中国有人视其为道德与人格楷模，在俄国未必。近世的德国的海因里希·伯尔，倒是有点精神先行者的意思，但是也并无导师之风。

你必须明白。你别无选择。你不要忘记：画虎不成反类犬。

我希望保持适当的清醒，上海话叫作要拎得清，不可拎勿清。我的发言是低调的，我的讲话角度是极左的一套离间了作家与党。我必须在热烈的情绪下立于不败之地。

立刻有了反响，一些同行表示我讲的令他们不满足，听了不甚过瘾，我讲得太软，不痛快。从这个时候，我就常常受到善意的夹击了，一些人说，他太“左”了，他已经被招安，站到官方那边了。另一些人说，他其实右，而且更危险。

也可以说我成了一个桩子，力图越过的各面的人，简单而又片面的人都觉得我脱离了他们，妨碍了他们，变成了他们的前进脚步的羁绊，而且是维护了效劳了投奔了对方。有时候我会左右逢源，这是真的。更多时候我会遭到左右夹击，这尤其是真的。

这样的桩子，客观上有点像个界碑了。

一位声望正隆的记者讲如果成吉思汗安装了电话会是什么情景。他喜欢大骂国人，把愚蠢、野蛮、专横、无知之类的字眼挂在嘴边，显得高高在上，话说得到位过瘾。一位女诗人讲领导不要信小报告。她讲得生动活泼，惟妙惟肖，极富表演性。她在大会上表扬另一位后来与她极不和谐的诗人，不知人们今日是否还记得。一位上海老干部口音不清，抓不住重点，气不打一处来，显得很激动，却又不知所云。他的上海同行说他是以“小热昏”而著名。一位剧作家自问自答：“你们究竟要什么？”“我们究竟要什么？”他要的都是最好最理想的事，包括全面的启蒙主义、现代性与普世价值。他在讲他的“I have a dream”（我有一个梦想），可惜他不是马丁·路德·金，而这里也不是美国。周扬同志在大会上正式向被错整了的文艺人道歉，他特别提出向丁玲、江丰等人致歉。另一位坐在主席台上的老领导老作家刘白羽同志说是周的道歉也代表了他，立即有几个人在会场上喊叫：“不代表你！”在几千个人开会的大礼堂里，一些人在台下喊叫，显得叫人无法是好。

如果几千个人的会议只有鼓掌却无人喊叫呢?

我有时候想越是不让人说话越是成全了大言者大叫者。如果“文革”期间有个人站在闹市路口大喊一声：“操你妈！”他难道不是英雄、不成为英雄或不会被认作英雄无限吗?

而我印象极深的是夏衍老的闭幕词。他讲到了反封建，讲到了生活之树长青，理论是需要发展的，讲到了文艺工作者需要学习，强调学习，是夏老历次讲话的一个“永恒主题”，大家都很爱听。

夏衍资格太老了，他是二十世纪二十年代的共产党员，年轻人说他已经进入了“刀枪不入”的境界。所以他可爱。所以他也令某些人皱眉、为难。

此次会上还有一个插曲，值得一忆。会议中间，一位先生以受领导同志委托的名义找几个作家谈话，其中有上海的李子云和我，好像还有刘心武等。我一看，却原来是阮铭。看来他正受到欣赏与重用。阮铭秀美挺拔，长脸灰眸，傲慢自负，目光阴鸷，带着一股冷气，给人以与众不同的印象。他不像领导，也不像幕府，倒像一个多次洗涤消毒后，穿着工作服，操着利刃——手术刀的外科医生。谈完，我乃告诉李子云，这是阮君啊，“文革”初期是他以《鲁迅文集》的某个注释有问题为由，发难攻的周扬啊。李说我知道，他是“坏人”。

这里顺便介绍一下阮先生：一九三一年出生，一九四六年入党，一九四九年后历任燕京大学、清华大学团委书记，如前所述，在尚未定论之前率先宣布王蒙是右派的就是他。他一九五七年任团中央候补委员。后在北京日报社与中宣部做事。“文革”时曾任中宣部机关“文革”主任。“文革”结束后在中央党校，任理论部副主任。一九八三年在中央党校期间开除党籍（因“三种人”问题）。一九八八年后留在美国一些大学。一九九七年任台湾淡江大学客座教授。二〇〇四年任陈水扁的“总统府国策顾问”。

波谲云诡，变幻莫测，人，命运，历史与我们中国，匪夷所思的事情真是太多太多了。我在一篇小说中说过，中国人的戏路子好宽啊！有一朋友读之大呼妙妙妙，阮先生的故事便是精彩一例。引用这么一点网络上的资料，聊供读者一粲。

这次文代会上有一事值得一提，就是与会许多人提出那时的一些“自发性文学社团”事，如以北岛为代表的《今天》杂志及其作者群：包括顾城、舒婷、杨炼、芒克、甘铁生、史铁生、潘婧、徐晓等。他们的名字至今多数人们耳熟能详。舒婷的诗与散文是那么受到了读者的欢迎，她如今也是厦门文联的领军人物。史铁生的为人与为文也深受各方面的尊敬与好评。潘婧的《激情年代》获得了上海文学奖的头奖，还有些人选择了移居海外。

当时有一些大学的文学社团，例如在武汉大学的文学杂志上我就读到了张安东的别有风味的小说——《大海，不属于我们》，他写得忧伤而又含蓄，青春而又沉重。可惜此后不再见到他的创作。他的父亲是著名诗人，我的亦师亦友亦领导的兄长光未然。

该次作家代表大会上通过的作协章程里加上了为繁荣文学创作加强与各文学社团联系的字样，这反映了一个美好的愿望，促进文学界的大团结大整合与整个社会的安定与和谐，避免在文学上出现政治分化与身份裂痕。可惜，这方面的努力没有得到完全的成功，反而产生了一系列后患。

二十七年已经过去了，回想起来除了大的社会变动的投影与有关政策的宣示以外，这样的盛大隆重的文代作代会竟然没有什么文艺的内容可资记忆。支持“伤痕文学”吗？那其实是坚决拨乱反正的同义语。使一大批被放逐的人回到文艺岗位上来吗？这也是落实干部政策的一个组成部分。当然，经过凶神恶煞的“文革”，单是让这些曾被无例外地视为文艺黑线人物的作家、艺术家们聚一聚也够人们哭一鼻子的了，何况其中还有我们，已经经历了二十多年的试炼与考验，已经是水煮火烧，成熟了许多。大会发言使口若悬河、挑剔而又易于、宜于动情的文学人们终于获得了小放厥词的平台。就这样，一些人已经认为是说了太多的过头话。整个会议的政治宣示与政策特别是文艺政策的宣示还是令人五内俱热的。双百方针又猛讲上了，不要横加干涉的说法与我们的文艺队伍是好的肯定令人一个蹦子老高。

我也想起苏联的作家代表大会，苏联是没有所谓文联的。苏联的作家大会倒是像有些文艺学的讨论、争鸣，虽然他们没有双百方针的说法，在赫鲁晓夫年代召开的全苏第二次作家代表大会就典型问题、真实性问题、正面人物问题与作协活动问题都争了个不亦乐乎，连后来担任过部长会议主席的马林科夫也在苏联第二次作家代表大会上讲过典型问题是一个党性的问题——对于他的这个提法，我至今不明其意。设想一下，把聚讼纷纭的文艺问题带到克里姆林会堂，带到那么大规模的会上进行意气风发的讨论，又能有多少文学与理论的含量呢？

会议的规格与气势也许令人记住，令多数文艺家包括许多标榜清高与忧愤的作家、艺术家、有机知识分子羡慕感动向往。文艺本来是各式个体劳动者的活计，老作家孙犁早就指出“作家宜散不宜聚”，我亲耳听到过林默涵同志引用与响应这个明智之语。生逢盛世，文艺家们却高度地集团化、群体化、政治化、队伍化了。几千人的文艺大会，人民大会堂的灯火辉煌，党和国家的领导人尽数出席，掌声如雷，热泪如注，铿锵动员，豪迈号召，英武表态，响亮口号，勇敢决心，都令人热血沸腾，如参加了战前爆破动员与班组红旗竞赛。还有大会上才揭开幕布的几十名几百位贤达俊杰名流人物的升降进退：谁谁当了主席，谁谁当了书记，谁谁当了委员，谁谁当了理事，还有后来的顾问、名誉主席、副主席、委员和其他封号，蔚为壮观。有为之哭的，有为之笑的，有为之奔走的，有为之上访告状的，有为之处心积虑或者痛心疾首的。甚至许多年后，还有一位很有身份的可敬的老文艺家，在一次类似的盛大会议上因为理事候选名单上漏印了他老的名字而泣不成声，几乎当场晕倒……偏偏该一届理事会只开过两次，一次是成立，一次是下届大会前宣布寿终。这样的文艺大集会并非所有的国家的文艺同行所能经历，我们这里，也并非所有的时间段的集会都具有同样的同心同德、大喜大悲的特色。有志者研究一下历次文艺大会，也能提高水平，了解特色。

还有一位文友的花絮值得稍稍一提。其时谌容已经发表了许多作品，她是市第五中学的教员，由于写作未能完成学校的教学任务，而被停发了工资一些年。当时的东城区教育局局长是刘力邦，我在东城团区委时的老领导，也是极好的师友。刘力邦提起谌容的名字简直无法容忍，而谌容也是绝对不嬲，我行我素。由于谌容成了无单位人员，她无法参加文代会，据说她正好利用这段时间在同仁医院眼科病房“深入生活”，乃写成了为她带来名声和如潮好评的《人到中年》。然后，她得到了全部被扣发的工资，体体面面地到了北京文联搞“专业创作”去了。把刘力邦气得不轻。我确实身份特殊，我既是谌容的文友，更是刘力邦的“战友”。另外，不参加四次文代会的后果，似乎也不是遗憾而是收获。我们的特色不仅在于文艺家的群体化、团队化，而且在于文艺家的单位化，这些方面的改革与有关问题的妥善处置，恐怕也是任重而道远的了。

说来归其，第四次文代会是一个标志，中国的文艺进入了新时期，声嘶力竭，雷霆万钧，一切达于极致的“文革”，终于离开了我们，这应了物极必反的老话。不论具体情节上有多少仓促和不足、肤浅和幼稚，四次文代会仍然算是一个转折，它毕竟埋葬了“文革”。同样不管有多少从感情上仍然留恋着“文革”的高调性与传奇性的当年的风云人物存在，不论他们怎样至今仍然曲折地、决绝地，或别出心裁地，用尽新、洋、生疏的词儿为“文革”唱赞歌，为红卫兵运动唱赞歌、唱挽歌，别了，那个疯狂的特殊的年代，你们已经无法使历史逆转了。

10. 文思泉涌

不论多么重要、多么激情的大会，开完也就完了。紧接着对于我最重要的是分到了房子，地点就在前三门——崇文门、前门、宣武门一线，原顺城街扩大而成的一条新街，现称为地铁线，因为这是最早的北京地下铁路的路线。“文革”后期，在这里修建了一批狭小的公寓楼，一九七九年年初，小平同志恢复工作后曾来此视察。报上登了，芳就说我们可能搬入，我认为她太妄想了。

那时的前三门房子令人激动。后续的楼房尚未盖起，从我住的九层楼窗可以一直看到故宫、紫禁城、鼓楼、钟楼即全部北京的“龙脉”中轴路。可以看到许多槐树。前三门的房子的北面也开辟了绿地，有草有树有花。房子刚刚盖成，只有少数人搬了进来，楼道里空得很，到处是油漆粉刷的气味。当时还不知道这些内装修会污染环境制造肺癌，也可能那时用的材料毒性没有后来那么大。我一进楼，只感万分幸运，高高在上，登高望远，兴奋不已。

有一次在楼道里看到两位谈情说爱的青年，我很感动，它就是我的小说《风筝飘带》的由头。几十年后，我重读《风筝飘带》，仍然是一片欢欣，两行热泪。

我写道：

在红底白字的“伟大的中华人民共和国万岁”和挨得很挤的惊叹号旁边，矗立着两层楼那么高的西餐汤匙与刀、叉、三角牌餐具和她的邻居星海牌钢琴、长城牌旅行箱、雪莲牌羊毛衫、金鱼牌铅笔……一道，接受着那各自彬彬有礼地俯身吻向她们的忠顺的灯光，露出了光泽的、物质的微笑。

这是一九七九年的东长安街台基厂路口的实景。街头出现了商品的广告牌，一九四九年以来从没有过的。广告牌与政治标语同在。神奇，温热，陌生，幽默，大地在萌动，云彩在飞翔，也许还有苦涩和劫难后的荒凉，这就是一九七九年。

> 在初冬的尖刻薄情的夜风之中，站立着她——范素素。她穿着杏黄色的短呢外衣，直缝如注的灰色毛涤裤子和一双小巧的半高跟黑皮鞋。脖子上围着一条雪白的纱巾，叫人想起燕子胸前的羽毛，衬托着比夜还黑的眼睛和头发。
>
> “让我们到那一群暴发户那里会面吧！”电话里，她对佳原那么说。她总是把这一片广告牌叫作“暴发户”，对于这些突然破土而出的新偶像既亲且妒。“多看两眼就觉得自己也有钢琴了。”佳原这样说过。“当然，老是念‘不是你吃掉我，就是我吃掉你’，自己也会变成狼。”她说。

这一段有点绕。多看两眼钢琴广告就会感到拥有了钢琴，如同多听几遍林彪的语录就快要变成狼了。这其实是对新的商业生活、世俗生活的萌芽的满意熨帖之情，绝不仇视生活，这时候已经看出了我与一些愤青儿的区别来了。不忘趁机诅咒一下那些林彪之流的该死的凶险乖戾的“教导”。说是满意又不无自嘲，因为看钢琴的广告与拥有钢琴毕竟不是一回事。

本篇作品的德译本曾经引起过讨论，小说里说那些广告牌是“暴发户”，这是不是一种讽刺呢？是不是说明了王某对于市场经济已经有所保留或者警惕呢？我说不清。革命鞭挞了历史，理想嘲笑了平庸，狂热嘲笑了常识。常识、日常和生活又嘲笑了歌曲、口号和红海洋。今天有时会嘲笑昨天，昨天又会与明天联手嘲笑今天。暴发户呀暴发户，王某早在一九七九年十一月已经感到了暴发户的即将出现乃至已经出现了。

于是男主人公佳原因为助人而被嘲笑与讹诈，素素因为向往红彤彤的世界而被生活所嘲笑。佳原的助人是帮助了一个被自行车撞倒的老人，结果被反诬成肇事者。一度颇受注目的学者何新曾经著文评论这一情节，并说这是一种“异化”，至少是我，从而第一次注意到了“异化”一词。

> 所有这一切——献花、祝贺、一百分、检阅、热泪、抡起皮带嗡嗡响、“最高指示”倒背如流、特大喜讯、火车、汽车、雪青马和栗色马、队长的脸色……都是为了涌向三两一盘的炒疙瘩吗?

生活嘲笑了梦，也呼唤着梦。这是一篇关于梦的小说，梦像风筝，哪怕只是“屁股帘”风筝，也要摇曳着飘带飞上天空。这篇作品的写作受到了我对于美国当代作家杜鲁门·卡波特的《灾星》的阅读的影响，杜的小说里描写一个凄美的纯洁女儿出卖自己的梦。我特别喜欢杜对于女孩走路的刻画，说是她走路的声音像是吃冰激凌时小铜匙碰到玻璃杯时发出的声响。我做过多次实验，证明铜匙击打玻璃杯的声音不大可能令人想起踏响了路面的女孩子的高跟或平跟鞋。但是我喜欢它的神似，它的意象性，喜欢这篇小说的味道与奇特构思。

我们是社会主义国家，我没有忘记在小说的结尾处保持一定的亮色。此时正因为一些小说例如发表在《清明》上的《调动》缺少亮色而发出了批评的声音，它反映调动工作中的黑幕。宗璞的据说是受了卡夫卡的影响的《我是谁》也受到了缺少亮色之讥。亮色之说是鲁迅提出来的，而其时的《文艺报》副主编唐因，在批评文章中以亮色为重要的价值判断标准。而我则写道：

> 素素顺手从茶几上拿起了一个玩具气球，把气球在沙发的人造革面子上使劲摩擦了几下，然后，她把气球向上一抛，吸在天花板上，不落下来了。她仰着头，欣赏着自己从小爱玩的这个游戏。
>
> “这是一种法术。”素素说，她瞟了佳原一眼，做了一个怪相……素素和佳原离开了这幢可爱的高楼。雪雨仍然在下着，风仍然在吹着。哐啷哐啷，好像在掀动一张大化学板。雨雪和他们真亲热，不仅落到脸上、手上，还往脖子里钻呢。
>
> “这一切都怪我。”佳原心痛地说，“我没有本事弄到它，让你委屈……”（指房子，王注）素素捂住他的嘴。她咯咯地笑了。笑得

真开心，一朵石榴花开放也没有那么舒展。

佳原明白了。佳原也笑起来。他们都懂得了自己的幸福。懂得了生活……笑声使风、雨、雪都停止了，城市的上空是夜晚的太阳。

“握个手，再见吧，我们过了一个多么愉快的夜晚。”“再见，明天就不见了。我们还得用功，我们要一个又一个地考上研究生。”“那很可能。而且我们总归会有房子，什么都有。”“祝你好梦。”“梦见什么呢？”“梦见一个——风筝。”

什么？风筝？佳原怎么知道风筝？

“喂，你怎么也知道风筝？你知道风筝的飘带吗？”

“噢，我当然知道啦！我怎么能不知道呢？”

多么自由！“城市的上空是夜晚的太阳”，把一个气球抛到——应该说是粘到天花板上的“法术”，而且佳原知道素素的梦。此前，有几个人敢这样写？

就是这样的小说也有批评，说是看不懂，我们的文学胃口已经衰弱到了什么程度！我们快要只能接受看图识字啦。一位原东城区委的老同事责备我，他说，读完《风筝飘带》仍然看不到明天，看不到太明晰的希望。而另一位同行则说，后来更有人说这篇小说其实是受到了主流意识形态的影响。

有一位计永佑先生，著文指责《风筝飘带》是写了“幻灭者的微末的悲哀”，他说：

……咀嚼着身边的小小的悲凉，并把这悲凉看作一个时代的悲剧。向内，发掘自己的灵魂，把这灵魂的痛苦与寂寞唱给同样寂寞的人们；想要唱出的一支真善美的歌，而实际唱出的是苦涩的梦幻曲……

……为了医治“四人帮”造成的创伤，千千万万的人在贡献着自己的努力，但也有人在细细地咀嚼着身边的小小悲欢……我们的作品讴歌的应该是前者而不是后者。

您瞧，计先生写得还挺用劲，挺转，大义凛然、大气磅礴地将小人物们一笔抹杀。文联有一位工作人员，告诉我计先生并不一般，说是他的文章会到达谁谁哪里哪里。我也只好随便。从中可以看出三十年前所谓新时期开始时写作的文学环境。搞起批判来，卑微呀渺小呀悲凉呀幻灭呀之类的咒语，已经深入人心，跟真的似的。

其实幻灭云云，并不犯私，有幻就有灭，只要幻不要灭，那就不是幻而是真了，真也有生、住、坏、灭的过程。所谓成长，就是一些不切实际的幻想破灭了，而另一些合理的、科学的理念一步又一步地变为现实。不切实际的东西的幻灭的另一面是新的追求新的理念新的愿望与梦想的充实与建设再建设。不是吗？

此后的年轻人尽情嘲笑他们的前辈同行写作起来会想那么多，那么"内心恐惧"，他们不知道，是前辈作家用血肉之躯为他们铺了路，垫了底，充当了盾牌。

又是夹击一例。以致我说过，文学是一种社会现象，而社会并不是一种文学现象。一位前辈说是读不懂我的这一命题。如果说社会上有许多人为衣、食、住、行种种问题而困惑，小说能解决这些问题吗？阅读一篇小说能代替分到一处或分配给某人一处或批条子批一处房屋吗？我说的是，社会上尚没有完全弄清、完全解决的问题，期待通过文学作品的阅读来得到信念，得到前景，得到路线图，那是不现实的。《风筝飘带》已经够亮色的了，《风筝飘带》甚至具有一点苏联味道，苏式文学味道，鼓励人的乐观进取，这一点北京的一个更年轻的同行，当时就指出来了。

反过来说，一篇小说的成败，难道取决于它受到多少意识形态的影响？那些坚称不接受意识形态的人，其在意识形态上的偏执，其政治挂帅、意识形态挂帅的程度不是更惊人吗？有哪个普通的读者边读小说边进行意识形态的化验，看有没有自己不喜欢的某种意识形态倾向的感染呢？请问，您到底要什么呢？您到底要剥夺什么？剥夺作者与读者的做梦权吗？快乐地度过艰难岁月的权利吗？您要求人体炸弹还是汽车炸雷？您是不是怕咱们乱得还不够、不透？

在纽约圣约翰大学执教的一位台湾背景的女教授，她好像名叫李又宁，我记得她有唱歌一样的好嗓子。她特别喜欢《风》作，特别喜欢素素说的"是秋风把我的话削尖了的。我们找不到避风的地方"。她给学生选了此篇，作为教材。

我写了回城知青所有的艰窘和经过“文革”后的社会的某些方面的充满警惕与不怀好意。但我仍然歌唱着生活，歌唱着希望，歌唱着青春，这是比《青春万岁》还万岁的青春。这是“大龄青年”的青春，已经大龄了，犹有一搏，犹有少女的梦与青年的豪情，眼泪咽到肚子里，笑容出现在脸上，我感谢这篇小说，它使我永远不忘那一段刚刚搬入二十三平方米卧房的新居的劫后余生，劫后欢欣的日子，不忘记那个时代。二〇〇五年，《北京文学》为自己的刊庆编辑小说集短篇便是以此作命名的，我重读了一遍，激动依旧。

四次文代会与三次作家代表大会后，我先是任《人民文学》杂志编委，后任作协书记处书记。

文代会后一批“归来作家”被东北一些省请去与读者见面，讲话中被认为有走火之处，如对“西单民主墙”的说法问题。我专心于写作，辞谢了这一类邀请。听说有关麻烦后一直在想，怎样才能保护一下这些感情冲动的作家？弱者，你的名字是文人。气壮如牛而又胆小如鼠，大话如天而又手无缚鸡之力。怎么样才能保护得来不易的相对从来没有这样好的形势——创作环境？怎么样才能避免再次发生整肃作家、整肃文学的悲剧？我再也不希望类似批萧军、批胡风、批丁陈这样的事情重演了。

我一时想不出什么好办法，因为作家们不甘寂寞。我开始意识到，潜心创作最好。真正的文学就像真正的学术、就像自然科学一样，其实就像是宇宙、历史（的一部分）一样，应该是有免疫力的，经得住折腾的。因为真正的文学不可能那样简明，像墙上或者场上的言论那样简明。有深度的、立体的、有生命力的文学是一个自己的世界，这样的世界是难于推倒的，尤其难于用毫无深度和层次可言的一时起哄所推倒，或者用鹦鹉学舌的念念有词磨磨叽叽所推倒。怕的是以浅薄对浅薄，以简单化对简单化，以廉价对廉价。真正的文学扎根于世界，扎根于生活，扎根于生命，又有什么东西能战胜世界、生活、生命呢？

但我也并没有做到彻底地潜心创作，我倒是做到了何时何地都不放弃创作，始终首先坚持自己的写作人、爬格子的身份，再言其他。那段时间报纸上重新发表陈云同志的一次讲话，说是“党员作家首先是党员，其次才是作家”，有一个日本作家问我，这个指示是什么意思，是不是指一个人必须先入了党才可以写作，我对他做了解释，他仍然听不太明晰。

我早早地“首先”入了党，后来才尝试习作。我无法淡化掉我的社会政治身份、社会政治义务。这里还有一个原因，我已经说过，我需要争取更好的境遇，我意欲全面表现自己的特质、优势、资历与通达能干，有利于把两个儿子弄回来，去新疆时他们太小，我没有征求过他们的意愿，我对他们负有一个老爹的责任。这一类渺小的动机旁人也许讳莫如深，也许自动消磁，但是我必须“坦白”出来，证明有一类人如我者是多么平凡，多么易于被细节左右。

在一次文学发奖会上，周扬说：“你们（作家们）说是要干预生活，其实是干预政治，你干预政治的结果是政治也要干预你。你干预一下政治，也许没有什么大不了的。政治干预一下你，你会受不了。”（大意，下同）周扬还提到，有一位安徽的老作家大讲作家讲良心，而政治家不讲良心，所以有矛盾。周扬自嘲地说：“你们可能觉得我是政治家，不讲‘良心’，而真正的政治家又觉得我像是文艺家，不讲纪律……”讲到这里，周扬流出了泪水。晚年周扬的情绪，是什么样的呢？周扬说：“道路上有许多车辆，有行车的自由，但是也有红绿灯，交警……”他的后面几句话许多人听不清楚，他的湖南话是很具方言特色的。刘宾雁大声解释说：“交警！”然后周扬接着说：“你们也要体谅各个地方的领导干部，你们去试试，不一定比他们干得好嘛……”

张洁当场驳斥说：“那让他们来写写小说嘛。”

周扬笑了。

特定的时间，特定的场合，特定的人，酿制成特定的故事。改变任何一个元素，这样的对话就不会发生。毕竟这样的回忆包含了令人温暖的往事。

我想起了毛主席写于一九五七年的著名文字：《事情正在起变化》，本来要给我看给我交底，却终于没有看成的重要文件。也许到了一九七九年，事情也发生了一点点变化了？当然没有那么戏剧性，那么大的硬的转弯。

这段时间是我写小说的一个高潮。一九七九年秋至一九八〇年春，我写了《悠悠寸草心》《难忘难记》《表姐》《说客盈门》《海的梦》《风筝飘带》，还有第二个中篇《蝴蝶》。此外，我给《光明日报》《十月》等还写了一些长篇大论的评论。写作是多么快乐，多么难能。王蒙终于又拿起笔来了。

其中《悠悠寸草心》与《难忘难记》两篇都写了领导干部，现在则叫什么“官场”小说啦。《难忘难记》里写的那个风派加马屁精，是有迹可循的。聪明乖觉善于演戏的她利用“文革”，把一名文联的“走资派”从住房中轰了出去，自己接管了当时认为最好的房屋，获得了实惠，是造反得利的典型。“文革”一结束，她回沿海大城市走人了。她曾经是一个不算成功的话剧演员，演戏演得并不见佳的人，却能在运动中有出色的表演。这样的人的存在是各种政治运动一划火柴就熊熊燃烧起来的根据之一，而这样的人不比“四人帮”“三种人”（造反起家者，打、砸、抢者，也不知还有什么什么者），清查清理清除都根本做不到。不仅如此，他们（她们）对于那些吃过他们（她们）的苦头的领导干部来说，是难于割舍、难于躲避、难于“清君侧”的。如果你掌握了一定的权力，你不需要几个围着你转的人吗？包括自认为确是有所不为的王蒙在内，你敢面对这样的并不十分清高，并不能完全免俗的事实吗？

回忆这个时期的活动时我感到次序与时间不太清晰的是我还回过一两次新疆，具体时间已经说不清楚了。大约一九八〇年初秋，一个周末我买了在正义路原团中央礼堂放映的电影票，是卓别林主演的《舞台生涯》。这时收到了仍在新疆读大学的儿子王山的信，他由于碰到感情生活上的一些问题而情绪失衡，使我很不放心。我也正想重访新疆“深入生活”，不中断与新疆乡亲父老的密切联系。我决定，立即出发，“回”新疆。

这影响了我看电影，观影时我极不专心。但是，我仍然难忘卓别林饰演的那个死在舞台上的伟大喜剧演员和另一个初出茅庐的女演员，这个美丽的女演员首次演出由于紧张失了声，老演员竟然给了她一个耳光才挽救了演出。这个情节后来被不止一个人“窃”用过。在特定情势下获得一个及时的耳光，多么幸福！而喜剧的形式同样可以表现得这样委婉，这样酸楚，这样令你笑更令你哭，我太感动了。

但是后来记得很清楚的则是我在一九七九年夏离疆前去过一次伊犁，那时去伊犁的公差极多。应该是春天去的，同去的还有维吾尔族资深编辑乌甫尔江。我们去了巴彦岱，得知房东大娘赫里其汗已经去世。我们去了新源，到了新源与一些少数民族干部痛饮，喝了个酩酊大醉，以致此后我根本想不起我到底去没去过新源，此事，我于一九九〇年写在散文《忘却的魅力》中了。更深的印象是关于地方的领导干部的。新疆“文革”中有一个吓死人的“要案”，三位地委书记在一起悄悄地骂江青被举报，被当作“现行反革命”分子逮捕。其中一位死了，一位被批斗得精神错乱，另一位在“文革”后官复原职。老百姓对于官复原职后的他的架子神气与“待遇”有些说法。我受此启发写了《悠悠寸草心》。这是一个非常敏感的题材，我强调描写了主人公理发师唐师傅对于一位领导的同情与关心，强调了党的领导干部与人民的血肉联系，在此基础上曲为进言，提醒领导同志不要忘记“文革”的教训，不要忘记倾听来自人民的声音。此作获得了当年的文学奖，《人民文学》杂志的老主编、在延安工作过的老文学工作者葛洛称赞它的“分寸感”，而冰心则说，她一看题目，首先想到的是母爱主题，是“慈母手中线，游子身上衣……”

此作在一九八五年西柏林地平线艺术节上的王蒙创作研讨会上被汉学家瓦格纳选取作他的论文的题材。他分析说，理发的谐音是“立法”，而唐姓表明了王蒙对于恢复类似大唐盛世的黄金时代的期盼。看来，中国的索隐派，一直影响到欧洲去了。

《说客盈门》的产生比较特殊。一次几个作者在一起闲聊，浩然说起，一个工厂厂长，因了处理一个工人的事前后被一百多人求情。我大叫：“浩然，你写不写这个题材？你要是不写我可要写了。”浩然兄翻了翻眼，他完全想不到这样的窃窃私语也能产生小说题材，他捕捉的是新人新事好人好事。他摇头表示他写不了这个，我写了，而且刊登在一九八〇年新年伊始的《人民日报》上，占了一个版。此后周扬同志多次对我说：“吕正操同志非常喜欢你的这篇小说。”

还有一个旁人口述过的题材，一次邓友梅说，“错划”那几年的一个国庆节前夕，他被命令到民族饭店擦玻璃，该饭店是中华人民共和国成立十周年十大建筑之一，高十一层，当时就觉得高得不得了啦。他站在高处，一层层地擦，冒着失手坠落的危险（是否有安全设备，不详），心情一言难尽。我叫道，这是一个多么好的中篇结构呀！漂亮的意识流小说骨架！你写不写？我等三年。你不写可就归我了！

但是邓也好我也好，至今谁也没写出来。

但是我仍然保留着以此为结构写小说的意图，也欢迎别的作者使用这个骨架。

现在再回到一九七九年年末或一九八〇年年初的新疆之行上。维吾尔族大诗人铁依甫江在此次与我结伴去了一趟鄯善县，他曾经在此地下放锻炼。我们一起去了他的房东大姐处，房东大姐给了他好几棵才从地里收下来的大白菜作为礼物。我乃调侃说：“果然是人民的诗人啊，所以要吃人民的白菜！”铁诗人为之喷饭。直到他一九八八年病重，在京治疗无效后返回新疆前夕，赛福鼎同志等前往新疆驻京办事处送他——实为诀别，他还有气无力地给赛书记（赛曾任新疆维吾尔自治区党委书记）讲了这个段子。

那一年我与铁坐在舒适的五座北京牌吉普车上，快速地沿着公路行走。我感从中来，悲从中来。想到了时代的变异与命运的浮沉，你是蝴蝶还是庄子？你是人五人六还是另册贱民？你会不会忘掉了自己是老几？这就是小说《蝴蝶》的由来。

与前面提到的两篇小说相似，这里我的关注中心仍然是领导干部，是扬扬得意过、狼狈不堪过、反思省悟过却也积习难改的革命——掌权者。然而，它不只是针对某一点的讽喻，不再是旁敲侧击，而是钻到心里的自问。这是远在西方什么后现代搞的identity crisis（认同危机）成了一个时髦名词以前。这样一个弄不清自己的身份的危机不是来自全球化对于民族与个人性的冲击，而是来自历史规定的个人角色的不确定性、起伏性、突变性乃至偶然性。我的主人公张思远，首先是一个献身事业的悲情的革命者，后来是趾高气扬的胜利者，是难以免俗的既得利益者与高高在上的掌权者，后来又成了“文革”中的罪人，莫名其妙的三反分子，然后又莫名其妙地官复原职，依然高高在上。

然而几十年过去了。他真爱的与真爱他的海云已经自尽。海云的故事取材自我的邻居和同乡、同班同学。她长着一双大眼睛。我们的北方家乡本来清一色地是小眼睛与单眼皮。后来我在孔捷生的小说里还看到他的“考证”，北方人较有轮廓，但因风沙大，眼睛长得小，多单眼皮，而南方人相反。我的这位同学、同乡、邻居也在中华人民共和国成立前夕参加了党的外围组织，就是说她革命了。中华人民共和国成立后，她在公共交通工具上结识了一位名人、学者、领导、革命家，很快，她以十几岁的低龄嫁给了名人。由于名人有时候到岳家来，修了路，以便那辆华沙牌或伏尔加牌小车行驶。后来她在反右运动中落马。后来她离了婚而且据她母亲说有一位嘴长得不算太正的然而是英俊男子后来成了她的新任丈夫。很可能二人双双成了右派。可能她是劳动改造中完成了自己的新爱情，有什么办法呢？你无法禁绝爱情。二十世纪六十年代摘了帽子后我一次在家门口与她相遇，她说到劳动改造期间她去救火，反而受到了怀疑：是不是她放了火？她说到了“心寒”二字。再往后“文革”一开始，她不堪再辱，自缢身亡。

至于小说的男主人公则与名人无关。名人至今仍是一位极受尊敬的名人。他健在，工作着与思考着。顺致最友好的问安。

在《蝴蝶》里我注视的不再是是否重用马屁精或官复原职后是否脱离群众这样的具体问题，而是在天旋地转、天堂地狱般的演变中个人的良心、操守、情感与灵魂的拷问。当然，也有对于弱者的叹息。

> 枝头的树叶呀，每年的春天，你都是那样鲜嫩，那样充满生机。你欣悦地接受春雨和朝阳。你在和煦的春风中摆动着你的身体。你召唤着鸟儿的歌喉。你点缀着庭院、街道、田野和天空。甚至于你也想说话，想朗诵诗，想发出你对接受你的庇荫的正在热恋的男女青年的祝福……你等待着夏天的繁茂，你甚至也愿意承受秋天的肃杀，最后飘落下来的时候，你甚至没有一声叹息。因为你已经生活过了，尝过了，爱过了。但是，如果你竟是在春天，在阳光灿烂的夏天刚刚到来之际就被撕撸下来呢？你难道不流泪吗？你难道不留恋吗？虽然树上还有千千万万的树叶，虽然第二个春天会有同样的千千万万的树叶，虽然这棵大树在可以预见的将来也许永远不会衰老，然而，你这一片树叶却是永远不会再现的了。地老天荒，即使这个地球消失了，而宇宙间的星云又重新结合成一个又一个的新的地球，你却永远不会再接收到阳光和春雨的爱抚了……

有不止一个论者提到小说《蝴蝶》中的“树叶诔”，它是我对于所有在威严和匆促的历史风浪中没顶的无罪的善良的热情的青年男女的哀思。这是我写得最动情的那个部分。

我还要在这里郑重宣告，我的邻居、同乡、同学，聪明美丽热情的女生，名叫孙丽生。她的遭遇启发了我对于《蝴蝶》的情节的设计。我的姐姐告诉我，她听孙丽生的母亲说的，她自杀前的那个早晨，人们看到她一再地抬头张望天空，穷极目光地寻找着无限的蓝天，接着，她又看一看地，想一直穿透地面，看到地底深处去。然后她进了仓库，然后她再也没有出来。

看天？看地？天乎，地乎！我听了，我的心战栗了。

我如果早知道这个细节，《蝴蝶》里关于海云的描写也许会做得更好。你无法不承认，生活大于匠心，命运强于技巧，天与地，比激情更激动人心。

这是怎样的思绪，怎样的心情，怎样的震撼啊。孙丽生同学、孙丽生老乡，你的生命并没有白白付出，你的形象将与王某的获奖中篇小说《蝴蝶》里的海云同在。然而这丝毫不等于说孙就完全是海云的原型，我的作品除写新疆的《在伊犁》外，从来没有什么原型，却有生活中某个人物、某个事件的启发。写出来以后，人物都是王蒙的创造与想象，她或他已经与启发了王蒙的那个人脱离了关系。脱离了关系却又引起了回想。我们永远为你默哀。我们想念也纪念你。这篇小说一九八〇年就译成了英语，收入“熊猫丛书”，后来的繁体字版出版于台湾远景出版社，日语版是一九八一年出的。民主德国以此篇为集名出版了我的小说集的德语版，在苏联也有俄语译本。愿《蝴蝶》的所有读者与作者一道，为你感受不尽的哀思。

有趣的是到了二〇〇六年，一位姓景的先生著文，说是《蝴蝶》本应该以海云为主角，而且又引用一个不知来自何方的人士的言论，说是海的原型是北京某中学的一位教师，由于选错了主角，使作品的主题只剩下了反对官僚主义，如此这般，全都是不知所云，又那么不拿自己当外人，居然侈谈什么小说的人物原型与此小说应该以谁当主角，您以为小说就是在原型中选一个您的思想的传声筒吗？唉，这种简单浅陋的思路，叫你说什么好？

其间我还写了一篇很不同的短篇小说，叫作《买买提处长逸事》，副题是“维吾尔人的‘黑色幽默’”。其时我对“黑色幽默”极少了解，但是汉字是不难望文生义的，这四个字一现形，已经是一见如故而且是似曾相识的了。而创作者，对“黑色幽默”一词理解对了是借鉴欧美，理解错了是化为中华，反而更有创意，只要小说可看可叹可思，正是无往而不利。

小说开头是：

公元一九七九年五月六日，风和日暖，杨枝初绿，笔者在乌鲁木齐市“大十字清真食堂”遇见了阔别十余载的买买提处长和他的孪生弟弟赛买提处长。但见买买提处长：

无情的岁月尽管在脸上刻下了山脉河流，
满头的青丝仍然透露着充溢的生之活力，
红润的脸庞好像是刚刚出炉的酥油馕饼，
开怀的畅笑传达着天真无邪的乐观调皮。
再看看赛买提：
佝偻的脊背恰似被拉紧了的颤悠悠的弓，
暗淡的眸子里闪耀着死神的阴森森的影，
未曾说话他先叹气叫人以为他的肚子疼，
时刻攥着一个装满硝酸甘油片的小药瓶。

这种开头一看就受到《一千零一夜》的影响。

而在小说结尾处我大讲会笑才是会生活，我嘲笑说，那么多好玩的事情，被闹得哭哭啼啼了。

这里有维吾尔人的格言隐藏在小说后面：“人生下来以后，除了死都是乐儿。”乐儿的原文是“塔玛霞儿”，塔玛霞儿是维吾尔语常用的一个词儿，包含着散步、娱乐、欣赏、闲逛、享受、休息、玩、无所事事等意。从这个词上也不妨想想马三立的单口相声“逗你玩儿”。

这是玩世不恭吗？我怎么觉得它的后面隐藏着某种辛酸？我说得泪尽则喜，难道是白说了不成？

11.春之声

这当然是一种幸福，一种快乐，人生之至乐也。你总算在四十多岁，叫作春秋正盛的时候，有了这样一个时期，进入了这样一个状态，你文思泉涌，你俯拾皆是，你手到擒来，你雨后春笋，你花团锦簇，你行云流水，你八面来风，你深沉雄武，你多情泪下，你奇思妙想，你天造地就。小说在你的周围飞舞，题材在你的身边萌生，语言——美好的、俏皮的，独出心裁的与力透纸背的——在你的耳边吟咏，开头和结尾，警句和旁白，妙喻和反讽，旁敲和侧击，双关和引申在你的心里绽放。你左一篇是小说，右一篇是小说，你左一篇抒情如诗，右一篇滑稽如戏，你长一篇是风云雷电，你短一篇是珠圆玉润，你大一篇是叱咤喑呜，你小一篇是露滴雨丝。你的世界充满了小说，你的小说写不完世界，你跳起来够得着小说，你弯下腰摸得着小说，你转一圈眼见小说连成了圆环，你躺下安息，无数小说进入梦境。星夜仰视，小说遍天，雪花飞舞，小说落地，日光月光，小说映照，青山绿水，小说妩媚。人生能有几多小说，能有几多这样地喷发小说的富饶与幸运？啊，我的一九八〇年代！

喷涌的文思中出现了一篇小说叫作《春之声》。

《春之声》的出现相当有趣。在我提到的回京后不太久的新疆之旅的回程中，等了好几天硬是买不到飞机票。我每天被老朋友邀去吃粉条与炸花生米，我急坏了，乃改乘了火车。我坐火车路经西安，下了车。见到陕西的一批极有影响的老作家，胡采、杜鹏程、王汶石与李若冰，李的爱人、作家贺鸿钧与《延河》负责人董得理，我们在南池子招待所期间已经见过面。他们都极可亲。他们要我与陕西的作家见面、交谈，我在回答问题时对陕西的老作家毕恭毕敬，说到“干预生活”与“揭露阴暗面”的说法时，我提出这个说法未必准确，也并不是那么文学。文学就其本质来说，多数情况下，并不直接改变或作用于生活，也并不直接以什么阴暗或者光明作为写作的对象。如果让我说，我宁愿提“干预灵魂”（按，此话的首创权属于江苏作家高晓声）。另一条，提“揭露矛盾”，这比只说揭露阴暗来得实在、立体、富有多面性与令人信服。陕西的富有延安传统的众老作家形有喜色，对我的说法甚表赞成。

从西安，我坐了两个多小时的闷罐子车到三原县看我的二儿子王石去，他在这里就读军科高校，从一九七八年初夏我去北戴河，我还没有看到他。闷罐子是一种货运车，一节车厢，只有很少的一两个小窗，厢内无灯光也没有任何设备包括座位。用来拉人（行话叫作当“票车”用）时你只能席地而坐。

> 咣的一声，黑夜就到来了。一个昏黄的、方方的大月亮出现在对面墙上。

这是此篇的开头。咣的一声，是说，车门拉上了，铁碰铁，响声清脆。全车厢自然变黑，所以是来了黑夜。出来一轮昏黄的、方方的月亮，是说只剩下了窗口的光束。这样一个写法竟然引起了强烈的反响，一直发展到是不止一个论者提到王某写到，咣的一声，春天就到来了。似乎真有点精彩与骇世嫉俗。咣的一声，拟声法不但可以写具体的发声的器物，也可以写抽象的对于春天的感应。如果是这样写了，不算太孬，微微涉嫌“老大憨粗”。只是王蒙并没有这样写过。这也是接受美学的简明化一例，世上万事都是如此，人们怎么样接受怎么样理解怎么样一传十十传百怎么样记下来了成了不移之论不移之掌故之史实的，与事物本身，绝对不可能百分之百一致。就如许多成语，已经与原故事、原来源渐行渐远，而是发展变化延伸转义的果实。例如“朝三暮四”，语出《庄子》，本来是指养猴人对于猴儿们要弄的一点小手段，小诡计，可以指拿人当猴耍，但是人们宁愿浅白地理解为多变、易变、反复无常。对小说更是这样，人们包括评论家没有耐心去体会去揣摸闷罐子车怎么关门，光照怎样突然阻断，透过小小的方窗昏黄的光束怎样照进来……他们宁愿记成王蒙的惊世骇俗的拟声词变成春天到来的比喻。

有时人们记住什么，并不是因为有过什么，而是他们愿意相信或易于记住什么。

咣的一声，毕竟无关宏旨，问题在于更大的一些事情，也是这样被理解、被定性定位、定论化，用望文生义、顺坡下驴、简化浅化的方法记住和认定的，你有什么办法？

> ……火车站前的人群令人眩晕，好像全中国有一半人要在春节前夕坐火车。

还真言中了。现在，“春运”，已经成为一个专门名词，也成了一件大事。许多作品会成为预言，与对于生活的观察有关，也有碰巧了的因素。如李国文的《改选》，早在二十世纪五十年代已经预言了“样板”的愈演愈烈。

> 到处都是团聚、相会、团圆饺子、团圆元宵，到处都是对于旧谊、对于别情、对于天伦之乐、对于故乡和童年的追寻。

这几句话说的是特定的时代，是一种弥补。也是作者一种含蓄的对于邓小平代表的新时期的恭维话，一种熨帖感。

> 卖刚出屉的肉馅包子的，盖包子的白色棉褥子上尽是油污。卖烧饼、锅盔、油条、大饼的。卖整盒整盒的点心的。卖面包和饼干的……找钱的时候使他一怔，写的是一块二，怎么只收了六毛呢？莫非是自己没有报清站名？他想再问一问，但是排在他后面的人已经占据了售票窗口前的有利阵地，他挤不回去了……他问别人，没有人回答他。等待上车的人大多是一些忙碌得可以原谅的利己主义者。

属于写实。至今读起，如闻其声，如见其形。用带油污的褥子盖着卖包子，如今已经少见，当年是典型的车站食品。斯事细小，亦可见形势发展变化之快之大。利己主义云云，带有调侃与试探的意味。利己主义虽不算褒词，却也不那么罪该万死了。

文学是一种记忆。二十六年以后，读起此段，当仍能想起当年种种。一块二的票卖成六角，因为是闷罐子车。也是我的平民生活的最后一点痕迹，此后，芝麻开花节节高——这是我最不喜欢用的一个俗语，再也没有坐闷罐子车、买大笸箩包子的经历了。

> 自由市场。百货公司。香港电子石英表。豫剧片《卷席筒》。羊肉泡馍。醪糟蛋花。三接头皮鞋。三片瓦帽子。包产到组。收购大葱。中医治癌。差额选举。结婚筵席……

这是说的坐车乘客的闲言碎语，大体如实。我把差额选举也列在里边，不知道这里有什么幽默还是伤感。但其时我确曾听说过，有一个农村由于实行差额选举，而多费了许多时间。有人还不知道该怎么好了，觉得远不如等额选举好，不是成心找麻烦吗？何况选举者并不知道候选人都是谁谁。

另外从此有人以为罗列名词就是意识流，想讽刺意识流了就也罗列一下莫名其妙的一大摞名词，这也是受众简明化接受法则一例。

我确实在车厢里听到了当时还是稀罕物的日本造的录放音响放盒带的响动，三洋牌的录放机，大得像一块砖头，一头厚，一头薄。不过不是约翰·施特劳斯的《春之声》，而是邓丽君的软绵绵歌曲，是我改造了这个细节。也是增加亮色，源于生活与高于生活。我那时还没有去过德国，但是我已经在一九八〇年春收到了德意志联邦共和国大使对于我访德的邀请。我从父亲那里问到了几个德语词汇。

> 她仍然在学着德语，仍然低声地歌唱着欣梅尔——天空，福格尔——鸟儿，布鲁米——花朵……
>
> ……
>
> 那，那……那究竟是什么呢？是金鱼和田螺吗？是荸荠和草莓吗？是孵蛋的芦花鸡吗？是山泉，榆钱，返了青的麦苗和成双的燕子吗？他定了定神。那是春天，是生命，是青年时代。在我们的生活里，在我们每个人的心房里，在猎户星座和仙后星座里，在每一颗原子核，每一个质子、中子、介子里，不都包含着春天的力量、春天的

声音吗?

二十六年后笔者回忆往事的时候，我不明白类似这样的笔法有什么特别，为什么这算是意识流，而且作者也自认为是意识流。还有为什么这成了“三无”（无人物、无情节也不知还无了什么）小说一例，为什么有论文者声称看不懂王某的一组新作，还有什么食洋不化的罪名。而数年前，为什么又有同行好友好汉字里行间地寻找它的意识形态痕迹，以证明它是遵命宣传之作。这难道不是作者的真情实感吗？又要给《春之声》找到与食洋不化正好相反的罪名了。如果一种意识形态与老百姓的包括一些文人的心声风马牛不相及，这样的意识形态还能存活得下去吗？一个意识流，一个意识形态，怎么我们的文学阅读这样少见多怪，脾弱禁食！

闷罐子云云使一些人敏感，觉得它的象征意味或存叵测。我写的时候只想到了即使在闷罐子车里也有新生活的气息，当然更是来自实事经历。夏衍同志替我辩护说，他（王）写那个火车头多么好了嘛，说明他对党的领导还是肯定的嘛，谢谢了。然而，这样的思路，与从中挖意识形态色彩一样，仍然令小说作者沮丧。不如说，何不说，这是形象大于思想的一例。海明威始终不承认他的《老人与海》有什么象征意味，然而，老人如果写得精彩，作者如果写得生动而且深刻，就像一切小说中的有点深度、有点阅历、有点感悟的形象与故事一样，总会令读者浮想联翩，令思想穿云破雾，令论者借题发挥，令作者最后也只得咋舌惊叹。

还有我写到了法兰克福与“奔驰”车的故乡斯图加特。冯牧是即将赴德访问的包括我在内的中国作家代表团的团长，他对于我尚没有去德国而居然先期“预支”德国的城市和生活，似乎感到不快，这真有趣。宽容亲和、潇洒倜傥、平易聪敏的冯牧，一直像老母鸡对待小鸡一样地保护与吸引着、指导着年轻作家的冯牧，门庭若市，被一大批青年作家、评论家众星捧月般地包围着的冯牧，知道的是坚持与党同步，坚持深入生活，坚持反映论，坚信没有实地经验是写不成作品的。他从来不谈论也不注意想象力、虚构的能力与创造的能力对于文学的极端必要。

蜜月期即将过去，以文学的方式，已经把“文革”批了个狗血喷头，已经把反右运动讥嘲控诉了一溜够，已经表达了对于改革开放的强烈愿望与对于进一步改革开放的呼唤。白桦的诗句是“思想再解放一点，胆子再大一点，步子再快一点，一点就透啊，一点一点……”（大意），这几个一点也是一位领导同志的原话。叶文福的诗是：“将军，你不能这样做！”在一个敏感的领域说了话。再下一步怎么样呢？继续呼风唤雨、闯禁区、闯红灯（如那时还出现过一些小说，写领导干部强奸少女，写对于宗教的皈依等）、喊口号，以改革的冲锋号自诩？还是进入文学，回归文学，追求真正的文学的新意和完美？

社会生活不可能老是处于高潮之中。文学不可能老是以“共名”（陈思和语）的方式出产。那时，或者说长久以来，不但作品与作品拥有共名，文学与社会关注也是共名一个。冯骥才著文提出要“写人生”，他言下之意是不能仅仅满足于写“问题”，写历史，写政治批判，不论这些东西写得与中央如何“同步”。人生是一个可爱的、宽泛的与亲和的名词。刘心武提出挖一口深井，其实就是写自己熟悉的东西。也许可以上挂下连到胡风的“到处有生活”论，曾被认为是抵制社会主义与工农兵方向。林斤澜则反复地提出小说的技巧问题。他说，现在所有的文章都是用百分之九十几的篇章谈内容，不到百分之十的篇幅谈技巧，能不能有一篇文章用百分之百的篇幅谈形式和技巧，再发表九十几篇文章谈内容呢？

这些，都渐渐超出了文艺中层领导的思忖边界。文艺界酝酿着三个方面的争论。第一，是以那位先生与白桦、叶文福等为代表的再突破、再揭露、再尖锐趋向，这种趋向受到了高层方面的遏制，酝酿了《苦恋》风波。第二，是一批作家包括鄙人的艺术突破的尝试，这酝酿了后来的“现代派”风波。第三，此时出现了以《文艺报》编辑部主任唐因先生对于“小”的批评，他指出，当代作品往写“小男小女小猫小狗小悲小喜小人小事”“杯水风波”上走。对此，没有公开争论。但是我说过一句话，我说唐兄还漏掉了一个“小”，忘记声讨，就是“小说”。《辞源》解释，“小说”一词最早见于《庄子》，饰小说以干县令，其于大达亦远矣。其原意是指琐屑浅薄的言论。我说，按唐先生的观点，我们是否应将“小说”改为“大说”？此话后来在陈建功的文章中被引用了。另，铁凝写过一篇小说，叫作《杯水风波》。而当年被嘲笑为专写“家务事、儿女情”的茹志鹃，干脆写了两篇中篇小说，一篇叫《家务事》，一篇叫《儿女情》。对文学的事研究得太深，就会争论不休起来，一定的。

小说与大说的问题其实一直是一个相当纠缠不休的问题。中国的传统是诗与文章才是正统的、高雅的、言志的、经国之盛事的。而小说属于稗官野史，属于引车卖浆之流的言语。故称小说，以与大言、宏文、谠论有所区别。但是近现代以来，出现了希望小说变成大说的期待。梁启超认为小说可以改变维新整个的国家与社会。而不论是批评《风筝飘带》的计永佑，批评小字号文学的唐因，批评中国作家不会用创作自由，竟然“拿了”自由云写大海与爱情而没有写人民疾苦的刘宾雁，在轻小求大这一点上，在好大崇大、急于大起来这一点上，他们三个人的意见是一类。

我想念的是不拘一格的大大小小的小说。我写的题材意义其实都是最大或较大的，我受到的更多的责备是小说小得还不到家。小中可以见大，大中也可以求细节、求插曲与岔曲、求趣味。史诗离不开生活，事件离不开日子，英雄离不开平凡。小与大都不是文学的价值标尺，毋宁说是远远一望的粗浅印象。

而更高的领导的注意点是文学与社会的同步，与党的意图的同步，与历史脚步、历史追求的同步，或者共鸣。不论是多么好的领导，都首先希望你的作品宣扬着、歌唱着、描绘着主流政治理念的重点，主流路线的特色，价值提倡的核心。要求领导关心乃至迁就文学的技巧方面、你的生活经验局限方面，或是你的先锋性实验方面，或是你的不鸣则已一鸣惊人的愿望方面的种种实践，这本身就太难了，也许这本来就是不合理的与不可能的。

我们喜欢讲的一个原则是小道理服从大道理。主要矛盾解决了次要矛盾会迎刃而解。那么，谁是讲大道理的，谁又是讲小道理的呢？谁是抓主要矛盾的，谁是纠缠于次要矛盾的，那还用说吗？

问题在于，小道理也影响大道理，小河没水，也会使大河减少水源。有时候次要矛盾也能就成主要矛盾。所谓细节决定成败，就含有此意。

是我的一系列实验小说：《布礼》《蝴蝶》《夜的眼》《海的梦》《风筝飘带》与《春之声》，实际影响不小。但包括我自己的关于“意识流”的谈论是绝对皮相的与廉价的。我至今没有认真读过例如乔伊斯，例如福克纳，例如伍尔芙，例如任何意识流的理论与果实。对于意识流的理解不过是我对于这三个汉字的望文生义。意识，很好，写到了心理活动的细部。流，更好，它像溪水的流动，闪闪烁烁，明明暗暗，淅淅沥沥，隐隐现现，风风雨雨，飘飘荡荡。啊，这将是怎样摇曳多姿的文字！正如刘绍棠后来说的，我早在初中作文中已经使这样的文风初露端倪。

关键在于，第一，我注意写人的内心世界。而我们这里一直嘲笑所谓“心理描写”，嘲笑例如《奥勃洛莫夫》，一开始写了多少页了，主人公尚躺在床上，未能决定究竟要不要即刻起床。周扬同志多次说过，歌德曾经论述，一个阶级上升的时候面向世界，没落的时候面向内心（王按，我个人至今未找到出处）。而鲁枢元的新时期文学向内转的说法一出现便遭到了批评。韩少功的关于文学悖论的文字也遭到了抵制，我特别写了篇文字实际上是支持韩文。第二，我的这些作品难以归纳到一个简单明了的主题与题材。《夜的眼》很难算是反对走后门的小说，而《风筝飘带》也不好算是知青题材。《海的梦》能算是鼓吹“落实知识分子政策”吗？《春之声》是以“闷罐子车”来影射什么，又以崭新的火车头来歌颂什么呢？而我们的文坛早就是特别关注题材了，“四人帮”时期相当拗口地反对过“反题材决定论”，反反得正，等于是赞成“题材决定”一切了。第三，我的这个文体太自由随意，太散文化乃至诗化了。当时的《文艺报》编辑人员中已经有人提出王某新作的“随意性”的问题，不再按照线性顺序与时间逻辑组织文字，这不等于胡写八写了吗？第四，不符合典型化的标准。谁是典型？谁是共名？在典型人物的画廊里增添了谁的肖像？没有的话，就不值得肯定。第五，甚至在篇幅不大的一个短篇中，我也写着不止一条线，多线条与快节奏，这使一些人感觉受不了。是西洋音乐才有和声、共鸣的传统，我们从前的音乐只接受单一的旋律……刘索拉曾经说过，她见过外国器乐演奏手用轻蔑的态度，半睡半醒地演奏着中国的某些没有和弦、没有伴音、没有变奏、没有声部的曲子。不提了吧。

然而我始终不能忘情于这七八个月的喷发。《布礼》已经进入了情况，稍显生涩，不无夹生。《夜的眼》一出，我回来了，生活的撩拨回来了，艺术的感觉回来了，小说的触角回来了，隐蔽的情绪波流（此语源于拙作《组织部来了个年轻人》）回来了。后“文革”的生活、改革开放的期盼、新的芽芽、老的纪念、苦笑与美梦，都激发着我的文思。严文井老师来信说，他读了《海的梦》，他很感动，他相信这是一篇比诗还诗意的小说，严老写这个信不是偶然的，如果你读过他的散文，就知道他的行文是进入过这样的诗性审美体验的。就连严老写这样的信都冒着被侧目的危险，都有人劝告他何必表这样的态。别的人，包括一些我最尊敬、最喜爱的人，唉，难说了。

其实我非常重视生活，热爱生活，迷恋生活，对于生活我是一往情深，如醉如痴。但是我不认为文学就是一面简单的镜子，就是找到原型再编造——叫作加工呀什么的。人们多么习惯于用工业用语来讨论文学的创造过程啊。莫以为什么样的生活就反射出什么样的映象。生活的发酵要经过心灵的酝酿，生活像风、像日光和月光、像云也像雷电和地震，心灵像海、像水像大地，要经过风的激动与抚摸，日光与月光的吸引、照耀与上色，经过了云的覆盖与改装，经过雷电与地震的震撼与激荡，才出现波浪、出现潮汐、出现蜃楼海市，出现虹霓与气势，出现无边的辽阔与忧思。一句话，出现了文学。生活是文学的天启、文学的灵感，而心灵是文学的土壤，是文学的驱动系统。当然也可以说生活是土壤，心灵才是风雨。生活是文学的演奏之手，而心灵是文学的琴弦。或者请说心灵是文学的演奏之手，生活是文学的琴弦，都行。你的心灵宽阔而敏感，你的言语丰沛而纯净，你的气势不凡，你的蕴藏深远，你的热情炽烈，你会是多么快乐：当生活敲打着心灵，当心灵奏出了形形色色的动人的乐曲，每天，从早到晚，醒里梦里，你在倾听，你在体察，你在激动，你在遐想，你在构思——又何必构思呢，一篇篇小说正在假你的手而写出，就像是那小说的精灵在天空飞翔，碰巧撞入了你的心胸，碰巧钻入你的头脑，它们在吵闹，它们在涌动，它们不写出来绝对不会对你善罢甘休。

我曾经说过，真实包括客观的真实与主观的真实，主观的真实就是真诚，你写得真诚，人们就会感动，哪怕情节是子虚乌有，所以《聊斋志异》与《西游记》十分动人，从来没有读者质疑它们的非真。而我们的经过多年体验生活的、每一个细节都有生活依据的描写当代劳动人民的作品，却常常被认为是虚假，这不是奇了吗？

李陀说：“你（的主观真诚论）走得够远的了……”不是吗？我在《风筝飘带》中写道“城市的天空出现了夜晚的太阳”，写到佳原不待交流已经知道了范素素的关于风筝的梦，这是真实的吗？这难道能够不是真实的吗？

（苏联早在二十世纪六十年代就批判过“真诚论”，有人提出苏联作家缺少的是真诚，苏联作协主席，我所敬仰的法捷耶夫驳道：“只有疯子才会说我们不真诚，我们用鲜血和生命保卫了革命，保卫了祖国，保卫了理想……”——大意如此。）

留下了一点争议。一九八〇年花城出版社出了我的所谓创新小说集《夜的眼及其他》，不但收入了上述作品，也收入了有关争鸣，人民大学以“参考材料”为名出版了王蒙小说的原文与种种议论，大卖特卖，不用上税也不用付酬。

一九八〇年我在《人民日报》上应邀发了一篇文章：《是一个扯不清的问题吗？》，就文学的真实性问题发言。我提到，读者按照常识，很容易判断一篇八股式的小说的虚假，却从不认为例如神怪、荒诞、魔幻、童话作品是虚假的。个中道理值得深思。不能说真实只归属于现实主义，而别的创作方法就不要求真实，也不能说表面上的不真实不能达到真实。发完此文我就出国了，害得报纸还得发另一篇文字“消毒”，免得王某的这种议论造成不良的影响。

更早是在一九七八年，我在一家地方报纸上看到一篇报道，说是为一个什么什么文化人平反了，说是那位被迫害的文化人只不过是受了成名成家的资产阶级思想影响，并没有犯反党反社会主义的政治错误。我写了一篇小文，说是成名成家也不能完全否定。就像一个士兵想当将军一样，不能说所有的士兵都应该志在将军，也不能够说志在将军就是异己邪恶。

不久，此报发表一篇反驳文章，说是应该志在做普通劳动者无私奉献，不能成名成家。原来，是我多事——找事了。我还会磕磕碰碰的。

我的一位亲属叹道，王某的小说由于内容在二十世纪五十年代引发了争议，如今，由于形式，又要在八十年代引起争议喽。他唉声叹气，却又不无兴趣。其实不止形式。

即使只是形式上活泼一点，也不是一帆风顺的，也是要付出代价的。倒不完全是出自“左”啊，教条啊，宗派啊的影响，也不完全是以一己作为标准来剪裁世界，敲打与修理艺术的习惯乃至“责任感”，更不一定是斗红了眼并从而不是我吃掉你就是你吃掉我的自私的恶意的后遗症。一个重要的原因是见识，是信息，是精神的空间与智力的弹性，是坐井观天与夜郎自大，是用狭小指点广阔，用呆板治理生动，用一般统一特殊，用孤陋寡闻评价大千世界。再加上一个因素，也不能不面对的：当你试图开拓一点精神空间，讲一点新意的时候，很可能你是讲得不周全的、有漏洞的，连意在创新的你自己也觉得不如人云亦云更有把握，你已经摆出一副有愧和挨打的架势……难矣哉，前进一步啊。

然而我毕竟写得这样多这样顺。一旦放开手脚，一旦打开心胸，如鱼得水，如鸟升空，如马撒欢；哪儿不是素材，哪儿不是结构，哪儿不是灵感，哪儿不是多情应笑我犹无华发？一篇没有写完，另一篇已经在准备、在酝酿了。就像契诃夫所说过的，一切具体的东西都是文学的材料，比如一个瓶子，比如一颗纽扣。

二十世纪五十年代我迷契诃夫的时候，常常为《海鸥》里的一老一少作家的自白而洒泪，老作家特里果林说：

> 从前，即使是青春岁月……对于我也是……痛苦已极的日子啊……作为一个渺小的作家……觉得自己是拙笨的、愚蠢的、肤浅的，他的神经是紧张的、痛苦的……没有人承认的……

而年轻的作家特里波列夫则说：

> ……你瞧不起我的才能，你已经把我看成……平凡、没有价值的一个人了……我太明白了……像有一颗钉子似的……我的虚荣心也在喝着我的血……

是的，二十世纪五十年代我尝过初学写作的滋味，而经过了十年生聚十年教训，置之死地而后生，我的写作一篇又一篇，发表出来又发表出来已经不成问题了。有时候，一张大报的书刊广告上，一次就登出了我的三篇乃至四五篇新作，到处是王蒙的姓名，新作是在四面开花，八面来风，我的新作让一些评论家追都追不上。有一位朋友说，评论者只能“吃土”。这并无对评论家的恶意，而只是对王某的创作状态的溢美之词。是说开车或者骑马，落在后面的人吃的是前面的车马扬起来的尘土。当你根据某一篇作品认为王蒙在搞现代派的时候，另一篇题材、风格、手法完全不同的新作正在那里笑嘻嘻地等待着你的分析甚至是——对不起，是戏弄着你刚刚做出的判断，叫作与您打镲（不是岔）了。我本来是写长篇起家的，然而，二十世纪八十年代初，我举例说我像一个足球队的守门员，左一球，右一球，高一球，低一球，边一球，角一球，我在捕捉生活灵感的袭击，我左扑右抓，头顶脚踹，东蹿西蹦，我前后左右上下四肢五官六腑七窍望闻问切都是小说，小说比浪头还多、还热、还美，小说啊！

然而，这时的小说已经没有年轻时候那么神妙，那么迷人，那么令你要死要活，要哭要笑，要升天接着入地了。小说，说到底就是小说罢了。我记得此时很受欢迎的宗璞的小说《三生石》的题词：“小说不过是小说。”你还能说什么呢？

当然，小说不止是小说，也对。小说不过是小说，小说不止是小说。这两句话把小说家们算是折腾了个三魂出世，六魄生烟，死去活来，黄泉碧落。

12. 搓麻雀的声音又响起了

一九七九年年底，冯牧、袁鹰、我，可能还有白桦等，应西德驻华大使、作家魏克德的邀请，在德使馆晚餐。他是为该国著名文学评论家、波兰裔的莱尼斯基先生访华而设宴的，席间谈到甫获诺贝尔文学奖的德国作家海因里希·伯尔。大使说，德国官方对于伯尔相当“头疼”。伯尔以对德国社会和资本主义制度进行严厉的批判而著称于世。我已记不清是不是正是莱尼斯基本人，在法兰克福汇报上发表评论，说伯尔其实是以道德家的身份而不是作为文学家获奖的。说是伯尔的德语不怎么样。此次晚宴上，莱尼斯基穷追不舍地与我们讨论为什么中国的文学要接受共产党的领导。冯牧与袁鹰的回答也只是敷衍了事，没法取得共识。

此次宴请中魏大使提出，以他的名义邀请中方与餐者次年初夏访问德国。我们当然都“愉快地接受了”邀请。

那个年月，以作家的身份出访，是一件祖坟冒青烟的大喜事。是年深秋，刘心武已经访问过罗马尼亚。我曾津津有味地听他津津有味地讲罗马尼亚女人进理发馆拉直头发，而我国女性要进理发馆烫曲头发的对比，与在国际航班上看飞机失事的电影片的恐怖感受。同时我已经得到作协通知，次年早春，樱花开放的季节随巴金、冰心二老访问日本。由于获得了德国邀请，日本之行改由邓友梅去了。出访也要考虑平衡，当然。邓友梅抗日战争期间曾被日寇抓到日本的濑户内海当劳工，他的访日倒也很好。

六月初，作家团，乘汉莎航空公司的DC10型巨型客机赴德。团长冯牧，团员有女诗人柯岩，白桦的出访受阻，东北老作家马加，我与译员王浣倩，另袁鹰与译员王小平以《人民日报》人士的访问名义同机赴德，活动大部交叉，他另有一些与媒体交流的项目。

途中在德黑兰停一站，当时由于与苏联交恶，放弃了经苏联飞行的近便路线，宁可先往西南飞，经停德黑兰或卡拉奇（后多为沙迦）再走。飞机上的食品、饮料，包括当时看来十分豪华讲究的易拉罐，我们都觉得新奇，一位成员还把包干酪的蜡皮吞到了肚子里。我费了相当长的时间才弄懂了mineral water——矿泉水的含义，仍然不明白一点凉水为什么装入那么豪华的罐头。而新鲜果汁包括番茄汁，更是首次入口——都享受到什么程度了，鲜果吃得上已经不错了，还要榨出汁儿来喝，资产阶级们究竟还要干什么呢?

我已记不清是首次访德还是第二次，是经停德黑兰还是经停卡拉奇的时候，当时处于该地戒严期间，乘客不能下机，我们走到舱门想多看这个经停地一眼，我挤到了（接触到了）一位欧洲人，他立即回头对我说："请原谅！"并把路让给了我，使我很不好意思，也使我知道了在国外，要时刻避免与旁人的身体接触，如有接触，不必计较责任，自己应该先表示抱歉。这样，到一九九三年。当我从电视直播中听到我国一位柔道冠军讲述她怎样试探决赛的对手：在招待会上故意撞她一下，而被撞的外国选手立即向她道歉，她以为这是外国选手向我国选手示弱的表现。她得意扬扬地说："我知道了，她怕我……"听众掌声如雷。见了这样的先进事迹介绍，与群众的欢迎，我不禁叫苦不迭。

一九八〇年第一站是法兰克福。我们看到了碧眼金发、手执步话机、腰挎手枪的警察，我们更看到了金碧辉煌的商店。其中有"sex shop"（性用品商店），令我们啧啧称奇。洋酒与化妆品，尤其是女人与男人的香水的气味令人眩晕。

短短一周，我们去了波恩、科隆、柏林、汉堡、海德堡与慕尼黑。柏林是东德的首都，西柏林如同孤岛，东德不准西德的飞机入境，也不承认西柏林属于西德，而只承认西柏林还处于英、美、法三占领军管制之下。我们是坐英国航空公司的飞机前往的，不免唏嘘。

我处于兴奋状态，一连数日是沾床就睡，一睡就醒，醒了就睡不着，一起来就又想睡。同时我也欣赏这里的清洁与整齐，明艳与绮丽，服装与容貌，房屋与街道，地面与天空都清清楚楚的。大气中不大含土尘，衬衣领子不易脏，绿化得好，鲜花到处盛开（说是德国"二战"后最困难的岁月，一个美国人到德国来，看到各家阳台上摆着鲜花，乃惊叹这个民族的生命力）。餐馆的魅力不仅在于吃食，尤其在于环境。但是用早餐时餐桌上下发现了太多的蚂蚁，令我不安，可能是他们的果酱、蜂蜜太诱人了，而他们又没有消灭蚂蚁的习惯。

在汉堡我们见到了安娜·王，她是外交家王炳南同志的前妻，她写了一本回忆录：《为新中国而战》，被出版商定名为《为毛而战》。她用中文问我们“王炳南同志”的近况。我们是在汉堡的大西洋饭店见的面，见面时用了咖啡和冰激凌，一听说一客冰激凌要六个马克，按当时比价，折合人民币近十元，我们觉得吓人。在汉堡，我去了父亲的朋友傅吾康家。傅教授不在，我见到了夫人胡隽吟女士，我看到了幼年我多次见到过的郑板桥的书法拓片：“难得糊涂”。我想起了南魏儿胡同十四号的北房。却原来，有时候往事并未消逝，往事并未化为乌有，而是转移到了某个你所不知道更不熟悉的地方。

在汉堡大学汉学系，我们认识了赵教授，他是京剧艺术家赵荣琛的胞（兄）弟。他和系主任乔教授夫妇，说话都有一种比北京人还老北京的味道，那是只有“在旗”（满族）的人才讲得出来的京腔。说话腔调引起我的回忆，叫作往事——旧时音声仍然生动。

还有一位关愚谦博士，他曾在中国对外友好协会工作，在“文革”中非正常出境，出境前后真是千难万险，九死一生。但是他仍然一心惦念着、热爱着祖国。

风光最美丽的是海德堡，河水、建筑与古老的宫殿都那样如画。我们到一位诗人家里做客，他住在一座桥梁的桥头城堡里。那个房子从生活的观点来看，也许并不算舒适，但是通过居住也要张扬个性，这倒颇为有趣。大使说，诗人是一个大好人，虽然诗不一定写得最好。

说是“二战”期间，为了保护海德堡的文物古迹，反轴心国方面没有轰炸过此地。

西柏林有一座被炸成废墟的大教堂。“二战”后，废墟保留着，然后在近旁修建起新的教堂。这个思路真好。这个教堂里的耶稣像是深深地低着头，我觉得它表现的是神在为了人类的凶残与不智而忧伤，神感到了无能为力，神在愚蠢的人类面前爱莫能助，耶稣甚至好像在说：“让我怎么能再爱你们！”我深感震动。

那是一次愉快的旅行，虽然只是走马观花。中国虽然落后，我们并不气馁，我们处在一个上升的时期、转折的时期，我们表达了我们的信心和期待，我们已经不再与世界封闭隔绝，我们已经不再与风车较劲，我们正在正视世界与自身。毕竟已经有了十一届三中全会。何况我随身带了一些我的小说的英语译文（英语版《中国文学》上刊登过的），增加了与德国友人交流的话题。德国驻华大使魏克德写过一些以中国的太平天国为题材的历史小说，对于文学很有兴趣。他在他的波恩住家里接待了我们，他的家命名为“拙政园”，取自苏州园林。通过他的客厅的后背的落地式玻璃窗，看到一片巨大的草坪，种了一些来自中国的树种。在他家喝可乐的时候，我发现那可乐含的二氧化碳特别足，杯中的可乐翻滚着，气泡顶出了小水柱，而且发出吆吆的声音，令人觉得有趣。那时的中国人大体不熟悉可口可乐，不熟悉冰箱和冷冻饮料，不熟悉落地式玻璃窗与草坪，以为这些都是不可思议的奢侈品。树和花，不论多漂亮毕竟在国内也看得到，但是大片观赏用、环境用的草地，对于我还太新鲜，我是第一次看到了绿油油的大块草坪的美丽，这种绿草不知为什么使我想起奶油。以往，我以草为对象的实践经验只有锄草与拔草。

此后魏大使一直与我保持着交往。一九八〇年的此时，他在与媒体谈话时，表示不同意认为中国一改革就会放弃社会主义的观点，而认为中国搞改革，但仍然坚持社会主义。

德方派遣的翻译与全程陪同是至今仍然担任着德国政府的“高翻”的苏珊娜・贝特卡小姐，她曾在南京学习中文。此后我们也算是好朋友了。

访德主要是看一看，很必要，至少应该明确，世界上不止中国一个国家，不止汉语一种语言，不止一种体制与价值认定，对各式各样的事不止一种说法。同时不止一种肤色、眼珠颜色、体型与脸型。访德还是一堂地理课、历史课、生物课、语言课、建筑学课。关于柏林，关于慕尼黑，关于汉堡与不来梅港，关于阿尔卑斯山脉，莱茵河，田野里鲜艳的野罂粟花，每村一个小教堂，教堂屋顶上有风信鸡。地理与历史，都不仅仅是课堂与课本，而是现实的生活。这次访问我有机会乘游船游览了莱茵河，欣赏了两岸迷人的古堡、教堂、树木。我想起少年时期学过的一个歌唱莱茵河上的女妖的歌曲：

谁知道很古老的时候，
有雨点一样多的故事……

文化的力量是奇妙的。来到我从未造访过的莱茵河，却像是回到了少年时代，回到了早已学会、早已喜爱、一直摆在那里等待着我的靠近的德国民歌里。我会哼唱这个歌的曲调，但是歌词只记住了这两句。第三句忘了，而第四句是吹起了晚风。我也记得这个类似塞壬的故事，一个美女的唱歌使船只触礁沉没。回国后我到处找人打听，却没有几个人知晓，这令我十分伤心郁闷乃至上火。

幸亏王安忆的先生李章先生，于二〇〇七年帮我查到了出处，但也只有另外的译词。这是根据海涅原作的《罗瑞莱》一诗，由希尔歇作曲的一首歌。

有一个古老的传说，
我心中念念不忘，
那晚风多么地清凉，
莱茵河静静地流淌……

……梳着金色的秀发，
全身都焕发金光。

……有船夫驾一叶小舟，
……葬身于滔滔波浪，
只听得罗瑞莱的歌声，
还在那空间回响。

德国不陌生，因为那雨点一样多的故事，因为罗瑞莱的歌声还在那里回响。歌词的这一个版本，是由著名歌词译配家薛范先生译的。

连同贝多芬与歌德，马克思与黑格尔，白义尔药片的商标与西门子电器的符号，所有这些童年积累的对于德国的说法与知识，也在这里得到了验证，唤起了一阵惊喜。见闻少不是罪，但是排斥新的见闻就不怎么样了。人活一世，总要争取多走走看看，如老房东阿卜都热合曼所唱：我也要去啊，要看看这世界是什么模样……

回到北京，我写了一篇《浮光掠影记西德》。其中提到在一个商店里见到一个建筑装修用的电钻，都说那工具又好又便宜，但是我考虑到派不上用场便没有买。这巧合于德国的一个谚语：抱着电钻无处工作，是英雄无用武之地的意思，德国朋友读了都觉得大有深意，其实我是不期而遇。

还有一个不常有的经验，一九八五年我再次来到德国参加西柏林艺术节，会上，德方有人朗诵了我此文的译稿，我方翻译不知就里，便临时将之译成中文，两次翻译之后，成就了一篇似曾相识的新作，也够绝妙的了。

从德国回来，我开始明显地发胖了，西餐里的奶、肉、糖的含量是高的。

六月访德，七月与从维熙、谌容、刘心武应邀访问了辽宁，在沈阳住了“文革”中被说成“走资派”的“安乐窝”的一个招待所。我想起了后来张贤亮的一个说法：我们是三中全会的既得利益者。他说得太鄙陋，然而又是实话实说。在鞍山钢都与文学青年见面，使我回想起第一个五年计划期间人们对于鞍山的向往。我们攀登了鞍山附近的千山山峰，暑期中正是游人如蚁。在大连我们下海游泳，我毕竟比那几位同行会点水。

回到北京，作协冯牧找我，说是要我去美国参加艾奥瓦大学的“国际写作计划”（IWP）。本来对方还提出了邀请刘宾雁，但刘去不成，由艾青夫妇与我结伴而行。具体安排，作协对外联络部会与我讨论。开始，外联部的负责人是翻译家、诗人、胖而潇洒的毕朔望。朔望前不久有诗曰：“刮目十年看‘老九’，作诗凿井俱欣然……”能这样豁达地写到“老九”与“十年”，也很有特色、很听话的了。

毕与萧乾是中美建交后第一批参加IWP的中国作家。有个笑话，说是萧乾在美国比较知名，毕的工作则被认为是政府派出来监视萧的。但一次萧在讲演，毕兄睡着了（王按，绝对可能，毕兄的体形、精神面貌与风度，属于嗜睡并善睡型无疑）。又有一次在美籍华人圈子里传出了天知道的毕兄的国际主义风流逸闻，更被美国人认为是天大好人无疑。

等毕回到北京，已正式明确外联部他任副主任，主任是黎辛。毕当然很不快。

这时对加籍旅美华人女作家陈若曦有些议论。她属于台湾左翼学生，“文革”前后回到大陆，直接接触了“文革”后又想方设法离境了。她应该算是全世界第一位用小说反映中国的“文革”实况的作家。她的小说写得略显粗糙，把一些实事改头换面一下，就算小说了。对不起，缺少了点艺术感觉。中美建交后，她与最早访美成行的钱锺书、曹禺等有过接触，她写了小说描写大陆访美学者，有人说是以他们为原型的。真实乎？刻薄乎？不讲情面乎？不够友好乎？就怎么说的都有了。

曹禺先生与英若诚也是刚刚访美归来。曹的活泼与知名度，英的流畅英语，都使他们轰动一时。曹在美时邀请了陈若曦访华，后未实现。

而IWP的主持人时为聂华苓。聂华苓曾与她的先生、诗人保罗·安格尔同来中国访问，受到作协与各有关方面的热烈欢迎。他们曾经将毛主席的诗词译成英语，介绍给美国读者，但发表他们的译文的刊物，从中国人的观点来看很不怎么样，大概是《花花公子》。所以不知道他们究竟是介绍毛主席诗词有功还是有过。这也罢了，反正他们热情地开展对华文学交流，提供了并且准备提供一些机会，萧乾已经写了文章：《湖北人聂华苓》。邓颖超同志接见过聂华苓夫妇。

作协在萃华楼摆了两桌酒席请他们吃饭，主桌包括陈荒煤、冯牧等作协领导干部与艾青等老作家，第二桌为一些当时算是比较活跃的中青年作家。可能聂女士略有疏失，她注意了跑到第二桌来与大家寒暄，却对主桌的东道主们表现出来的热情的回应不甚足够。为此，也有些私下的说法。此外，更严肃的问题是，怎样看待、对待改革开放后纷至沓来的交流活动？是友谊？是意识形态的白刃战？是和平演变（这个词早就有了）？是人民外交？是另有背景？总之，是迎上去还是提高警惕，严防坚守，多一事不如少一事？这一直也是作协文联的内部争论的话题之一。

以冯牧为代表的作协日常工作的领导，总的来说对于开放交流、走出去请进来都是积极的，当然也有对某些具体人和事的看法，保留或者摇头。访德时我对冯牧在每次宴请中讲话提到“我们的到来碰上了阳光灿烂的好天气”难以忘怀。袁鹰开他的玩笑说，他是“冯潇潇”，他略有嗔怒，便说袁是“袁（圆）滚滚”。他百分之六十五是文人，百分之三十五是领导，但他同样十分重视珍视这百分之三十五。这种六五三五开成为他的特色和长项，别人多半有六五的没三五，有三五的没六五。六五与三五也互相弥补，否则也影响成绩与人的完整。有的不甘心只当文人，十分地愿意突出本身的领导光辉，乃至不再愿意提及与承认自己的文人“出身”……却终于不像领导，反而暴露了太多文人的神经质。也有的人附庸风雅附庸得很吃力，表面上也颇能文艺一番了，终于不像个有文学与艺术细胞的人，掩盖不住官腔老调，词汇贫乏，举止做状……

冯牧家里每晚高朋满座，应接不暇，各种信息，各种说法，各种关切，常常在这里形成。这也形成了冯牧对于一大批作家特别是青年作家的巨大影响，至今，仍然有（民间性质的）冯牧文学奖的设立与运作。另外有人对于他的这一套作风与影响力不太欣赏，直到视为可疑。尤其是一些比冯牧更有资格、有作品的同志，看到冯牧变得那样重要，那样受瞩目，那样被包围，而且有了专车，相当不服，有气。所谓专车是这么一回事，“文革”后期，文联作协仍然砸烂，冯牧到了文化部管过艺术研究院的工作，他回作协时，带来了艺研院期间他的用车——一辆伏尔加与司机老张。此后人也变了车也更新了，但是他的“专车”问题仍然被一些人诟病。直到一九九〇年，他的专车才被正式取消。

那时有人传出话，说是冯说道“王某是不会到我这里来的”，我怕造成误会，连忙前往，事先电话约定，到场发现已是贵客满堂，七嘴八舌，众星捧月，难有插嘴余地，如此三四次，也就只能一笑了之了。

我就是在这种情况下，才从德国回来两个月，又从冯牧同志那里接受了安排，与刚刚过完七十岁生日的艾青老人与高瑛夫人同赴美国。值得一提的是出发前恰恰是林默涵同志而不是别人，到我当时住的狭小的前三门住房中看望相送。除此后很久张光年同志到过我家外，只有林默涵同志到过我家，而且到得最早。其时默涵被文艺界“消息灵通人士”认为是左的代表，是左的头人。而我最不喜欢的就是按人画线。林老的秘书邹世明特别喜欢拙著《青春万岁》，我们小有往还。我想林领导的到来与邹有关。林也特别提到他的夫人孙岩（曾任北京师大附中校长）看了《青》，非常肯定。林在一九八〇年前不太久，以文化部副部长的身份曾去美国考察艺术教育。我问到一些美国的风习，他有一句话说得有些幽默，他说：“也不一定时时穿着新衣，像个新姑爷似的。”他的话使我想起根据浩然小说改编的电影《金光大道》里的高二林，他是主人公高大全的弟弟，有一个镜头是他穿着一身略显肥大的新制中山服，给人以新姑爷的感觉。那么穷的时候，他怎么会穿得那样崭新呢？是不是走了资本主义，不好说，不像是正面形象。

临行时在机场，碰到前来主要是给艾老送行的《诗刊》负责人邵燕祥与柯岩。他们都热情相送，赠以金言、诤言，含有承担着艰巨的任务之意，尽在不言中。柯岩并直言说："只要你（指王）认真，你行，你什么情况下都行……"言外之意是就怕我不认真——懈懈松松，嘻嘻哈哈。这倒也是，经过了一切，我太喜欢什么事都一笑了之啦。燕祥则说我访美是"一场战斗"。经二位诗人这么一说，我的觉悟也上升了，政治的这根弦，还真不能掉以轻心。

一九八〇年八月底，我们先到广州，住东方饭店，晚上由广东作协韦丘、黄庆云等宴请，次日晨乘广九线火车抵九龙。住东方饭店也是新鲜经验，八块钱一杯的咖啡令我心惊神旺，大堂里悬挂着的潮州木雕也使我以为是误入了仙境。包括粤菜卤水拼盘与酿豆腐，边吃边让我回忆起半生的匮乏饮食，不知道应该不应该有所感想。如果太感想了，是不是显得自己太土、太寒酸、太形而下、太没出息。

同车的有美国汉学家葛浩文。葛是到黑龙江考察完有关萧红的情况离开内地的。快到九龙，他看着隔离港地与内地的铁丝网，摇了摇头，似乎不以为然，我也无话可说。他还提到在黑龙江吃了"人民的"美食，他也很感谢作协外联部对他的协助等。我说到正在前往美国，他给我留了电话与联系办法。首站经停九龙，住在三联书店一个招待所，气候炎热，无降温设施，房间窗外正是人家某楼的中央空调的压缩机，马达旋转，噪声令人爆炸。一夜过去，我根本无法合眼。

一言难尽。中资出版集团蓝真、萧滋、潘耀明诸先生的待客十分热情。粤式茶楼的气氛与食物挑动着口腹之欲，终于吃上了烤乳猪与石斑鱼。林立的麻雀馆与稀里哗啦的洗牌声算不算腐朽？小店与摊档的商品不可思议地丰富杂乱，久违了，令人眼花缭乱的消费品。人原来是一个消费的动物吗？生产的人、贡献的人要回潮成为消耗的人、浪费的人吗？酒席上的靓汤与海鲜，花花绿绿的报纸，双层公交车辆，令人眩晕的彩灯虹霓。腐烂的生活并没有烂绝、烂光，高尚的贡献却始终没有摆脱匮乏。说实在的，这些都是我年轻时所厌恶的平庸、低俗、嘈杂、肉欲、混乱与空虚呀。再加上夏天的炎热与憋闷。现在又说什么亚洲几小龙几小虎，闹得我也混迹其间，也吃得腹满唇油，这吃的是不是资本主义的残渣废料呢？岂不悲夫。

我保留着警惕与一定程度的格格不入，至少保持着困惑与嗟叹。这使人觉得安全，甚至还有点自得。说下大天来也未必有多么了不起，我们少年时期就选择过了，我们选择的是正义与牺牲，我们宁可永远不吃乳猪与石斑鱼，更是永远不会再搓麻雀。“文革”毕竟已经结束，“四人帮”已经俯首就擒，英特纳雄耐尔应该仍然是英特纳雄耐尔，康姆尼斯脱应该仍然是康姆尼斯脱，不必争一日之短长，不必升言辞上的虚火，关键在于能不能面对实际，面对光荣也不乏惨痛与失算的历史，面对真实的一日千里、不进则退的世界，干出点面貌一新的大举动。呜呼。我想起自己的一个亲戚，他早早地到澳大利亚去实地考察与学习电力事业，一年后，他也是经港回到北京，一入境，他哭了，为什么一进中国内地到处是那样破破烂烂……

在尖沙咀（我当时觉得这个地名极怪）的一个餐馆里我接受了《新晚报》记者冯伟才的专栏采访。我谈了些什么，全无印象了，却记得一点，我说延安时期，党的领导们很方便自然地坐在贫农老大娘的炕头上与农民聊天，现在呢，国家主席总不能在贫农炕头上接受各国大使们的国书。我的意思是革命的胜利、地位的变化，使党必然面临新的情况、新的问题，要总结这方面新的经验与教训。

我与艾老还接受过《大公报》与《明报》的简短访问。《大公报》记者是叶中敏，现任该报副总编辑，她是著名作家叶灵凤的女儿。《明报》记者是林翠芬，她也经过一些曲折，现在是自由撰稿人。当天晚上十一二点采访，第二天凌晨五点就已经见了报，她们的效率令我佩服。采访艾老的标题却与他的谈话内容完全相反，如他说到内地文学事业有了希望，却在标题上标为表示悲观，这使我对香港的媒体运作方式颇觉新奇。

13. 在美国思念新疆草原

一九八〇年八月底至十二月底，我在美国待了四个月。除参加艾奥瓦大学的讲座、朗诵、联欢等国际作家活动外，自己写作。我在这里完成了中篇小说《杂色》，此篇主要来自我在新疆特克斯军马场与尼勒克夏牧场骑马行走的经验，尤其是一次在茫茫的大草原上遭遇雷雨的经验。说是大草原又觉得不够大，不像契诃夫笔下的草原，也不像俄罗斯民歌里的“草原望无边……”，原因是新疆的草原是在山中，是丘陵地与河谷地，多半不是四顾茫茫，草天一线，而是四顾青山，高低起伏，涧水潺潺，树草丰茂，有的牛羊似在天边，有的牛羊似在洼地。

> 这大概是这个公社的革命委员会的马厩里最寒碜的一匹马了。瞧它这个样儿吧：灰中夹杂着白，甚至还有一点褐黑的杂色，无人修剪因而过长而且蓬草般地杂乱的鬃毛。磨烂了的、显出污黑的、令人厌恶的血迹和伤斑的脊梁。肚皮上一道道丑陋的血管，臀部的深重、粗笨因而显得格外残酷的烙印……尤其是挂在柱子上的、属于它的那副肮脏、破烂沾满了泥巴和枯草的鞍子……鞍子已经拿不成个儿了，说不定谁的手指一碰，它就会变成一洼水、一摊泥或者一缕灰烟呢。“又有什么办法呢？武大郎玩夜猫，什么人玩什么鸟嘛……”曹千里立在灰杂色马的近旁，拍一拍它的脖颈，亲昵而且友好地在它的颧骨和腮上搔搔痒、顺顺毛……
>
> 然而老马一动也不动，包括眼神……

我写了一匹深重、低调、麻木与期盼着风云雷电的马。我觉得这样一匹马也许比不上追风的赤兔，暴烈的乌骓，高贵的昭陵四骏，悲情的的卢，或者是由龙子化成的驮着玄奘西天取经的白马，或者是堂吉诃德的瘦驴，或者是安娜·卡列尼娜的情人渥伦斯基比赛用的神经质的小牝马（这个骑马坠地的故事还被人借用到作曲家拉赫曼尼诺夫的感情与艺术经历里）……但是它具有不同的意义。

其意义就在于意义的茫然、困惑与接近丧失。“文革”开始以后，我的存在已经无人有暇顾及。我的劳动、生活、作息，全部由自己支配，自在，自由，自觉，自动，同时完全不知道究竟这一切是为了什么，我需要做什么。我到伊犁并不是我个人的选择也不是个人的私事，但是“文革”的结果是我在伊犁生活的彻底个人化。所以前边我说是骑马行走，只是行走罢了。我少年时期选择革命的原因之一，是一革命一切人生的困惑都一扫而空，你要干什么、你干的目的是什么、步骤是什么，革命自然会号令你安排你，你只需遵命即可，不但是遵命文学而且是遵命人生。而“文革”期间过分革命的结果是革命的号令没了、安排没了，我只能像一个生活在非社会主义条件下的个人一般，自己给自己找点事干了。我的精神状态乃与一匹“姥姥不疼舅舅不爱”的杂色马一个样儿了。

只是在遇到蛇的时候，自我保护的本能使杂色马突然一跃冲天，大显腿脚（身手）：

> 曹千里惊魂初定……马已经恢复了原状，稳定，麻木……它又垂下了头……曹千里完全不明白，像这样一匹有形无神的马架子，怎么会从山谷跑到了坡顶……没有任何道路，它简直是飞上来的。这匹可怜的、羸弱的、困乏的和老迈的马呀，你当真蕴藏着那么多警觉、敏捷、勇敢和精力吗……
>
> “让我跑一次吧！”马忽然说话了。“让我跑一次吧！”它又说，清清楚楚，声泪俱下，“我只需要一次，一次机会，让我拿出最大的力量跑一次吧！”
>
> “让它跑！让它跑！”风说。
>
> “我在飞！我在飞！”鹰说着，展开了自己黑褐色的翅膀。
>
> “它能，它能……”流水诉说，好像在求情。
>
> “让他跑！让她跑！让他飞！让她飞！让它跑！让它飞！”春雷

一样的呼啸震动着山谷。

含义不说自明。这一段被李子云称为铙钹齐鸣的文字永远使我沉痛而又亢奋。也许写到这里太冲动了？写法太直，有点天真？文学究竟是天真冲动、“说便说了”的产物，还是寂寥肃穆、“欲说还休”的余留呢？

而在小说结尾部分，我写到主人公曹千里饥饿与濯雨的狼狈后痛饮了几大碗马奶酒，醉眼惺忪中，他干脆看见了如下的场景：

那匹马立刻就抬起头来了，向他张望……天空和雪山晃着他的眼睛，他却看清了马的耳朵的颤抖和鼻孔的翕动……灰杂色的老马踏着绿草正在一步一步向他走来……在空荡的、起伏不平的草原上，一匹神骏，一匹龙种，一匹真正的千里马正在向你走来。它原来是那样俊美、强健、威风！它的腿是长长的，踝骨是粗大的，它的后蹄总是踩在前蹄留下的蹄印的前面，它高扬着那骄傲的头颅，抖动着那优美的鬃毛，它迈步又从容、又威武、又大方，它终于来了，来了，身上分明发着光……

曹千里骑着这匹马唱起来了。他的嘹亮的歌声震动着山谷。歌声振奋了老马，老马奔跑……四蹄腾空，如风，如电。好像一头鲸鱼在发光的海浪里游泳，被征服的海洋从中间划开，恭恭敬敬地从两端向后退去。好像一枚火箭在发光的天空运行，群星在列队欢呼，舞蹈。眼前是一道又一道的光柱，白光，红光，蓝光，绿光，青光，黄光，彩色的光柱照耀着绚丽的、千变万化的世界。耳边是一阵阵的风的呼啸，山风，海风，高原的风和高空的风，还有万千生物的呼啸，虎与狮，豹与猿……而且，正是在跑起来以后，马变得平稳了，马背平稳得像是安乐椅……前进，向前，只知道飞快地向前……

一年半以后，在纽约圣约翰大学举行的“中国当代文学研讨会”上，有一位台湾背景的教授，宣读了一篇论文，以《杂色》为例讲大陆文学作品的“宗教意识与宗教倾向”。

我不明白他为什么要讲到宗教。

后来看了一些西方讲神学的书，他们的说法是，宗教就是对于人生和世界的终极眷注。一个终极眷注，一个核心价值，倒是完全可以作为哲学范畴来体味的。

有一批国内的评论家高度评价这篇小说，例如陈思和教授。也有师长，如冯牧，引用小说的原文说：“你看作者在行文中一再向读者道歉，承认这是一篇乏味的小说……”

在一次发言中，冯牧具有一个极其精彩的论点，他认为文学评论家应该具有某种容受性，即容忍自己不习惯、不认同、一时尚难接受的多种艺术尝试的品格。

其实此篇《杂色》结尾的意象，表现的仍然是左翼思潮加君子自强不息的大志，是革命者的自信与团结起来到明天的崇高理想。悖论在于，以绝对积极有为的人生观武装起来、组织起来的人们，却一度制造了、凝固了形如槁木、心如死灰的杂色老马们的悲哀。通向地狱的桥，有可能是通向天堂的向往铺就的，外国哲学家的这话虽然言重了一些，而且这种话有可能成为颓废与犬儒主义的借口，但仍然值得深思。

有什么办法呢？文学喜欢边远和荒凉，喜欢草原和沙漠，喜欢原始和粗犷，喜欢渲染生产力不发达的生活，喜欢海难和劫匪还有狼，喜欢孤独和背兴，喜欢欢笑时分的泪水与绝望之时的狂笑，至少有些时候，有很多时候是这样。只有电视肥皂剧才喜欢豪宅、名车、美女、大款、舞会、盛宴。而我毕竟有过山中骑马、路遇冰雹大雨的经验，有过在河谷草原上时而彳亍流连，时而策马狂奔的经验，有过空着肚子大喝含有不少酒精的酸马奶喝得醉而欲呕的经验，有过在哈萨克牧民的帐篷门外仰天长啸然后狂笑不已的经验。这样的经验千金难市！王蒙毕竟已经不仅仅是那个城市的、神经末梢极端敏感的、瘦削的、大脑袋瓜子一色的理想与诗的“小资产阶级”（其实这是屁话）的青年王某了。王蒙已经是一匹老成的杂色马了。已经经了风雨，见了世面，不是哀莫大于心死，也不是哀莫大于心不死（聂绀弩诗），而是渐渐无往而不可，无往而不静，无往而不大笑，无往而不胜，无往而不“无哀”“绝哀”“忘哀”了。可惜的是，我写麻木的马很像，例如它肚子上的筋，例如它屁股上的烙印，例如它鬃毛上的杂草，尤其是我的“马架子”三个字，何等动人！人架子写马架子，绝！然而我的对于理想化了的神骏的描写太肤浅，太一般了。

为什么这匹老马的故事是在美国艾奥瓦市写就的呢？我住在离大学城

四公里的五月花公寓，我坐在那个没有腿的固定在墙上的桌面前，我每天早晨沿着艾奥瓦河，绕过现代风格的剧场建筑，经过跨越河流的桥梁跑上一圈。然后背三十个英语生词。我吃面包抹黄油与鲜奶油与意大利咖啡，我看全美广播公司与哥伦比亚广播公司播放的电视新闻，听到竞选总统的里根大骂共产主义……接着便是一上午神游特克斯与那拉提（巩留、尼勒克一带一个著名草场的名字）草原了。我接电话的时候先说哈啰，我见到陌生人就是How do you do，我接触的"洋人"比华人多，台湾背景的比来自大陆的多，批评共产党的比赞成共产党的多，基本不了解中国的比了解中国的多。电视与广播里没有什么话你听得懂，这是另一个世界。这个世界里暂时没有你的什么事儿，你的人民币在这里不能使用，你的遇事总要商量商量的组长和书记一时见不到他们，常用的语言如方针、方向、精神、偏差、坚持、汇报、检查和总结这里至少是表面上极少使用。而他们常用的语言如先生、太太、party（聚会，一般指鸡尾酒会）、seminar（讲演研讨会）、信用卡、账单、老板与长周末，你也备觉生疏。而就这样，我在这里天天写着新疆、草原、老马、雷雨，这是浪漫吗？这是悲怆吗？这是一种平衡吗？这是对于自我认同、对于自己的身份与角色的时刻提醒与坚持不懈吗？在此篇马和草原的无所事事的故事里有着我的牵挂、我的珍惜、我的挚爱、我的核心依恋吗？

我在这里经常去德彪克街聂华苓的家吃饭，他们的家在山上，有一面墙挂满面具。人为什么喜欢鬼脸？喜欢似人非人的形象？室后是山，有鹿只出没。安格尔的得意之事是他常常扛着谷物去喂野鸟与野鹿。他们还有游泳池、蹦床、秋千、大的阳台、永远准备好了的开心果与苏格兰威士忌，他们的房间里永远充实着威士忌与干花的香气。

另外两家来自台湾的华人也与我们相处得很好，一家是画家刘国松，山东人，很热情；一家是吕嘉行，是北京人艺演员吕某的侄子，他的妻子谭嘉非常文雅，后来是海外文学杂志《今天》的具体操办人。谭嘉看到我清晨跑步时穿的运动裤不合标准，拿了她先生的一条运动裤送给了我。刘国松妻子李模华也是同样的直率诚挚，她做的梅菜扣肉深受浙江人艾青老的赏识。刘国松还说他连夜读我的小说，读得涕泪横流，他人在台湾，心却始终挂牵着故乡、大陆、同胞。

我也在这里结识了日本女作家大庭美奈子，她后来获得了日本最高的文学奖——芥川奖。她做了午餐约我去吃。我们的交流是用英语加汉字书写。她写她飞抵美国的经验是“不眠”，她自己的作品是：“颓废”与“悲即美”。此后我在北京接待过她，也到东京她的私宅（这是日语的说法）两次拜访。英国的翻译家兼诗人彼得·杰依（Peter Jay）非常潇洒可爱，他的微笑与举止都迷人。他曾经把韩国的古汉诗译成英语，虽然他自己不懂中文。他是与懂中文但不谙诗作的人合作搞的翻译，可见林纾的译法不能说是落后。屈原的《楚辞》也是这样译的，汉学家费德林将其译成俄语，由尘封多年的女诗人阿赫玛托娃将其定稿。

我才学了三句半英语，已经一以当十地与各国作家快乐交流上了。即使听不懂，我仍然积极地参加种种文学聚会。从而认识了美国小说家格丽丝·佩丽，传记作家、哥伦比亚大学教授弗兰克·麦克辛，后者我们此后也有多次来往，而前者称赞我的《夜的眼》的英译本，她是俄罗斯裔。

此届写作计划，举行了一次中国周末，美国各地的华文作家前来。我认识了笔名木令耆的刘年玲、全方位聪敏开放的李欧梵等，从此成为好友。讨论中国当代文学的时候我力图全面地介绍情况，例如不能认为伤痕文学前的新中国作品一无是处，我也不认同一味地揭露。我说的是需要深刻性，需要分析和思考，叫作“一经剖析，便见医心，便见疗救之意”。我还强调新中国的事情是自己的事情，至少我是积极催生她的，我就有责任把她建设得更好，情绪化的泄愤，于事无补。这些话我在国内也没有少讲，例如中国是吃大锅饭的，OK，那么现在这个锅被“四人帮”搞得有点漏了，是补上锅还是砸烂这口锅呢？砸烂了，会不会大家完蛋？那天谈这些严肃的问题的时候我穿了一身新做的中山装，来自芝加哥的电脑专家、小说《昨日之怒》的作者张系国教授穿的是西服三套装，引起了众人的注意和欢笑。《昨日之怒》是写台湾的保“钓”（鱼岛）运动的。张教授是数学家，以头脑赛电脑而著称，我记得不太清楚了，他似乎还有一部以数学家的智慧写赌博的小说，很有名。中国周上有的人提出搞什么签名，要求放行某某某，被我劝阻。

更令人难忘的是旅美华人作家唱徐志摩的《偶然》的情景，“我是天空里的一片云，偶尔投影在你的波心……”这个歌对于我也是与一九四九年以前的一切被埋葬了的，更不消说《夜来香》与《何日君再来》了。这又是一例，过去可能并未消失，而是退到了地球上的另一个地方。这更是一例，空间的转换与时间感有关。

艾奥瓦最好的西餐馆用的是原发电厂的旧址，而且保留了大部分发电器材与电缆管道，变成了装饰物，也变成了此餐馆的特异风景。工业设施也是可能成为审美对象的，这在中国实在少见。它的风格帮助了我日后接受巴黎的蓬皮杜博物馆。而我们中国的审美惯性，太停留在农牧时代了。

我在这个电厂餐馆多次接受华苓的宴请，我常点的是阿拉斯加王蟹加烤土豆配乳酪，吃一次，带走一包，还够吃第二次的。我也在这里请过客，一次花了不少钱，以致安格尔大呼小叫："华苓，你管不管，王蒙这样请客会把自己毁了的……"

那段时间中国人本来就没有什么钱，但是我更不喜欢中国人一出国就处处显出叫花子的精神面貌。

后两个月我们在各地旅行。从此认识了多少人，纽约的夏志清、唐德刚、洪铭水教授，摄影写实主义画家姚庆章，他的画比彩色照片还细致而且准确，却原来"资本主义"这边不是光玩变形和抽象。画家、书法家、收藏家与实业家林缉光，逻辑学家王浩和彼时他的夫人、说话一针见血的陈幼石，主编《白马》杂志的罗伯特，黑人作家、后获诺贝尔文学奖的托妮·莫里森等。在哈佛大学，我拜访了费正清博士，告诉他我在五七干校期间读过他的《美国与中国》，他听不太懂，他虽然中国通却似乎不详细"文革"期间作为"反面教材"，他的著作在中国得到了"普及"。不然，我哪里知道一个费正清。他很谦虚，中国人式的谦虚，说是自己不过是认识了几个中国字。他指着他简朴的客厅里靠近大门的旧沙发说，老舍回国前曾坐在这里向他辞行，他曾经试图劝老舍看看再说，老舍表示再也不能等了。

……无论如何，从此美国对于我是一扇大致敞开了的门。我开始熟悉了他们的说话与行事方式，我的大胆与幽默感帮助了我。在纽约，我与艾青与时在哥伦比亚大学做访问学者的冯亦代先生等接受《纽约客》的采访，我用英语介绍我的首访美国说："I am busy."（我很忙。）采访者问："你在忙些什么呢？"我回答："Meeting and eating."（开会与吃饭。）这话押韵，他们都笑了起来。他们又问我的美国之行的印象，我回答说："All girls are beautiful, all dishes are delicious."（所有的女孩子都漂亮，所有的菜肴都可口。）他们更加雀跃了，而安格尔谦虚说，他见到的美国女孩净是丑丑的。我至少表现了极大的兴趣，去了解，去听，去知道，去获取新的信息。看到有些场合，国人出访者只是躲到聚会的一个角落，只是与华人说一点仅限中国人的事，我觉得他们放弃了多少走向世界与让世界也走向我们的机会啊。

在华盛顿DC，我们住在大使馆，与柴泽民大使共吃涮羊肉。认识了以极大的热情做一部有关中国当代文学的纪录片的施钟雯教授，印象深的是她住在水门公寓。尼克松因水门事件下了台，当时一位敬爱的中国领导人还说过，一个郑重的政治家怎么能够去在意什么水门事件呢？可见两国价值观与文化的巨大差异。

在DC我们也见到了张恨水的女儿。其实改革开放以来，张恨水也在悄悄地翻身。一九五七年百花时期（这已经是美国式的说法），重版过张的《啼笑因缘》，一反右，再也不见张的踪影了。近几十年的事可真没有准儿。

在洛杉矶，林培瑞教授陪我们逛了好莱坞、迪士尼乐园，林还特地说，不要以为美国孩子都能到这里玩，美国还有许多穷苦的人，他们的生活质量极其低下。他的中文口语说得不错，他还学着侯宝林说相声。可惜后来他卷入中国的政治斗争中太深了。在UCLA（加利福尼亚大学洛杉矶分校）的校园，我们参观了许多雕塑，尤其是著名的英国雕塑家亨利·摩尔的抽象之作，他善于在作品上挖窟窿。我立即不费力地解释说："人工洋太湖石。"中国人早就懂得欣赏怪模怪样的太湖石与怪石上的大洞小洞了。为什么见到一种现代派的雕塑就那么大惊小怪呢？我发表意见说，有人说这样的作品、那样的作品看不懂，然而究竟什么叫作看懂了呢？你看出一个雕塑像狗，另一尊雕像像熊猫，这就算懂了？

我们的导游很欣赏我的观点。我还认为，现代艺术在美术尤其是雕塑方面比较成功，而在音乐方面，比较差劲。我们应该就作品谈作品，用不着费老大力气搞门户之见、正名之争、上纲上线之斗。

我们在洛城度过了圣诞节，看看教堂人众，气氛一般。

在旧金山出发时出了纰漏，我们的回程仍是经香港的，但是我们的赴港签证已经过期——在北京英国使馆取得的签证有效期是三个月。已经托运了行李，再拉出来，我飞往洛杉矶，临时再去找英领馆办手续，因英在旧金山无外交代表机构。如此这般，增加了国际旅行经验。四个月不是很短的时间，麦茬玉米或者白薯，也只需四个月时间就能完成从播种育苗到收获的全过程。我早就想家了。女儿伊欢来信的典型写法是：“爸爸，真对不起，一直没有给你写信，下次再谈吧，再见。”在美逗留期间我与新疆老友贡淑芬还通过信，讲友谊之可贵，人世浮沉之无端。

在那里我也接触了一些中国留学生。一位原是某省干部，她正处在对美国的狂热崇拜中，甚至认为中文没有英文科学。她并没有语言学的基本ABC，无法与她讨论。她讲的一些具体事物与方式，当然也有根据，她并无对祖国的政治上的他意。若干年后，她回来过一次，对改革开放了的国家，怨愤渐少了。另一位学化学的，则很深沉稳健，我从他身上体会到的是那个时候去美国留学的中国学生真苦。而一些台湾背景的教授、老板则令人羡慕，二层楼独幢住宅、地毯、汽车、私家游泳池，连卫生间化妆室的瓶瓶罐罐香波、护发素、面霜、护肤油、洗手液、发胶……我都看着新鲜和琳琅满目，我习惯了的是，洗脸前放上一块香皂、一块肥皂、一盒润面油或一盒蛤蜊油就足够了。

现在的美国各地的来自中国的留学生已经大成气候，当教授而且是首席教授的，买好房的，当老板乃至当州议员的，多了去了。而那些生活条件消费品，根本用不着去美国，在多数中国城市已经不足挂齿了。

14. 美国的枫叶

此后我去过美国多次，至今忘不了的是美国秋天的红叶。主要是枫叶，看来美洲的枫树又多又好，红得那样干净，红得那样多彩多姿，红得那样醉人。有各式各样的红，鲜红与桃红，紫红与橙红，我要说还有墨红与淡红，当然还有金黄。把金黄的树叶纳入红叶的范畴，也许说明了我的不通，但它说明的是我对美国的秋天的感受的不可分割。无怪乎美式英语把秋天一般叫作fall，而不是英式的autumn。前者本来是个动词，是落下来的意思，也是瀑布与秋天的称呼。原来秋天就是落下来啊，落下什么来呢？当然是树叶也许还有果子了。我还在文章里写过，原来一直觉得李后主的词“春花秋月何时了”，无论如何是不能成为另一种版本：“春花秋叶何时了”的，自从一九八〇年在美国度过了秋天，目睹艾奥瓦河边树林的落叶纷纷落下，忽然觉得春花秋叶的措辞也极其美丽动人。春花与秋叶之间，是有一种联系、一种一体感的。我还要说一下，这里的fall——下落带来的并不是无边落木萧萧下的苍凉感乃至于毁灭感，艾奥瓦秋叶的飘落是一种静谧的美，是一种慷慨和富饶的赐予，是大自然的快乐的顽皮的舞蹈。

美国有许多湖泊，难得的是许多湖泊空无一人，似乎还处于原始原生的状态。湖泊边有那么多阔叶树，这与我例如在新疆看到的高山湖泊、针叶林湖泊不一样。一到周末，湖泊边会架起一个个的帐篷，是人们野营度假。美国人少地多，到了周末，往大自然里跑一跑，有时主要时间放在驾车远行上，平时他们的工作极为辛苦，并没有中国人的日子过得那么热闹。

回想加利福尼亚的红杉林是刘宜良先生即江南陪我去看的，可惜他后来被台湾特工所刺杀。在艾奥瓦期间，他还给我寄过一点乡村音乐与通俗音乐的盒带，约翰·丹佛与巴勃拉·史翠珊的歌曲，我都喜爱。

有一些中国代表团向我诉苦说，他们到美国来访问，东道主安排的活动天天是下乡，这种牢骚所反映的文化与处境的差异，所造成的误判令人哭笑不得，莫非带着你天天看摩天大楼与购物中心才开眼、才过瘾？美国的知识阶层最瞧不上的就是这个。我也要补充一句，美国知识分子是因为这些玩意儿太多了才瞧不起它，中国的某些知识分子则是学着美国人的口气也瞧不起这些，甚至也瞧不起在中国还远远没有普及的科学与技术。在中国不下力气批判迷信而是去超前地批判科学，唉！

美国老百姓活跃，开放，张扬个性，爱表现自己，你去讲演，他们都抢着提问题与发言，表达看法，与你切磋碰撞。生活在美国的华人也受了这个影响。在艾奥瓦IWP的中国周末上，女作家陈若曦就对张洁的小说《爱，是不能忘记的》大加嘲笑，但后来她终于见到了张洁并最后与之释然友好。一次在纽约的集会，两位台湾背景的文学家几乎闹到要干一架的地步。其中一位是诗人与画家秦松。他留着小胡子、长发，每天咒骂美国，由于不缴纳费用被停过电力电话等各种公用服务。他用世界上最美好的语言欢迎诗人艾青，并且预言几十年后中国发展起来世界到处是中国游客的情景，他倒是说中了。他欠着账，但还是慷慨地请客付账。听说他现在生活好了，他的“现代派”绘画，在台湾有了市场。

最难忘的是我在费城认识的李克（Adele Rickett）教授。他在一九四九年以前到了北平，在清华大学读书，一九四九年后他继续就学，他接受了美国海军情报部门的任务，提供一些情报。抗美援朝开始后，他与妻子Allyn以间谍罪被捕，分别判了刑。其后，经联合国秘书长哈马舍尔德的斡旋，在服刑若干时间后，中方将他们夫妇二人驱逐出境。

经过这样一个奇特的过程，这二人并没有记恨新中国，恰恰相反，他们二人亲身经历了旧中国到新中国的演变，革命胜利的新气象，老区来的中国人民解放军与共产党的干部带来的新气象，二人成了新中国最真诚、最热烈的拥护者、赞美者。他们写了一本有名的书：Prisoners of Liberation，这译成汉语有点拗口，意思是他们被“解放”或自由（当名词用）所囚禁，成为“解放”与“自由”的囚徒。也许可以译成“为自由所囚”，或者“解放者的囚徒”。他从刚刚建立的新中国身上看到了人类的希望。说是有一个奇特的经历影响了他的思想。他说刚进监狱，次日早晨他由于没找到牙刷、牙膏而颇觉狼狈。这时一位看管监狱的战士见他的情况便过来问他在找什么，他说是牙刷。那个战士立即拿出自己的牙刷，到自来水龙头处冲洗了一下借给他用。他有些犹豫，觉得不洁，但是他同时想，那个战士并没有觉得他不洁，而他是阶下囚，人家是胜利者，却认为人家不洁。他觉察到了自己的渺小与对方的高大。

我想起了“大跃进”时从龚同文（湖北省委以王任重为首的写作组）文章中看到的马雅可夫斯基的诗：

公社，
我的一切，
都是你的。
除了，
牙刷！

发展到牙刷都可以公用，无怪乎令人感动。

他也特别服膺于新中国提倡的批评与自我批评，革命队伍的每个人争着说自己的缺点、弱点，这简直是哲人和圣人的境界，是通向完美与理想的途径。

如此这般，他鼓吹中华人民共和国。为此他受到当时的“非美活动调查委员会”的传讯。他不肯改变自己的观点与言论，他被剥夺了教课的权利，被封杀、冻结了二十年。敢情美国也有冻结但养起来的做法。他就是这样地经历了漫长的困难的时间。我在一九八〇年十二月抵达费城的时候，他担任该地宾夕法尼亚州州立大学的汉学系主任。

我之所以会在原定日程之外加上了费城之行，是由于老友范与中的牵线。范是时在该校读书。他原是北京河北高中的团总支书记，一九五七年落马，其后见到他，他的心已经完全凉了。本来他是一个最热情、最拼命的人。他在出国之前曾到前三门我的住所去找我，其时我已在美国。他一口气爬了九层楼，对芳一直说“我还行”。到美国后他给我打电话，我当然也频频给他打电话，那时还不习惯于长途电话的直拨，一气拨那么多数字，我拨号的时候相当紧张，生怕错了什么，白花了美元。

他的故事我写在《轮下》里了。

……离开北京的时候你哭得一塌糊涂。哭得周围的旅客都感到尴尬……哭得空中小姐歉然……

而你是一个四十六岁的男人，饱经沧桑。眼角皱纹细密如网。你的两只眼又小又是三角形，为什么却配置出一股热情，曾经是那样专注，那样单纯？你的个子不高，肩膀宽，走路如飞跑，停下总是微劈着腿。那劈腿而立的样子很像有点武功……

我这样回忆我们的青年时代：

我不知道你的魅力在哪里，但即使对于我，你也是有魅力的。可能是因为我这一生再没有见过说话对手的这样专注亲切诚挚的目光。可能是由于你的头发，正中间分开，两面自然下垂然后翻起如波浪。到八十年代，你已经有了许多白发，但头发仍然一样的浓密丰盛自然潇洒。可能由于你的健壮的精力四溢的四肢。更可能是由于你的谈吐，你的狂热，你的多发多变多彩多姿的笑容。你的眼睛是会笑的……

这样一个本来应该有点作为、大有作为的人最后死于美国的车祸，所以叫“轮下”，可能还有别的“轮”的联想。

写这样一个我很喜欢的友人的故事，为什么最后突然口出恶言？我说：

他们在××教堂举行了葬礼。大学副校长参加了葬礼。许多朋友在葬礼上发言，称颂你的热情、真诚、谦逊、勤勉，都认为你是近年从中国大陆来美的最好的学人之一……

这就是完结？时间不复存在。一万年以前与一万年以后，一秒钟以前与一秒钟以后，对于你来说，都是永恒的平静与安歇。空间也不复存在。这个星球与那个星球，这个大陆与那个大陆，都是同样的大，同样的小，同样的远，同样的亲近。

中国！中国！中国！你这个中国的不肖子！

据说范与中的父亲对这句话很感不快，冰心则称赞小说的结尾。冰心就是坚信，中国的儿女应该与中国在一起。但这都不是要点，我不相信也不愿意想象，我的苦心，读者竟然硬是看不明白。

如果谁都不明白，那算是我糊涂不明白呢，还是你们不明白呢？

无怪乎曹雪芹早就说了，谁解其中味？谁解，其中，味！

我与艾青在宾州大学与一些学人学生见了面，后来我们与范和几个中国留学生一起到李克教授的家里包饺子。李教授的妻子中文名字叫李又安。她说，她是由于钦佩宋代中国女词人李易安才称自己为又安的。她说中美一建交，她立即去探访中国，她一入境，就与中国官员谈了自己二十世纪五十年代在中国服刑的经过，中国官员说，我们都知道了，过去的事已经过去了，你是我们的客人、我们的朋友。李又安做了一个手势，说是我一听，所有的思想包袱都放下来了。

我以为，李又安是我在美国看到过的最美丽、最高雅、最谦逊、最诚朴、最纯洁、最慈爱的善人完人之一，或者连"之一"二字也可以去掉。她的微笑是感人的，不是怀着矜持，不是礼节性的所以是带有做出来的意味，而是由衷的与充满对于世界的好意的。她与她的丈夫无法解开自己的中国情结，他们从香港等地收养了两个中国孤儿——那时还不能自中国内地抱养。这些孩子在美国长大，讲英语。说是此后有一年，他们全家（包括孩子）到中国来，她与李克，美国人面孔，但说的是中文，他们的女儿长着中国面孔，但只会说英文，令周围的人奇怪。

若干年前，李又安已经因病去世。相信她对中国、对人世的友善不会被忘记，愿她的灵魂安息。

李克请我们到一家墨西哥餐馆吃饭，这家餐馆保留着墨西哥的农家风格，墙上是抹得起伏不平的黄泥而不是涂料或装饰材料。墙角是壁炉，虽然并没有炉火燃烧。我们吃饭的时候，李克说，他觉得美国人对中国人有一种先验的感情，如果不是朋友，也是爱恨交加的敌人，然而永远不是淡漠的路人，不觉得对方与己无关。

好像是为了证明他的话，远远的桌子上的一个绅士，委托女侍应生送来一瓶红葡萄酒，说是此位先生看到了我与艾青等人，知道我们是从远方来的，特别赠送给我们一瓶酒，并祝福我们的旅行愉快。

我体验过中苏人民的充满意识形态色彩的同志友谊。我体会到过俄国人的热烈与高调。美国人是别样的，是一种低调的，然而渗透性的与几乎可以说是随意的与随机的相处。

一九八〇年，李克反复向我强调，希望中国在改革开放的进程中注意保持革命时期的一切优良传统，希望中国的作家真正心系人民、心系劳苦大众，希望中国作家不要学西方作家的样儿，专门写人的卑下与恶劣。他的话可谓忠言，可谓勿谓言之不预。

一九九三年，当我以特邀学者的身份被哈佛大学燕京学院邀请去做三个月的学术交流期间，我曾到纽约讲演，李克用手推车推着已经患有绝症的、憔悴的李又安女士专程自费城赶到纽约听我的讲演，他们为中国改革路途上经历的曲折而十分忧心，同时他们见到我并听了我的讲话以后觉得稍稍好过了一点。

一九九八年，我应康州三一学院之邀前去任高级学者（presidential fellow）一学期，时李又安已离开人间，李克与他的续弦夫人开了两天车从费城来到康州，我们一起到一家中餐馆吃饭。老板送了我们一盘龙虾，他很高兴，胃口也很不错。他回忆起在清华大学上学的生活，他说，那时候每天能吃到两个鸡子儿已经不错了。老北京才说“鸡子儿”，现在的北京人已经很少这样说话了。

他的高兴主要是由于日前他完成了翻译《管子》的工作，他前后用了几乎大半生的时间，他成了系统介绍管仲到美国去的第一人。没有什么人、什么机构确定课题，或者预付给他课题费用，但是他坚持不懈地完成了。个人的主动性，在很多情况下是不能与一个机构、一个组织相比拟的，然而，你不能小视它。没有组织机构的努力你很难完成一个大的学术工程，没有个人的主动性，你无法具有真正的与众不同的创造。

我第一次对于美国的访问也接触了一些作家，他们的生活远远不如中国同行热闹红火，我后来越来越感觉到，中国可能缺少许多东西，但是绝对不缺少红火。美国人相对要比中国人生活得孤独得多，孤独是自由必需的代价，我们的同胞太不喜欢孤独了。我们与孩子从小就住一个屋，甚至我们全家老小睡在一个大炕上，而美国的孩子从小就单独居住。我很少看到美国孩子需要父母陪着玩耍。孤独与自由的习惯与强烈的自我关注——

不知道是不是这个样子，使他们的婚姻常常发生问题。有多少次我去到美国人的独身家庭，一所大房子，只有尊敬的主人，男人或者女人一个人，一场酒会，来了几十个上百个客人，酒会一散，只剩下了孤家寡人。我反正觉得这种生活有点凄凉，所以我们也始终没有可能享受美国式的自由。我尤其为中国新去的留学生而叹息，他们太辛苦、太寂寞了。我是一个不怎么有出息的人，我没有那种决心，我过不了孑然独立的伟大生活。

在艾奥瓦我接触了许多可爱的人。同为参加国际写作计划的成员，有罗马尼亚作协的副主席、罗共中央候补委员乔治·巴拉衣查，我们住在相邻的两个卧室，但是共用一个厨房、一个饭厅与一个卫生间。在写《杂色》期间，有一次我忽然听到乔治的狂叫，原来是我忘记了煮在煤气火灶上的小泥肠，烧得满室冒烟，消防警报器开始鸣笛。我们一道关火、开窗、开门放烟，才没有酿成大祸。我后来一见他就说是他救了我的命。一九八六年年底我以官方身份访罗时讲到这一段，当时的罗文化委员会主任，一位女性，本人是高能物理学家，应声道："喂哇（犹言乌拉），巴拉衣查。"并建议给巴拉衣查授予名誉消防队员称号。

一同在这里的还有台湾诗人吴晟。我们三个人英语比较差，故而聂华苓请了一位老师给我们补习英语，老师是希腊裔，名尤安娜。吴晟提出，如果聂这边没有次年仍然邀请他来美的计划，他就不想参加学习了，学了有什么用呢？他问。后来学生只剩下我与乔治，乔治不好好学，尤安娜总是表扬我而批评乔。一次我们三个人在咖啡馆喝东西，我举杯道："为齐奥塞斯库与埃列娜·齐奥塞斯库的健康干杯！"乔治欣然。但尤安娜说，为齐奥塞斯库干杯则尚可，为埃列娜干杯她绝对不干。不知道这是出于政治原则还是出于女人对女人的难以接受。我乃说，看我的面子，看我这个好学生的面子。她可能不怎么懂什么叫看面子，但还是干了那杯伏特加。她喜欢伏特加，而我与乔治则饮用苏格兰威士忌加冰块。通过这样的交流或者叫斗嘴，也提高了我们的英语水平。

尤安娜的本业是药剂师，在一家医院的药房做事。两年后我又到艾奥瓦，朋友们告诉我，尤已经离开了医院，专门从事给中国留学生教授英语的工作了，说是她由于教授我英语有成绩而受到鼓舞，改变了职业选择。朋友们说："Wang Meng，you changed her life！"（王蒙，你改变了她的生活！）边说边笑，因为像这种谁谁改变了谁谁的生活的说法多半是用在爱情的描述上的。

此年十月十五日，是我四十六岁生日，当天晚上聂华苓神神秘秘地把我拉到了尤安娜家里，他们为我举行了生日晚宴，唱了《祝你生日快乐》，吃了蛋糕，送我一些生日礼品，保罗给我的是两条领带，这是我最最愉快的生日记忆之一。

在艾奥瓦，参加写作计划的作家也会见记者，一个记者问道，请问王蒙先生，你现在与写《组织部来了个年轻人》时期，有哪些相同，有哪些不同的地方？

我的回答是，相同点在于，那时我是王蒙，现在仍然是王蒙；不同点是，那时我二十二岁，现在，我四十六岁。

还有人问，中国的文学创作到底开放到什么程度了？中国文学的创作自由是不是有一个尺度呢？这个尺度又是什么呢？

我说，以我为例，我的创作曾经在二十世纪五十年代为我找了麻烦，然而，现在我的创作比那时又放开了许多。我的创作是自由的，也是能够被中国的社会主义所接受的，为此，我感到极其欣慰。

……如此这般，作为改革开放以来头一两批访美的书写者，我有许多见闻、许多友谊、许多新奇可资回忆，然而我仍然钻牛角尖，仍然时有困惑，仍然无法从根本上对这次美国之行做一次总结，做一次理论分析与理论判断。我感到的是经验的满足与理论的褪色，是生活的开拓与豪情的失落，是新印象的云集与老传统的依然顽强。在加州大学洛杉矶分校，一位台湾背景的华人学者也对我说："你们为什么不讲美国是纸老虎了？使我们最最感到扬眉吐气的莫过于你们的纸虎论啊！"

世界上究竟发生了些什么事情，突然中美关系就解冻、松动，至少是开始正常化了呢？我并没有忘记一九四九年以前的学生运动，反美抗暴：是为了美国大兵皮尔逊强奸中国学生沈崇事件。反美扶日，另一次反美的大游行。我没有忘记抗美援朝，没有忘记二十世纪五十年代广泛深入地进行了的仇视、鄙视、蔑视美国的宣传教育。我没有忘记包括著名剧作家曹禺的《明朗的天》在内，也包括群众歌曲《王大妈要和平》的反美激情。还有六十年代我们与苏共的争论之一就是对全世界反动势力的中心美国的认识与对待问题。当然，我也不是不知道在美国曾经怎么样无所不用其极地妖魔化新中国。

我需要一个意识形态的说法，需要一个意识形态的定位，一个理念上的支点。我需要一个文学的即抒情的与思绪的说法。这也有点像搞运动后的政策调整。树敌的时候需要一大套意识形态，开炮的时候需要一大套说法，白刀子进红刀子出是需要激情、需要诗歌与灵魂的动员的。而正常化，缓解，握手言欢——哪怕只是表面上的握手言欢，微笑与起码的礼貌，不需要那么多说辞啦。与苏联的关系更是如此，从二十世纪五十年代末到“文革”中，中苏关系恶化时我们写了多少雄文、檄文啊，我们的文章家是多么雄辩、多么昂扬、多么威武！后来呢，曰一风吹，曰没事啦，曰实现正常化啦……我们的外交语言叫作不能以意识形态的划分来决定国家关系，就是说，起码，意识形态并不是决定一切的啦，起码外交这一头不由意识形态做主。有什么法子？我是地下时期作为一个天真少年自己选择了共产党的，选择的原因全在意识形态。至少在二十世纪八十年代，美国的签证是要你填写是否共产党员一项的。一般情况下，他们是不给共产党员发放签证的。到这样的国家，你能感到很自然、很舒服吗？

舒服也罢，不舒服也罢，自然也罢，不那么自然也罢，意识形态上有个说法也罢，以后再说也罢，有些事情发生了，有些事情变成了过去，有些事情发展了，有些事情渐渐被人们遗忘了，有些事情永远不会忘记，有些事情逐渐不合时宜了。原来正常化并不那么需要说法，友好就是友好罢了，陌生人见面彼此一笑，这并不需要说法，见面就动刀子那才是需要雄辩和高论的。你清楚，事情是这样。你惶惑，事情也会逐步发展变化。有一种东西叫作国家利益，有一种东西叫作生活，有一种东西叫作大势，它们比你早年的理念、少年的意气、青春的激情与文章的高谈阔论、豪言壮语更强。国际国内，你可以争强，却不可以斗气，你可以铿锵，却不可以发狂，你可以遗憾、唱种种的挽歌，却不可以不认头、认命，认下你本来不想认下的那壶酒钱。尤其是政治，政治首先是现实的，其次才是理想的。毛主席说，政治就是朋友搞得多多的，敌人搞得少少的。军事就是打得赢就打，打不赢就走。这就叫实事求是。你必须接受实事求是，你必须习惯于实事求是，你必须理直气壮地宣扬实事求是，认定实事求是乃是马克思主义的精髓。说法的事可以从长计议。反正肯定会有一个说法的，人类与祖国，人民的福祉与党的高瞻远瞩，理论家与逻辑学，绝对不会在说法上示弱打啵儿。

另一方面，当一个国家有着太多、太高、太伟大而且总是振聋发聩、高屋建瓴、势如破竹、惊雷闪电的说法的时候，当说法大大超越了常识，说法搞得人们如醉如狂，当说法往往如赞美诗、如狂想曲、如精神原子弹，能冲九天、冲霄汉、冲破天、地覆天翻、改地换天的时候，当你天天享受言语与思想的盛宴，感受言语与思想的满足，却解决不好饭桌与身边的需求的时候，这是很成功、能长久地说下去的吗?

即使没有什么特别的说法，也还是多一些实事求是，多一些握手言欢吧。当然，也有分歧和提防，有握手言欢也有分歧提防，这才叫实事求是嘛。

15. 注意精神

一九八一年年初，我们经香港转广州，乘火车回到北京。此时，我的头发已经留得很长，前后四个月，仅仅在耶鲁大学时由沈从文先生的妻妹张兆充女士给我理过一次发，时沈先生夫妇应耶鲁的邀请正在那边做访问学者。说来好笑，我的长发并非由于时髦洋气，而是由于觉得在美理一次发太昂贵：要十几美元。后来，如一九九八年在美，我已经有足够的美元及时理发了。

路经香港时我只用了二十来个小时便配好了一副式样摩登的眼镜：被称作蛤蟆镜的。斯时保定作家韩映山先生最反感的就是“蛤蟆镜”，曾亲手砸烂儿子的一件珍爱良多的此类眼镜。这是文坛一段趣话，似也是我们的文艺战士拒腐防变的比较极端的一个例子。而本人，自然惭愧，长发、蛤蟆归来，被认为带了点洋气儿了。

回京后文联还有东城区要我做个什么访美讲话。市作协的副秘书长曹菲亚体己地告诉我：“注意精神。”四个字，全懂了。我想她指的是中央领导最近关于“思想战线”问题的一些“精神”。总之是说有问题，要抓。曹还提到某某访日后回来讲什么到了日本才知道是中国人尚未解放，受到批评，云云。

讲话好办，我是多谈西洋景，不谈姓资姓社，而且我压根儿并没看到什么高楼大厦、百货花色就晕就醉的感觉。我想起我在中央团校时的经历，我到一个家境极好的同学家吃饭，我想到的是自己贫穷不幸的家，越是在人家那里吃得豪华，我越是关心、惦记自己的穷家。

紧接着就是春节，我犯了轻率西化的错误。我想借用美国的party（派对，应该说就是聚会，而现在我们这里叫酒会或冷餐会）的形式接待来客，准备了不少面包、腊肠、酱牛肉、沙拉，还有一些拼盘、点心之类，也有啤酒、可乐之类的饮料，我请了一批同行客人。人家吃完这些冷餐，不大肯离开，他们以为我一定还要开热饭。中国人的面子观念使得彼此都不明说，尤其有几位熟朋友，更是不肯离去。最后只好煮了点挂面搪塞，我以为他们是悻悻地走掉的，而我只能是汗流浃背，狼狈自惭。

令我高兴的还有喜讯，我的工资级别从行政十八级提到十六级，一下子提了两级。说是有一位兄长坚决反对，他提出应该将邓友梅、从维熙、刘绍棠与王维持一个差不多的待遇。但是单位的人事部门与领导，认为四个人根本不一样。

按，这里有一个说法。这四个人，邓友梅年龄最大，他比我大三四岁，从维熙属鸡，与邵燕祥同年，比我大一岁，刘绍棠则比我小两岁。由于四人同属所谓五十年代作家，同在反右中落难，又前后回归文坛，曾被刘心武戏称为四个小天鹅——舞剧《天鹅湖》中有一场四个小天鹅的集体舞蹈动作，四个人配合得很好。这一类说法简明通俗，很容易以讹传讹，以致至今有人以为此四位有什么特别亲密的“哥们儿”关系。也有人喜欢拉拉扯扯，聚集人气，炒作自己，硬说是此四人一条板凳上坐（长？）大了的。但实际上，虽然彼此相识，刘、从二人也联合写过支持《组织部来了个年轻人》的文字，我在反右前与他们中的任何人无个人往来。我是团干部，并不在文坛混生活，反右前对他们只能算是慕名、知名，一面之交，所谓一条板凳云云更是无稽之谈。

邓是老新四军，早就到了市文联。从师范毕业后在报社工作。刘是上大学中途退学到报社挂了一个名。其实也各不相同。

这样的说法倒也无伤大雅，甚至还有点规模效应，一说就是四个，比有些地方说来说去老是那一个写家好听，有气势。国人做啥都喜欢人多。

至于谁谁支持，谁谁反对提我的工资，还有另一位小老兄在群众场合说了我什么什么，再一位小老弟在另外的场合又挖苦了我什么什么，我全部都是付之一笑。

我认为这一切无足挂齿，可以见怪不怪，其怪自败。许多事与话，出来了又消失了，叫作自生自灭了，谁有时间谁就过问去好了，反正我太忙，我根本没空。我还要说，人应该自信，谁挡得住谁呢？谁又会真的需要争一争那么一两下呢？凡是争的都只能证明你势弱底虚，你一己的私欲太多。争则不雅，争则不悦！妒则不清，妒则不爽。吹则不武，吹则不尊。你本身确少可取，打击别人能有什么用？啰啰唆唆，唠唠叨叨，除了促人瞌睡，又能为自己开辟出什么样的天地来呢？

我自己也不好意思。这一年评什么先进党员，党员们要求民主投票，结果我以高票当选。我像一截弹簧一直踩着，一松脚，噌噌噌地一个劲儿往上冒，我自己也觉得对不起诸位大哥大姐老弟老师恩师了。

文学本是个体劳动，结果在咱们这里弄出个词儿来叫文坛，这个词儿实不怎么样。不扶乩，不作法，不拜坛主与仙师，不收弟子，不立掌门人，何坛之有？坛呀吗的，江湖气太重了。而且咱们这里重视文学，支持文学，文学连带着名利，至少是饭碗。作协、刊物、报纸与其他传媒的文艺部门文艺副刊文艺节目、各个文学出版社，还有创作中心文学院之类名堂，有组织，有级别，有经费，有干部，亦文亦官乃至后来是亦商，各省市真正坚持写作并有相当影响的不过三五个、七八个，最多十几个写家，但是其机构堂而皇之，煞有介事，浩浩荡荡，书记主席，处级局级，还有老干部老专家的文学写作与文学爱好，再加高校学文的人也不少，高校的文学教授、讲师，每周上课钟点有限（比例如美国同行上课任务小得多），有的是时间指点江山，激扬文字，他们也都是文坛上呼风唤雨的人物。

这个坛上，真正搞作品的爬格子而且爬出点名堂的并不是特别多，议论、说法、是非、计较却实在不少。有一位老大姐作家的名言是，原来是丁玲压在我头上，现在想不到又有个杨沫压在我头上！喜欢这般提问题、想问题的作家恰恰不在少数。而且作家们多半是些个个性强、自我感觉良好、对万事万物感觉敏锐、常带排他性，又善于表达、善于描述、难免夸张的一些“精英”人物。上头再来个阶级斗争为纲，把文人相轻的睚眦勃谿全部上纲上线，视为阶级斗争的动向，新中国文坛自来多事、多险、多难，也就不足为奇了。

这样从一开头，我就选择了对于文坛是非言语短长的退而避之、优而越之、超而拔之、笑而了之的死死决心。见到一些文友陷入争端，陷入名利争夺活动，我就暗叹：“轻举妄动，枉费心机”，这是我最最喜欢用来形容常见的不智之举的八字孽言，也是我时时提醒自己警惕的八字愚行。我可以失败，我可以受挫，我可以吃亏，我可以被诬，我可以倒霉，就是死活不干这个“轻举妄动，枉费心机”！

我选择的是不一般见识，不以牙还牙，不往心里去的态度，同时，对这些文友，我反而要多行方便，多加保护，多言好事，广积善缘，我完全了解气壮如牛地活跃于文坛上的朋友们遇事的可怜巴巴的（失态的）另一面。

一九八一年这年春天还有一个小小的经历，浙江文艺出版社打算出版一个大型刊物《东方》，当时盛行大型刊物，北京的《当代》《十月》，上海的《收获》，广东的《花城》，被港报称为“四大名旦”，此外江苏有《钟山》，安徽有《清明》，吉林有《新苑》等。《东方》创办伊始，尚无自己的作者队伍，便打“西湖牌”，邀请一些当时比较看好的作者到西湖边上住宾馆，写文章，逛风景，赏名胜，供稿件。我知道的被邀者除我外还有刘心武与叶文玲。

去杭州前先到了南京，《钟山》的副主编徐兆淮招待我们看了南京，也与张弦等在南京见了面。除了中山陵、玄武湖、莫愁湖、明孝陵以外，我最喜欢的是太平天国李秀成住过的“明园”。中国的故事太多了。

我和芳这是第一次游西湖，怎么能不感慨于西子湖的风光古迹？江南忆，最是忆杭州。这里连人们的说话也显得温柔，虽然那一年市内的公共汽车上常有人吵架。然后是软软的柳条，细细的水波，曲曲的湖岸，蜿蜒的山峰线，错落的建筑，各式各样的传说、往事、佳话、纪念……毛泽东曾经表示这里的鬼气太重……这样的美叫人喘不过气来也狠不起心来，我甚至觉得西湖是一个让人消磨斗志的地方，让人从冲动化为平静的地方。然而岳坟在这里，至今人们在这里为岳飞而怒发冲冠，悲情莫名；为秦桧而火冒万丈，啐骂无休。以石灰自喻，要粉身碎骨，以留得清白的于谦墓也在这里。国人重人情，重面子，也重忠奸顺逆之辨，重悲情和煽情，重判若水火的分明爱憎。那么，毛主席恰恰是在这里的刘庄（还是汪庄？）规划部署了“文革”，也就不像我想的那样难以理解了。

在西湖新新饭店，恰值电影界的头面人物聚在这里评金鸡奖。一天，我远远地看到一位著名艺术家、前辈女演员笑容可掬地从对面也就是从曲院风荷方向走来，她对我的笑容极其灿烂。等我们临近以后，我向她探询式地略略含笑致意，错了，人家的笑容是习惯性的，或者我们可以解释为对世界、对人生的笑意，绝无特定的能指，她对我的招呼显出了扭捏的、难受的表情，就是说，一个著名女艺术家，被一个陌生的、平凡的人打招呼，她只能觉得被动和难受。我也是自讨无趣。我小有尴尬，只好若无其事。

后来不久，由于我具有了某种夺目的头衔，在一次春节联欢会上，这位大姐主动过来找我攀谈，可能还要示好乃至示敬吧。我不知道她是否记得起我就是那个在西湖湖畔向她打招呼被拒绝的人。

现在，她已仙逝了。

我后来写了一篇微型小说《筝波》，这样的提不起来的经历与心波，就像一根筝弦无意间被拨动了一下罢了。当然，我改写了主人公与另一位他心仪的年长女子的身份，女子成了翻译家，而主人公成了热爱屠格涅夫却整日忙于起草公文的秘书科干事。到处都有理想与实际的落差。

湖水的炫目的绿光，引动了他的某种情绪。他准备去告诉谢琳：“我从小就爱读您翻译的书。在我的心中，您和屠格涅夫差不多是一个人。我现在就在您所在的S市市委办公厅工作。”不，不必提市委办公厅，他转念又想。

就在他这样津津有味地想着的时候，谁想到对面谢琳走来了，从湖光和树影里走来了。谢琳像通常那样，在距离他六七米的时候便展示她那高贵而又亲切的笑容。

筝的几条弦同时颤响了，也许还有琵琶。绿光闪烁着。

“您好——”他向前赶了两步，向谢琳招呼道。

他马上意识到自己的错误，他还没有来得及伸出手来。这是很奇怪的，就在他走近谢琳的一刹那，他立即发现谢琳的眼光里根本没有他，谢琳只是在看湖，对着湖微笑。微笑只不过是谢琳的仪表的一部分。最令人惊异的是，甚至当他走近去叫一声“您好”的时候，谢琳脸上的笑容并没有消失，甚至于谢琳还应答着他的问好，把头那样微微地略点了一下，如果不用高速摄像机把她的这个动作录制下来再慢慢地放几遍，他无法断定谢琳是否真的略点了一下头，但与此同时，他分明看到了谢琳眼睛里的回避、烦乱，也许还有厌恶的神色。她显然不想与陌生人随便搭话。何况他身上没有任何出众动人之处，他的外表是这样平凡，与谢琳相比，或者可以说是寒碜。

只有王蒙才会在这样一个，如果放在过去，会被认为是小资产的故事里，会写上市委办公厅。对于某些人，办公厅与湖光、情绪、敏感、内心的隐秘等是不能共生的。偏偏我从这当中找到了小说，找到了审美的对象，找到了被叫作意识流，其实只是一点情感与心头的波动罢了的契机。

> 不过在一年以后，在提拔中青年干部的时代潮流中，他被选定为S市市委分管文教工作的书记（烦人吗？你能忽视吗？王注，下同）。就职不久，赶上一个节日，这里召集了一个文艺界知名人士的茶话会，按每人四块钱的标准（那时候的物价），每个桌上摆着清茶、水果、点心、花生米。
>
> 来了许多他素来敬重的头面人物，谢琳也来了，还是那样庄重而又亲切。
>
> 他在茶话会上致了辞，比他熟悉的“报告”要活泼一些，比他过去熟悉的屠格涅夫要干巴一些（实话实说），他的致辞引起一片鼓掌声。
>
> ……最后才发现他身后似乎站着一个人，他一回头，原来是谢琳，容光焕发、微笑不已的谢琳。
>
> 他连忙站起来：“谢琳同志，您好，我……”
>
> 他仍然没有来得及说出一年前在琵琶湖边想说的话。因为谢琳同志已经热情地握住了他的手，而且非常谦恭有礼地甚至有点讨好地说：
>
> “请今后多指导……”
>
> 然后，谢琳同志走了，仍然是风度翩翩。筝弦好像又响起来了。“她大概根本没有认出我来。”……

……算了，我们都是俗人，我们心仪于艺术、真理、善行、伟岸与才华。然而，我们知道什么是缪斯，什么是思想，什么是高尚，什么是清纯，什么是灵魂，什么是心，什么是真正的价值，尤其，什么是出类拔萃吗？我们不是常常重视封号，重视商标，重视地位，重视舆论，重视标签，重视评奖，不管是鲁迅奖、茅盾奖还是诺贝尔奖还是普利策奖，重视随大流……远远胜过体认与追求真正的价值吗？

而痛骂种种肤浅与平庸的人所表现出来的肤浅与平庸，同样是丝毫不加掩饰的啊。这样的筝波，是无病呻吟吗？是不过如此吗？是空无一物吗？

在杭州之行的前后，我去了南京与上海，是我与芳第一次到江南行。然后据说某部一个出版局的什么内参还报了这几位作家的江南之行，似乎是说作家们在腐化变“修”？出版社在引诱作家享乐？我们太可怜了。“文革”中有一位地位很高的女作家由于有七双丝袜子，也被抄去参加了资产阶级生活方式展览。

倒是在我与芳坐上了杭沪铁路上的软席列车的时候，与我们同行的时任文联研究室研究员的刘梦溪喟叹良久，说是我与芳几十年来同甘共苦，现在一起走走江南，呜呼！

直到这一年，我第一次来到上海。我们被评为最好“侍候”，是的，一般情况下，我们走到何地都很少向地方有关接待人员提任何要求。

如此这般，我已记不清是此年的夏秋之际还是更晚，在北京开始了文艺界的旷日持久的学习讨论会。参加的人有各文艺领导，包括文化部、中宣部文艺局、文联与各协会、总政文化部等的头几把手，也有一些有头有脸的作家、艺术家。我的印象连同工作人员一共有上百名人士与会，主持人是周扬，内容是上边的精神。一个又一个地发言，都很长，很全面。总起来说两类发言，两类发言其实互相对立，暗含着剑拔弩张，但我敢说来个生人一定觉得两边说的并无大异。一类说，文艺界确是有问题，某篇小说的政治倾向不好，另一部作品迹近色情淫秽，还有什么什么不良言论，不良表现，值得重视，不能迁就，需要的是耐心的疏导和友好帮助。但是毕竟，总起来说，从全局看，文艺工作的主流是好的，文艺工作者经过“文革”期间的残酷迫害，是重灾区的幸存者，大家心有余悸。这才刚刚好了没有几天，极左的残余或者说根本不是残余而是极左的势力还很大（陈荒煤同志就强调指出，作家刚刚有了一点稿费，还要纳那么多税！我就是有恐“左”症啊！），相反，三中全会以来，文艺前所未有地繁荣，作品空前地感人，受到读者、受众的热烈欢迎，某某某好作品涌现出来，中青年作家基本上是好的，应该爱护他们、保护他们，应该在防范右的倾向的同时继续反左，应该鼓励而不是打击他们的创作积极性，千万不要让文艺刚刚出现的一点生机受挫啊。

另一类意见则是说：文艺工作者经过“文革”期间的残酷迫害，是重灾区……三中全会以来，文艺前所未有地繁荣，作品空前地感人，某某某好作品涌现出来，中青年作家基本上是好的，应该爱护他们、保护他们。但是，历史的经验证明，爱护青年作家、青年艺术家绝对不等于对他们骄纵放任，绝对不能任凭错误的思想观点言论行为自由泛滥，而且不能不考虑敌对势力对我们的破坏，他们就是要把我们的思想搞乱。我们的经验是要加强思想工作，尤其是文艺界的领导更要自觉加强思想工作。林默涵同志还上纲说，思想工作是社会主义的一个特点。否则，任凭错误的东西泛滥，早晚逼着党在文艺界搞一次肃反，或者再搞一次真正的不扩大化的反右。这最后两句话没有在大会上广为传播，但是我亲耳听到一些地位更高的领导讲的。

持后者观点的人人数不多，但是我分明感觉到他们占有着思想战线的制高点，他们的意见更加鲜明，更加自信，更加硬气。而持前一种意见的人则在忙于辩解、洗白、请求宽容。同时不断传来一些令人心惊肉跳的消息：某领导说话了，需要整顿了，某某作品不让印了。

但是，两部分意见其实用的是同样的语言，许多话都可以从这边拷贝到另一边，同样的逻辑，同样的政治化与反倾向斗争化的角度，同样的既要这样又要那样的二分法，同样的对于成绩与问题的充分估计。那么分歧在于，什么是主要矛盾？什么是主要任务？反极左还是反右？这个东西一讨论起来就乱乎了。这个东西就看你先说什么后说什么了。一般地说，先说的是为了布防，后说的才是本意。简单分野是，一个说，有很大成绩，但更要看到缺点与问题。另一个说，有很大问题，但更要看到伟大的成绩。就为这个逻辑顺序，我们消耗了多少时间，伤了多少和气，绞了多少脑汁！

我有时候想，拎出主要矛盾的做法，在革命时期极其有效，因为，有教育救国论，有乡村建设派，有实业救国论，有科技救国论，有改良主义者……而我们毫不含糊地指出，主要矛盾是帝国主义、封建主义、官僚资本主义与广大人民的矛盾，具体表现为共产党所代表的工人阶级所领导的人民大众与国民党统治者的矛盾，不解决这个主要矛盾，什么都是瞎掰。

这很透辟，很管用。中华人民共和国成立后对搞运动也极有用。但是，遇到另一种情况，一种相对正常得多的情况，在这样一个大国，即使指出了主要矛盾，也无法代替各项具体工作。全国全党那么多有经验、有地位、有作品、有学问的领导者，各执一词而又基本差不多，各说一理而又无法证明或者证伪其他意见的合理性或荒谬性，高屋建瓴或者步步为营，口若悬河或者水滴石穿，上纲上线或者言不及义，怎么说怎么有理，怎么说怎么颠扑不破。那么，到底是在争什么呢？

是的，这是在争一个主要矛盾的定义权，反倾向斗争的命名权，“精神”的表达权与解释权。一个说，我们要吃饭，但尤其不能忽视喝水；另一个说，我们要喝水，但尤其不能不吃饭。一个说，谁说不吃饭了，这是歪曲，这是强词夺理，我们只是说人渴极了必须先喝水再考虑吃饭的问题；另一个说，谁说不让喝水了？有的人喝得都得了水肿与腹胀了！再不考虑吃饭的问题怎么得了……一个说，你现在左脚在前，必须高高抬起右脚才能迈过那一道沟坎；另一个说，你的右脚已经陷入泥沼了，你怎么还不伸左脚？一个说你先肯定成绩才能获得克服缺点的力量和方向，一个说你不警惕缺点的话成绩也会泡汤。一个说，你方向不正确，有多少作品也是白干，一个说你没有作品，讲多少方向也是空谈。这样的争论，我参加了半辈子！

该时，我实际上更赞成前一类观点，但我又有一个梦，一个乌托邦，想把两类意见撮合到一起，而实不赞成两个不同角度的讨论变成山头之争，圈子之争，意气之争，人事之争。我也认为，真正有价值的作家、创作活动，既不需横加干涉，频加指导防范，也无劳保姆的怀抱，把什么保护之类的话挂在嘴上。拜托了，你老就不用保护我了，我不犯法、不违规，国家也没乱，我何劳任何人的保护。国家乱了，“文革”搞起来了，或者我犯了法了、违了规了，您能帮助我什么呢？您多半是自顾不暇。文学本来就具备开展争论、开展批评、淘优汰劣、纠偏补遗的功能，对于文学防范多了、干预多了与保护多了，都是灾难。

我甚至于觉得这时的抓学习其实也是一种方式，“精神”尚未吃透，精神难以消化，精神遇有抵触，那就先集中起来学习、讨论、发言、研究，避其锋芒，表态良好，假以时日，且走且看……善哉！而不是一说就跳，一刮就倒，一号召就大轰大嗡大闹，像人们所说的风派那样，也许这是好事？

这时传来南方某省委领导对文艺工作的说法，叫作“莫把支流当主流，莫把苗头当过头”。一下子执第一类看法的同志如获至宝，但这毕竟只是地方领导的意见，算不算“精神”呢？

中华人民共和国成立以来，文艺问题经过那么多整顿、斗争、大辩论，到了“文革”，一切达于极端，到现在，干脆莫衷一是了。我倒是看出一点征兆，你越极端，就越成为对方的论据（好比鹰的依据是鸽的软弱与投降，鸽的依据是鹰的凶恶与孤立），双方就越争不清楚。人们已经习惯于（由上面）定于一尊，哪怕把自己定为错误一方也比旷日持久地打太极拳好。对于讨论来讨论去、谁说了也不算的局面觉得难以忍受。周扬在文坛上的地位、资历、影响、水平，无人可以匹敌。但是周扬也有点茫然，而且不用说远了，就是我们听到的传达，也有对他有所批评告诫的含义。显然，更高的领导对他也并不十分满意。我必须坦白，对于这一段周的组织学习，我都觉出来他在期以时日，以求“精神”的更加明朗。而他的对于中、青年作家的偏爱，使事实上不无被边缘化之感的许多老作家也不满意周扬，更不满意冯牧。中、青年作家的概括其实十分模糊，这种表述很可能是不准确的、有危险的、有副作用的，不如各人去写各人的小说、剧本。这些人也许还能招呼一气，归拢成一个团队，那就是成事不足败事有余的了。

有时候我安慰也说服自己，越是要大步改革了，越是要稳住阵脚，不然又是审判江青，又是给刘少奇平反，又是所有的“走资派”杀将回来，又是给大量的右派改正，最后甚至于是解散了人民公社，中国能不乱了套吗？没有乱，就是因为还有加强掌控的另一面。

只是我觉得周扬似乎在孤军奋战。当年，他为反右运动做总结，讲“文艺战线上的一场大辩论”，讲“个人主义是万恶之源”，为反修而召开社会科学工作者的会议，讲小人物打倒大人物，那是多么气宇轩昂，意气风发，如尖刀，如利剑，寒光闪闪，豪气腾腾。而现在，他老了，喉咙嘶哑了，没有当年的威风也没有当年的严厉了，不严厉了还有谁敬重你、畏惧你、服从你……

我的文友中，新疆的克里木·霍加欣赏周扬的风度，甚至说什么周是一个美男子，说他如果是女性肯定会去追求周。刘绍棠则带着点嘲笑的口气，模仿周扬在一些场合，往主席台上一站，手一背，走两步，雍容高雅地巡视四方的神气与表情，北京话叫作“派”的。至于经历坎坷的老作家舒群，谈起周的风度，就气不打一处来了。

周扬的风度依然，嗓音退化，底气不是那么足。“文革”中他受的刺激太大了。他背起了十字架，上下而求索，用相当古典的思路，力图给中国社会主义道路的挫折一个说法，他要从经典马克思那边追求一个新鲜的、智慧的、富有涵盖面与穿透力的理论概念。他的精神感人，他的思路已显陈旧、他对自身的理论使命估计得高了一些，他的郑重、悲情、反思的责任心与勇气催人泪下。

这也算一段有意思的日子，算改革开放的青春期。精神还在争论，精神尚未成熟，精神还在酝酿。尚未完全成型的精神使我有所期待，但也感到了相当的不安。

16. 一位先生与他的大方向

就是在这个学习会议上，我记得是时《新观察》的主编戈扬（后定居国外）对我说："你发个言吧，只有你能讲得好，你有特异功能……"我不知道这话是挖苦还是无奈。

另一位戴眼镜的经常板着脸的大姐，在我发言后说："你讲得比陈荒煤好……"

我只记得我说到了一句话，说到我在美国的经验，我说我们只讲"四人帮"而不更深刻地总结经验是不行的，江青也是我们自身的产物，她不是空降来的嘛。于是林默涵插话说："这是千真万确的哟！"后来，整理录音的人不知道此乃林的插话，算成了我自己的话，算成我自己说了一句话，然后自我肯定说："这是千真万确的哟！"

对这样的学习我的心情复杂。就这样扯，永远扯不清楚。文学与政治千丝万缕地联系着，但又难于用政治路线政治文件的标准、语汇、方式、习惯模式来讨论与界定文学。政治斗争的方式对于文学事业——哪怕是一心为革命鼓与吹的文学事业——的作用到底如何，这是值得认真总结一下经验教训的。真正的有价值的文学，不可能是只知道歌功颂德的文学，也不可能是只知道痛斥谩骂的文学，既不是按文件写的"贯彻文学"，也不可能是按西方传媒的方向写就的所谓不同政见者文学。文学从本性上说不接受帽子，不接受简明归类，不接受也不需要过分张扬的旗号。真正的文学、真正的学术，是有免疫力的，它反映的是深刻的真实，复杂的真实，面对现在也面对永恒和人类，面对眼前也面对历史和宇宙，面对生动的大千世界，它怎么能变成政策或反政策、主义与反主义、宣传与反宣传、意识形态与专门反此种意识形态的对立面意识形态的图解呢？即使作家有自己的政治身份与政治选择，他或她的有价值的作品仍然不可能只是低能的图解，一二三四。他的真正有价值的作品可能也应该超越他对于政治社会问题的一时的反应与决断。而对于生活的正视，包括整体也包括局部，他应该有宽广的包容的胸怀，立体的与善于体察的观测，兼收并蓄的精神空间，往复斟酌、鞭辟入里的思想深度，真心，爱心，激情与才华，正是这些，使作品有了价值。这样的作品可能有利于同样负责的与成熟的政治估量，而不可能成为简单化、图示化、情绪化、单边化的大言欺世的依据。但是，如果你这样说，又有谁能理解与支持你呢？

问题是读者也越来越不是单纯为了文学与思想而阅读了，读者也是急躁的，他们在为突破，为闯禁区，为“出气”，为痛骂一切让他们不满意、让他们感到受了约束乃至压迫的存在而喝彩、而走近文学。越是像“文革”时那样言论上受到某种管制和一统，人们越是要到文学文本中寻找本该在媒体上或者合法的集会上找得到、听得到的各式言论的信息或者变形。在万马齐喑的状况下，有一位苕子（二百五或十三点）跑到交通要道的十字路口大骂一声，他也会成为先驱斗士大众的良心。在一九八〇年，《人民文学》杂志的销量曾经达到一百五十万册，前面提到的四种大型刊物，印数达到五十万至一百万册，这当然首先不是文学的热潮而是政治开放的期盼所造成的。

包括外国人，新时期的文学引起了全世界的注意，其中很大一部分外国人是拿中国的当代文学作品看作政治的气象气球。

读者最希望弄清的就是谁是好人，谁是坏人，谁是改革者，谁是反改革的保守者，谁是人民，谁是反人民、压人民、害人民……然后，谁是你我一样的人的族类，谁是牛鬼蛇神、魑魅魍魉、妖魔鬼怪。对于后者，可以批他个体无完肤，甚至可以格杀勿论。这种二分法鲜明、分明、痛快、爽气、过瘾，出一口恶气，令人跺脚称快，大受欢迎。

没有这种简明二分法就没有革命，我还要说，没有这种简明二分法就没有反革命。

回想这几十年，有一个比领导还领导、比命运还命运、比旨意还旨意的词儿，那就是形势。形势促成了、催化了、添光增彩了许多人和事。形势也委屈了、阻滞了、胡搅蛮缠了许多人和事。而且，最最要命的是形势不等人，形势比人强，形势往往要求简明的二分法，非黑即白，非此即彼，不做铁锤便做铁钻（语出季米特洛夫），形势常常比你还要草率、还要缺少良好的教育与足够的信息资源，形势使你有时会左右为难，形势制造着粗枝大叶，形势使你闭上眼就这么办啦。

所以这时候有一篇作品应运而生，受到热烈赞扬，它对生活、对人群、对国情的基本分析方法就是人与妖的对立、人与妖的区分。一位先生，一九七八年才恢复工作，一九七九年就发表了记述“人妖之间”的作品，次年此篇报告文学的反面传主王守信老太太就被处决了。然后此作获奖。多么厉害！这也是精神变物质，文学可以影响生死！不妨回顾一下，思忖一下，即使文章的说法百分之百地准确，此王守信的问题从法学上讲到底属于什么性质？倒卖计划内物资？粗俗（这哪里违法）？小小家长式、灵感式领导作风？低级的公关策略，还是确有应予极刑的刑事犯罪事实？

那么，请看，文章所写的实有人物——死囚王守信是个什么样的人呢。

她是个“娘们儿”，这是作品提到王守信时的第一个涉嫌性别歧视的词。

> 她精力饱满，可惜都使到外头去了。常常是“腾”的一下就不见了。街上谁跟谁打架了，哪家夫妻要打离婚，百货公司来了什么新货，都是她最先知道，也常扯扯老婆舌……

上述种种，看不出有什么不妙的，甚至可能是她的活力、她的热心、她的优点的表现。至于“老婆舌”，这是第二个与性别有关的用词，也是一个含糊其词的贬义词。我们的刑法与民法上，都没有包含反老婆舌的条文。除非老婆舌中出现了诽谤颠覆之类。至于文中说到的打架、离婚、新商品，似皆无碍。

> “文化大革命”的浪潮一到，谁知道它唤起了王守信心中哪一种情欲，她到商业系统去串联……
>
> ……又把汽车司机、党员周禄拉到一边，用胳膊肘捅一下他肋条，挤眉弄眼，亲昵地说：“你过去也受压，这都啥时候了，你咋还

不造反呢？”

情欲呀，挤眉弄眼呀，亲昵呀，也都离不开传主的女性归属，女性的性挑逗暗示。这些东西为什么变成了“妖”的属性了呢？它之成妖利用了、投合了中国数千年封建礼教的多少成见、偏见、陋见！顺便说一下，这是报告文学，不是小说，情欲呀，捅肋条呀，眉呀眼呀，亲昵呀，不知道作家的依据是什么？还是仅仅有所谓的“合理想象”？

当然，王守信是造反派，批之是符合时代潮流的，作者也算搭上了时代之车，政治大方向之车。至于一造反就去找部队支持，存疑，因为熟悉“文革”过程的人都知道，开始全国闹“战斗队”造反的时候，部队是根本不允许介入的，只是在“一月革命”夺权夺乱了套以后，毛主席才决定以军管的形式防止了更大的自我崩溃，部队人员也才进入了地方的“文革”。而另一派“红色造反团”，其头头刘某等是怎么回事，也只能存疑。《人妖之间》则根据简单的两分法对其先验地予以肯定。它的逻辑是反妖者好人也，这样的结论比较简易，但未必靠得住。

王守信有一个小故事给我印象极深，她主管的煤建公司一个员工偷吃白糖，她上去给了偷者两个耳光，然后问，你家缺少糖吗？扛一袋走吧。

这是一种我说了算的家长式“领导”，没有规则，没有制度，“和尚打伞，无法无天”，然而还是有原则的，偷一口就要挨嘴巴，家里缺少，可以光明正大地拿走。管理常常是潜暴力，而王守信使潜暴力浮到水面上来了。我就知道外资企业的外籍管理人员一拳把未按照规则作业的电工从梯子上打到地上的故事。这样的故事甚至可能传为佳话。这一段里的王守信实在没有给读者什么坏印象。是扛一袋还是拿一袋呢？一般情况下，可直接入口的白糖不大可能装在麻包里，如果是塑料袋或其他小布袋，两三个手指一捏也就可以拿走了。“扛”字的动用，是春秋笔法也是师爷笔法。

然后越写越不堪了：

王守信也在台上，她留一头短发，齐耳根长，黑亮黑亮的。虽说从造反起，胭脂擦得不太厚了，白白净净的脸蛋儿还挺精神，标致，不像个四十五岁的人。辩论会后第二天，王守信乘旁边没人，凑到刘长春身边，柔声细语地说：“长春哪，咱们还是一块儿干吧。我文化低，你给当个军师。我当二把手，你当一把手……”刘长春大眼珠子一瞪，斩钉截铁地说：

“你死了这个心吧！我刘长春是宁肯给好汉勒马扶镫，也不给孬汉当祖宗！咱俩没完！”

看来王守信越来越往四流色情间谍上靠，而刘长春比较像样板戏上的英雄，例如李勇奇或者雷刚。

王守信从小儿就得怕日本人，怕伪警官，也怕财主、地主。但仗着她是个女人，有几分姿色，不在乎廉耻，她就有了自卫和进攻的武器。在那个环境中，她学会了不怯生，敢于同身份地位高得多的人打交道，她也没法儿怕苦，能过非人的日子，和同是生活在最底层的人亲睦相处。

这一段写得很概括，也着实令人叹息，但是作者所概括的这样的世态，王守信只能也只应获得同情与理解。只有不把女人当人的人，才会幸灾乐祸地、不无轻薄地看这种哈哈，嘲笑具有这种境遇与历练的下层女性。

有一段描写极富杀伤力：

她必须上地区和省里的有关部门给宾县争煤，争船运煤，争必需的经费……把一个五十岁的女人所剩无几的魅力以最不令人厌恶的方式展示出来：“哎呀……咱们宾县老百姓可难啦……都一小筐一小筐地买啦。你再不给批点，眼瞅着就烧大腿啦……”她拍你，拉你，扯你，撕巴你黏黏糊糊没个完。她说哭就哭，说笑就笑，而且始终非常真挚。你还不答应？好，她还有一招儿：她能解开裤子，让你看她肚子上那道伤口，说明她老王太太是带着病来为人民争煤的。

一个女人写成这种形象，似乎就臭不可闻了。其实烧大腿云云，是当地流行一种“忽悠”罢了。为小单位、小地区争指标，这是计划经济下的好干部必须办的事。

> 这个女人浑身那股乡土味，那股粗俗、真挚（裤子都脱下一半了！）和亲昵劲儿，对于年岁相仿的男性也不是没有一点魅力。

这一段，显示的却是掌握了话语权的人，尤其是男人的恶劣乃至卑鄙。这是卑鄙叙述，这是恶劣描写，这是下流心计！解开腰带看伤口，这没有什么大不了的，我就不止一次见过这一类事。粗人用粗办法来加强自己忽悠的能量，坏不到哪里去。这与“裤子脱下了一半，对于年岁相仿的人并非没有魅力”，并不是一个意思。哪怕此人因贪污该判死罪，也不应该顺势将她往淫荡放浪上推，不能因为一个女人有贪污罪或反革命罪就制造她的卖淫罪，也不能因为她有比较放肆的性别表现就论证她肯定会贪污或者反动。只有在中国这种根深蒂固地留存着因为阴盛阳衰而格外贬低女性、仇恨女性的地方，才一描写坏女人就要给人家涂上娼妓色泽。

但是此作极受大家欢迎。因为，表面上是骂的王守信，实际上却从文学典型意义上涵盖了许多文化低、粗俗、自己说了算、专横野蛮的干部与权力系统，而且无意中投合了许多读者的弗洛伊德力比多。

除了性别歧视，作品中对于王守信的公关活动与类似小金库、小山头的福利活动的妖魔化也是不遗余力。我们可以从本作品中学习到妖化对象的一些本领。

暴力语言是更重要的特点。中国的历史沿革中，暴力扮演了重要的角色，近代以降，更加重要。语言也要全称化、绝对化、极端化、暴力化、结论化、泰山压顶化、不容分说化才过瘾。我们分明可以从作品中听到大众（对于王守信）的呐喊：

“骚娘儿们儿，毙了她！”

当然，你王蒙再挑出几条毛病来，也无法夺去它的热诚的读者，只因为作品中有一句精辟的格言，完全够格在名人名言栏目中反复播放。

> 在贫困和落后的土壤上，权力之花似乎开放得分外香艳诱人。

这可是找准了穴位！太出彩了！一语捅出了脓血！大方向有一套！所

以王守信也好，刘长春也好，都要造反夺权，而且要相互斗法。所以有些掌握了权力之花的人绝不松手、松口，而是要用足、用够。“文革”中已经传出“有权不用，过期作废”的鄙陋下流的实话实说。尚未掌控这朵分外香艳诱人的花儿的人，并且被这朵花儿压得喘不过气来或自认为喘不过气来的人，对掌花者也就分外仇恨、眼馋、不忿儿、气得没完没了地咽酸水，咽唾沫；也可能是正义之火满胸膛，叫作“造反有理”。所以出大大小小的掌（权力之）花者的洋相的人与文，都是“大方向”正确的，都会受到欢呼再欢呼。这是一种我们比较独特的思维模式：看大方向，大方向对了，细节、小节错也算对，大方向错了，细节、小节等再准确也没有用。

而权力的花朵，对于任意的涂抹与攻击是会做出反制的。这样的反制，在具体地打击了一些头长反骨的人与文的同时，客观上成全了这些人与文在某些难以了解真相的人众中悲情英雄、社会良心的形象。

所以权力花朵的反制越是厉害，越是没有人敢于与乐意出来说明某一部分事实，犯不着，谁管那个闲事去？何况，谁说出事实，谁就必然会被认为是向花朵献媚，媚权以求分到残羹剩渣，不齿于人于文。

我们这儿，事实常常最不重要，大道理、大方向、大舆论有时候叫作人心所向的，比事实重要得多。你有几个脑袋，你敢试试吗？

不仅在我们这儿，在西方发达国家，人们对于社会主义的共产党执政的中国当代文学的期待也是大方向正确，政治正确，即符合西方意识形态价值观念的走向。有相当多的人就是这样看问题的，你生活在社会主义国家却顺风顺水了，说明你大方向迎合了权力，就要排斥你。你找了麻烦了，万岁，你万岁啦！

而且这里也有一个前一节讲到的“精神”问题，如果精神侧重于广开言路、发扬民主、保护作家、继续反“左”，那么这一类作品再怎么说也是方向正确的，符合精神的，神人共爱，上下皆喜，东西俱赞，中外共吹……你提出点狗屁质疑来，管个屌用？如果精神侧重于反对错误倾向，尤其是反右反资产阶级自由化……那么种种压力已经置于这位先生的头上了，你再说东说西，用心何在？良心何忍？

但是，如果我不说就再没有人说了。你不信吗？这里，我们说到的人已经不是受到什么压力的问题而是被处决了的问题。

都说实事求是，你敢实事吗？你相信实事吗？你敢坚持实事吗？你敢大声说出鹿不是马吗（如果大家已经认定那是鹿，如果鹿与马的大方向已经混同）？你能不被先入为主的大走向、大方向的评价所左右吗？

有许多私下的质疑，我可以公布一系列著名作家的姓名，他们她们都知道此公的精神状态、文章与论点根本靠不住，甚至给此公起了绰号叫“笨人老大”……但是都宁可明哲保身。

于是不可能也不允许任何人，去质疑悲情英雄作品里边的不合事实、不合情理部分，或者价值与法律标准可疑的部分，乃至是暴露了英雄自己的精神与价值缺失的部分。

我无意为王守信说多少话，我没有调查研究，我也不是法学家。她是否贪污或其他问题应该由众多的律师、法官、检察官与本人家属考察研究明晰。但是我有怀疑，至少这篇作品不可能对有文化、有见识、有法律意识的成人有说服力。至少这篇作品里的传主绝无死罪，甚至不像坏人。我只是就事论事地谈谈此作斯人，我不明白为什么说出事实、承认事实、实事求是会这样艰难和危险。你必须甘冒天下之大不韪，“悍然”公布你的实话，悍然进行无私的也是真心的评价。是的，悍然，像爆一颗原子弹一样，我相信我在此节已经悍然爆弹了！

王守信已被枪决二十六年。没有任何人怀疑她被枪决的正义性。铁案如山，报告文学字字千钧。我不入地狱谁入地狱？安福尊荣的显赫，悲情万种的精英，心大志高的名流，一心救世的天使，谁还记得一个死刑犯、贪污犯的是非？

而显然，一个案犯的有罪无罪、罪轻罪重、量刑标准，不是任何作家能独立完成判决的。立案、调查、起诉、庭审、抗辩和判决，都不是报告文学所承当得起的。说实话，在这种事情上情绪化与大言化的文学的正面作用相当可疑。不管这个作家天才也罢，勇敢也罢，智慧也罢，道德完美也罢，富有救世感也罢，做事、做文章粗疏或不粗疏也罢。人命关天，一人，却牵连到一地、一些人、地方、部队、经济运作的方式与计划经济的弊端，还有诸多约定俗成的潜规则，尤其是法律（一九七九年！）的缺失。文学的激情，哪怕是天降大任的使命感，哪怕还有献身精神背十字架的救世情怀……对于审清断明一个死囚案，够用吗？人们也会怀疑，那么多人和事，那么多生动有趣的细节、表情、心理活动，一个作家从哪里知道的实情？须知，这可不是小说。

以写报告文学擅长，当时已来北京市文联搞创作的理由先生有一句名言，他说，同样一个人，同样是他或她的真实材料，你不编造一丝一毫，可以把他或她写成英雄模范，同样不编造一丝一毫，也可以把他或她写成坏蛋。

作家就这么伟大，就这么可怕！能不慎哉？然而，理由先生知道，王蒙也知道话语（可能变成花言巧语）的力量与责任，知道一杆笔的权威性与可塑性，读者知道吗？裁判何者为人何者为妖的先生承认吗？在一次讨论报告文学的会上，这位先生坚持报告文学是可以合理想象的，那么判决书呢？能够想象或者受想象的影响吗？有关王守信的故事里，哪些是真实，哪些是想象呢？

这位先生的许多作品都引起麻烦，但是《人妖之间》却是顺风顺水，而且威力足可以使反面传主毙命。这是由于，第一，他批“文革”，也是大方向的正确性；第二，他在作品一开始的地方，虚晃一枪，先写了县委田凤山书记：

> 田凤山亲自接待来访群众，亲自处理积压多年的十大冤案。还没起床，人就来了。他一面嚼着干粮，一面听人申诉。他跑遍县城的饭馆、商店，检查商品质量和服务制度。他撤销了食品厂年年必得的“先进企业”称号，说：“你一年挣几万块钱，又节约好几万斤粮、油、糖。你这是克扣老百姓，算什么先进企业！”他过问住房情况，降低了房租。他还带领干部下去抓落后队，很短时间里就使一批穷队改变了面貌……

这一段对于田书记的描写令人想起新华社长穆青同志写的焦裕禄。

批评或者采取措施收拾这位先生，是从大道理上考虑的，欢呼乃至推崇这位先生，也是只管另一面的大道理，针锋相对的大道理。可惜的是那些只占小道理的人物，受到法律制裁的小人物，谁还想得起她来？

此先生后来去了一些省份和地区，每去一个地方，他都要写一些东西，将那里的领导班子划分一下谁谁是改革者，谁谁是冥顽不灵的官僚。这样到处闹得鸡飞狗跳。理由先生问过他：“你去过一次的省市，再也去不成第二次了，这样下去，全国三十几个省市，你能够再去的就不多了，今后怎么办呢？”据说，他笑了，说是还没有想到那一步。

一九八一年年底我与这位先生应时任中宣部部长的王任重同志之邀，去广西小住两周。有一位看守自行车的小姑娘曾姓当了劳模，人很爽气阳光。来后，听说此小姑娘与另一位年长的女劳模闹矛盾，在先进事迹的归属问题上其说不一。这一类事我见得多了，长期做共青团的工作，我完全见识过模范们争先进、争模范的内情，这也是“天下皆知美之为美，斯不美矣，皆知善之为善，斯恶矣”的例证。遇到这种情况，我认为，应该劝和求团结，两方都有成绩，都有优点，否则也很难进入劳模先进的视野，两方的先进事迹有雷同处，有交叉处，有重叠处，有我中有你你中有我处，毫不奇怪。在我们的社会生活组织活动中，谁的事迹是在真空状态下独立完成的呢？同时，我们切记不可站到一方掺和进去搞劳模内斗。但是此位先生，立即站到了年轻姑娘这一边，以致搞到临上火车站，他老人家被所谓“对立面”的群众包围，不得脱身。他的行事特点是，打算站到某一方面了，那么对立方的人员一律拒绝接触，以免自己的观点受到动摇。有什么办法呢？他一直在报社新闻单位，他大概从未处理过这种人民内部的人事关系。他只承认一种模式，就是人与妖的模式，其实是阶级斗争、路线斗争的方式。他只承认一种语言，就是做结论的语言。他完全不理解从孔子到亚里士多德都提出的“美德是一种中间状态”的命题。西方思想家认为，极权主义的特点恰恰在于否认中间状态的存在。

如果我们面临的选择面对的是人与妖，那简直太好了，太省事了，就好像在黄金与狗屎之间进行选择一样。谁愿意选择妖和狗屎呢？

问题恰恰在于我们面临的选择是在各执一词的人与人之间。而在绝对对立的两方面的人之间还有广阔的中间地带，就是说，选择中还有选择，公正中还有更加的公正。今天的正确选择不等于明天也选择正确，此事正确不等于彼事正确，大局正确不等于局部正确，局部正确也不等于大局正确。在这样的分辨与选择中，痛骂、高喊、扣大帽子、捶胸顿足、逞言语之快感，都是裨益缺失的。什么时候我们的作家读者能够拎得清这些，什么时候我们的掌握了话语权的人懂得自身并没有权力与资格划分谁属于人、谁属于妖，正如同旁人没有权利认定你本人是一个大妖一样，我们的民族、我们的社会、我们的改革开放就成熟多了。从这样一篇作品来回顾，我们也知道此后天下之无法不多事了。

有人嘲笑我的过于聪明，我禁不住要问，亲爱的朋友们，你们怎么那么笨！亲爱的朋友，我是爱你们的，你们为什么不能再聪明一点点？

我现在要思考、要反省的是一个问题，对于此篇所谓报告文学，我有困惑，但是从来没有说出来过。这是由于形势的主宰：在一个含冤二十余载，因为公众普遍知晓的直言与揭露矛盾而备受打击的记者、文化人刚刚复出的时候，在他终于气势如虹地大批特骂一下我们的土特产——贫困落后的土壤上开出的权力之花，并且引起了一片喝彩之时，我如果提出异议，我算是与谁站在一起呢？我算是屁股坐到哪里去了呢？这个该死的屁股问题呀，当你的大脑的思考要听命于屁股的复审与决审的时候，你还有像样的大脑吗？

形势，斯大林说过，一切决定于时间、地点条件。我十二岁时读到此话就有些不安，那不等于没有真理了吗？我们说时势造英雄，时势也造出伪英雄，造出哭笑不得的故事与悲喜人物、事件与典故啊。

其次是人言可畏。人言的一大特点是以小人之心度君子之腹。你如果在二十世纪八十年代立马讲出对于此文的不解，你马上会受到千夫所指，千目所视：一个是求宠，一个是妒才，你还能得到别样的理解吗？

甚至于，你多半不会知道，有趣的是，连被一般人认为最“左”的人对此公也并不怎么反感，甚至某些时候还愿意为他说两句话。那些朋友最最不能容忍的不是大言的此公，而是当时的作协文联领导。原因就在于此公是一个大话狂，他所有的话都不涉及文艺界的领导权问题，不涉及文艺领导的任何运作尤其是人事安排，他不威胁任何中央级、国家级、文化圈的省部厅局处科股级干部，他只揭露地专以下的地方官，兔子不吃窝边草，他虽然气势如虹，下笔千钧，不是批这级党委就是批那级政府，但从来没有说过他身边有什么黑暗，没有说起过任何中央机关或北京市机关有什么不足。他还屡屡表示他要代替说出中央领导说着不方便（？）的话。就是说，至少是开初，此公也有志于以他的方式杀入“路线斗争”。

何况王某有私心。有这样的大炮轰轰，有别样的胡扯八道，有其他的风头十足辫子三千的写作者挡在前面，其他的庄重的写作者才凸显了自己的安全、可爱、立于不败之地。没有此公作为参照物，你能那么辉煌而且顺利吗？

我想起了马克思在《政治经济学批判》序言中的话：在科学的入口处与在地狱的入口处一样，必须提出这样的要求：

“这里必须根绝一切犹豫，

这里任何怯懦都无济于事。”

后两句是但丁的诗。

17. 苦恋风波前后

你能够做到完全的就是说百分之百的真实吗？

不，我没有能够完全做到。但是我做到了，在我的自传里完全没有不真实。

你惹不起锅，所以惹笊篱。

不，我知道我的方法、我的程序和我的责任。

真实如同解密，这里有一个过程。许多著名的人物和事件，当事人要求在他们死后才可以公布他的记录或记叙。对此，人们从未表现出过不理解。那么，能早一点真实一下而不真实，就是对读者的不诚实。同样，不到火候，您就要假以时日。我们允许有一个关于真相的时间表。真实是一种责任，但是责任并不仅仅是真实，还有其他。同时，不论是在什么样的责任的大旗下，你不能够选择不真实。

你必须知道真相，我必须告诉你真相，在我的有生之年。

但是你对这位先生的说法会引起愤怒，你有可能招来口水。

自传是在我年逾古稀后写下来的一个留言，我已经顾不得那么多，想说出实话的愿望像火焰一样烧毁着樊篱。我已经为朋友们也是为自己的犹豫（其中当然不无庸俗与利己的量度）活埋了几十年的真实，现在，不能再深埋下去了。

我完全相信，再深埋下去，就只能是永远不见天日，就只能是永远没有真相。

那么你是为了讨好。

当你提不出论据来的时候，当你既不掌握资讯又不具备起码的分辨真伪的能力的时候，你只能固执于你的思维定式，于是你就猜测说出与你的定式不一样的真实的人的动机，用这种诛心的方法来封锁真实，来巩固你的低于一知半解的对于世事的人云亦云的小儿科理解。你是多么幼稚，多么孱弱，多么可怜，多么肤浅，多么廉价！无知者易怒，无德者误以为他人与自己一样的低下。我们需要讨论的是煤炭到底是黑的还是白的，而不是运煤者的操守风格。他是矿主还是八级工还是学徒都不影响煤炭的颜色。你只要承认煤炭确是黑色的，之后再讨论那个说黑者的酗酒问题或驾车违规问题也总还来得及，过后再因为他驾车违规而课以罚款，或者别的更大的罪而判他的刑包括死刑也总还来得及。反过来说，一个害怕别人说出真实，一听到煤炭确属黑色就气急败坏与痛不欲生的人，你能够指望他什么呢？

真相终会大白，不论是五十岁的下层女人还是七十岁的上层男子。真相常会被歪曲，被躲避，被遮掩，被视为妖孽，被活埋，不但是被强力所活埋，而且为种种的明哲保身，利害选择最后再加时间与聪慧——时过境迁，谁再没事找事？再说此亦一是非，彼亦一是非，你永远弄不清楚，以及种种的漠不关心，王守信算老几，王守信能有什么背景——所活埋。

而且为众口一词所活埋。三人可以成虎。其实有一个强人或做强人状的人就能闹出一只老虎来，一组强烈的言语，一群被感动、被征服、被催眠的追随者，老虎便铁案如山了。不要忘记我在第一部说的一段插曲：团的系统的一位女性，在批判一名右派分子（后改正）的时候，义愤得当场晕倒。

以王蒙为例，这些看法当初——二十多年前就有，却因为不合时宜而贮藏了这么久。如果不是二〇〇六年突然冒傻气，谁又能知道？

但真相常常又是埋也埋不住的。

在我的书里，让我们为一切还压在井底的真相默哀，并请允许我多说出一些真相，让我们为一切新出土的真相而摘下帽子吧。我还不能不告诉你们，有一些朋友、好朋友的所谓的真相，私事公事，都只限于对他们自己有利的那一部分，然后是牢骚满腹，瞪着两只大眼睛为自己涂脂抹粉，为他人涂粪抹黑。讳疾忌医，怨天尤人，自恋自赏，是几乎人人都有的病。王蒙也有，但症状稍稍轻一些，对于此症状的自查与警惕，稍稍高一些。

一九八一年的对于文艺问题的学习，没有产生任何效果，而是越学问题越多，最后，《苦恋》事件爆发，没有结论的学习被中央召集的正式的思想工作座谈会所取代。

有关一九八一年批评《苦恋》一事，海内外的报道与说法不少，我这里没有什么新材料可以回忆。我现在想的是，当时类似这样的作品并不算罕见，为何此事闹得这么大?

这里只能用马克思主义的古典说法，偶然性出现在必然性的交叉点上。白桦是这段时期最活跃的作家之一。他生性活泼，充满活力，善于也喜爱活动，头脑灵活，风流潇洒。他高产，魅力四射，精力过人，惹是生非，风头十足。他喜欢成为公众关注的中心，也不惧怕与某些人物玩玩捉迷藏、迷魂阵、土遁水遁的游戏。他写诗、写小说、写话剧剧本与电影剧本。他的作品才气纵横，但多有主题先行的痕迹。他巧思无边，热情澎湃，但缺少纵深与咀嚼的后劲。他的得意之笔出现在《苦恋》中，问：“庙堂里的佛像怎么熏黑了？”答：“因为供奉的香火太多！”这是典型的白桦文体，他一定为此十分得意。“文革”的艰难岁月中，他居然还有雅兴也有能量参与为电影《创业》奔走告状的风险十足的活动中。四次文代会前他胸有大志，很想在大会上有所表现，但是没有得到机会，也不会给他太多的机会。上海也有人说，他是演说家、社会活动与政治活动家，其后才是作家。而且，他的“工作关系”“组织关系”是在部队，他早就被有关领导看不惯了，无疑，当然。

他编剧的某影片中，有战士做梦娶媳妇的镜头，被有关领导下令剪掉。传出一个笑话，说某某太厉害了，做梦娶媳妇也不允许。

但这又确实不是某一个人或一篇作品的问题，而是更多的对于当时文艺工作的把握的问题。高层领导早已有了看法，早已说了许多次，指出对于文艺工作乃至整个思想工作的领导软弱涣散，认为该整顿一下啦。

我与其他许多人一样，非常希望能保护一下白桦、彭宁他们，不是为了一两个人，而是为了来之不易的相对好一点的创作环境。搞文艺创作怎么这样难？当然，我想的也只是一面之词，一面之理。

都是饶有经验的人了，都够成熟的了，于是人们就黄钢先生的杂志《时代的报告》上发表的批白文章大张旗鼓地议论起来。总算批白桦时捎带上了一个面貌极左的靶子。

代表主管方面做报告的领导是胡乔木，他讲了几句话，觉得天冷，工作人员给他加上一件罩衣，他叹息说："风烛残年……"他讲的话有几点给我很深的印象。一是为工农兵服务的提法，已经由为人民服务的说法所取代，兹事体大，二十世纪六十年代初人民日报社论《为最广大的人民服务》一直是"四人帮"定性的"反毛泽东思想"的一个事件，被"文革"清算不止。现在，它终于堂而皇之地确立了。二是为政治服务的提法被为社会主义的提法所代替，至少说起来宽泛了些。

胡还提出，不能老是没完没了地写"文革"、写伤痕了，否则等于人为地延长"文革"的影响。他的逻辑比较给人以与众不同的印象。我倒是从另外的角度听到一个说法：揭露批判"文革"的电影《不仅仅是一个人的故事》放映后，观众感到厌倦，观众说看此影片是"不仅仅一个人上当"，这个说法我是从一个小会上从中央一位领导同志那里听来的。

对于《延安文艺座谈会上的讲话》，胡乔木提出，政治标准与艺术标准的两分，可以不这样提。这是迄今为止对于《讲话》的最大胆的修正，差不多是唯一的一次，此次胡的讲话收到了《三中全会以来文件汇编》中，是正式的文件。为此，胡乔木也遭到了一些攻击。

我对于批判《苦恋》也有抵触心理。阴差阳错，到了一九八一年，反倒没有什么有身份的人愿意批评一篇作品了，哪怕是纯学理性、艺术性千真万确的争鸣性商榷性的批评，也已经无法与奉命批评、有背景的批评、仗势批评、求官批评、阳谋阴谋惩戒式与威胁式的批评拉开距离了，用台湾习惯说是切割清楚了。而那种动机可疑、内容可疑的批评会使一个批评者而不是被批评者名誉扫地。以至于，发展到是由高层领导同志自己出面来批评文学上的一些问题，就是说需要由司令员来打冲锋，拼刺刀。他老人家不亲自动手，旁人硬是都在那里沉默着、观望着、拖延着。他老人家硬顶着风说了话，也是众说纷纭，推一推动一动，或者是推半天，不动。我们曾经那样地提倡思想与文艺批判，多少次是毛主席率先垂范进行与组织领导批判。从在延安就批上了，中华人民共和国成立以后，批《武训传》开始，批到"文革"以后，批出了大人物，批成了政治局委员——姚文元。有一阵，批判是文艺界的登龙之道。而到了二十世纪八十年代以后，严肃的文艺批评反而几近崩溃，不但没有代表党的批评了，连批评家个人的认真负责的批评也没有了。倒是还有低级的、炒作性的、拿红包的酷评，捧评，无定向导弹式的乱嚼乱咬……这种影响一直延续到今天。

问题不在于一篇作品的得失，我知道麻烦还多。革命的胜利首先依赖于强有力的意识形态。革命一开初没有人、没有钱、没有枪，更没有权，只有理想，只有对现实的批判，只有口号与蓝图，许诺与信仰，就是说我们的本钱就是意识形态，就是意识形态符合了、解释了我们的实际。而文学的批判性、创造性、理想性、挑战性，尤其是煽情性，使文学成为，至少是往往成为革命的天生的同盟军，革命也成为寻梦的文学的最切近、最现实、最雄浑的梦。文学使革命更加动人，更加道义，更加浪漫，更加激情，更加富有一往无前、不怕牺牲、神圣献身的性质。而革命使文学更加理想而严酷，又更加贴近生活，大大充实了、丰富了、对象化了、具体化了也升华了作家文化人的梦想与愤怒、渴求与热烈、灵感与烦恼怨愤。人生于世，叫作不如意事常八九，而革命便是这一切不如意激扬出来的怒涛汇聚而成的滚滚洪流。

毛泽东在《新民主主义论》中曾经指出：

> ……共产党在国民党统治区域内的一切文化机关中处于毫无抵抗力的地位，为什么文化"围剿"也一败涂地了？这还不可以深长思之吗？

原因之一就在于人心，就在于文化特别是文学的这种亲革命性，至少是亲变革性。而且不仅在中国，十九世纪后期俄国的批判现实主义文学的大喷涌，客观上准备了俄国的革命——二月革命与更加激进十倍的十月革命，虽然，那个时候的大作家，如托尔斯泰、陀思妥耶夫斯基、屠格涅夫、契诃夫……没有一个是布尔什维主义者。就像中国，老舍的《骆驼祥子》也好，冰心的《英士去国》也好，都没有一定要革命的意思，但都通向了共产党领导的人民革命而不是国民政府的新生活运动更不用说是"剿匪战争"了。

这样，作为一个革命党，必然认定文学是革命的重要手段，而许多革命作家，也以成为革命队伍的一员，服膺革命的铁的纪律与革命大局为自己的骄傲，例如丁玲就是这样，虽九死而未悔，她以证明与确认自己的革命的坚定与清白为超过生命本身的最高价值。

然而这种政治与文学的蜜月般的关系，带来了一些后续的问题。政治与文学是这样地如胶似漆，政治必然给文学以强烈的关注、影响与指挥——包括必要的整肃，文学可能限制了自己的灵动的想象力、自己的语言与结构、自己的价值特色。我不止一次听到过不止一位文艺机构的领导要求党员作家讲话要用党的语言，就是说要用政治性的规范符码，而不是一大堆文学化的言辞。而过分的文学化，也易于使革命的政治乃至治国的方略太过情感性、理想性、修辞化、语言化，政治的理论与策略容易变得华而不实。也许革命的政治学是常常充满文学气质的，毛泽东就是诗人兼哲学家嘛。周恩来的风度举止也流露着文学气质，他引用《霓虹灯下的哨兵》中的台词“人民推着小车，把我们送进了关，又送过了江……”时极度抒情，眼含泪水。而刘少奇的《修养》更富有抒情性。但是执政难以太多的抒情，甚至执政党也不宜那么文学。

在党取得了全国的政权后产生了一些新情况。喜欢独立思考、喜欢长吁短叹、喜欢语出惊人、喜欢梦断关山的文学有时候好像是，有时乃至是确实在捣体制与政权的蛋。当然也有些易激动、急于求成尽忠的文学人成为与上述捣蛋者做殊死斗争的前锋猛士。近百年或者更长时间以来，我国的文学的花朵盛开于乱世，文学的大师，更像是悲情的精神领袖、公众领袖。有些读者期待于文学大家的正是这样的切·格瓦拉与鲁迅式的人物。国家不幸诗家幸，文学与它的一部分读者，似乎是在乱局与准乱局中享受文学的花朵，不，还不只是花朵，文学是乱世的太阳。

我们不能不思考一些事情：墨索里尼是文学修养极好的作家。被问绞的萨达姆·侯赛因出过小说集，他至少有一篇小说《男人与城市》的故事令人拍案叫绝。他写伊拉克南部一个部落酋长，给一个发动政变的军官致贺电，但由于路远与逢雨，两天后他才到达邮局，并被告知政变已经平息。酋长马上将祝贺政变成功的电报改成了祝贺平定政变的电报，将发给政变军官的电报改为发给王室。

对不起，我想起我的作家大哥，他在一九七九年从下放的城镇来到北京，口袋里装着两篇作品，一篇是批“文革”、批“四人帮”的，一篇是批邓、批“走资派”的。

被海牙国际法庭通缉的前波黑领导人卡拉季奇与身陷囹圄、现已过世的南斯拉夫领导人米洛舍维奇，都是作家、诗人。

这样的事例推翻了我的关于真正的文学艺术与学术具有免疫力的说

法。文学本身无罪，但是文学可能通向深广的悲天悯人，也可能通向偏执的荒谬乖戾。文学可能被历史和大众所接受，至少是最终接受，也可能是被抛弃，被拒绝，被遗忘。

当然也有相对更容易被人们所接受的文学家的政治生涯。在中国影响巨大、声名巨大的哥伦比亚的诺贝尔奖得主加西亚·马尔克斯是古巴革命家卡斯特罗的密友。为此他受到秘鲁诺贝尔奖得主略萨的攻击。而略萨，曾经竞选过总统。他有一种从政的热情，并发表过关于拉美政治的长篇大论。

法国小说家安德烈·马尔罗曾经担任法国的文化部部长，而且当得有声有色。“二战”后他与戴高乐将军站在一起。他崇拜毛泽东并曾与毛泽东会面。“二战”前，他与纪德联合为所谓国会纵火案中的季米特洛夫辩护。他是真正的小说家，真正的文化部部长。

（我还有一种胡思乱想，俄罗斯的悲哀是不是由于太文学了？山河破碎、风雨飘摇的时候往往出文学大家，出精神导师，出文学旗手，整个社会与公众召唤着、期待着像高尔基描写的丹柯那样的作家，挖出自己的红心，照亮在黑暗的木林中寻路的国民。例如旧中国就出现了鲁迅，其在知识界、思想界的领袖群伦的地位比古今中外的任何其他作家都高。反过来说，一个国家，人人爱文学，天天出好诗好小说，感情丰富，理想绚烂，言语精辟，出神入化，敏锐仔细，大师成群，读者如海……在崇尚经济发展的今天，这个国家能搞得好吗？）

文学的梦想性、理念性使它成为人类牢骚的最好的载体，古人也知道。韩愈云：“喜善之词难为，而愁苦之词易工”，这是一。而革命的惯性使意识形态的斗争日益变成为纲的阶级斗争的主要形式，没有比从批判一篇小说或影片开始，开展一场大的政治运动，更方便、更神妙、更艺术也更让谁也摸不着底的了，这是二。文人相轻，文艺工作太个体化了，本来就容易内斗，这是三。发现一篇作品里的问题，远远比完成一篇作品容易，消灭一个作家远远比（培养帮助）形成一个作家容易而且有更好的效益，这是四。然后连老百姓都习惯了，窥视着文学里边的漏洞，如果发现了敌情的话，随时准备一显身手，弄好了就是立功。

文学“战线”的反倾向斗争，到了“反右派”时，已经大大出了格了，因为，作家们面对的已经不是正确与错误、无产阶级（思想）与资产阶级（思想）的辨析，而是戴帽子，降级别工资，劳动改造，进入地、富、反、坏行列的专政手段了。这里也有一个富有中华文化特色的妙处，我们讲究概念崇拜，概念划分决定命运。地富反坏右，这么一提，右派们一家伙就彻底完蛋了。你不是教授名流吗，你不是知识分子吗，只需要将概念一明确，你就一辈子没戏啦。这也使我想起“文革”中的一些老干部、老革命，临终最后只求一个“人民内部矛盾”的结论。

有些外国人就理解不了什么叫戴帽子，他们问，戴上帽子又怎么样呢？身上佩戴一个类似“贱民”的标签吗？脸上刻字吗？其实根本用不着，概念归属决定命运与地位，这是一种文化传统。

那么，“文革”后的文艺，应该怎么掌握、怎么引导、怎么评价，怎么才能既不左又不右恰到好处？

需要平衡，但平衡的外表下的实质也可能是僵持，也可能是酝酿新的风雨。

在二十世纪八十年代，读者（特别是少年儿童们的家长），各行干部确实对于当时的文学文艺啧有烦言，已经形成了一种力量，一种理论（作动词解，如京剧道白中所说：且与他理论理论），要求对当时的文艺界进行整肃，至少是批评教育，这样白桦的事便应运而生了。

而一些文艺人的感觉是：“又来了！”我至今记得公刘的一首诗《冻雨》，说是冻雨下起来了，一滴，又是一滴，然后是：

它不是冰的碎块，
这些半顽固半圆滑的颗粒！

水银柱上，它也选择了最理想的位置，
既不是零度，又几乎没有距离……

此时至今，我还相信一个道理，对于执政党来说，对于一个社会来说，某一类文学作品起着一个安全阀门的作用。文学毕竟是允许虚构、允许夸张的精神活动方式，文学的批判、愤懑、讽刺毕竟不具有太直接的杀伤力，它没有指令性也没有指导性，它并不要求落实。交通规则是人人必须遵守的，而莎士比亚的戏剧并没有要求人们必须遵守什么。相反，有些我们并不否认的社会不公正现象、人生的痛苦现象、人与人的不平等现象等，在文学作品中有所表现，它既可以提醒我们的注意，又可以为众人说几句牢骚话、气话，冒冒烟，出出火，像高压锅上的限压阀，气大了顶起来响两声，吱两下，对于一个健康的与没有丧失自我调节能力的社会来说，应该是有益无损的。

不错，文学的批判性、高智商性会带来挑战，但是文学的虚拟性、非操作性，以及它的幽默和爱心，它的软弱和纸上谈兵、望梅止渴、画饼充饥以及感同身受、民胞物与的特色又有可能，应该说是极易通向和解而不是激烈的对抗。五四后的文学运动起了那么大的革命动员的作用，首先是由于中国共产党的存在与壮大，革命形势、革命运动、革命武装力量的存在与壮大，没有这些实际的与强大的力量，伟大作家再多也掀不起大浪来。

许多年前，还是在新疆的时候，编辑一些批判“走资派”的作品，有一篇小说里写到了“走资派”住在高干病房里，有的编辑很为难，批吧，高干病房还是要的嘛，不批吧，情节又需要有个什么地方以便发展。我即开玩笑说：“你登一篇这样的讽刺小说，提到高干病房，丝毫不意味着新疆就会从此取消高干病房嘛。你发你的小说，他照住他的病房，有什么妨碍呢？”

所以我说过一些不必太过于执着、过于严重地看待文学作品的影响与作用的意见，而我的这种意见，往往受到夹击，左的人认为我是在借机摆脱党对文学事业的政治方向的掌握，右的人认为我是在退缩，在取消和贬低他们的悲壮的痛心疾首的抗争。

其后的一切是各种合力相互作用的结果，是僵持也是平衡的结果。也批了白桦，也讲了半天分寸，白桦也做了不失尊严的检讨，黄钢主编的《时代的报告》的编辑部改变了组成人员，领导上一再保证，不因为作品而整人（保证得我都觉得不好意思了）等等。大体上说，中国的文艺生活中没有发生什么意外的或者是戏剧性的事情。

反过来说，也就留下了许多遗留问题——后患。

在人民大会堂开了几次该座谈会的全体会议。曹禺的发言相当激烈，如说一些他认为带有反动性的说法是“放屁”！也说到某些外国记者用怎样污辱性的话语来描述我们的善良纯朴的人民（大概是说外国人到了某处，中国孩子就像一群企鹅一样好奇地站起来观看）。吴祖光的发言中特别提到新凤霞忠告他不要乱说话，为此他们争论中摔坏了一件宝贵的瓷器，更显悲情。水华等老电影工作者则显然对于白桦之类的文艺家有所非议。但责备也是点到为止，注意态度，生怕造成什么伤害。我也发了言，我理解已经发生的与正在发生的一切，我致力于低调、沟通、缓和、平衡、克制、自律，抹稀泥，大事化小小事化无。我讲到了作家容易激动，容易搞语不惊人死不休，但有些时候他们说话没有经过仔细的斟酌，有时候是情绪性的，有时候是酩酊时的说法。比较起一般作者来，我算讲得相当理性而且维护大局，这是确实的，我无法想象当时能造就一个全然不同的却是更好的局面。我早已公开说过，我赞成的是改良。后来邓小平提出"改善"党的领导，我很高兴，我想改善不就是改良吗？我不赞成用极端来刺激极端，用偏执来压下偏执。我也说到要在中青年作家中进行坚持四项基本原则的教育，立刻有年轻人向我表示他们有看法。确实有人不爱听四项基本原则，不爱听也得这样讲，也得听，否则就是完全无视中国的政治文化传统、中国的近现代史与现实，无视中国的稳定中求发展与进步的共识。

这里我要补叙一下曹禺老师。后来传出曹老师为他的过急的发言而后悔的说法，还说是另一位大师巴金告诉他："摆一点架子嘛。"我不知其详。但想起一九八一年年初夏曹公对我的屈尊访问，我仍然觉得有点"神"。曹公是市文联的主席，一次通过文联工作人员告诉我要去我家访问，我大惊，因为我的住房实在太窄了。他来了，名为"请教"应如何参加市委召集的纪念建党六十周年座谈会，如何在会上发言。我一头雾水，便讲了强调三中全会精神吧之类的话，曹公连连称是。然后他叹道："中华人民共和国成立以来我是干了些什么呀！王蒙，你不知道，是我枯竭了！从写完《蜕变》以来，我已经没有什么可写的了，我……"

他是真诚的与痛苦的。然而，朋友们又在谈论曹老师的戏剧化为人的一面，说是他老动不动就用相对夸张的语言表示要向年轻人学习，如说向《于无声处》的作者宗福先学习。"太好了太好，向你学习！"成了他的口头禅。而宗的剧作明显地有着模仿《雷雨》的结构的痕迹。说是曹老师特别爱说的一句话是"真不容易啊"，他动辄发出这样的叹息，亦非偶然，中华人民共和国成立以来，写个话剧，就是不容易呀。所以他之说向年轻作者学习，也就不是虚假的了，首先年轻作者能一篇一篇地写，他老已经觉得值得自己学习了，他老觉得太难写了。那么他来找我“请教”如何在市委发言，也是真诚的了。

曹禺自嘲，夏衍曾戏称他是“董（懂）事长”，曹大师是亲口对在下说的。

改革开放初期，“文革”气氛未净，三中全会才开，人们还不知道这样的改革开放会将人们带到什么地方，想入非非者有之，看不惯或不敢改革者亦有之，浑水摸鱼者有之，“趁共产党没明白过味儿来先捞一把”（有这种说法）的亦有之。除了白桦的事儿，又传出了某报纸批判对学文化的强调、鼓吹没有文化也照样革命，因而引起胡乔木震怒的消息。最高领导强调的则是“与中央保持一致”，我的感觉是思想完全一致已难于做到，只好退而求纪律的作用，言行上不可出大格。

如果你历经艰辛，如果你有历史的观点，你应该已经习惯于我国文艺界的隔长不短地出一些事儿。《苦恋》云云，与从一九四八年开始的萧军批判、萧也牧批判、《武训传》批判、俞平伯批判、丁玲陈企霞批判、反右批判、中间人物论批判、离经叛道论批判、《舞台姐妹》与《北国江南》批判、《海瑞罢官》批判……直到“文革”中的横扫一切牛鬼蛇神，与这些相比，就算不了太大的事啦。各方面的感觉是差强人意，但是谁也没有尽兴，谁也没有做足。往者已矣，来者可追，让我们的领导、我们的作家们从此少来一点为批判而伤脑筋的事儿吧。让我们的健康的、认真的、民主的与说理的文艺批评从此正常开展起来吧。

可惜，我的愿望仍显天真了些。

18. 吉凶祸福的测不准原理

一九八一年夏末，我收到了胡乔木同志的信，他写了一首诗给我：

故国八千里，风云三十年。
庆君自由日，逢此艳阳天。
走笔生奇气，溯流得古源。
甘辛飞七彩，歌哭跳繁弦。
往事垂殷鉴，劳人待醴泉。
大观园更大，试为写新篇。

他是在住医院时读了一批我的所谓创新作品与创作谈后写了信和诗的。“故国”与“风云”二句出自拙文《我在追求什么》，溯流得古源云云，则是由于我抵挡那时关于我的“意识流”“食洋不化”的攻击，以屈原、三李等为据说明这种自由开放的文体古已有之。见面的时候他表示不满于“大观园更大”一句，但是再没有找出合适的词来。看来，体现领导身份与权威导向的诗句实在不好写。

……这些事情我过去写过文章，文章也很受注意，这里就不多重复了。

我的印象是，他仍然是一位知识分子。他喜欢读书谈书，他说话慢条斯理，字斟句酌，记录下来更像是一篇文章。他的样子儒雅可亲，虽然其时我已听说了他老的翻覆与有时候批起人来极严厉的另一面。我问他毕加索的事，因为其时刚刚出现了所谓“风筝”事件（后面再谈）。他回答说：“在我们这样的国家里，很难接受毕加索。”话为什么说得这样客观？莫非他也知道我们的情况、我们的判断也只是世上的一种（这等于对于多样性的默认），并不是处处代表绝对真理，如果是“他们那样的国家”呢？也许有另外的说法和标尺。他说到马恩的文艺理论问题，说是马恩并没有对文艺问题做过系统的论述，并笑着说：“我这样讲也许会被认为是大逆不道……”却原来，主管意识形态的高级领导，也有到了嘴边留三分的话。那时恰巧报刊上有一个争论，就是有人说马恩对于文艺问题的论述散见于一些断简残篇，尽管他们有许多精辟的、重要的见解，却不能放言什么马克思主义文艺学。这种论点，一上来就受到了批评，被认为是有点“大逆不道”。看来上述“逆论”并非空穴来风。

他说，高尔基的代表作是《克里·萨木金的一生》而不是《母亲》，虽然后者受到列宁的高度评价。后者，我听周扬多次讲过，说是从中反映了列宁与普列汉诺夫的分歧，证明杰出的俄国马克思主义理论家普列汉诺夫其实是机会主义者。而《克里·萨木金的一生》一书，我完全没有敢看下去，它那么厚，用的是老五号字，我害怕我会把自己的眼睛读瞎。

我还有一个印象，高级干部受的限制太多了，影响他们摄取的信息。警卫，秘书，难于自由行动，难于与百姓接触。他的住房虽然比凡人的宽大，但仍显简单朴素，四墙空空，连个艺术品也没有。他的报架上挂着的报纸与刊架上摆着的刊物，远远不如我收到的赠阅报刊丰富。他们的活动天地未免太小。

他是内行。他读到我的一篇文章，说是我的灵感、我的题材来自“故国八千里，风云三十年”（指北京新疆，八千里路云和月，而从我经历世事至今，已经过了三十多个年头）。他说，不能每篇作品都这样写，否则就会自我重复。他说得完全对。

他的另一个见解也极精彩，他说中国的温庭筠（他非常准确地读“云”而不是像一些人读“均”），美国的爱伦·坡，都是极有风格的，但并不是大家。

他讲的风格问题与我的看法完全一致。虽然他讲此话的目的是教育我不要在意识流上走得太远、太偏、太各色。而我，从来不认为所谓一眼就能看出风格来是一件好事，一眼看出，只能证明作者的求怪、求异、求窄和自我封闭。我很高兴后来在王安忆的一篇文章中读到她的观点，她说，风格的独特性是靠不住的，越是独特，越容易被模仿，越容易丧失你的独特性。所见略同也。

一九九二年春，我应纽约圣约翰大学金介甫教授之邀前去参加当代中国文学研讨会。值得一提的是，来自台湾的颜元叔在会上为台湾当局不准陈映真与会辩护，并在吃早点时对我说希望大陆上的朋友配合一下，陈是台独。这也真是此一时也彼一时也，现在他们二位成了亲密的反独促统乃至反美的亲密战友了。第二是在会议的最后一天，由一位从湖南出来的学生梁先生宣读类似告中国作家书的一篇檄文。梁先生是先在湖南当地学生运动中出了点麻烦，后因他与一位美国留学生结了婚，所以较方便地选择来到了美国定居。

他的檄文中罗列了中国不够民主自由的例证，然后大声疾呼道："中国大陆的作家们，你们到哪里去了？"全场听众极其活跃，认为会议终于开到要出彩的时候了，还有人提出"听王蒙的……"

他们要看王蒙的好看。你反对民主吗？跑到美国反对民主，你只能暴露你的"共产党"干部面目。你赞成民主吗？你就是反对中国政府，看你往下的文章怎么做！

我笑答："中国的作家在中国，我在北京，同行的黄秋耘先生则在广州。我们知道我们应该做什么、可能做什么，我们正在为中国的发展和进步、民主与富强努力。那么请问您，您在哪里呢？您在纽约？您在纽约放大炮？您要号召并指挥我们应该这样不应该那样？您责备我们为什么没有这样又没有那样？我的天。要帮助中国也好，拯救中国也好，是不是在中国会更有效，在北京哪怕是长沙会更有效呢？"

有一点笑声。已经绷得很紧的弦儿放松了，已经冒烟的火药味儿变淡了。

还有一次是香港的璧华。我讲到中国作家确实吃过不少苦头，但也受到读者的极大敬爱与关切，我讲到甚至于有远方的读者卖了血，到北京来看望自己喜爱的作家。我讲到刘心武前后收到读者数千封信，并将之编了一本书。我声称，所以，我愿意做一个中国作家。他听了之后，激动地站起来，说是王某人现在已经是为官方说话了，他讲得声嘶力竭，连香港《七十年代》（后更名为《九十年代》）的主编李怡也对我说："他有些失态。"我则在他大喊大叫后按照会议的礼貌，走过场地回应了一句"Thank you"，全场大笑。现在璧华似乎也不那么激烈了，他几次参加香港作联的代表团到内地参观访问，态度平和。

会后由何南喜女士陪我们几个人各处走了走。何的父母是美国共产党党员，二十世纪五十年代在美国待不下去，来到了中国，何在中国读了中学，她可以讲极流利的中文。我们一起谈论描写二十世纪五十年代美国社会在麦卡锡、塔虎脱法案下迫害左翼文化人的故事影片（一般人称之为怀旧片）《回首往事》，影片中由巴勃拉·史翠珊主演一名天真执着的美共党人，这部电影获得了奥斯卡奖，它的主题曲*The Way We Were*更是名扬四海，它是我最喜爱的电影歌曲之一。与苏联歌曲相比，它的惆怅与深情都有一种渗透性和怀念性。早在此次来美以前，我已在电影资料馆看过此片。何南喜讲到“文革”后她在中国受到的不良待遇，并用北京话说：“让人挺寒心的。”

我们在纽约附近的维尼亚德岛与出生于中国的约翰· 赫西见面并见到了著名左翼女剧作家、近九十高龄的丽莲·海尔曼，丽莲在“二战”中多次去过莫斯科，曾与莫洛托夫会见。她问我，你为什么要写？我说，我希望在人的心灵之间建立桥梁。她说：“废话。”我只好一笑。约翰·赫西则刚刚从他的出生地天津回来，他说他找到了他出生的小楼，现在那里住着多户天津居民，当他说起自己是出生于该楼屋时，现时的住户极友好地邀请说：“您回来吧，我们给您腾出房子来。”一同在这个度假专用的小岛吃饭的还有一位来自中国的女学生，年龄不是很轻，她一再向我表达，她很喜欢“苦恋”一词。她略略说到在美国留学的艰窘生活。她还是一个人，是未婚还是离了婚，我记不清了。她长得面部线条有点硬，但总体有条有块，是个令人看了还愿意多看一眼的人。

我后来写了一部散文诗似的小说《卡普琴诺》。卡普琴诺的意思是神父的道袍，是说那种意大利咖啡的颜色像神父的道袍。这种咖啡也是此次旅行中，到达波士顿后刘年玲请我首次饮用的。小说里我写到了多雨的春天，雨使人感到，春天来了又去了。我写到白色的海鸥像是蓝色海面升起的信号。我写到黄昏时的海狗在巨大的礁石上痛哭痛叫，号召晚祷（我曾在一个酒吧里看到听到这样的情景，向海望去是无边的海，回过头来仍然是大海无边，因为酒吧柜台上方是一面通体大镜子）。我写到卡普琴诺的泡沫是怎样爆炸的，像是原子武器升起了蘑菇云。我也写到了中国留学生的茫然，在祖国的茫然、在美国的茫然，站在立交桥洞看着过往的汽车，盼望着哪怕是有一辆车向自己冲来，从自己身上轧将过去。我写到了雨刷在挡风玻璃上神经质地摇来摆去，而汽车在雨中渐渐地驶行。我写到把扬声器调到最低的时候，那本来应该是撕破了嗓子大喊的“砸石（比滚石还刺激）乐”听起来是怎样地可怖。我还磕磕绊绊地翻译了《回首往事》的主题歌词：

那依稀的水彩的记忆，
默默地保留在一隅。
灿烂的微笑互相给予，
我们曾经就是这样，
留下了并肩的脚印，
各奔前程选择了分离。
美吗？难过吗？怨吗？
我们曾经就是如此。
如果一切有机会重新开始。
……会吗？能吗？该吗？
我们曾经如此就是。

一九九五年，我访问加拿大爱民顿大学时，得知有一位来自台湾的文学教授（他是不是姓陆？）选用了这篇小说作为讲叙述学的特别是小说里的人称处理的范本，也算远方有了知音了。

联合国有一位华人雇员尹先生，他办了一本中文杂志（是不是名为《地平线》？）报道了王某在此次研讨会上“舌战群儒”的场面。另一篇文字则说，此次王某的表现使他在海外的威信降到了最低点。

OK，自由的美国对于言论与观点也有自己的定式。他们要求的是到了美国去痛骂中国吗？有本事，你在中国骂骂还算有种、有用，跑到美国去骂中国、中共，这不是孱头的买卖吗？在美国，有几个人能理解或者同情更不要说盛赞中国了，谁能认可中国的体制与意识形态？骂PRC（中华人民共和国的缩写，梁先生提到自己原住的国家便只说PRC，只承认这个符号，却不承认它的国家归属含义）与CCP（中共的缩写），何劳你跑那么远？你骂得过人家吗？里根总统刚刚讲了话：“共产主义是万恶之源。”

我倒想起周扬做反右总结报告时提出的“个人主义是万恶之源”，主义刚好不一样，论述的模式倒有点相像。至于骂中共，你有人家台湾当局有经验、有历史、有材料？几百年了，中国的社会力量、政治派别、知识分子互相骂得出了花！我确实不知道还有没有另外的国家的人士这样善于骂对手。归根结底，骂的作用尤其是跑到远方骂、跑到另一个阵营去骂的作用太有限了。更不要说自己躲在某种卵翼下骂，而号召别人去冲锋流血就义了。归根结底，还得化谩骂为理性，化逃离为回归，化大话欺天为点滴的积累，在这块土地上，与同样清醒而且富有建设性的人在一起，挽起袖子，与人为善地做一些有意义、有实效的事情。人众最终能做出正确的选择，但是某些时候，他们常常倾向于浮浅，倾向于简单与明快，倾向于大吹大擂，大轰大嗡，倾向于你跟我叫我跟你喊，汪汪汪，突突突，枪毙，轰炸，杀！谁也不动自己的脑筋，宁肯愿意以一个貌似强者的人的意志为意志，以一个貌似仁者的人的良心为良心。每当我读到自封或封别人为国人的良心的时候我都叹气，十几亿人，都没有自己的良心了吗？怎么能十几亿人就跟随一个远方的可疑的良心！

一九八二年初夏，有友人告诉我，在今秋将召开的中共十二次代表大会上，我有可能成为中央委员的候选人。对此我深为震动，不安为主，荣幸为辅。在我的心目中，中央委员都是职业革命家，都是“布尔什维克化”了的钢铁英雄，都是严肃得不能再严肃，斗争得不能再斗争的人物。我的身份是一个作家，我的性格偏向于自由散漫，我喜欢的是舞文弄墨，抒情论理，精雕细刻，花色缤纷，直到嬉笑怒骂，谑语连篇……这都不适合中央委员的身份，不适合献身郑重的政治斗争。

这年夏天我与芳自费悄悄地走了一趟北戴河。每人花几十块钱，坐市政公交车，住进了北戴河外国专家局疗养所。同车的大半是年轻夫妇，刚结过婚，到北戴河度蜜“周”。咱们这儿还不可能是度蜜月。我与芳一晚上一晚上地唉声叹气，觉得自己并不适应这样的角色，人生怎么这样的无常？说声出事就一家伙跌入了大粪坑，说声对了路又马上戴上一顶并不那么适宜的冕冠，这会让我多么吃力，多么阻隔，多么不像，多么对不起领导的错爱！

而且人众，包括国人与外国人，他们都习惯于看人先看身份、头衔、职位，一句话先看帽子而不是人自身。帽子太大、太严重或者太光辉了，你的存在反而不重要了，你最好放弃个人的存在，直到是你必须放弃个人的存在。而作为一个才露头角就压了下去的年头久而资历浅的写作人，我更期待的是我的作品，我的文学抱负的实现。

此次悄悄的北戴河之游以后，我写了短篇小说《听海》。我完全不明白，我为什么写了这样一篇小说，写一个盲老人与小女孩在海边的对话，写海的声音、涛的声音、海的胸怀、涛的气魄，写原谅与超脱，写大自然与襁褓，写一老一小的交流与不交流、理解与不理解。写生命的尽头与生命的开端，自然的平静与自然的多情。我问：石头与海浪究竟谁比谁更厉害呢？我是怎样地希望回归沧海，回归大自然啊。“今子有五石之瓠，何不虑以为大樽而浮乎江湖，而忧其瓠落无所容？”这是《庄子》上的话，与我有什么关系吗？我也许更想吟诵的是李商隐的诗：“贾生年少虚垂涕，王粲春来更远游。永忆江湖归白发，欲回天地入扁舟。”我想逃避吗？我想大而化之吗？在这个时候，我是多么地羡慕回归自然，回归大化啊。

我被提名为第十二次党代会代表的候选人，但是在市的代表会议上，我落选了。为了扩大民主，开始实行差额选举。据说有一位中层领导表示不同意我当代表，因为我是搞“自由化”的，这个意见传了出去，我就丢了票。文艺界有三个代表当选，一个是话剧演员于是之，另外二名当选的代表都是戏曲演员。我体会到了党内民主的威力，我高兴的是，海外在说我的威信降到了极点，那是说我为官方说了话，而市里有人出来说我自由化，挺寸（巧），说明我有我自己的把握，我有我自己的选择，有我自己的独立思考，我不是你们想象的那种人。顺便自问一句，你认为扩大了民主形式，就一定能够做到更开明与现代化吗？那些喜欢民主的人，一定能够得到民主的喜欢吗？

被描写为已经官方化、组织部化的同时，又被攻击为自由化。这几十年，这样的例子绝无仅有。在我被批评为极左的时候，有人嫌我左得不够，攻击我太右，说明我至少还没有那么左。在我被视为对立面的时候，又碰到了攻我为官气十足、“党性特强”（港刊语），说明我的自由主义与个人主义比他差远了。二十世纪八十年代时兴用“疏导”一词。我有时想，让这两方面的批评者与批判文字见见面，让对王某的截然不同的两种极端看法见见面，他们能否起到互相疏导的作用呢？

不是正式代表，但我还是作为列席人员出席了十二大。北京市的这个列席小组中有文化人、“三家村”的成员廖沫沙，还有副市长，当年给毛主席做过警卫工作的叶子龙。叶子龙说道，党的八大结束后毛曾在车上对他说，要退下来写书，他的描绘应属可信。毛主席不会想不到这一点，但是想法归想法，实际上却有许多变数、许多因素，包括主观的自己也不明晰的因素更不要说客观因素。甚至于连老人家也掌握不了自己的命运。列席组开会时会场上准备着氧气瓶，廖老说着说着还真犯了病，需要输氧。十一届三中全会后的第一次党代会，老同志都很激动，中国的政治是变动频仍的政治，也是激情与灵感满怀的政治。

列席者不参与选举，但是投完票开票、唱票时叫我们进了大会堂，我在二楼上看到了候补委员中有王蒙的名字，我不敢贸然认领下来。大会秘书处通知新当选的中央委员与候补中央委员（还有中顾委委员与中纪委委员）下午开会。我回到市文联，请市文联的人事干部核查，此王蒙是不是大会主席台上幻灯片上打出来的当选人名单中那个王蒙。答，然也。文联人事干部陈冶对我说：“行了，这回到了头啦。”前不太久，她联系过中组部副部长李锐与我的谈话。另一位市文联的党组领导则叹息，八大时整个北京市，只有彭真是中央委员，而刘仁是候补中央委员。他叹道：“现在也毛了。”他是实话实说。此一时也，彼一时也。头衔一样，人不一样，给人的观感也可能大不相同。同伴当中只有刘绍棠激动之至，还专门写了信给我谈感想。

我怀着有些忐忑不安的心情参加了十二届一中全会，主要任务是产生新的政治局、主席副主席、书记处与中央军委。当然是极其严肃的会议、严肃的内容，没有人敢掉以轻心与马马虎虎。当谈到对一些“文革”中也出头露面过的人员的看法的时候，知情者的说明倒是充满了人情味，讲了一些生活细节，证明我们的这位同志还是不一样的，对待老同志如叶帅是怎么样地关心照顾，还有批邓前怎样给一些老同志通风报信，乃至因此受到某些“四人帮”爪牙的讽刺，等等。让人从另一方面感觉到人同此心，心同此理，高层政治讲原则，但是原则也离不开应有的善良心地，这也算人情世故。听了这些故事，我不免庆幸起来。同组的有一位工人劳模，他由于是毛泽东号机车的司机，前两届已经是中央委员。他说起“文革”中开中委会的情景，大气也不敢出，互相也不敢随便说话，我听了不能不对自己的与会得时产生了幸运与感激之情。

回想我进入中央委员会，传闻是起于胡乔木、王任重的提名与邓力群的支持。我的“布尔什维克的敬礼”起码感动了胡乔木。王任重有一个女儿名王晓黎，时在《当代》编辑部工作，很希望她的刚刚到京就任中宣部部长的父亲与一些引人注目的作家建立良好的关系，才有后边的那些事。在南宁期间，我观察到一些市政、民意方面的情况，与王任重谈论起来，他很认真，竟叫了南宁市委书记（后曾任自治区党委书记）韦纯束同志专门来听我的汇报。邓力群则参加过《光明日报》给我的发奖。当然，与个人的好感相比较，更主要的因素是当时的强调年轻化与专业化。

说实话，我不是完全没有想到。我的“资格”、我的经历、我的年龄，我的创作势头与广泛影响，使我在一九八二年心中一动。但又觉得太不沾边，我知道，毕竟我太冲动，太敏感，更多的是一个写家而不是、绝对不适合去做什么领导。从前，我很羡慕例如法捷耶夫是苏共中央委员，而西蒙诺夫是候补中央委员。在中国，则有周扬，八大时当选为候补中委。周扬与一般的小说家、诗人毕竟不同，他首先是领导，其次才是评论家、理论家。中央委员的说法，它标志的政治层次，社会地位，责任、义务、影响，都超出了二十世纪八十年代王蒙的品格与承受能力。当真听说此事之后，我与芳只剩下了长吁短叹，这也是百分之百的事实。瑞芳喜欢生活，喜欢自在，喜欢文学，喜欢真性情与随意天然……却不那么喜欢太严肃的政治生活，特别是政治中的攻防战略战术，这也是始终未变的事实。

写小说的人有一句口头禅：命运是性格的历史，含意是，命运是性格造就的。我的感觉是这种造就中体现着一种永远的测不准原理。我有过比较任性、比较自负的文学追求，有过某些神经质的特点，有过对于张扬个性的过分向往，于是有了一九五七年、一九五八年直到二十世纪七十年代末打入另册的一段不堪回首的命运。我毕竟爱国爱民，自幼追求革命和共产主义，自幼受到中国共产党的训练与培育，我懂党的原则、党的规矩。刘绍棠说过，如果几位作家结伴而行到某地去，最后人家印象最好的肯定是王蒙。加上年龄因素，“代”的因素，整个二十世纪八十年代对于改革的理解的激情化、浪漫化因素，我不入中委谁入中委？

我想起了法学上的过度反应一词，比如一个人遇到坏人扒窃，干脆捅他一刀，就是过度反应了，自卫失当了。命运对于人，也常常做出过度的或不及的反应。也正常，开始，两个人出发自同一个点，走了几天了，相距是十厘米了。再走几个月或几年呢？相差何止十万八千里！然后，谁知又碰到什么机缘，相距十万八千里的两个点又开始接近与互相吸引了，这都是可能的。性格、命运、历史与人之间，并不存在一次方程式的固定关系。并不总是X + Y=Z，X=Z - Y，而Z - X - Y=0。人、机缘，历史一直在互相调适，一直会出现错位与误植，一直会出现你改变了我与我改变了你，你改变不了我与我改变不了你的情景。我称此为人生的“测不准原理”。而正是由于测不准原理，小说与传记才是精彩的与必要的，命运才是精彩的与值得一搏的，历史才是激动人心的啊。

19. 现代派风波

想不到的是，十二大后等着我的是关于“现代派”的风波。

时在中国作协外联部充任法语译员的高行健先生写了一本书：《现代小说技巧初探》，其实是一部通俗的小册子，谈到所谓西方现代小说里时间空间的处理、人称的应用与转换、心理描写与意识流等。这在当时当地，显得别致，因为我们司空见惯的谈文学的书不是讲典型人物就是讲真实性，不是讲题材的选择就是讲时代精神，不是批判资产阶级就是批判“四人帮”。中华人民共和国成立后几十年，少见什么人谈时空、人称、标点还有视角与心理独白的运用等“小”题目。李陀、刘心武、冯骥才三人各写了一封给高行健的信发表在《上海文学》上，表达对此书的兴趣。冯骥才文中说了一句高的小册子是一只刚刚升起在空中的（现代派的？）风筝。其实这三个人各说各的，互相还有争论。另外我因上海的《小说界》催稿甚急，写了一篇小文，介绍并称许了高行健的书。

想不到的是这成了一件事，似乎是异己的现代派思潮向中国发起了袭击。胡乔木更看重的则是于甘肃出版的一本《现代文艺思潮》，主编是我在一九六三年西山读书会上见过面的谢昌余同志，谢在“文革”中还给省领导同志（后为中央领导同志之一）做过文字工作。尤其是该杂志上发表了东北诗人徐敬亚的一篇文章《崛起的诗群》，被认为是颠覆性的。徐发表过《圭臬之死》一文，更被胡认为是革命文艺的掘墓人。胡把一个文件中说到徐敬亚同志中的“同志”二字都勾掉了。此外谢冕、孙绍振的谈诗的文字也都被视为有不同程度的问题。冯牧则多次讲过，有一个小批评家（指高行健）写了一本小册子，结果几个大作家捧他……他不但反感而且有一种不忿儿，他的话说得有点酸，因为讨论问题与小批评家、大批评家

（指他自己？）没有什么关系。的确，“文革”结束以来，他披荆斩棘，保护、扶植以刘心武为代表的现实主义、伤痕文学，受到对立面的多少攻击压力，可以说没有他就没有新时期文学的这等高潮！结果一批仰仗他的爱护指导的中青年作家脱离了他的怀抱与指向，实感痛心！对他一手保护推崇出来的刘心武的涉嫌趋奉“现代派”充满义愤。而刘的“挖深井论”也被上面认定是与延安讲话对立。这一段时间，冯老每逢讲话都大讲“捉襟见肘”，知情人知道，“捉襟见肘”四字已经成为刘心武的代号。这证明了佛家讲的爱生嗔怨，怨生烦恼，而恼生忌恨了也。

《文艺报》的一批骨干，面对现代派之说如临大敌。那个时代的专职文艺工作者没有谁不知道苏联的大佬日丹诺夫是怎么样向现代派发动毁灭性打击的。据说日同志还是钢琴家，他做报告的时候不断停下来弹琴，对比恶劣的现代派与美好的古典，教导肖斯塔科维奇等辨别香臭，分清敌我，学好作曲。这是一个内行领导内行，往极左里领，往死里导的实例。人们的感觉是日丹诺夫在意识形态上的地位正与捷尔任斯基在十月革命后的生死搏斗中一样，日丹诺夫正是意识形态上的契卡（反革命肃清委员会）领导人。

此次我国的现代派风波，带有给刚刚当选中央候补委员的王蒙一个下马威的色调。《文艺报》的资深副主编唐因等在一些场合还特别点出我的名字来。而另一位新归来的副主编唐达成在一些场合——有的我在场——大批现代派，语焉不详，吞吞吐吐，含含糊糊，天知道他在讲什么。显然他们二位都没有接触过真正的现代派，达成举的极端的例子无非是一个马桶被当成了艺术品，一次钢琴演奏是根本不弹。既然现代派这样荒谬，何劳大动干戈地由中苏两国前后展开批判呢？你在中国搞个马桶展或无声免弹的钢琴独奏试试，不被革命群众打个稀巴烂才怪！

我愿老实地承认，如今回想起来，当时的被认为搞了或提倡了现代派的，以及对立一方当时严厉批评现代派的各位文友、各位老师大师（不包括胡乔木），并没有谁真知道并说得明白现代派是怎么回事。不知其详甚至不知其ABC，但是要闹、要搞、要谈、要批、要殊死搏斗、要正言厉色、大战风车四百回合，或闪转腾挪、太极形意，一会儿装死躺下，一会儿借尸还魂，以求生存……就是说争了个死去活来，却不知道是在争什么，这正是我们文坛的一道风景。

我无非是喜欢在文学中多搞一点想象、变形、随机、灵动、散文化与诗化的文体扩展，我不想数十年如一日地把自己的小说与其他写作绑在一条绳子上，我喜欢在艺术上别出心裁，出其不意，“攻”其不备；我的一贯说法叫作拓展精神空间。冯骥才和刘心武，至今基本上坚持着现实主义传统方式的小说写作。刘心武对于《红楼梦》的新索引，冯对于民间文化的关怀与保护、呼吁，都与现代派无涉，而表达了他们对于祖国传统文化的赤胆忠心。他们俩实在算不得现代派的代表人物。李陀的论点则时时变动，精彩、新潮、有头无尾，说得刺激，写得含混，开头惊人喜人，其后不知所终，近年更追求“新左派”的意趣，批判纯文学，注视人民疾苦，批判精英主义，关注劳动人民（现在叫弱势群体），与现代派毫无共同之处。我从来认为属于什么派最多是为教授们的归纳方便而采取的权宜说法，最多是教学概念或认知概念，而与价值判断无关。如乒乓球赛，赢了球就是好球，管你是上旋下旋小臂大臂？如果主要靠臀部使劲或脚后跟使劲能战胜对方，也不妨创造后臀或后跟派。

有另外的文艺家持不同态度，一位非中共文学大家，外事方面的头面人物叶君健先生，特别捎话给我说：他们这样做是针对王某人的，通过此事件抵挡王某的势头，他们要向中央表达对他们认为中央择人不当的抗议。

说是十二大后，颇有人物说：王当中央委员，我怎么事先不知道？王按，这是真的。所以中央委员会里能够出现一些新血液，就因为没有与本圈子的大人物一一商议。

我觉得说得玄了一点，而且我是靠作品吃饭的，根本不需迎战，也无意更不敢得罪众位文艺人物。《文艺报》有个骨干李基凯先生，据说也是比较紧跟并要坚决革这几个搞现代派的人的命的，他当面劝我说话要慎重等，看来我已经陷入祸从口出的被动局面啦，但尚未成为打击重点。本是传达十二大精神的文艺界会议上由更高的领导提出批现代派的“政策界限”，只如又在搞一次政治运动。听了“政策界限”四字，大冯有点二乎：吗事啊，你老？

好在胡乔木对我是既忠告又保护。他肯定：“你走得不远。”我想他看重的是我的作品的政治倾向特别是少共情结。我的“此致布礼”大大帮助了我在猛批现代派的风浪中矗立不倒，谢谢了。其次乔公给我复印高尔斯华绥的批评现代派的文字，供我学习，高的名言是“小溪最喧闹”。胡还建议我去请教钱锺书先生，他愿代为介绍，请出钱老来帮助我、教育我。他说钱先生是赞成十九世纪末二十世纪初的现实主义、人道主义与推崇理性而不接受现代派的（后来“人道主义”也出了麻烦，这是始料未及的吧）。胡并具体提到了《杂色》，认为那样写不太合适。他又委托他的老同学、老友韦君宜给我带话：“少来点现代派。”我当时想的是，如果我有意就教于钱老，为什么还要请胡乔木这样高层的人物介绍呢？这样一介绍，钱老师对我会产生什么印象呢？再说，我以为，要讲现代派的不可盲目跟随，不可照收不误，不可全盘“现化”，我自己的觉悟加理论水平加人生经验已经够用，无须惊动锺书先生。最后，此事就拖下来了。

但乔公在一九八三年春节期间接待我畅谈，并亲自给中南海的车队打电话，要车去接我爱人到他家小坐，极大的友好情节一传出去，《文艺报》的某些人长叹一声，领导对王的态度不一般啊！便只好放过了王某。信不信由你。

按，当时批徐敬亚的时候也批了一通朦胧诗，有一个批法给人印象深刻：说是在大是大非的问题上，在坚持原则的问题上，我们不能朦胧，真是绝妙的逻辑。这样的大问题，其实不但不能朦胧，也不能随意讨论的。朦胧诗与坚定拥护四项基本原则之间，怎么扯上的关系呢？岂止四项原则不能朦胧，视力听力，导弹定位系统，靶场射击比赛，鼻烟壶内画以及精修瑞士劳力士与欧米茄，还有开处方动手术排干部名单……都最忌朦胧呀！

但是胡老对舒婷的诗作是保护乃至喜爱的，这也很有趣，即他老人家欣赏创作上的新意与新异，却警惕异论新论。他在形象思维上宽容，在理论思维上严峻。

当我将乔木对我的意见忠告说给周扬听的时候，周扬立即表示不同意，他说他主张更多地探索，更少地干涉。他后来到处讲“唯陈言之务去”，讲“百虑而一致，殊途而同归”，他甚至在一次发奖会上直截了当地讲王蒙，说王蒙有思想，要鼓励他的探索，不要搞得多了一个部长，少了一个诗人。以致《文艺报》的一些人对周有意见，将所谓批评周扬的“读者来信”转给周扬示威。这是以往几十年他们所绝对不敢做的。十二大后，周已经不是管文艺的副部长，而只是顾问了。但周还是在文艺界管着太多的事，讲着太多的话，他没有适时后撤。这是他不那么明智的地方。也许恰是他的鞠躬尽瘁，死而后已，成败利钝，非所计也的地方。

这里边还有一个重要的因素，就是上海。四篇小文章都发表在上海。后来夏衍写了文章，巴金老也发表了看法，都不赞成那样如临大敌地批现代派。这使得一些不大不小的领导更加不安，似乎是上海在不听招呼，不服管。他们特别不满于曾任夏公秘书，后是《上海文学》执行副主编的李子云同志，认为是李在串联党内外的力量搞异端，几乎将李调出文艺界。

这里最闹不明白的是冯牧同志，他是最最以爱护支持中青年作家自诩的，人人都说他是一个大好人，包括气得一度两人之间不说话的李子云同志，也仍然肯定他是好人。为什么一个现代派问题他激动成了那样，说的话那样带情绪，不惜与那么多人特别是上海的同志决裂……还向一些对他持严重批评保留态度的人物求援，好像他是在只身与现代派血战，身负重伤，快顶不住了。他还发展加码，说是与中央保持一致不仅仅是政治上一致，而且必须文艺思想、文艺理论上一致。他能代表中央的文艺思想吗？不太像啊。

《文艺报》的同志也不顺利，他们收获的也不是他们所需要的果实。后来，张光年同志与作协班子商议决定，《文艺报》改成报纸形式，冯牧改去编《中国作家》杂志。副主编唐因到了文学讲习所（后改名鲁迅文学院）主持工作。编辑部主任刘锡诚到了民间文学研究会。李基凯则不久到美国探亲，没有再回来。我私下认为，这是该时的《文艺报》向周扬叫板的后果。我后来在美国见到李基凯，他已经再无“左”色。《文艺报》在批《苦恋》时步履维艰，寸步难行，批现代派时同仇敌忾，主动出击，甚至不惜与周扬伤了面子，结果是自找倒霉。个中道理我无论如何也弄不明白。不过经过改组，这个同仇敌忾的《文艺报》已不复存在，中坚人物各奔东西。

我与胡乔木同志也浅谈过这个话题，有一次谈话中胡乔木说“忧患意识”是受了现代派而且是“纳粹分子”海德格尔哲学思潮的影响，我说恐怕未必，忧患云云，更像是从范仲淹的“先天下之忧而忧，后天下之乐而乐”那里来的，但是胡坚持他的看法，他的知识太多，可能自找了麻烦（现在忧患意识作为一个正面的词，已经出现在党的正式文件中）。胡还专门对我说：“希望对于现代派的讨论，不要影响你的创作情绪。”有言在先。胡向我大骂《当代文艺思潮》，我介绍说，它的主编谢昌余同志曾经在省委主要领导（后在中央工作，地位很高）身边做过一些文字工作，他大说“荒谬”，但态度平和了些。

对这一年的批现代派，各种说法都有，如广东作家们说此事是戏内有戏，戏后有戏。我回想一下，第一，有道是，有没有某个招牌还不能肯定，国人们已经为那个招牌上写了什么字、字写得好不好正不正争了个死去活来。这样的故事鲁迅早就讲过了。大家包括我等，对现代派的一知半解，其实是来自日丹诺夫痛批现代派的文献，就是说我们对待现代派靠的是日丹诺夫主义而不是马克思主义，更不要说马克思主义在中国在新时期的发展毛泽东思想、邓小平理论与“三个代表”重要思想了，我们也极少正面接触代表性的现代派著作与理论。可能高行健的小册子好一点，也谈得不深不透，限于技巧层面，卑之无甚高论。但是有苏联的榜样在，没有人敢小看这件事。据说理论家陈涌讲过这个话题，上纲更高，什么这场斗争是不可避免的啦，吓人。

至于更高的中央领导，反而对此没有那么大反响。在一次高层会议上，胡乔木提出现代派问题，更高的一位领导说：“什么现代派，我才是现代派。”说话的高层人物很可能不知道、不熟悉日丹诺夫。这样，一家伙使胡乔木同志说不出底下的话来了。

第二，领导文艺也与领导其他一样，人们习惯了概括法而且是一揽子法而不是个案处理法。各不相干的一些事凑在了一堆，不大也弄大了。有些逻辑之混乱，令人哭笑不得。如说，中央搞的是四个现代化，而他们（搞现代派文学的人）要搞五个现代化——文艺竟也要现代化，老天知道这是在说什么，用来扣帽子也显牵强做作。那时候还没有“不争论”一说，领导文艺的人倾向于认定，发动争论，开展争论，从理论上把对手驳倒压倒，乃是领导文艺的最威风也最根本的任务。所以至今他们不喜欢听“重在建设”。

第三，以批《苦恋》为例，领导说了话，但本圈工作人员推推诿诿，磨磨蹭蹭。此次批现代派，倒是相当主动而且带着气儿，几乎闹了个炸锅。文艺问题上的个人情绪是不能不承认的。文艺人往往张扬个性，自以为是，不管他们打着多么堂皇的旗号，乃至像好人冯牧那样，也要以中央的名义自重。但是反过来说只看到争论中的个人矛盾或争革命文艺的解释权，也不对，为什么没有在别处争起来，偏偏在这儿争起来了，当有它的道理。

第四，大矛盾底下又有小矛盾，最后是弄了笔糊涂账。

文艺界的争论多、糊涂账多，这是因为，文艺本来就是众说纷纭，一人一个理。文艺人敏感，容易和不同意见、不同人士发生冲突。领导人外行了，说话隔靴搔痒。内行了，把自己的业务爱好、偏见直到门户之见带进了工作，你说要命不要命？最后抓理论与抓创作，味道也不一样，一篇作品看着很不错，但是一听这位作家谈理论，领导就急了，或者领导一看你讲的理论不够完善，就干脆把你的作品也否定了，都是可能的。以及其他。

其时有一个重要人物，就是新任主管文艺工作的领导的贺敬之同志。十二大后，他找了我，告诉我，我们现在是在领导的岗位上，你要做好思想准备：准备好挨骂。我笑了。我没怎么懂，我想，我仍然是一位写作人，是写作人的同行，是靠爬格子吃饭的，我努力做好党与广大作家的桥梁，即使个把人骂，也无关大局。我想起早在二十世纪五十年代由于柯岩的关系，我曾与贺敬之有一次共游公园的经历，他穿着一件风衣，很文艺很潇洒的样子，打趣说“《组织部来了个年轻人》的发表，是当前文艺生活中的重大事件……”，在议论起文艺界的时候，他说，前不久刚刚整过，要变坏也还得过一段……看来，他对文艺界的不良方面是早有看法的。

贺从来没有与我谈过现代派的事，倒是说别人“哪壶不开提哪壶”，反正王某已经闹了一壶不开的水，大家高抬贵手放过他就是了，何必故意不饶人？这也是好意的表示吧，还说到过他这里也收到了反映对我的批评的群众来信。

贺敬之对于工作非常尽职非常用心用力，同时非常重视文艺界的思想言论情况，重视发挥党的组织生活与党员文艺工作者的作用。

我的印象，贺当时的注意中心一个是搞一个中央文件，把文艺政策明确化、条文化，使党管文艺有一个依据。一个是要有一个评论写作班子，能够为领导代言，特别是能够对歪风邪气有一个制约。一个是要组织创作，写一些需要写的大东西。当我问到他个人的写作时，他表示目前这一摊子已经够他胡噜的了，不要再找他约稿了。

另外贺当时对作协一位头面人物冯牧较有意见，冯说话随便，如说文学成绩大是由于领导没有空看书。贺为之有若干次动火，有时他显得很疲惫，说话的时候半躺半靠在椅子上。我乃进言说，一个人说什么没有那么重要，冯牧也并非中国文学的决定性因素，您可以更多地考虑全局性、全国性的问题。

甚至于贺的秘书也要我劝劝，为了领导的健康，不必为某个人说的话生那么大气。

这期间开过一次讨论文艺问题的会，与会的胡乔木同志提出，目前社会主义文艺的旗帜举得不够高。周扬谈了些仍属保护作家保护创作的看法，他显得老迈而且喉咙沙哑，他显得处于弱势、守势、劣势，使我略感难过。

我的想法是，领导有领导的角度与思路，举旗呀，抓方向呀，反对不良倾向呀，制定文件呀，组织评论与创作呀，鲜明地发出党在文艺问题上的声音啊……对此，我一概尊重理解支持，但确实无意也无兴趣过度参与。如果从上面传出一些不够实事求是的说法，我们要想办法去汇报真实的情况，淡化不那么妥当的说法和做法，充当一个减震减压的橡皮垫，这很不易，但也绝非根本不可能。我个人则是写我个人的作品，作为文艺从业人员（我最喜欢这个词），起一些沟通的作用、健康的作用、照顾大局的作用，缓解矛盾增进团结的作用而不是相反。我能够做的就是这个，这才是我的特色、我的长项。不是其他，不是取代任何领导，我也绝对取代不了。否则，真如周扬所说，多一个什么长，少一个什么家，难道是社会与自身，领导与同行们对王某人的期待吗？难道不正是王蒙一想起来就欲哭无泪，就痛不欲生的结局吗？

但是我也时时苦恼，对于有些并非我的长项的事我难以推辞，我不能不识抬举。我难于启齿说我对这些文件、会议并非那么热心，我对一些老人家、一些领导对文艺的关切指导、费力不讨好也并非全部认同。我无法说服比我地位高、经验丰富的人，相反他们在说服和教育我。我必须重视领导的见解，因为他们是领导。我必须将领导的见解解释成为我的至少是可以理解、可以接受、少有异议的合理合情东西，我必须向同行有时还要向外国朋友解释这一切，它的国情依据、它的必要性、它的与贵国贵地不相一致之处的不可避免、它的弹性、它的空间，完全不像某些带有偏见的人所恶意解释的那个样子。We are different，我们情况不同，这个话在英语里极棒，既坚持原则又冠冕堂皇，既义正词严又实事求是，既不容干涉又亲和平易。未必有几个人能将上边的精神解说得这样好。这个工作并不轻松，这个工作几乎没有什么人做，不是搞简单粗暴就是搞胡作非为。简单粗暴与胡作非为都更简明方便，乃至更能哗众取宠。但是我这种类型的解释，有利于国家人民，有利于同行写作人，也当真会使事情往更好、更健康、更进步的方面发展。

也有实在无法是好的时候，此后一次，我谢绝了要我出任一个部门的联络员的建议，亏你想得出！得罪了。

有关领导赞扬了我对于胡乔木意见的肯定表态，乃向我提出，希望北京的中青年作家们开一个会，谈谈高举社会主义文艺大旗的问题，最好能批评一下一些地方的文艺园地中的不良风气。我回到市文联，汇报了此事，并坚持此事必须请示北京市委。正如邓友梅所直言不讳的，讨论问题可以，由我们发难，不干。经过“文革”，大家都聪明了。

市委领导的指示是两个字：“照办”。我们开了会。会后一个记者要报道，要走了我为发言写的一张小纸，上面乱糟糟地写了一些字。后来的报道也错误百出。如说我说不能认为现代派是万恶之源，其实我说的是，我在美国就得知了里根讲的“共产主义是万恶之源”，意识形态的事情仍然复杂而且麻烦，我们写作人不可不察。为此，还劳动一位批评家著文，说是王蒙说什么有人认为现代派是万恶之源，太夸张了。我一笑，不想再理，如果连这样的误传也都一一校正的话，我也就甭写小说了。

从此这一类的事愈来愈多，我都不闻不问，或者最多是闻而不问。而此后的许多事，也和我在现代派风波中一样，与暴风、龙卷风擦肩而过，具体地看，不知道有多少被误解、被夹攻的名目落到我头上，但我一般从不辩诬，从不较真。而在大事上，全局性的处境上，长远的事情上，我总是逢凶化吉遇难呈祥否未极而泰已来。回想各种风波，我的感激多于怨恨，我的好运多于冤枉，我的收获多于损伤，我的快乐与享受多于痛心疾首指天画地。这里的核心经验是，你自己精神上应该比对你不怀好意的对手更强大，你自己精神上不垮，就没有任何人能够把你搞垮，除非他从身体上把你消灭。而历史的经验证明，从肉体上消灭谁谁，并非易事。

还有一个说法，你王某太乐观了就影响了深度，这是青春期的酸的馒头（sentimental即伤感）式的见解，我二十二岁以前也是这样想的。而我后来的经验与修养是“泪尽则喜”。喜是深刻，是过来人，是盔甲也是盾牌，是精确后发制导导弹，是长效制胜的利器。请问，是为赋新诗强说愁深刻，还是却道天凉好个秋深刻呢？是泪眼婆娑深刻还是淡淡地一笑深刻呢？

年轻的读者也许不那么熟悉了，小小王某的历程不过如此，还是让我们回味一下南宋大词人辛弃疾的《采桑子》吧：

> 少年不识愁滋味，爱上层楼。爱上层楼，为赋新词强说愁。而今识尽愁滋味，欲说还休。欲说还休，却道天凉好个秋！

年轻的时候我其实喜欢哀愁，作为审美范畴的哀愁。后来就喜欢坚强远见和无法摧毁的乐观了。刘西鸿有一篇小说的题目我很喜爱：《你不可改变我》。而如果我给自己命名，我愿意说的是：

> 你——不——可——摧——毁——我！

20. 相差一厘米

一九八三年，主要按照张光年同志的意思，调我到中国作协工作，任《人民文学》杂志主编。此前，张带我去了一趟天津，看望正在那里写后来找了麻烦的关于人道主义文章的周扬同志，周并且请了王元化与顾骧二位先生协助起草。我去天津还有一个目的，想调蒋子龙到北京做《人民文学》副主编，但天津市委不放，未能成功。

周扬在天津见到我，先是表达对杂志有了一个年轻的主编的满意之情，并说希望《人民文学》也设立评论栏目。领导同志比起创作来更注意理论，认为理论体现的是领导的精神，是指导创作的，没有革命的理论就没有革命的行动，那么，没有革命的文艺理论，也就没有革命的文艺作品了。但我个人的体会却是，许多情况下是有了天才的作品，才有了对于杰作的解释、发挥、探讨与概括。一般的指导性的理论，虽然正确，于创作者的作用却不像其他工作那样直接和立竿见影。从周扬同志的关切中，也可以看到他对于其时的《文艺报》的不满。他非常希望能够在新的历史时期为党的意识形态做一些新贡献。此前，他已在一九七九年五四运动六十周年纪念中提出了中国的三次思想解放运动，一次是五四，一次是延安整风，一次是“文革”后的思想解放运动。作协有些人很佩服他老的理论提法。一位中层领导说过，纪念五四，一片空白，只有一篇周扬的大文章。类似的舆论肯定给周扬同志帮了倒忙。其实，事实是，那种过分地以意识形态为纲、以某个提法来统揽全局推动工作的做法，正在随着新时期、新任务的公共管理性质的变化而变化。

就是说理论的力量全在于它与生活实践的联系，理论是灰色的，而生活之树常青。多么好的表达！联系生活实践，研究生活实践，说明生活实践的理论是伟大的，这样的理论感与理论体系是充满魅力与光明的。但是理论也有可能变成自给自足的语词的循环。理论脱离了实际以后，反而像断了线的风筝，断了线的彩色气球，耸入云霄，凌空蹈虚，高妙无际，如醉如痴。其实回到常识、回到理性，例如承认人是要吃饭的，行军是要走路的，打仗是要死人的，执政是要关心老百姓的生活的（有一些话毛主席批评王明时就讲过了），并不需要特别高妙神奇的理论，远不如论述人可以不吃饭、生活不提高才是最高明与无敌的理论高明、伟大。

从总体上说，让人过日子与搞生产，确实不需要发动特定的理论论战与概念推演。这里起导向作用的首先是生活，是人民群众，是社会发展的客观规律，是潮流也是常识。而要人民先放下生活与日子，先去斗斗斗，那倒是必须年年讲月月讲天天讲的，是需要评法批儒，一论再论三论的。这就是不争论的根本。邓小平同志对于不争论是很在意乃至很得意的，他称之为我的一个“发明”。截至今天，我不知道他老人家还说过什么什么是他的发明。

而邓小平对于马克思主义的理论精髓的概括只是“实事求是”四个字，就像毛主席的概括是“造反有理”四个字一样。中央至今在讲大兴求真务实之风，叫作实干兴邦，空谈误国，这些苦口婆心的说法，能被理解到什么程度呢？我们究竟理解了没有呢？

我确实听过不止一个老文艺理论家说，只有党的第一代领导人才是懂意识形态工作的。还有另外的说法：叫作需要的是请一个不懂意识形态的人来“管”意识形态。个中缘由，我想与上述有关。

我随着工作的变动，搬入虎坊桥作协盖的“高知楼”，四间，建筑面积约一百二十平方米，约为原来我住的前三门房子的两倍半。这当然是件大事。同时，家里安装了电话，更令人快乐不已。此前，为了接打公用电话，九层楼上上下下，找了多少麻烦，费了多少时间。而现在，居然电话摆在桌面上，想拨号问气象就问气象，想拨号查电话就查电话，美死了。

《人民文学》在二十世纪五十年代，何等令人羡慕，都是全国最德高望重的作家担任它的主编。发表在上面的作品，有多少是脍炙人口、一鸣惊人的！我那时在此杂志上发一篇稿子，比同样篇幅的稿子发表在地方刊物上，稿费要多二倍多。而且，我的个人的感觉是许多人可以做作协的协会领导，却没有几个人做得成这个杂志的主编。你在别处发多少文章，没有人认定你是作家，而《人民文学》呢？那是作家的台面啊。你只消想想巴金、丁玲、艾青、赵树理、曹禺、老舍、刘绍棠、宗璞等在上面发表的作品吧。

我为我就任以来的杂志一九八三年第八期起草了告读者的《不仅仅为了文学》，宣示了对于世道人心、对于社会进步的关注。这期还重发了二十世纪五十年代发表过的安徽作家耿龙祥的精短小说《明镜台》，也是对于不要忘记人民、不要忘本的提醒，对于继承《人民文学》的已有传统的表态。

我极力希望《人民文学》能够兼收并蓄，天地宽阔。我努力组织了刘心武、理由的纪实作品《五·一九长镜头》《王府井万花筒》《倾斜的球场》，刘绍棠的乡土小说《京门脸子》，上海工人作家陈继光的《旋转的世界》，柯岩的含有怀念郭小川的内容的诗，刘索拉的《你别无选择》，徐星的《无主题变奏》等作为头题。我努力提倡精短小说，增辟了杂文栏目等。刘索拉的小说是别的编辑骨干已经建议退稿，我下令发出来的。还有安徽作家许辉的一篇《可可西里》（？），我是从编辑的字纸篓里捡出，决定刊用的。但是一次我用湖南作家何立伟的作品《一夕三逝》作头题，却引起了一点风波。此篇有点唯美，主题有点含糊，写法微微一点点另类，居然使作协领导哗然，连最最谈得来、最最支持我的张光年同志也有点不快。而另一位可称熟悉的老哥××兄遂高调提出，任何人都必须在党组领导下工作，不能凌驾于党组之上。

这很有趣，我至今不认为此位老哥很有意地想向我下点什么手，他甚至是无意的。第一，他长期的习惯是顺竿爬，新疆维吾尔人的谚语叫作：老板让你取来帽子，他就干脆取来人家的脑袋。第二，他的天性如此，什么都夸张，什么都胡上纲，尖锐化，然后反过来又上纲又是尖锐化，两头冒尖，自打自的嘴巴。比如去了一趟日本，回来就大吹特捧，最后联系到只有咱们自己这里才是三分之二的人没有解放，云云。第三，文人之间，尤其是年龄经历有某些相似性、可比性的写作人之间，既是兄弟情谊，臭味相投，哥们儿义气，又存在着一种并不像体育比赛那样明确公开的竞争关系，更缺少体育那样的公认的竞争规则。

而在竞争中似乎并不占先的人，就憋着一股气，一股酸，一股恶意。有的人的恶意是通过自己的言论不断发泄，不断吹乎，用粗鄙的却也是某种真诚的方式要丑出火。这样的人丑陋但不失诚实，人们往往因为他的不避丑陋而原谅了他的浅薄与幼稚。有的人则是更孱弱的性格具有者，一方面向强者示好，不无谄媚逢迎，当然是虚与委蛇；一方面，只要得着机会，赶紧不待人落井就先下石，时刻不忘中伤别人。

人类社会前进是离不开竞争的，但是竞争中人们会暴露自己的许多弱点恶行。由于恶行而压制竞争，这是计划经济的一大教训，不成功。放任竞争，放任自私自利的恶神的横行霸道，当然也不成。而表面上亲密无间，同志情谊，实际上仍然杜绝不了竞争中的酸甜苦辣直到阴风鬼火。竞争与计划一样，都是双面刃的宝剑。

这里有一个经验，对于向你使绊但并未绊倒人者，不必太在意，太在意了容易分心，分了心就影响自己的前进。

最后一点也算有趣，《一夕三逝》云云，议论多的时候恰逢我不在北京，好像是又要来一次现代派风波，等我一回来，一见面，各种说法也就没有了。这不知道算不算国情之一种。这使我想起在新疆上五七干校时，有两位朋友（同事），拖拖拉拉，别人下来几个月了，他们不来，惹起了公愤。好几次开会，都是唇枪舌剑，声讨警告，炮火隆隆，齐轰二人。过了好久，那二位迟到的五七战士终于到来了，不论见到谁，个个都是你好我好嬉嬉笑笑，吗事又都没有了。

后来我在秦兆阳老师一篇文章中看到，他说当编辑最忌跑野马，我觉得他可能指的是类似我的编辑工作。我并没有跑野马，我只是想拓宽，拓宽，再拓宽一点。是谁把一个历史悠久人口众多、自古崇文尚书的国家，又是新兴的社会主义大国的天南地北、三教九流、四方八面、大千世界的文学创作搞得这样窄小雷同！我们的精神空间有多大，精神生产的成绩就有多大，而一切故步自封，作茧自缚，画地为牢，只能是害己害人，弱智弱心。我下令努力组织“土得掉渣”的作品。我推崇大唱革命赞歌表现革命新人的作品。我认为也不妨有点言不及义（意识形态）的唯美货色，即使只讲一个聊备一格，也且够我们寻摸一阵子的。至于青年人的探索，更不可能步步踩着长者们的足迹前行。还有一个问题，我发了何立伟的一个头条，丝毫不意味着我不能欣赏或忘记了提倡火热的、大众的、高昂的即今所谓主旋律的作品。为什么人们要把一种风格和另一种风格，一种调性和另一种调性，用新闻的术语来说就是把主旋律与多样化截然对立起来呢？

我对这种审美和评价文学作品上的单打一现象实在没有办法，只好从我自己做起，从我的编辑工作做起，也从我个人的写作做起。虽然一个人的力量有限，我尽力多几套笔墨、多几套写法。在此期间我写了歌功颂德，歌唱新时期的新变化的《青龙潭》，孙犁同志来信说此作的内容好，语言也好。我也写了偏重写实的《相见时难》，我在小说中通过一个人物提出了是解放还是解体的问题，陆天明来信说，提出解体的问题，其意义如同第一个人吃了螃蟹。我写了偏重新潮的反映青年人的思绪和生活波流的《深的湖》，写了象征的以物为主角的《木箱深处的紫绸花服》，又开始了相当纪实的系列小说《在伊犁》的写作。第一篇《啊，穆罕默德·阿麦德》，芳只读了一下手稿，便感动得流出了眼泪。铁凝也说过她对此篇的深刻印象，她尤其喜欢小说里的那首民歌：

在我死后，在我死后你把我埋在哪方？
埋在大道旁？ 哦，我不愿埋在大道旁，
那里人来车往，人来车往是多么喧嚷。
埋在戈壁上？ 哦，我不愿埋在戈壁上，
那里天高地阔，天高地阔是多么荒凉。

这是一首实有的民歌，我的翻译略略有一小点加工。加工的结果使它粗犷不足，而雅致有余了。

感谢铁凝，她喜欢这篇小说，喜欢这首歌，还为之写过评论。

我写的主人公并不完美，甚至还有不雅绰号，然而，我动情地写了他的善良、聪慧、无奈、“文革”中的遭遇，我写了小人物的酸甜苦辣，写了他们的阴差阳错，他们的愿望、爱情与梦。尤其是小说中的对话，我完全是先用维吾尔语构思，后用汉语翻译写出来的。我没有白白地在天山脚下伊犁河边抡砍土镘，我没有白白地吃这块土地上的馕与菜，相距八千里，一抓笔便又走进了他们中间。

也许我更想多说几句关于《木箱深处的紫绸花服》的事情。确实有这么一件紫绸花服，是我与芳新婚不久，芳到天津她的同学、黎元洪“大总统”的孙女黎昌若家时，昌若的母亲给的礼物，做工精致，形态优美。

但是很快由于社会特别是政治运动的变化，这件衣服只剩下了压箱底的份儿。小说中所写拿着西装领带当裤腰带和拴什么东西用，也是那个时代的实情。

我多么喜欢赋予一件衣服以生命的类童话的写法啊，我多少次羡慕安徒生，甚至也羡慕冯宗璞的童话啊，可惜我用童话的方式写了一篇非童话。我满意的是，我并不是仅仅通过一件衣裳的遭遇写了那个严峻的时代，我也写了新的时期的被封杀的衣裳的落伍感与困惑感，归根结底，失去的时间是无法补偿的，该氧化（老化）的一切，只能氧化了。你没有赶上充分的实现与燃烧，不要再牢骚了，好的。

> 紫绸衣在这一晚上搭在了丽珊和鲁明的双人床栏上……惊异地知道了自己原来包容着他们那么多温馨的、艰难的和执着的回忆……它感觉到一点潮湿、一点咸、一点苦与很多的温热。它明白了，这是一滴泪啊，一滴丽珊的眼泪。眼泪润泽了并且融化了紫绸衣的永久期待的灵魂。它充满了悔恨，它竟然一度想投身到一个年轻无知的女子——儿子的未婚妻的怀抱，与那些拉链众多的时装为伍。它再也不会犯这样的错误了，它再也不离开丽珊和鲁明了。这已经是足够的报偿了……

我写了的还有时间，还有永远善良所以常常不合时宜——不是太超前就是已经过时的灵魂。一件最精美的衣裳没有怎么穿已经过了时了，这是一切精美的人与物的命运，这是美与善的命运，理想的命运与纯洁到讲究的程度的心灵的命运。然后被泪水与时间高高兴兴地氧化了吧。

别了，我的，我们二十世纪五十年代的美丽的紫绸花服！

本篇小说发表于广州的《花城》。一九八三年新年，我是在广州过的。头年年底，我随海军文艺工作者去了西沙群岛。从西沙返回，我到了广州，我约了芳在广州见面，她还没到，我想起了这件衣服，一篇小说就这样诞生了。

一九八三年发生的一件事是父亲的去世。他早在二十世纪七十年代中期，我们还在新疆的时候，他在咸阳文化五七干校期间，白内障与青光眼的情况每况愈下。说是他为了支持“社会主义新生事物”，请了“赤脚医生”来给他做眼科手术，结果是双目基本失明。我们回北京前，他摔断了小腿，我们家乡的人，包括我自己，足踝都太细弱了，果然父亲摔坏在那里。养骨折的结果是他双腿的肌肉萎缩，我们回到北京的时候，他已经又跛又瞎。我此一阶段正忙碌不堪，有两次对他态度不好。一次是他忽然由一位堂妹陪着来到我前三门的住所。那里地方窄小，那天还不断有约稿者与慕名者前来，我在门上贴着“每周二下午会客，其他时间请勿打扰”的告示，但是没有用，没有什么人认为进入某人的住所以前需要征得本人同意。那天我正是一片混乱。我没有好好招待甚至是接待父亲。其次是在我刚刚当选中央候补委员后，他在晚报上写了一篇文章谈我的儿时，我觉得极不好受，便训斥了他。

一九八三年春节，我特别感觉到他身体的衰弱，想到了他好吃西餐与“崇洋媚外”，便专门跑了一趟专卖店，买了含有奶油、芝士的西洋点心，送到他的住处。三月初，听说了他重病住院的消息，开始是肠胃的内出血，后来转为肺心病。对于来看望他的亲友，他一直不停地说着“谢谢”。同时他表示，也许他出不了医院也回不了家啦。他回忆起自己的母亲即我的奶奶，临终时说过：“咽一口气，也不容易……”最后几天他昏迷了，然后去世。

他是一个绝对热爱生活的人，也不是不知道如何享受生活，例如吃馆子，例如游泳，例如骑马和跳舞，但是他得到的却是荒谬和痛苦，他的两次婚姻都彻底地失败了。他在晚年想见一下我的弟弟妹妹亦不可得，他常常向我哭诉，但是我无能为力，弟弟和妹妹都对他没有感情，甚至还有恶感。妹妹曾经对他不错，但是当妹妹在清华读书的时候，他有一次去到了她的学生宿舍，在她不在的时候，放言妹妹有哪些习惯和生活方式上的缺陷应该纠正，他的标准大致是欧洲，这令妹妹感到无法容忍。

他也喜欢理想，常常表示乐观主义，但是他的生活不是接近理想而是破坏理想，距理想愈来愈远。他喜欢健康，他只能用不健康来应对不健康。他馋嘴，但是老年以后再什么也吃不上了。他珍惜天伦之乐，珍惜他的孩子，然而，他基本上没有这样的快乐。他对一些人也恶语相加，但也仅限于不当别人的面的时候。他知道许多的美好，却几乎没有一点办法靠拢那个美好一厘米。人生原来可以这样荒谬，这样短暂，这样一事无成，缘木求鱼，南辕北辙，人生变成了一个极端残酷、极端荒唐、难于置信的玩笑。

在此后的十余年，我常常梦见他，总是在黑夜的一个胡同里，孤独地深一脚浅一脚地前行，就像是喝醉了一样。

居然在有关张岱年的文字里，还有史学家赵俪生的《篱槿堂自叙》里，都提到了王锦第的名字，而且不全是负面的说法。赵先生说他有点“轴”，即别扭，他用了“鼬”字，疑非。赵先生还说他晚年住在我那里，非是。赵先生与张先生自己的文字里都提到张老为先父不平的话，说是先父的历史问题早在解放区即有结论，不应该后来再折腾。为此还给张老找了麻烦，张老的划右派都与此有关，真是令人感动。至于在我的《半生多事》发表后，网上的一些人的闹哄，则超过了“文革”中的专案组，我以充满阳光的坦诚，回顾旧事，却碰到了阴暗乖戾的一些小痞子，中国的文化环境如此，任何事都急不得，倒也长了我的见识。

在《人民文学》杂志社的工作还有几点值得回忆。一是始终没有组到张洁、铁凝、王安忆、张抗抗等几位“当红”女作家的理想的稿子，令人遗憾。其实我一再要编辑组她们的稿，有的人还亲自去拜访过。正是杂志社最有名的编辑退掉了张洁的《森林里来的孩子》，我只见过他介绍自己的经验，从来没有见过他有勇气谈谈这件事。一是我在《人民文学》杂志社期间，曾经获得过时在北京市委主管文教工作的徐惟诚的帮助，他向我推荐了陈继光的作品，还自己动手著文评论我个人发表在此杂志上的小说《高原的风》。一是有些新面孔、新名字，除前面提过的外，包括王兆军、李杭育、残雪等的新作，都受到了编辑部的欢迎与重视。一是，因为当时我还具有中央委员的身份，每次开完中央全会，我杂志社都是最早听到直接描述的单位之一。但也有一位家世颇有背景的年轻人劝告我，不要管杂志了，为某一篇稿子的事找了麻烦，太不值得了。

或曰，那个时候，谁当主编也不会有什么大区别。我戏称我的特点是多了一厘米。与主流亲密无间，我多了一厘米。我不认为我们与领导与部门多么不相容。不是吗？我就是“委员”，我就是接近领导，而我对于创作甘苦的体味不比你们任何人少一厘米。我宁要说是多了一厘米。我与某些不明真相也难以接触真相的文艺工作者不同的是，我与徐惟诚等同志能保持极好的切磋与合作，而很有一些文艺人以为徐等是多么“左”。双百方针，我贯彻得也似乎比别人大胆了一厘米，仅仅一厘米的区别就使杂志面貌一新！想想那些在当时不无惊世骇俗的名字与写作方法怎么样得到了我的包容！

我好像一个界碑，这个界碑还有点发胖，多占了一点地方，站在左边的觉得我太右，站在右边的觉得我太左，站在后边的觉得我太超前，站在前沿的觉得我太滞后。前后左右全都占了，前后左右都觉得王蒙通吃通赢或通“通”，或统统不完全入榫，统统不完全合铆合扣合辙，统统都可能遇险、可能找麻烦。胡乔木、周扬器重王蒙，他们的水平、胸怀、经验、资历与对于全局性重大问题的体察，永远是王蒙学习的榜样。然而王蒙比他们多了一厘米的艺术气质与包容肚量，还有务实的、基层工作人员多半会有的随和。作家同行能与王蒙找到共同语言，但是王蒙比他们多了一厘米政治上的考量或者冒一点讲是成熟。书斋学院派记者精英们也可以与王蒙交谈，但是王蒙比他们多了也许多于一厘米的实践。那些牢骚满腹、怨气冲天的人也能与王蒙交流，只是王蒙比他们多了好几厘米的理解、自控与理性正视。于是判定王某是太过聪明，左右逢源，前后通透。有河南农民作家乔典运的名言：“瞧人家王蒙说话，领导听着像是在替领导讲话，群众听着像替群众说话。”真是成了精（这最后一句不是乔的原话）！然而这说明的不是技巧、不是谋略，领导和百姓都没有那么好糊弄，都不会长期上花言巧语的当。问题在于王蒙的包容直径多了一厘米，承受负载量厚了一厘米，整合与寻求到的共识、共同点、互补点，一句话能够共享共谋的精神资源的体积比你多了一或几立方厘米。差别就在这里，影响也在这里，让你妒恨生气也在这里，让你气半天却也想不出更好的见血封喉的办法、抛不出击中要害的材料来的原因也在这里。其实，无劳过虑，殊不知王某人其处境、其实质的另一面便是左右夹攻，腹背受敌，难以理解，孤家寡人，屡遭“暗算”（“暗算”云云，是看电视剧《暗算》的趣味与启发的延伸，其实没有那么可怕）。平生真伪有谁知？是太过聪明还是太过蠢笨？是大拙似巧还是弄巧成拙？北京人有一句话，讲得地道：谁难受谁知道。

二十世纪八十年代初期，正是“文革”后文学的红火年代，几篇乃至一篇好作品就成全了你的名声和社会地位。以致此后崭露头角的作家不忿儿，质问文坛的排位子是怎么定下来的？怎么就一成不变啦？我却在这时发表了《切莫拥挤在文学小路上》一文，我指出，文学的作用是有限的，社会需要更多的人从事各行各业的实际工作，我说文学不能产生文学，只有生活才能产生文学，在这个意义上，文学是人类的业余活动，文学创作的队伍，从本质上说应该是业余的，所谓专业创作的人只能占很小的比例，等等。这也说明了我的与众人相差一厘米的状况，干什么吆喝什么，哪有自己做文学却又劝人家不必那样文学的道理？以致，我的恩师与好友韦君宜同志都在一次作协的正式会议上反驳我的文学业余论。

但我要告诉你们，一次我与曾在团的系统工作过的老同志佘世光（历任《中国青年报》副主编、《体育报》主编等）谈起这个话题，老佘马上引用胡耀邦二十世纪五十年代的话说："都去爱文学，我们会亡国！"

当然，这不是正式发表过的言论，只能揣摩其大意，不能钻牛角尖。

……毕竟起过那么一丁点、一小段、一些些的微微作用，让主流更辉煌，让支流更明亮，让先锋更平安，让后卫更有头脸，照旧跟得上趟！让精神更自由，让情绪更健康，让欢呼更真诚，让争论更纯正，让文友更活泼，也让不放心的人稍稍放了一点心，让每顿饭吃得更踏实更香。开拓，开拓，再开拓吧，让我们不要辜负这前所未有的可能性，我们要文学，我们要艺术和想象，我们要清明的理性，我们也要更勇敢的创举！我们要社会主义，我们要稳定与秩序，我们也要创作自由。我们要安定团结，当然，还要混乱分裂不成？我们也要生动活泼！我们要党的领导，没有党的领导中国这个大国不塔希郎（新疆喜用的准维吾尔语：垮台）才怪。我们也要文学才能的天马行空，光芒四射！我们要马克思主义指导、毛泽东思想、长征精神、延安传统、革命的传家宝一个也不能缺，一点儿也不能少，我们也要人类古今中外的一切有益文化、普世的价值：和平、人权、民主、自由、平等、博爱，高端科学技术，先进公共管理，一切有利于科学艺术想象力、创造力的东西或者东东！只是请少一点你死我活，少一点有我无你，多一点兼收并蓄，多一点消化吸收，为我所用！

当然，想得太好，太天真，太爱惜羽毛，太顾及情面，太不敢出手以及仍然摆脱不了的书生、好人习气等，也留下了后患，后来无法再有声有色地把这个桥梁充当下去，也时有陷入尴尬的窘态。然而，桥梁的窘态的另一面是写作人的快乐与追求……这是我永远感到快意的。

往者已矣，逝者如斯夫，大江流日夜！

现在正时兴回顾二十世纪八十年代。至少，那时的文学确是常有新意，《上海文学》，李子云执行副主编，他们发表的阿城的《棋王》，曾经多么轰动！还有曹冠龙的《怪兽》，还有《十月》上的铁凝的成名之作《哦，香雪》，还有谭甫仁的《高原》……

当然也时有争论。刘再复的主体精神论与性格二重组合论，引来了姚雪垠老作家发表在《红旗》杂志上的批评。遇罗锦的《春天的童话》发表在《花城》上，她的骇世疾俗的有些说法和做法也令人反感。包括残雪的风格与高行健的小剧场剧作实验，说法各不一致。不一致，没有什么不好。然而整个的格局已经形成，文学正在开拓，精神生活正在日益活泼，希望与不安、矛盾与生机、尝试与误判都在发展。

又岂止是文学。关于歌曲，关于李谷一与朱逢博，关于走穴（流动性演出），关于港台与旧时中国的流行歌曲，关于实验性绘画与雕塑，关于商品上的英语字母（为什么不说是汉语拼音字母？），关于“气声”，关于迪斯科，关于舞蹈中的腿、腰与臀部动作，关于参考影片，还有那些突然红极一时的表现贫穷与落后之作，关于歌曲《西北风》《一无所有》，关于影片《老井》《黄土地》《盗马贼》《今夜星光灿烂》，所有这些出了笼的与半出笼的与捂到盖子里头的文艺现象，有多少现象就有多少说法、多少争论，热闹、活跃、兴奋与悲愤共存，新意与咒骂同在，转机与危机同时，指望、渴望、失望、无望都在那儿表演，这也是过了这个村没有这个店的希望与失望并存的一番盛况呀！

又岂止是文艺！还有比文艺更严重得多的争论，例如关于怎么样高举共产主义的旗帜，关于深圳特区与珠海特区，关于雇工人数（传出来，说是马克思说过了，雇工不能超过七个人），关于要不要再提兴无灭资的口号，关于松绑与更新观念，关于脑体倒挂——什么造原子弹的收入不如卖茶鸡蛋的，研究地球的不如推头（理发）的……关于闯物价关，关于闯红灯（指改革中敢于采取一些突破禁忌的措施），关于说话、读书、做事有没有禁区，关于厂长负责制，关于广东人收看香港电视……哪一样不是说法不一？那时的南方某迎宾馆是这样通知住客的：“对不起，明天某某领导要住在咱们宾馆，三天内没有香港电视，请各位谅解……”

我是收到通知的人之一，而要来的那位首长是我很熟悉也很谈得来的一位。他知道这个事吗？他可能知道吗？

21.中央委员会

我自一九八二年秋党的十二次代表大会上当选为中共中央候补委员，一九八五年在两次党代会之间开过一次党的代表会议，此会上我当选为中央委员。一九八七年秋，党的十三次代表大会上，我再次当选为中央委员。至一九九二年届满，前后参加中委活动十年。

每年召开全体会议一次，都在秋天，在西郊宾馆。这个宾馆有各种规模、各种类型的会议室，用来开会比较方便。

每次会议都有一个主题，通过一个文件、一个公报，至少是一个公报。会前，文件草稿会在不同的范围内征求意见。我的印象中，研究并决定过城市改革问题、整顿党的组织问题、精神文明建设问题、加强党与群众联系的问题，可能还有农村工作问题等。

每次会议上，我都看到许多领导人物、实权人物、知名人物、权威人物。例如中央领导邓小平、陈云、李先念、胡耀邦……各省的省委书记，各部部长，军队的三总部领导，海陆空三军司令、政委，少数民族领导，还有例如钱学森这样的大科学家，吴蔚然这样的医生，胡绳这样的理论家，吴祖强这样的作曲家，邢燕子、陈福汉（毛泽东号机车司机）、郭凤莲这样的工农杰出人物，华国锋、汪东兴这样的有过不寻常的经历的人物。我一方面感到一些拘谨，感到诚惶诚恐，心想我这么一个爱开玩笑、爱闲言碎语、相当情绪化乃至生活上说话上不无散漫的人，一下子进入这个庄严的机构，谈的是这样严肃的不可儿戏、不可轻忽的话题，真够我呛。另一方面又不能不心存惊叹，党可真有两下子，天南海北，党政军企，身经百战的虎将，运筹帷幄的官员，各有绝门的专家，各色头面人物，土的土，洋的洋，文的文，武的武，汉满蒙回藏苗瑶……堪称网罗殆尽，尽善尽美，硬使几百万几千万各不相同的人物拧成一股绳，使成一股劲，团结起方方面面，管理住东西南北，步调基本一致，朝令大体夕改，说贯彻就贯彻，说制止就制止，说转弯就转弯，办成一件又一件大事，错误也没有少犯，犯完了改过来再干，仍然是说吗算吗，指东绝不打西，毫不含糊。究竟什么人才干得成这样的大事啊！

而且它招来了多少咒骂、嘲笑、轻视、侮辱、孤立、必欲除之而后快的决心、部署与行动，它又触动了、得罪了、毁灭了多少人的幻想、理念、美梦、价值崇拜、既得利益……成了多少人切齿痛恨的对象。同时却又受到多少人的赞扬、歌颂、服膺、拥戴、跟随包括投机与利用……这才是真正的事业，这才是真正的男子的壮举！

有许多相对高龄的领导同志，他们喜欢穿中山服、布底鞋，走小碎步。但是邓小平永远是迈着大步，挺着胸，虽然他个子不高。我想起我曾以国际交流协会的名义宴请过日本女演员中野良子，她在影片《追捕》中饰演真由美。她不但称赞而且模仿邓小平走路的样子，她说邓走起路来挺着胸，很有气度。我想这与邓的部队工作经历有关吧。中野良子很关注社会与政治，她访华的时候拿着前首相福田赳夫的推介信件，她后来与白桦也颇有往来。

在一九八三年讨论城市经济改革问题时，有一位党内的理论家在小组会上提出，说是领导同志说，马克思主义认为社会主义的主要任务是发展生产力，这样一个判断从马恩著作的原文上找不到依据。他的这个说法没有什么人置理。我也觉得奇怪，为什么一位高级别的理论家会说出这样天真的话。什么是马克思主义？难道只有马恩著作才是马克思主义？毛主席早就讲过，学马克思，是要有的放矢的，马恩原文是箭，中国实情才是靶子。那么，原文，只是一个起点、一个契机，结合中国实际运用成功，才算是掌握了一点马克思主义了。马克思自己没有说过要什么紧？中国共产党根据马克思主义的基本原理，结合了中国的实际，发展了，运用了，成功了，有效了，总结出来了，认可了，这样的理论对于中国共产党人来说，就是马克思主义。再说白一点，马克思没有说过，但是已经为中国共产党的实践反复证明，为中国共产党的领导所概括，一句话，是毛泽东说过或邓小平说过了，大家赞成，也确实符合实际，那就是马克思主义。相反，即使马克思说过的话，经过中国的实践检验，证明已经失去时效了，为我党所搁置不用了的，也不能算马克思主义。

头几年开会期间，我们这些行政级别不高的人，是两人住一间屋，我一直与北京来的陈福汉一间屋，此人极好，温良恭俭，谦虚谨慎，时任市总工会副主席。还有一位姓名与我接近、又都是沧州同乡的部队同志王猛，曾任三十八军政委、国家体委主任，时任广州军区政委。他是沧州盐山人，我是南皮人。按姓氏笔画，我们常坐在一起，有时难免说几句闲话。我说我去正定大佛寺，被称作“王政委”，他说他去什么什么地方，被问有什么新作。他告诉过我在“文革”期间出席十次代表大会的情况，由于保密严格，闹得家属不知就里，不知他到哪里去了，吓得不轻，开完全会才放下了一颗心。这么比，我参加的中委会就相当轻松了。我常常看到人们在小卖部前聊天，有些特殊经历的人也在那里说说笑笑，晚餐后的电影放映与歌舞表演也都很放松愉快。

吃饭四个人一小桌，伙食清淡朴素，但很干净精致，色泽明亮，小花卷做得好看。吃饭的时候也都谨言慎行，没有大声谈笑，相互高声叫唤的也没有。有时晚餐还供应酸奶，你需要索取才会送来。啤酒饮料要自己花现钱购买。我曾给一位后来成了国家领导人而当时还只是候补委员的同志买啤酒，并被称作“先富起来”的人。喝茶的情况记不清了，反正胡耀邦主持工作时，去中南海勤政殿列席中央书记处的会议，只供白开水，龙井茶摆在那里，一小包五角钱。有一次我忘了带钱，便只喝白水，艾知生（时任广播影视部部长）看到后笑道：“没有带钱吧，我给你……”这才喝上了茶。

过晚十一点以后有夜宵，我只去吃过一次，其中的酸奶与阳春面比较吸引人。

香港出版过一些侈谈内地政治“秘闻”的书，一看它写的中央委员会、书记处会议的细节，就知道是生编硬造的了。

当然，谈大的政治问题也不免有些套话，如说听了领导人的讲话，则都说是“受到鼓舞，受到教育”，对于重要决策，则说“非常重要，非常及时”。联系到实际工作，则各有千秋。通过参加讨论，例如对于拐卖人口问题，政企分开问题，文物盗窃问题，计划生育问题，就业问题，粮食问题……我增加了许多知识，学会用更务实的态度考虑许多事。我还听到过一位担任过省市委书记的老同志讲，他几十年来的工作经验说明，中国的根本问题是文化低，教育程度差，工农如此，干部也是如此，甚至知识分子圈里，也缺少应有的文化素质与文化培训，这样，制定政策与贯彻政策之间，提出目标与实践目标之间，说的与做的之间，常有差距。他讲得我很受触动。

这段时间，每次全会结束时，都有邓小平与陈云二位领导人的讲话，他们是真的做到了提纲挈领，要言不烦，一语中的，令人回味。通过关于城市经济体制改革问题的决议后，小平同志显得很兴奋，他即席说了一句："这是新的马克思主义政治经济学。"（大意）他还在中顾委的全体会议上说过，不搞改革开放，就只能是"贫穷落后，愚昧无知"，可谓有声有泪，一字千钧。当张光年（时任中顾委委员）与我谈起此话时，也是眼眶湿润。陈云同志讲，农村党员开会，一律不可以给工分补贴。讲"无农不稳，无工不富，无商不活，无粮则乱"，还有"一要吃饭，二要建设"都起着一语中的、实话实说的提醒的作用，出言难忘。

那个阶段广东各项改革走在前面，有些相对超前一些的做法，我在会议上见到广东的领导干部，颇有不同之感。遇到大力推动改革时，大家去广东学习先进经验，遇到侧重解决改革中的失误困难时，又时而传出广东出了什么问题。社会上怕政策变的各种说法极多，如说共产党像太阳，照到哪里哪里亮，党的政策像月亮，初一十五不一样……某些高级干部中也用这种说法开玩笑。广东的文艺人说广东是"香三年臭三年，不香不臭又三年"，还有北京的文艺人说，逢单年（指一九八一、一九八三、一九八五……）怎么怎么整顿，逢双年（一九八二、一九一九八四、一九八六……）怎么怎么开放……这种流年论，反映了那个特定年代的摸着石头过河的探索与摇摆。这么大一个国家，搞了多少年反右、反右倾文化革命，现在一下子改革开放急于发展起经济来了，谈何容易！

中央全会上要通过文件，这对于文字工作者来说，倒也是进言尽责的机会，除重要内容外，对于文字、用词、结构直到标点符号我都提出过一些具体意见，而且采纳率不算低，大约有五分之一的意见都在文件定稿时得到了不同程度的反映。

一九八三年的中央全会上邓小平讲了不要搞精神污染的问题。此前我对周扬的关于人道主义的文章与胡乔木在此事上与周、与《人民日报》特别是王若水的矛盾已经早有耳闻。一九八三年三月十三日召开马克思逝世一百周年纪念会，周扬做题为《关于马克思主义的几个理论问题的探讨》的主题报告，讲了异化、人道主义等问题，周是想从马克思的早期著作中寻找精神资源，来解释为什么会发生“文革”这样的事，以及怎么样防止再发生这样的事。他找到了异化论与人道主义这两个古老而又弥新的武器。但是胡乔木等则认为这样的理论会为反共、反社会主义者打开缺口，会把自己的理论阵脚搞乱。十二届二中全会上邓小平的讲话实际上肯定了乔木的观点而否定了周扬的观点。

我的心情沉重。第一，我当然在这方面是个庸人，我希望文化思想方面天下太平，我不希望出现新的整顿纠偏，不希望出现新的三缄其口，尤其不希望以行政的力量解决文化哲学方面的问题。第二，我觉得周扬有点碰壁，这个词肯定用词不当，以他的年龄、资格、影响和地位来说，我完全没有资格说他碰壁。但我已经感到，他已不是主管的副部长，他念念不忘文艺工作的全局事宜，他的责任感、主动性直到工作方式、说话语气都没有做任何调整。过去他如何“霸气”，我体会很少，但“文革”此后数年，他一直显得是人之老也其言也善，其鸣也哀。我觉得他像一只老母鸡，老是企图将中青年作家置于自己的翅膀的保护之下。而许多老作家，未必那么喜欢他。第三，他重视理论，他以为理论能决定未来，他相当高地估计了自己的理论使命。

现时在一个以经济建设为中心的共产党已经执政三十多年的国家里，人们不可能以听命于理论代替务实的与利益的考虑，代替具体而微、更应该着重个案处理的管理与调配。人们不可能总是用理论的提法的调整与变化代替具体工作。

我始终认为，理论先行、理念先行是在野党包括革命党的特色，你还没有过执掌政权的记录，你拿不出执政的实绩，但是你有理念，有以此理念为武器对原执政者的体无完肤的批判否定。你的旗帜乃是“真理”二字。你的“诊断”与处方医嘱颠扑不破，合情合理，如日月之经天，如江河之贯地，完全符合人民的愿望与时代的潮流，人民就会选择你。

而当你已经掌握了政权，你的首要使命是拿出政绩、实绩，是为人民办实事。如果此时你仍然习惯于理念的高屋建瓴势如破竹的论述、构建与重新构建、煽情与一再动员、用各种新鲜宏伟的新提法保持热度，掀起永无止息的高潮……其最后的结果很可能是将了自己的军，树立了不可能轻易达到，甚至短期内是根本达不到的目标与理想，最后，失望与抱怨不是只能落到自己头上吗?

有一位爱国民主党派的领导人，曾经讲过一句话，他想商榷：我们的理论是不是太豪华了？信哉斯言！妙哉斯言！痛哉斯言！

值得欣慰的是，“文革”结束以来，我们的理论工作、意识形态工作正在向日益求真务实方面发展，学风、文风、党风已经实事求是多了。但是仍然有人舍不得理论豪华化、政策煽情化、社会生活高潮化的习惯，仍然对于聚精会神地搞建设的今天怅然若失，乃至痛心疾首。

我同时自己给自己解释。我们的思想文化工作压根儿就不是一个单纯的学理问题，知识分子圈圈或者大学圈圈的话题。我们压根儿还没有形成一个纯粹的知识分子或大学或文艺或社会科学界。以周扬的领导干部、大头面人物的身份，组织了班子写出了文章，刊登在《人民日报》上，这难道不是政治的、组织的而是纯个人的学术行为？你用理论的阐发来影响党中央的工作方向，党中央当然就要过问，就要表态，就要维护自己的领导的一贯性与权威性。实绩属于人民，利益可以也必须分享，决策的机制必须科学化，但同时必须有效率，有权威，有有效机制。我们有一个说法，叫作统一思想，这当然很难做到，所以又说要与中央保持一致，保持一致，已经承认了统一思想的难度，而先求其行动上的组织纪律性、组织纪律化了。

就在这一段时间，我从报纸上读到东北某地，大儿媳跳大神，断定公公已被黑蛇精附体，于是全家将老爷子活埋的新闻。而另一个四川山村，一位青年自称真龙天子，全村的人把闺女送到“天子”这里“奉枕席”，党的支部书记一次从他家门前过，看到众人在给他叩首，书记走过了他的家门，却又恐慌了，倒转回去，给这位“天子”磕了头。不知道这些事仍然会发生，正在发生，你算什么中华儿女？不考虑这些国情，所有的高调又有什么用?

我给自己做工作，反对精神污染可能是必要的。已经有若干年大家自由发挥了，不论是《古拉格群岛》还是《肖斯塔科维奇回忆录》，不论是《一九八四》还是《我们》已经在我们这里畅通无阻。遇罗克被枪决与其妹妹遇罗锦的《春天的故事》，还有张志新的种种，已经在读者中发挥了重大作用，“文革”与极左已经臭不可闻。现在停一停，冷一冷，静一静，绷一绷，为什么就不可以商量呢？

而且，我已经经历了那么多思想文化战线上的大战，哪次政治运动不从消灭几个作家开始？过去的年代，一个作家协会竟有那么大的权威，还不是因为作协具有了消灭某些作家的职能！与现在比，现在的批评家呀整顿呀，已经够温和够轻柔的啦！

而周扬呢，我相信他的庄重与认真是会被人们所承认，他的苦苦思想研究的果实，总有一天会得到相应的参考和汲取。为了真理，为了大局，谁能在需要等待的时候不耐心等待呢？让我个人选择，我会选择周扬，同时我很清醒，我的选择没有那么大意义。我必须冷静地、理性地、妥当地面对别样的选择和决策。

我写了一篇散文，表达我的心情，它就是《清明的心弦》。

> 地阔天高。所有的庄稼地都腾出来了，大地吐出一口气，迎接自己的休整，迎接寒潮的删节。当然，还有瑟缩的冬麦，农民正在浇过冬的冻水，水与铁锨戏弄着太阳。场上的粮食、油料早已拉运完毕，稀稀拉拉的几个人在整理谷草。在初冬，农民也变得从容……
>
> 这时候到郊外、到公园、到田野去吧，游人与过客已经不那么拥挤。大地、花木、池塘和亭台也显得悠闲，它们已经没有义务为游人竭尽全力地展示它们的千姿百态。当它们完全放松了以后，也许会更朴素动人，而这时候的造访者才是真正的知音。连冷食店里的啤酒与雪糕也不再被人排队争购，结束了它们的大红大紫的俗气，庄重安然……
>
> 野鸽子在天空飞旋，野兔在草窠里奔跑。和它们一起告别盛夏和金秋，告别那喧闹的温暖;和它们一起迎接漫天晶莹的白雪，迎接盏盏冰灯，迎接房间里的跳动的炉火和火边的沉思絮语，迎接新年，迎接新的宏图大略，迎接古老的农历的年。二踢脚冲上青天……

迎接删节，这是我的语言，我的特点。我安慰自己说，并不是所有的删节都是有害的。文人有时候浮躁，有时候偏激，有时候吹牛冒泡，有时候脱离实际，有时候急于求成，有时候事与愿违。当然，也有的人太少文了，或者干脆无文与非文，他们的粗鄙与横蛮的命运其实也是可悲、可恶的。有时候历史的长河上会出现旋涡，出现风浪，出现礁石与黑洞，有时候，这是不可避免的，乃至是必要的。太多的人廉价而又咋呼，轻薄闹哄而又装腔作势。这又扯到了我的一个老话题，免疫力。真正的思想，真正的艺术，真正的学术，真正的道德文章，是不会删得掉的，是不怕删节的，是充满清明的信心的，是沉得住气的。

自信者是清明的，清明者是自信的。我并非没有自信，但骨子里还有着、也许更多的有着的是自慰。清除精神污染一开始，我保持着清明的心态，我有空就跟着带子学唱英语电影歌曲《回首往事》——*The way we were*。影片描写一个二十世纪五十年代的美国女共产党员，真诚而又天真，受到塔虎脱法案的迫害，仍然整天忙着征集和平签名，她在政治理念上的执着，不肯就范，不肯妥协，这样的行止甚至使她连自己的男友也丢了，她的男友向世道与权贵们低了头。影片结尾是她与早已分手的男友在大街的两面相遇，男友与自己的新女伴过着“幸福”的日子，而史翠珊饰演的女主角，仍然在征集签名，忙忙碌碌，满脸风尘。然后，许多车辆人流从他们二人间驶过、走过，谁也看不清谁了。主题歌曲响起，我的眼泪已经泉涌。

算起来，女主角的年龄应该比我大八九岁。我将她引为同道。我们曾经是这样（歌名与片名可以这样直译），我们命该如此。树欲静而风不止，风欲静而几棵英雄树、头面树也不愿意止，我注定了不能过平静的小我的自足的美丽的生活，我注定了不能像钱锺书那样高耸，像冯宗璞那样清纯，像汪曾祺、贾平凹那样幽馨，像铁凝那样甘甜，像王安忆那样精细专注，像莫言那样自由，像张承志那样忧愤……我注定了要起起伏伏，要左防右躲，要善于等待，要笑以当泣，要故作镇定，要静观其变，要惯于（被）误读，要听任曲解和一叠一叠的上报黑材料，要忍辱负重，要若无其事，要永远乐观，要永抱期望，要永远阳光，要帮助别人，而且很可能你帮了他十次，到第十一次你自顾不暇的时候你没能有效地帮他，他就开始散布你的特色是不关心他人与冷酷无情。

你还要不允许任何一丝阴影冷气侵蚀自己的心肝脾胃肺肾胰。临床档案说明，心情调适不好的人很容易患胰腺疾病。古老的中华，经过了多少折腾、多少危殆，她的儿女已经坚强，必须更坚强，不坚强的品种早已淘汰，不适应的生命早已灭亡。她的儿女已经经验丰富，必须更智慧顶尖，她的不智慧的基因无法延续。在某些问题上，冒傻气就是犯罪，就是害人害己。你不够坚强，不够智慧，你做不到十年生聚十年教训，你就没有资格存活在神州大地上！

一九八二年至一九八五年，我任中央候补委员三年，一九八五年至一九九二年，我任十二届、十三届中央委员七年，共参与中委活动十年。这大大丰富了我的经历，增加了我对于全局性信息的掌握，对于执政党的权力运作的了解。这使我得到了我此生重要的政治经历、政治资源、理论资源、生活资源与文学资源。胡风讲的到处有生活，如果不包含一切生活都可以不加以区分与评价的意思，那就是极其正确的论断。那么中央委员的生活就更加宝贵，它可以去魅、去偏见、去谎言，透过表层看到内里。它使我对许多事不再感觉那样陌生，以及因陌生而神魔化、夸张化、恶意化。

同时，我必须反省，必须承认，我与一个真正合格的中央委员的素质保留着差距。我太迷恋文学，迷恋想象与修辞。迷恋风格、个性、创新、才华、推敲、抒情、游戏、俏皮、眼泪与微笑、善良与天真、爱心与浪漫、小人物的情怀，日子的五光十色……而我实在缺少杀伐决断（此词出自《红楼梦》对于王熙凤的描写）的雄心、壮心、决心和生命不息战斗不止、斗争永无穷期的狠心与韧性。一句话，我缺少的是力量，是拼老命的精神，是压倒对手而不被对手压倒的英雄主义。而献身革命，献身社会主义，献身执政兴国，献身领导指挥，不珍惜、不善用、不保持一定的力量——权力是不现实的。而我在力量、权力的问题上，总是那样地宁可失之清高，失之无为，失之清风明月，失之斯文酸腐。就是说，我有时怯于权，羞于权，腼腆于权，心虚于权。文人、作家，而且自以为是个好作家的身份认同，始终拉着、阻挡着我不要太较真于、计较于、争夺于权与力。说下大天来，写小说比当领导逍遥自在舒服得多。抱歉了，对不起了，对我寄予厚望的上级、师长与同行们，我的面太宽，我的线太长，我的爱恋、我的关注、我的兴趣太宽泛又太个人、太投入了。努力将一切都做到最好的结果必定会使你们哪一个哪一方面都不解气。

然而，这才是我。

22.清明

时隔二十三年，我现在写到这段历史，写到我在反精神污染时撰写的散文诗《清明的心弦》的时候仍然在自问：什么叫清明？为什么要用清明一词？我的经历的特点是丰富，是复杂，是多次转折——被一位教授称作“拐点”的，是时有的困惑和混沌，然而我追求的、我向往的是清明。清就是清楚与清纯，明就是明白与明朗。清明就是心里跟明镜儿似的，跟泉水似的，跟雪山似的，跟明月似的。我的起点是革命，而革命的前提是阵线与目标清楚分明。革命的成功与随后的发展却又使自己难于清明……已经过去了混沌而又迷茫的年代，已经度过了发烧和自爆的年头，已经不再那么依恋梦想，至少已经知道梦与醒的区别。已经不再那么泪眼惺忪，至少知道了悲情的不足恃。已经不再那么以别人的哪怕是人众的与要死要活的喊叫为依归，而是要保持一种静谧和理性。已经不那么轻信做英雄状的声嘶力竭与做窦娥状的指天画地，而要独立地、负责地去面对真实，面对别人，更敢于面对自己的良知。

尤其是，我说的清明首先是清清楚楚、明明白白地知道自己不知道什么，不清明什么，不可能做出的自信无误的判断有些什么，没有把握而且可能错误的有些什么……就是说，清明地知晓自己不可能事事都清明，历史本身就有点不清不明，世界本身就有点不明不清；而绝对不妄以为真理已经到手，不误以为自己或自己感兴趣、自己有过经验或有过知识的，即自己的智力勉强能够达到的判断，就是救世的不二法门，不狂想所有与自己认识不一的人都是坏蛋或者蠢材或者阶级敌人。不动不动自认为是或即将是人民的领袖、世界的审判官、知识分子的良心、普天下的救世主——像某些伟人那样，更像某些充满英雄欲的自以为是伟人、其实尚未成为伟人的人那样。英雄欲一词，是我前面提到过的那位先生的最好的一位女作家友人所说的。

也许对于我来说清明只是一种沉静，一种自慰，一种乖觉。第一，领导就是领导，你不可能取代领导，扭转领导。第二，领导无意像毛泽东时期那样从文艺问题上做文章，发动全国的阶级斗争。第三，领导是真心真意地搞改革开放，搞发展，而改革开放发展不能乱。这是大局。第四，你如果是个写作人，你如果无意搅局，你就受不上多大的压力，你就有许多适合你的事情、你喜欢的事情、于国于民于文有益的事情等着你做。第五，这里有一个因素就是时间，时间会化糊涂为清明，化强梁为公正，化荒谬为合理。

是福不是祸，是祸躲不过。毕竟今非昔比，没有大麻烦，不必一惊一乍。任凭风浪起，稳坐书桌前。

不，一九八三年，直到二〇〇六年，我并没有做到完全的清明，我只是确定了清明的目标，清明的愿望，清明得暂时摸不着门。那时我能做到的其实还不是清明，而是少安毋躁，沉静观察与等待，如此而已。

我想起先父常常向我引用的荷兰哲学家、靠磨眼镜片为生（这也说明了他的光学修养，也没有听说过他大闹脑体倒挂问题）的斯宾诺莎的名言，对于这个世界，不哭，不笑，而要理解。而我们这里太时兴大哭大笑、大爱大仇、大杀大捧而并没有理解了。

当然，这远远不够，清明基本上没有解决价值的歧义、价值的辩诘、价值的激情指向，更没有发动起献身的道德精神与崇高情操。然而，是时候了，我们应该在清明的前提下解决价值的纷争，我们应该重视逻辑规则、计算数据与永无止息的诘问、实验与证伪。我们应该在重视认知判断的前提下重视价值判断，就是说我们只有知道了对象到底是什么，不是什么，正面、反面、侧面、上面、底面到底是什么，而且还有不是什么，再做出对象是道德的抑或是不道德的判断，做出对象是崇高的还是平庸的还是卑下的判断，再欢呼万岁或者视若寇仇。我们不能见到一个抱着炸药包状的人就认定他是烈士，不能听到大言谩骂就觉得振聋发聩，听到念念有词的恶咒就觉得出血过瘾，见到美女就怀疑她是白骨精，见到眼泪就想报仇，见到旗帜挥舞就想冲锋，听到锣声鼓点就满地打滚。我们不能欣赏盲目，造就蛮干，用捶胸顿足代替理性明辨。我们还要重视认识的过程，不要以为到了你那里认识便已完结，历史已经告终，结论已经完成，这样我们便允许存疑，允许讨论，允许各抒己见，允许冷一冷再说。

这些都仅仅是常识，大致高小程度的人都可以理解的。但是国人的乃至世人的多少悲剧都不是出在高精尖而恰恰是出在常识性问题上。我们太习惯还没有弄清楚真相或者只听到一面之词或一种情绪化的言语就义愤填膺，慷慨激昂，声色俱厉，如醉如痴了。

我们为什么不能想一想，地上建立的社会永远与梦想中的天堂有区别，理念的实现总要打些折扣，毫不利己专门利人当然是一种极好的理念，现实生活中利己的言行能够不损害他人的与公共的利益则已属良民。百战百胜、万寿无疆都只是美好的愿望，任期内兢兢业业、务实负责、知进知退、细水长流，却是可能做到，乃至必须做到的。话说得再大、再好不能增加水源，哭得再刺耳、再乖戾也不能改善环境。千万个大孝子争着以己之道以己之药（方）尽孝，而且互相攻击对方是忤逆、是弑父、是罪不容诛，不如各自为父母做一点少争议的小事……这些，有什么艰深吗？有什么拗口吗？为什么我们的伟大国人，硬是不甘心、不情愿、不解气、不屑于正眼瞧它一眼呢？

然而这个年头我其实完全没有弄清明，我不明不白了。出现了关于是“不要搞精神污染”还是“清除精神污染”的语义学的辨析。出现了不同的、确实不同，然而不能说是不同的声音。就是说，说是本来只是“不要搞”，结果弄成了“清除”，错了。说是不知道是谁上当了。出现了各地的“清污”重走“文革”路——剪丝袜子、改发型、没收一些书籍——的警报。天知道所谓“现代派”也成了众矢之的。由于创作了一些新型剧本而初露头角的高行健情绪大受影响，他吸烟又多，怀疑自己染上了肺癌，几乎已经在做告别世界的准备，正是此时的出游散心，成就了他的《灵山》的写作。而《灵山》云云成全了他的诺贝尔奖。他的获奖又使人们警惕到了西化与分化的图谋。另一些人则垂涎三尺哄闹八丈，并以此来将生活在我们脚下的土地上的作家的军。无怪乎张承志说，文艺圈里游动着一些臭鱼烂虾。政治、生活、文学与游戏，亲爱的，请告诉我：哪个更政治，哪个更生活，哪个更游戏呢？至于文学，滚你娘的去吧。

我亲耳在一个高级场合听到一个有代表性的人物（用英语表述就是

“some body”）讲“群众反映”道：“现在是搞资本主义的没事，说资本主义的挨批。”于是另一位“some body”答道：问题是“什么是社会主义，什么是资本主义？”这是从小平同志那里就一直在“正名”未已的。

约两个月后，又（含含糊糊地？）说是清污不提了，不搞了，文友们当然表示庆幸，欢呼，像是去掉了不少压力。只是一度代表了污染的周扬同志的处境似乎仍然不妙。倒是频频让他出镜，观看这个展览，出席那个会议。他去了一次广州，在洗浴室摔了一跤，语言中枢出了问题，话也说得不那么清明利落了。

我去看望了他一次，只是在提到即将召开的京西宾馆座谈会的时候，他突然目光如电，语带威严地问：“开什么会？”我对他老人家开玩笑说：“您养病吧，别的事有我们呢……”在座的还有梅绍武先生的夫人、英语专家龚女士。周扬笑了，脸上重新显出了病容。这使我印象极其强烈，感受一言难尽。正如有些人不一定是好意地说过的，他领导（统治）了中国的文艺界数十年，他已经习惯于指挥、规划、保护或者整顿文艺了，特别是在“文革”以后，我十分感慨于他的反思、他的歉意、他的决心，他的将一切经验教训将革命的历史概括成理论方针的努力。我也是很愿意听从他的领导的。但是，我其后慢慢清楚，更重要的不是你的概括能力与分析方法，不是一个个辉煌的概念与天才的命题。碰到问题，碰到麻烦，应该是依法解决，依既定的方针政策个案处理，而不是遇问题就调整政策，遇麻烦就改变方针，处理某件事就提出新的理论。不能老是一个人感冒，全国陪着吃药。诊断一个人是心血管疾病还是腹外科发炎，当属不难。而讨论、分析全国文学事业主要不良倾向究竟是上火还是受寒，是阴虚还是阳亢，是姓资还是姓“左”，再讨论八十年也未必清明。理论思维太发达、太豪华了与理论思维一窍不通一样，都是灾难。一个中国这样的大国、穷国，人口最最众多的国家，你怎么概括才不是挂一漏万？才不是自说自话？你连生命都搭进去地努力与贡献，到底怎么样才能避免缘木求鱼、刻舟求剑，扬汤止沸，熊瞎子掰棒子——随掰随丢呢？

亲爱的周扬同志，你对我的，我要毫不顾忌地说，你对我的青睐与“施恩”我完全明白，我永远感激你，想念你，亲近你。然而，你在二十世纪八十年代的痛苦的努力本来可以不做成那个样子，你在党的第十二次代表大会退而成为中央顾问委员会委员以后，您本来应该往后溜一溜，您本来不应该那么天真地自信，那么舍我其谁了啊。

这就是周扬、夏衍这一代革命家、革命的文艺家、革命的知识分子的特点了。他们一辈子追求的是真理，为真理不惜抛头颅洒热血。在他们自以为的真理面前，他们会热血沸腾，天真地兴奋起来。当我读到一位绝对可爱的青年写到青年时代周扬的仕途如何如何的时候，我真是为周扬感到了受辱。周扬是旧社会的反叛者，是“砍脑壳党”，是真正服膺毛泽东的战士。这一代人至少在初期，没有那种仕途官僚的庸俗与实利考虑。追求仕途的人更可行的选择是投靠国民党政权。正是他的追求真理的执着才使他成为革命者，正是他对于真理的须臾不可暂别，才使他在经历了“文革”的挫折以后苦苦地，我要说是悲情地思考了再思考。“文革”后他讲过，有两条主要的教训，一个是社会发展阶段是不能逾越的，一个是中国的发展是不能脱离世界的。这两点提得很有深度，可惜他没有展开论述，也没有相关的文字。至于异化与人道主义云云，反而离我们不是那样贴切与实在。如果不是急于搞到《人民日报》整版整版地发，本来这两条也是极宝贵的思考的果实。我是多么希望今后，我们有更广阔的理论探讨、理论创新的空间，鼓励思考、珍惜思考，容许不同的意见共存共论、互争互补，通向真理。目前西方已经有下述的论点，一切真理的发现与掌握，都必须经过谬误的垫底，没有初期的各种后来证明其为荒谬的假说，就没有此后的向真理的靠拢，在一定意义上，这是通向真理的必由之路。当然，这不是说谬误与真理没有区别，不是说越谬误越好。应该允许谬误，也允许别人指出谬误，还允许被认定是谬误的主张人答辩，允许人们体察谬误中的某些真理的元素，与真理中的某些谬误的元素。

十年生聚，十年教训，我已经不那么年轻，我已经不那么相信概念的区分，命题的转换必定能够决定一切。我知道了一个与方针、政策、理论同样同时强大的力量：这就是生活，这就是常识，这就是现实，这就是趋利避害的本能，撞够了南墙自然就要回头，时时调整叫作与时俱进的智慧，这就是本来明摆在那里的老百姓的利益。执着于概念之争、命题（提法）之争、左右之争与条理之争的大人物啊，你们是否常常倾听生活的声音？你们是否常常得知百姓的愿望？你们是否想到过十年，二十年，五十年，一百年之后，许多条文、许多名词可能已经斗转星移，而生活依然长青？

也有特认真、特严肃，我要说是比周扬更周扬的一些人，他们总算等到了发号施令的这一天。他们坚持一定要清除、一定要整顿，他们昼思夜想搞一次不叫整风的整风运动，审查一些人、批判一些人，叫作帮助一些人、挽救一些人，使一些人匍匐在地，哇哇哇地怪哭。这样的哭声我听到过许多次，一次是一位女干部，搞人事的，在“文革”中，每发生一件事她就哭一回。工作组进驻，她哭。工作组犯了方向路线的错误，她哭。造反派夺权，她哭。军宣队进驻，她又哭。除了哭，你让她说什么呢？

还有一次是一位年逾八旬的部级领导哭。组织是太伟大了。我开始不明白列宁为什么在与马尔托夫争论时提出，无产阶级除了组织外再无别的武器。慢慢地，我懂了，资产阶级掌握着社会的一切资源，一对一地干，无产阶级常常不是资产阶级的对手，资产者有更好的营养、健康、教育训练、管理经验、资讯准备，等等。但是成千上万的无产者组织起来，你绝对无法战而胜之。我这一生不是没有看见过，一个大人物、大领导、大专家，在组织面前，变成了全无是处、一心求饶的可怜的孩子。大数学家华罗庚就这样地叫组织为母亲，自称是孩子。与组织在一起，乖孩子是多么幸福！多么威猛！与组织较劲，坏孩子是多么倒霉！多么凄惶！

我的这位好领导要开会，要贯彻，要纠正他们心目中的歪风邪气，要使文艺界的头面人物、领导人物、权威人物、老资格人物、小而闹的人物们心悦诚服。这使硬是不想被摆平的作协冯牧同志气得不轻也吓得不轻。冯牧一害怕嘴里就出现一种嗞嗞哈哈的吸气吐气的声音。冯牧越是害怕，说出口的不太合适的话，叫作授人以柄的话，类似小辫子的话就越多。

……会议开幕时领导兄正言厉色，会议结束时主持人却只剩下了额头上出汗了。而且讲的是另外的调子，什么团结鼓劲繁荣，而且是大团结，大鼓劲，大繁荣，这也更像是革命战争中的口号。开始像是要讨账，会开着开着变成了作揖了。这是怎么回事？那种万众一心地整风、自我整风、一摆就平的年代，毕竟与后来的形势不尽一样了。好汉难提当年勇啊。

当然，是受到了干预，这该多么尴尬，多么难过！他也太为难了。我这样的凡夫俗子当然希望多握手，少批判，多放心，少约束，多鼓励，少指责。当然，这只是庸人政治，（做）好人（的）政治，旁观政治，不负责任的风凉政治，绝对不足为训。我对不起所有信任我的上边和旁边和下边的同志。我听到过那位领导学着巴金的四川口音说：“不要呸（批）评嘛……”他声称“我们”与巴老有分歧。巴金当然可以这样说，他是党外人士，而且年逾八旬。王蒙不能，王蒙有更多的责任，王蒙没有尽到自己的责任。

那个时期我致力的、费尽心机、用尽花言巧语所追求的就是文艺界的事儿能够大事化小，小事化无，我只盼着“文革”后的，三中全会带来的好日子多延长一段时间。我希望领导们对于情绪化的文艺人的哭哭笑笑、吹吹冒冒、哄哄闹闹的事情有所理解，不一定看得太重。我希望文艺同行们不要动辄空中立论，横发炮火，大言不惭，却又神神经经，嘀嘀咕咕，汗毛倒立。

然而……谁听你的？事情的发展怎么能让你踏实下来？王蒙怎么能放心？王蒙怎么能做到心里有底，肚里有数，血压回归血压，脉搏回归脉搏？

而且没有底的不光是文艺界，总体工作的把握上，我也看出了一些站在前台的人的没有把握、没有底气、没有经验、没有准头的现象。改革激活了经济与社会的发展，改革也引发了歧义，中国的改革开放发展进入了它的一个艰难的阵痛期。

我还记得丁玲在座谈会上的发言，她斥责当前的文艺界是“党风很坏，文风很坏，学风很坏”，她的语言显得很延安，很毛主席，很老革命。

我想起一位比我大个七八岁的小说家李準讲的话，他说丁老缺少一个参谋。二十世纪五十年代，我国全党全民反的是右，当时她被判定成了右的代表，她当然倒霉。现在呢，人心思反左，结果她老是站出来反右，证明了她是左。如有高参，应该向老人家进言，你要反某某的左呀，你应该指出某某的反左是假的呀，你要站在广大文艺工作者一边呀……

小说家言，就是小说家言，然而他说得很认真，我听得哭笑不得。

丁玲老师当然不是左的问题。在组织系统上、权威运用上，当然不是她，而是她最不喜欢的人占据着先机。我亲耳听她在短篇小说评委会上与草明争论，草明说评奖首先要注意思想性，其次才是艺术性，丁老说小说当然首先要有艺术性。她的断言是我所不敢说的，道理不说自明，草明也弄得无言。丁老还在鲁迅文学院讲，你们算什么思想解放，我那个时候，一男一女高兴，搬到一起住就完了……说得众学员没了脾气。

其实丁玲同志更有深谋远虑。丁玲同志知道，文艺界的反映，尤其是文艺界的哄闹，远远没有那么重要。如毛主席所言，工农兵学商，东西南北中，党中央才是领导一切的。

同时丁老毕竟是小说家，是性情人物，她不精通斗争艺术。一次合影，她发现身边是周扬，立即起身，避之唯恐不及。而周扬对她，公开场合喜怒不形于色。在一次会议上我亲耳听到丁老说一些带情绪的话，而周扬置若罔闻，根本不予置理。

这期间出现了一件事更令人啼笑皆非，说是《文艺报》上登了张贤亮一篇文章，他提出要在中国建设有中国特色的社会主义，必须先建设有中国特色的资本主义。这个事可闹大了，公然提倡资本主义？这儿报，那儿批（至今此事被some body回忆，被点着名，被举着例……），《文艺报》，作协党组算是捅了大娄子，被动到没法再被动了。

张贤亮是宁夏的作家，他比我小两岁，不到二十就划成了右派，若干次被关入大墙，劳教劳改，经验丰富。他精力充沛，好事好动。说是“文革”开始那年，他从劳动教养中放假回家，走到西安看到临时工造反团他就不回家而跟着闹上了。自我保护与自我表现，哪个欲望更强烈，这确实是一个问题。他自己告诉我说，三中全会以后，他本来是要在经济学上一显身手的，但是他写的经济学论文无处发表，只好写小说，一篇《邢老汉和他的狗》居然打响了。从此新作不断，以苦情悲情却时不时地来点“资本论”之类的高论而引人注目，成为著名作家。不但写小说，也发表各种高论，如知识分子有天生的反党危险，他这个高论还颇受坚持清除污染的领导大兄的赏识。如二十世纪八十年代流行讲什么信息决定一切，他向全国宣布要办一份供全国作家阅读的信息型报纸，后无下文。还有他多次倡议，就是要搞一些北门学士型的御用作家，中国这么伟大，还能没有几位御用作家吗？他多次讲，这些从一九五七年的另类归来者，正是三中全会的既得利益分子，是最拥护三中全会精神的。他引用毛主席讲小资产阶级要用小资产阶级面貌改造党，而无产阶级要用无产阶级的面貌改造党的论断，大讲要改造党，引起某些人的反感后，他以毛主席的旗号来捍卫自己的论点。

如此这般，就算以这些经不住太多的推敲的高论为据，他也绝对不是反社会主义者不同政见者，最坏的情况他也只是一个爱出风头、爱一鸣惊人的清谈家。当然，他的先搞什么特色的资本主义的论点，不可能不引起极大的警惕，堪称荒谬，小儿科胡言乱语，没有什么太严肃的意义，反映的毋宁说是姓社姓资的愚蠢与幼稚。怎么办？不能听之任之，也不宜当真按要搞资本主义否定社会主义的敌对势力批，《文艺报》、作协，都不能没有态度，又都不能以抛出张贤亮来了事。

这时我想起的是胡绳同志。在中央开会期间我得以认识胡绳老师。早在一九四九年以前地下时，我已读过他的宣讲辩证唯物主义的小册子，当然是非常佩服，非常尊敬。他有一次与我聊天，问起张贤亮来，对张的著作表示了兴趣。我乃与胡绳同志讲了《文艺报》与作协面临的问题，讲了张的言论，并提出一个建议：由《文艺报》派一个资深记者来访谈胡院长（时胡为中国社会科学院院长），这个建议胡老同意了。这样胡老从理论和历史的高度讲了中国为什么一定要走社会主义道路的道理，心平气和，引经据典，条分缕析，头头是道，叫作富有权威性、说理性、总结性，与爱护性。既做到了原则分明，又做到了心存善意，我觉得此事处理得还差强人意。这一类的事就多了，仅仅一个张贤亮我就帮了不止一回。潇洒风流的这个家伙并不知情，OK吧。我还尽量帮助一位女作家，她因了与一位有妇之夫的人的爱恋而被告状得一塌糊涂，她是预备党员，同支部已经有人摩拳擦掌，要延长她的预备期或取消其预备资格，我便建议暂缓讨论，缓了一年，风声渐过，她按期转了正。如此这般，我追求做到的是允执厥中，恰到好处，不在这里一一提及，也未必便于一一提及了。

但也有时候做得不够好，甚至令自己左右为难。其时，社科院文学所据说是民主选举出了所长刘再复，刘再复当时提出（文学作品）“人物性格二重组合论”与“文学主体性”论点，我不甚解其详，但觉得还有些新意，对刘有一种好感。“二重组合”一书，销路极佳，我曾与胡乔木同志提及。胡老说，这是由于读者误以为是讲男女爱情的了。我听着好生离奇，无法判断真伪。天下之大，何事无有，何说法无有？

此时我家住虎坊桥，离《光明日报》很近，连续给此报写过一些文艺评论，如《社会性不是文学之累（读第三声，是累赘的意思，不作疲劳解）》等。一天《读书》杂志负责人董秀玉到我家来，说是刘再复读了我在《光明日报》上的系列文章感到不快，认为我的文章是在批评他。我乃大惊，对于刘的探索、好学、苦思我都是喜欢的，而且其时刘也常常在

《读书》杂志上发表文字，当时社会上还有一个说法，说是这本愈来愈有影响的知识界杂志偏爱刘再复、李泽厚与王某的文章。我连忙请董主编代为联系，携书去看望示好。

这一段时间文艺界确是常常被内部通报。今天某作家说是文艺家讲良心，政治家不讲良心。明天某作家批判民主集中制。今天说是连一不怕苦二不怕死的口号也怀疑了，明天说是某杂志举办笔会（就是请一些作家到某风景地，吃吃喝喝，谈谈约约稿），有什么不良倾向——至少是成全了不止一对野鸳鸯。今天有沙叶新的《假如我是真的》话剧问题，明天有什么礼平的小说《晚霞消失的时候》（鼓吹宗教，取消国共两党界限？），今天有叶文福的诗《将军不能这样做》，明天又有刘某的报告文学引起了他写的地方党委的抗议。我的感觉是专门有人在那里搜集作家、艺术家特别是他们中的头面人物的言行动态之类的信息向上汇总，上边的反应也特别快。连本市文联某一次政治学习作家到得不踊跃也能听到反馈，说是工人有罢工，商人有罢市，作家竟然罢学。作协对这些是头疼医头，脚疼医脚，被动应付，拖拖拉拉。文艺界则普遍认为现时的开放还远远不够，听到任何批评整顿之类的话都烦得不行。但同时对付对付，用一位女作家的名言就是“反正我不往枪口上撞”！

而众文艺界领导干部则仍然无止无休地进行争论。有人总结，说是一是关于三中全会精神与四项基本原则的关系，当前是以着力贯彻三中全会精神：批判两个凡是，强调解放思想为主呢，还是以强调四项基本原则为当前要务呢？另一个争论则是反左与反右的问题，总结中华人民共和国成立以来的历史经验，难道不应该以反极左为要务吗？这是一种意见，另一种意见则认为，中华人民共和国成立以来的文艺工作中，有左的偏差，也有右的偏差，至于众文艺家中，固然有左，尤其偏右，有左反左，有右反右是正确的，当前，尤其要强调反右，因为确实有人借反极左之机，否定党的领导、否定党的文艺方针、否定中华人民共和国成立以来的乃至老根据地的一切文艺成果。

一位领导兄干脆总结这时的争论说，现在的文艺问题是：不三不四，左右为难。

也怪，左与右在中国与在苏联的解读完全不同，在苏联，要求激进改革的被称为左派，而持相对保守一点态度的叫作右派，在中国，主张改革太大发了，就是向国际资本主义太靠拢了，算右派，否则相反。都有理。

与左右有关联但又含义不同的是，在中国，应该以批判封建主义为主要任务还是以批判资本主义为当前要务呢？说不清楚，反正兴无灭资的口号是不提了。封建主义的事也不怎么提了。批封多了，似乎像是要右啊似的，那么批资呢，当然是左了。批封呢，像是要走向现代化；批资呢，好像是要永葆红色传统。这些问题都谈得很大、很空，但是愈是谈这些大而无当的话题，就愈显出水平来了。我想象，谈这些、批这些，也是有瘾的，吃饱了研究大问题，也是一种气派，一种自我充实，一种提升自我的操练。

这种概括与统揽法的一个特点是，不论文艺问题是怎样表现、怎样争论起来的，都是方向问题。中华人民共和国成立三十年了，四十年了，除了文艺界，哪儿都是社会主义方向了，而文艺工作的方向问题从来没有解决过，也永远不许说是已经有了方向。舞台上女演员穿少了，是方向问题。出书出了太多，不那么马列、不那么革命的册子，是方向问题。小说里有牢骚，是方向问题。画画画得耳朵不像耳朵眼睛不像眼睛，也是方向问题。唱歌洋嗓子太多、下不了乡，当然是方向问题，电影蒙太奇耍得太花哨，还是方向问题。“文革”中被称作“黑线回潮”的一种表现就是说有人主张“方向问题解决了”。就是说谁认为没有方向问题了，这本身便是方向有问题的铁证。认为没问题便是有问题的表现，这样的逻辑严丝合缝。日复一日，年复一年，这么多文艺工作者，又是学习，又是劳动，又是批评，又是自我批评，又是戴帽，又是摘帽，又是耳提面命，又是亲切鼓励……却硬是始终解决不了方向问题。

时至今日，有几个领导敢说文艺界没有方向上的麻烦？

方向有没有问题？当然会有大大小小的问题，更多的应该是具体问题。问题在于，靠大叫方向有问题并解决不了方向问题，而只会使大多数未必有方向问题的文艺战士整天向左转向右转向后转，整天转向，整天拐弯，终于越转越五迷三道，再也找不着北。好比是花样跳水，腾空翻1080度，转体720度，你判断得出他的方向对不对吗？如果翻腾1100度，再转体760度呢？算是方向错误还是动作过头呢？而何谓方向、究竟是不是方向问题、是严重的还是一般的方向问题、到底怎么样才算解决了方向问题谁说得清明？就是说不但文艺工作者的方向成了问题，方向的方向就更是争得打破头颅的问题，领导文艺的方向选择，掌握方向的罗盘的操作，直到更高层对文艺问题的倾向，就是说方向的方向的方向……也已经成了争不清说不明的问题，苦啊！

用阶级斗争与反倾向斗争纠偏斗争的方法来领导文艺，用一个提法来推动文艺……怎么说怎么有理，怎么说怎么有事例为证，怎么说怎么符合事实，同样怎么说也都既有人欢呼也有人骂娘……回想起来，二十世纪八十年代后半期的这个阶段，差不多也就是这种抽象争论、路线斗争、端正方向斗争的黄昏岁月了。

新的领导方法并不是放任自流，自由世界，而是改理论思想的纠偏为力图严密的管理，不争论，不炒作，不咋呼，不动声色，堪说是不吭气地管住管严，天下太平，令“有害信息”无法出笼，一出笼也先挨上一棒子，再一棒子；个案处理，不搞左右之类的概括，以行政性、具体措施性管理取代意识形态的唇枪舌剑，对待创作者尤其是名人放宽尺寸，团结帮助，以礼相待，而对于发行者、经营者、编辑者各级各单位大小领导干部严格约束，以行政性奖惩取代理论观点性激战，主要是运用行政权力而不是话语权威来管……这些都是后话，而此时已露端倪。

23. 难忘的一九八四

现在回想，我有点不好意思，有点摸不着头绪，对于我来说，成为共产党员，成为作家，成为右派，成为中央委员，都是极速完成、超速完成的，都超出了我的想象，都让我有点晕乎。我悟到，不能不悟到，人还是同一个人，但是他的归类，他的属性，他的使命、身份、头衔、帽子与角色却是说变就变，大开大合，决定于历史的大手笔、时代的大潮流、人生的大际遇；不完全是自己的意愿与实验室里的定量定性分析、化验所能说明的。你像一只小船，你当然有自己的方向掌控与动力系统，而历史与社会、祖国与世界像是大海大河，你被抛起和砸下，你涌上潮头或落入深渊，你原地打转或者日行万里，你以为是自己的轮舵与涡轮、马达与航海图就能决定的吗？

而关键只不过是你不要出丑，不要发狂；不要丑表功，不要蛙鼓肚，不要哭哭啼啼喊冤，不要咋咋呼呼拔份儿，不要斤斤计较，小鼻子小眼；不要大话连篇，纸上谈兵，用空话消灭黑暗与建造天堂乐园；不要自命法官，审判众生，审判历史；不要东奔西走，叫作蝇营狗苟；不要投机一把，押宝几回，不要见风使舵，自打嘴巴或者翻脸不认人；尤其不要嫉妒同辈和晚辈，不要酸气十足，装腔作势，伺机害人；不要吹吹拍拍，拉拉扯扯，丢尽脸面。

一九八四年我受到了许多考验。经历清污、清明，经历错综复杂，保持清醒，保持谦虚谨慎，这当然是首位的事。一九八三年冬更加痛苦的事是孩子的病。老二王石从三原的空军二炮学院毕业，在一九八三年秋分配到了空军第五研究所，这当然是很好的工作。谁也不知道怎么回事，他犯了抑郁症。没有比心理方面、精神方面的疾患更让人痛苦的了。生命、灵性、自觉、情感以及思想，原来可以使人承担这样多的痛苦。当一个人孤独地面对自己的灵魂的时候，你可以感觉到这么多恐怖和黑暗。生老病死，没有比佛家的总括更实在的了。“悲”“大悲”“慈悲”，没有比这样的佛家语言更动人心魄的了。孩子告诉我，一旦发病，世界立马变得灰蒙蒙的，我感到了震惊。我们都有弱点。而你面对的是自己不知来自何处、不知去向何方的孤独无靠的灵魂，你面对的是一只突然失去了罗盘、失去了航海图的小船和小船四周的无边的黯淡的大海、波涛、风浪、雷电……你面对的是现实的、肉身的与想象的、情感的、欲望的、动荡的与梦幻无定所的精神。你面对的是一片茫茫，如海、如雾、如长夜、如大冰山，你觉得自己不行，自己无力，自己看不见也听不清，一切都沉堕在阴影里。世界上有那么多非生灵，而你偏偏成为生灵。世界上有那么多没有独立的生命感喟与强烈的自我意识、选择意识的生灵，比如植物，比如虫蚁，比如猛兽，而你偏偏成为人。人有许多需要，你不可能全部满足。人有许多愿望，你不可能全部达到。人有许多焦虑，活一天就死死压住你一天。好事你怕是转眼成空，坏事你怕是经久不散。人有许多幻影，你不可能全部厘清。你对你自己永远不会感到满足、满意、完美无缺。人有许多痛苦，你无法避免：比如出麻疹，比如饥饿，比如寒暑，比如蚊蝇，比如雷电，比如贫穷，比如低贱，比如侮辱，比如绝对冤屈……谁能一辈子不受侮辱？能一辈子不侮辱旁人的人就是圣贤，就是全福……

我没有办法，我束手无策。我只能一次又一次地去医院，排队、挂号、找大夫，我倾听分析，我查询药物。我心惊肉跳，必须防止意外。我反省是不是自己在他的童年时代没有能尽心尽力地照顾好他的生长发育。我想知道他这二十几年都经历了哪些压抑、哪些刺激、哪些折磨，而我又到底能做些什么解除他的痛苦……

谢天谢地，他渐渐好转了。一九八四年，我带他到武汉走了一次。由于时任中宣部部长的王任重同志关心，我住在武汉东湖宾馆。我每天在东湖旁边的林荫道散步，突然一个想法进入我的脑海，我应该以我童年时代的经验为基础写一部长篇小说。感谢时代，我终于从“文革”结束、世道大变的激动中渐渐冷静了下来。我不能老是靠历史大兴奋度日。当兴奋渐渐褪色的时候，真正的刻骨铭心才会开始显现出来：这就是《活动变人形》的酝酿与诞生。而还在最最初步的酝酿中的这部小说的第一个场面，便是静珍的梳妆。

江南初春，我独自漫步在林荫小路上……

树干细而高，淡灰色的树皮上出现了黑的与褐的斑点，柔嫩的树枝网一样地伸向天空，久雨后的，开始晴朗和温热起来的灰蓝色的天空。

这根弦已经沉睡了五十年……

……穿行了整整半个世纪，我不愿也不敢轻易地将它拨动。

我知道旁边就是柏油马路，不时有高级轿车从这路上驶过，路的两侧是丰满而又恢宏的法国梧桐。我知道另一边是迷人的美丽的湖。我知道这又是一个鬼使神差的、绵绵无尽而又转瞬即逝的春天。春天辽阔无边。但我暂时只愿在这小路上漫步，好像我只属于这条路，这条路也只属于我。

如果这样一根弦震颤起来了，它的声音，难道能够是和谐的、能够使喜欢鲜花和糖果的好人们觉得入耳吗?

每一个小说或者干脆叫故事都有一个关于故事的故事，即故事自己的发生、成长、受挫与痛苦命运的故事，这背后的故事也许仍然有趣。上面的引文说的就是产生这个故事、发生这部小说的故事，如实道来，据说这样写小说叫作“元小说”。我特别喜欢我自己写的“鬼使神差的春天”的用语，而且这个春天是绵绵无尽的与转瞬即逝的。绵绵与转瞬是含义相反的，却又是双料真实的，我喜欢用这种相悖相成的修辞方法。我不知道这是不是我的一个发明至少是一个实验。

这篇小说的意义还在于，它意味着我后“文革”时期的喷发的告一段落。从一九七八年到一九八四年，我写了那么多兴奋与感慨，二十世纪五十年代的火红，极左的试炼，荒谬绝伦的“文革”，欢呼新时期的到来，抚摸伤疤更期待清明，叹息光阴也骄傲于成长与成熟，还有时间与空间，距离与亲切，搅动与止息。它充满了戏剧性的激情，它是我对于目不暇接的新生活的最最及时的反应。

但是你已经不可能天天仍然温习梦魇，不可能天天回味光荣，如果你仍然认为是光荣的话，不可能总是激动于再生复活，第二次解放……文学期待着开拓与深思，文学期待着新的精神空间。

这里有更遥远的过往，更痛苦的隐藏，那就是更无奈的来历……那就是《活动变人形》，我下了写它的决心。

我与病中的孩子一起首次逗留武汉，其间还有一件趣事。我们每天在一个大食堂吃早餐，各人的早餐不完全一样，又没有菜单。有时候我们两人各有一个煎鸡蛋，有时候又没有，让你摸不着底。它的早餐是一碟碟陆续端上来的，服务员一声不吭。如果已经给你上完各小碟了，你应该及时离去，但你如果离早了，也可能丢下了某一小碟附加的食品。有一次就是临走了，站起身来了，服务员送来了煮鸡蛋。这天我们吃了馒头又喝了大米粥，吃了小菜与炸花生米，看到别的桌上纷纷上了鸡蛋，却没有我们的，不免有些不安——有嘴馋更有我对营养学的教条主义讲究，总该有点蛋白质吧？而且人的讨厌就在于什么事除了事情本身之外，还有一个面子观念，为什么别的桌有鸡蛋，我这个桌没有呢？吃鸡蛋的人都比我级别高吗？那么就这样走了？在这样尴尬犹豫时，过来了服务员，端来了两杯容器与成色都极佳美的鲜牛奶。而我此时的养生知识是，认定牛奶比鸡蛋还“养人”，鸡蛋里胆固醇比较高，而牛奶对人是百利而无一害。

一见牛奶，石儿大喜，笑容满面，我乃向他做出一个手势制止，觉得为一杯奶而大喜可能属于失态。他的笑容受到我的阻拦，赶紧停止，但是毕竟已经笑出了点样儿，中途停笑，面部肌肉动作与线条分布，极其滑稽，极不稳定。一看他的这种怪异表情，我也笑起来了，当然也觉得丢份儿了，我也来一个急刹车，将笑容化为乌有，估计我的面部线条变化也很不一般……如此这般，父子二人又笑又止，又严肃又着实忍俊不禁，气都喘不过来了。事后二人互相埋怨，觉得人生实在有趣。觉得自己当真不怎么样，太渺小，太没有出息。

我与石儿也有几次游东湖的经验，散步尤其是坐船。摇橹而行，水光潋滟，水声清冷，船身摇荡，岸上风光与时俱变，不断出新。这时有真正的摆脱、自由、回归之感。一切从对于杂务的遗忘，对于人生诸痛苦的遗忘开始。同时我们也感觉到武汉的服务业第三产业太不发达了，想吃一根好档次的冰棍，没有。想坐下来喝一杯冷饮，没有。有的是孝感麻糖。

武汉之行后我们乘江轮上溯去重庆。我们走了五天，尽情享受长江的美景。屈原、宋玉、诸葛亮、刘备、李白、杜甫、苏轼，巫山云雨与丰都鬼城，前、后《出师表》与朝发白帝城，急速流过的浊水带来了无尽的回忆。一个有着这么多回忆的民族，怎么能够长久地落在世界后面？怎么能够没有自己的好文字？

与我们同乘二等舱的还有澳大利亚的两位女士游客，她们一胖一瘦，形影不离。她们常常摄影留念。我表示可以给她们拍照，她们说："什么？留影？不，我们对自己的面孔已经厌倦，我们要的是中国，是长江，不是我们自己。"

互相熟悉一点了，她们向我请求，那种船上餐厅的类似盒饭的吃法太令她们不习惯了，怎么能十分钟就是一顿晚饭呢？而船上规定的外国人另行定价的办法又使她们实在吃不起点菜的饭。后来我帮助了她们，怎么解决的我记不清了，但她们最后几天吃得还不差。

第一次到重庆，重庆作协的王觉同志接待我们，住在苏联使馆改造的招待所。我很喜欢重庆的高高低低、立体感与历史感。我们常常步行到解放碑，在那里吃过抄手（馄饨）和汤圆。我们参观过那边的菜市，早在一九八四年，重庆的菜市已经显得很丰盛，尤其是猪肉市场，成批成堆，规模效应，一个地方卖猪手，便到处都是猪手。一处摊贩卖猪肝便一片猪肝，真是形势大好，口福无限。而重庆的高高低低的景观也令人赞美。只是此时，这些城市仍是一片破烂，与今天的情景相差天上地下。

在江船上的时候，石儿突然宣布他的病好了，说是一天在轮机房边冲澡（淋浴的莲蓬头已经坏了，我们就是冲一个秃龙头的一股子温水），一天他冲着冲着热水，说是脑子里咔嗒一声，病就好了。你相信吗？反正几天来他显出了久违了的笑容。而等到将要离开重庆的时候，他宣布，又病了。

一面是照顾儿子的病，一面是开始写《活动变人形》，一九八四年是难忘的。

一九八四年的六月，我率领中国电影代表团访问苏联，参加了塔什干电影节活动，访问了塔什干、撒马尔罕、第比利斯、莫斯科等地。同行的还有上海的导演黄蜀芹与电影发行公司一位通俄语的王同志。事后我写了许多散文、报告，狠狠地感慨了一番。这些文字当时就有很大的影响，李一氓同志还特别说他读了我的《访苏心潮》，觉得我在政治上已经相当成熟。另外女作家铁凝说读《访苏心潮》不单是赏心悦目，而且是赏神悦智。张炜也多次对我谈到此文。王安忆编过一本散文集，收我的便是此篇。到二〇〇六年，这一系列的文字收入《苏联祭》一书中了。

人生就是一个大的时间差。你最最渴望着什么什么的时候多半不会得到，人生早期的愿望，百分之九十九点九是不能实现的。而等一切都实现的时候，你并不是感到欣然有成，而更可能觉得是——至少同时是：怅然若失。我渴望去苏联的时候是二十世纪五十年代，实现这个愿望是三十年后，而三十年后已经人事全非，心境全非。苏联不是我梦想中的苏联，中苏关系更不是三十年前的中苏关系。我渴望成为一个有名有样的作家是二十世纪五十年代，同样也间隔了四分之一个世纪的风雨。然后，我已经是一个好的作家了吗？与其说是自信，不如说是自疑，与其说是踌躇意满，不如说是心慌意乱。隔二三十年或者更长的时间，实现了某个愿望或幻想，这是悲剧还是喜剧呢？一个人如果五十岁的时候见到了二十岁时候的与你未成眷属的初恋情人，你会浮出一个微笑还是落下一滴眼泪呢？反正，这毕竟提供了大量写作的动机、嗟叹的素材、琢磨的话题与额头上的纹络。写作文学的人有福了，所有的经验都十分宝贵，您这一辈子，“一点也不糟践”。而时间差完了，已告实现的愿望、幻想、“I have a dream”——“我有一个梦”，早已经不是当年的理想与心愿了。时过境迁，时过梦迁，圆梦于梦醒时节，老夫聊发少年狂，发完少年狂你还得赶快吃硝酸甘油药片……你还能说些什么呢？

苏联有一位外交部的官员会见我团，大讲什么想指望让资本主义国家帮助你们建设社会主义，是不现实的。斗转星移，不是我们批苏联的修而是苏联要批我们的修了。那时我也听到过苏联广播批评中国的右倾机会主义。这两个社会主义大国是不可能合拍的，各搞各的，起码对中国无害有利。但是，闹腾得多了，意识形态的争论的庄严色彩有所减退。意识形态不可不讲，但也不可让生活，包括让外交服从意识形态的条条。意识形态容易大起大落，但是生活与历史是稳定得多的概念。

有一个小小的经历有些趣味。在撒马尔罕（这个地名我早在新疆读塔什干出版的维吾尔语小说时就非常神往了）列宁集体农庄，举行盛大的午宴。一上来是讲话，讲得没结没完，大家都烦了。我乃问坐在身旁的一位活泼可爱的小伙子，名阿那托里，他的身份是英语翻译，我用英语问道，谁在讲话呀，怎么这么长？当时中苏关系并没有太好，我有点故意挑他们的毛病。

小伙子说：谁知道？也许是契尔年科吧？

我们俩大笑。我把他的话告诉电影导演黄蜀芹，也觉得有点哏儿。

但是从此阿那托里“同志”见我就退避三舍，连目光都不敢与我相对。无他，他的玩笑是犯忌的，而且我是中国人，如果我是中国的安全工作人员呢？他的拿苏共总书记开玩笑，会给他带来什么命运呢？

在塔什干，我们同样结识了一位英语翻译，是一个健康开朗的女孩子。我们应邀到她家做客，她告诉我们说，她的爸爸是华人，是在蒙古与她母亲结婚的。她父亲早已不在人间。妈妈我们见到了。此女孩毫不掩饰地说，她是学英语的，她想嫁到美国去，但是她的母亲警告说，如果她想远走美国，她母亲会杀死她。

回国后约三个月，作协转给我一个邮包，附有陪我们的团在苏联进行活动的使馆某工作人员的说明，说是此女孩邮来的邮包。内有腌咸菜（以青西红柿为主）与粗粉条。其情可感，颇显纯真。我有点子不明白的，一个是不是她以为中国仍在一九六〇年的饥饿中？一个是，我明明白白地看到包裹上写着的使馆那位官员的名字，怎么成了我的包裹？我俄语虽然不怎么样，识别姓名还是富富有余，我清楚地看到了三个音节，正是同志的姓名。莫非是他不愿意让同事感觉到他与苏方人员有个人来往，乃移花借木到王蒙身上了？反正这个情节我用到《歌声好像明媚的春光》里了。如果这位同志读到我的自传，也许他会给我一个说明，对不起，冒犯了。

访苏回国，在北方，我懂得了什么是夏日的新旧两天之间的交替。乘着飞机，眼看太阳在偏北方向（不是西方）落下地平线，这当然意味着原来的一天的结束，几分钟后，则是太阳差不多从原来落下的地方略略靠东那么一点点，仍然是北方而不是东方，丝毫不知疲倦地升起了，这就是新的一天。

举一反三，我们也可以想象北方的冬季，太阳从南面的某一点升起，不久又堕入地平线下，算是经历了一个寒冷的日子。伟大的北方啊，我们就是这样地经受着你的变化、你的寒暑、你的询问，我们应该怎么样观察和理解你？

我也多少学会了一点应对摩擦。当我听到某个我驻苏使团的人说话倨傲，用那种吓唬小孩的口气对我们进行训示时，我的回答是，既然如此，我建议取消这次访问，他反而没了词儿了。我想起了吴泰昌的妙计，有一次到海滨度假，一位朋友晚间出去游玩，另一位朋友非说此人可能遇了险，吴泰昌乃建议，立即请求中国人民解放军海军部队派舰艇去附近海面搜索。吴的夸张百倍的主张，吓退了另一种像煞有介事。其实我们都知道，对付太“左”的人，你不妨给两句比他还“左”的话，让他知道知道你的颜色。

果然，这位同志至今以极端僵化而闻名，他连“三个代表”重要思想也是反了又反。

还有一次是苏方电影委员会主任与各国代表团会见，我等了十分钟，还没有排到我，我想真是岂有此理，立即回房间休息去了。等你想见我时再来请我吧……

回国后没有休息就立即去上海参加《上海文学》的一个发奖活动，也是为李子云同志捧场。我很累，参加完颁奖活动还要到东海舰队参观访问，我们坐夜船到了宁波。一夜涛声，一夜马达，一夜无眠。在宁波住了一宵，住在天一阁的一个老式挂罗帐的床上，仍然无眠。然后到达东海舰队，搞发奖活动。各项活动事毕，入夜睡到三点多，一辆车走了六七个小时把我送到上海，应上海《文学报》之邀做一个文学讲座。那时上海的文学人员之间还有些个小矛盾，对于我并不特别熟稔的《文学报》，我是格外不敢怠慢。我讨厌把人分成山头、圈子，我绝对不承担任何与山头、圈子有关的义务与机密。但是我太累了，我的大脑已经是一片空白，同时我有些拘谨也是事实，一九八四年了，我的地位看涨，我的言论被许多人——友人与不那么友的人所注意，我也知道确有人对我狼视眈眈，我不能送货上门，投其所需，自取灭亡，给极左的与极右的爷儿们腾道儿。

如此这般，我专讲不知所云的话的恶劣印象、恶劣影响已经留下。上海文友陈村老弟，多次著文，说是王蒙讲话的特点是不知所云，以及其他云云，倒也是咎由自取，无处逃脱。类似的事并非只此一件，不劳也不宜赘述了。

到了八月下旬，我应邀到烟台参加人民文学出版社的作者集会。第一次到烟台，很惬意。我带了爱人和女儿、石儿，他们的开销是我自理。

烟台活动后我去了青岛，也是第一次到青岛。感谢当时青岛文联的负责人姜树茂先生，他陪我们在烈日照耀下爬了一天崂山，我们爬的恰恰是光秃秃、硬邦邦、无树无水无泉的那一面，不是后来我知道的清幽邃秘的北九水。石山、临海，仍然别有风味。一面爬一面想着蒲松龄的《崂山道士》，便觉得足下石径别有仙趣。在一处石壁上还看到李白的咏崂山的诗：

寄王屋山人孟大融

我昔东海上，劳山餐紫霞。亲见安期公，食枣大如瓜。中年谒汉主，不惬还归家。朱颜谢春辉，白发见生涯。所期就金液，飞步登云车。愿随夫子天坛上，闲与仙人扫落花。

名山因名作而益名。我后来才知道胶东，崂山，是中国道家文化的中心，这里的山色、海景应该是不凡的。我们爬了一天，最后到达了崂山著名道观太清宫，说是蒲松龄曾在此居住，并以这里的一株花为题写了《忍冬》。一九八四年，旅游还没有开发，太清宫一片破败，随意出入。现在修得很不错了，也要收门票，张罗导游，能多收几个钱就多收几个钱了。

此后不久，姜先生因病去世，据说他有不快之事。因不快而不快，才是最大的不快。战胜不快，竭尽全力快了再快，就永远不会被不快所压倒，就等于把“不快”这枚手雷扔回给对手，岂不快哉！而畅爬（我不说是畅游，而强调是辛辛苦苦地爬，爬得腰酸背疼颊烧口渴腿颤悠脚磨出茧子）崂山，这种豪迈与傻气已经是此生不再了。悲夫！

一九八四年初冬，我应沧州的《无名文学》主编李子（李树栋）与沧州专员郑熙亭的邀请，到沧州讲了一次《中国文学的济世传统》，这个内容的选择，与我的头衔有关，这是不能掉以轻心的。这是时隔四十五年后首次回到故乡。署前街、水月庵、铁狮子等地名使我感到似曾相识。

我也去了南皮县潞灌乡龙堂村。乡干部们热情地接待我，但是他们每个人的衣衫都不是囫囵的，不但有补丁，而且有开绽之处，就是说，每个人都多多少少地露着点皮肉。遍地盐碱，穷困异常，我为这震惊。提起我上一辈人的名字，他们居然也还知道，并告诉我原来的房子已经拆除了。

晚间，我翻阅沧州与南皮的县志，在南皮县志的大学生名录中，找到了父亲与伯父的姓名。有一首歌谣，两者都有，只有一字之差。

那就是我最爱引用与诵读的："羊巴巴蛋，用脚搓……"这是沧州版的。"羊巴巴蛋，上脚搓……"这是南皮版的。一比较，就显出俺们南皮的优越性来了，当然是上脚搓比用脚搓更特色，更乡土，更朴质。其后说到喝醉了老婆打死了，怎么办呢？应是"有钱的，再说个……"有人背诵成"有钱的再娶个……"也完了。我们家乡都叫"说媳妇"或"说给人家"（女方），因为从陌路人变成媳妇的过程是一个"说"的过程，找媒人，去说合，各种条件讲好，媳妇就到手了，就等着过门入洞房上床了，是说而不是娶，我真担心将来人们忘记了这个"说媳妇"的说法。

在沧州听了一出河北梆子，我感到苍凉。

沧州之行大大帮助了我完成《活动变人形》的写作。它也提醒我时刻不能忘记中国的农村，不能忘记我就是北方农村的土孩子。

一九八四年，中华人民共和国成立三十五周年，我第一次登上了天安门观礼台，看邓小平同志的阅兵，听他的讲话，夜间又在这里看焰火。长安街宽阔平坦，东西两头看不到边。集会与游行的群众花团锦簇，气球、白鸽、彩车、彩旗、鲜花、纸花……算得上烈火烹油般红火，鲜花着锦般绚丽。北大学生自发打出来的标语"小平你好"，令人落泪，多么久了，已经没有这种真诚的声音了。万岁越多真心就越少，是是是越多思想就越少，不是吗？

至于站在天安门城楼上看焰火，仰观盛景，似花似梦，俯视（仅指位置，无他意）万民，如火如荼。接天连地，光耀长街，大国泱泱，红旗猎猎，艰难困苦，玉汝于成，失误曲折，得来岂易，歌舞升平，欢笑盈耳，缅怀先烈，顿足坎坷，哀往者之永逝，惜今夕之多姿，能不感动，能不叹息！

一个小插曲，在城楼上我碰到了曾任甘肃、新疆书记与中央统战部副部长的汪锋同志，汪的女儿南宁在《人民文学》杂志任编辑，很活跃。故与汪老我们似乎多了一层关系。他离开新疆后对新疆工作仍然十分关心，他知道我会讲维吾尔语，对我很感兴趣。他是晚对我说："我与小平同志讲了，应该派你到新疆工作……"我一怔，他接着用土土的、略略拉长的陕西乡音对我说，"他——忘——了。"

当然，这里不会存在忘的问题。但在这样一个地点（天安门城楼），这样大的事情，这样高的层次，他讲得如此质朴、平淡、亲切，叫作三常：如拉家常、如历日常、态度平常，让我看到了我们的政治生活的另一面，生活化与简易化的一面。看到了政治的呼风唤雨，叱咤风云，也看到它的人情世故，饮食起居，就全面了。例如你读《东周列国志》，就常常发现这种鸡毛蒜皮、花絮拾零、喜怒哀乐、阴差阳错，甚至你会以为它太琐碎了，然而它有它的道理。例如我也听到过一些领导同志议论一个在“文革”中“上来”的人，说到他在“四人帮”猖獗时期照顾一位元戎级老领导的如厕，受到造反派大将的攻击，证明了他的阶级感情与“四人帮”的区别甚大。当然，这决定了他在“四人帮”倒台后的命运。

此年的春节鞭炮达到了登峰造极，其热烈甚至不亚于国庆节的天安门，因为是群众性、普遍性、自动化的，满天焰火，满天巨响，此起彼伏，忽紧忽慢，于乌合中显同心，于无规则中显步调，别有盛况非昔比，是天命之年的王蒙过去从未遭遇过的，我的《名医梁有志传奇》就是在这种感叹下写出来的。

这篇小说写孪生兄弟俩，一个腼腆木讷，一个聪明活跃。前半生，木讷者平安无恙，聪明者屡遭挫败，后半生，聪明者青云直上，甚至阴差阳错地，却也是事出有因地被认定为名医，成了医学界的头面人物，而木讷者开始寂寞失落：失落了自己虽然一无所能，但正因为一无所能才长期被信任被重用的优越感（改革开放的年代，这样的失落者，亦非罕见。这些年，尊重知识、尊重人才的口号叫得多响，也会响出点插曲和小笑话来）。终于，兄弟俩都承认国家情势是好多了。

“真是的，真是的，真是的……”梁有德干了两杯“五粮液”以后，不胜感慨。

“总算是安居乐业了，国家富强也有了希望了。”

……两家人一致认为，现在是中华人民共和国成立以后发展最好的时期。

“也是最乱的时期之一，有些事还挺古怪。”

“不怕，不怕。这挺有意思。”

“现在看你们的了。”哥哥向弟弟举起了酒杯，眼眶里满溢着泪水，“可别搞糟了啊！”

“还要看你们呢！”梁有志向侄子、儿子、侄女举起了酒杯，他想起了“空中楼阁”，想起了小刘，想起了细声细气唱流行歌曲的摩登姑娘和她的听众，也想起了前不久给市民们做报告的前线归来的英雄模范。

然后他搛起葱丝拌徐水豆腐丝。

饭后大家一起站到阳台上欣赏夜景。一连三天了，每天晚上发疯一样地放着鞭炮烟花。噼里啪啦，呜呜呜，乒乒乓乓，整个城市发狂一般，翻江倒海。多年的艰难、沉默、奋斗的冤枉路，似乎都在这翻滚中得到了报偿。而翻滚不已的花炮的浪潮中正在躁动着繁荣的捉摸不定的未来。

哥儿俩老泪纵横。

我的一个后辈问我为什么他们要老泪纵横，难道年轻人对国家的发展与稳定没有老泪纵横之感了吗？

现代派风波中对我很不感冒的唐因同志甚至著文称道此篇小说，他也是希望引导我走向如实地反映现实、被大众所易于接受的正路吧。

由于此篇命名为“传奇”，我居然得到了当年的“传奇文学奖”，这也就奇了。

一九八四年的另一件事是年底的第四次作家代表大会。由于意见不一，声音不一，“指挥”不一，作家们算是活跃了一家伙，麻烦接踵而至，我想起了名翻译家杨宪益对于文艺界多事的一个说法：“阴天打孩子，闲着也是闲着。”此外还有一些类似的说法则不是出自杨宪益。一个说法：“管丈母娘叫大嫂子，没话找话呗！”还有一种说法：“杀猪捅屁股，各有各的门道。”“剃头使锥子，一个师傅一个传授。”而最后一个说法呢，倒不是来自杨宪益，而是学者周一良，他因为“文革”中进过梁效写作班子而颇有经验，他著文道：“百无一用是书生！”

24. 孰能无过，孰能免祸

一九八四年年底到一九八五年年初，开了一个跨年度的作家代表大会。“文革”结束以后，中国作协党组书记一职由长诗《王贵与李香香》的作者、诗人李季担任。但一九八〇年李季猝然离世，后一直是张光年主持工作。李季、张光年还有一个特点，就是他们都兼任《人民文学》的主编。直到第四次作代会，改选了作协的领导机构，包括作协党组也基本上是新的人选。作代会上即将离任的张光年同志做了长篇报告，报告有很强的文学性与理论性，对于“新时期”（后“文革”时期）的文学成就与大量中青年作家的涌现有所肯定，对于创作自由问题也有所阐发，对一些文艺理论、政策问题谈了自己的见解。

说来话长，居然在新中国的历史上有过这么一次作家代表大会，有说是闹翻了天的，有说是多么好、多么民主的，有的赞扬，有的愤恨。而其他多数西方国家根本就没有什么作家代表大会一说，想开也开不起来，开起来也无事可做。他们那里往往只有二三流作家才组织作协，目的是与出版商讲价钱和维护其他涉及作家利益事项。例如瑞典，公共图书馆要根据借阅人次给作家付酬，这是作协的功绩。而一个像模像样的作家（比如托尔斯泰或者巴尔扎克），一个人就胜过一个会。在许多其他事情上，一群人总是大于一两个人，甚至同属于艺术门类的交响乐、芭蕾舞、大歌剧、杂技的演出也需要一定的规模和气势；然而文学不同，一大堆二三流文人凑到一起写作，天哪，还不如让一个大家躲在某个角落里悄悄地转脑筋。

那么为什么我们这里有这样显赫的作家协会呢？第一，中国革命的不二法门是实现人民的包括作家的革命化、组织化与革命的人民化（大众化、工农化），正是史无前例的中国人民大革命中，实现了罕见的作家、艺术家的革命化、组织化、人民化。第二，革命天生与重理想、亲庶民、长太息以掩涕（屈原）、举红心以照明（高尔基）、扛闸门以救生（鲁迅）、虽九死而未悔（屈原）的文学相亲，使得自古以来便相轻相疏的文人们在革命的旗帜下团结起来，拧成了一股绳。而革命的政党也极其重视文学在发动革命、动员人心方面的作用，这种重视是无与伦比的。第三，有苏联的榜样，有高尔基、绥拉菲莫维奇、格拉特考夫、卡达耶夫、费定、阿·托尔斯泰，有法捷耶夫、西蒙诺夫、苏尔科夫的作家协会的示范，有苏联文学与苏联作协的空前的辉煌阵容，还有严肃的批判、清洗（如对左琴科对现代派）吸引着同时也警示着我们。可以说，像模像样的作家协会，堪称辉煌的作家代表大会，乃是放飞社会主义、共产主义理想的一个成果，是文学理想主义的盛典。二十世纪五十年代我写作《青春万岁》时，得到作协的关照，不仅是我，连团市委的领导一听“作协”二字也觉得很了不起。第四，在一个马不停蹄地进行着革命与社会改造的国家，作为一个意识形态的战线司令部的作协，任务艰巨至极。作协是党与作家的桥梁，作协是文学战线阶级斗争的火线和堡垒。作协顶住与战胜了文学界的可能的与确有的歪风邪气。作协振奋着全国作家的革命精神，并意在通过作家们的革命化来实现全国人民的革命化。第五，作协给广大作家的服务也是无与伦比。除了社会主义国家，再没有这样的作协（给作家）发工资，定级别，发奖金，分房子，报销差旅、医药、困难补助各色费用，组织评奖发奖，组织出国对外交流，与此同时，作协机关也给自己带来了好处，多少人在这里获功名，得升迁，享受了套改成政府官员的待遇，不但有科级处级，而且有局级正副部级。

这样，作协也就可能成为一个名利场、竞技场、争斗场、晴雨表，也可能变成一个自我周转、自给自足的机关小衙门。这个协会可能今天掌握在这几个同志手里，明天又是另外的同志，可能与某些作家特别亲近而与另外一些作家疏远。有群体的组织的高于一切，就有个人的权力体现，有公正就有不完全公正，有亲切关怀就有冷漠处之，有人挤有人钻就有人告状有人骂，有人承认就有人否认，还有人大张旗鼓地声明退出……各人秀各人的。正像有电脑程序就有电脑病毒，有电脑病毒就有杀毒软件……

就是说，本意是团结作家的作协，弄得不好，会成为作家们分裂的缘由。不但要争取反倾向的命名权，还要争协会的资源主导权。推动创作的作协，会成为身为作家而不再搞创作、但抓领导与名分的缘由。负责文学的作协的存在，会成为吸引众位作家更加关注地位的升降、权力与资源的分配，而不是关注文学的根由。

……让我先从曾任《文艺报》主编、《人民文学》主编、作协党组书记的张光年老师说起。他是一九一三年生人，比我大二十一岁。当然，早在地下时期，在北京顺城街北大四院礼堂，激昂慷慨地欣赏《黄河大合唱》的时候，我已知道了光未然的名字。后来读过他在《文艺报》等媒体上用张光年的本名写的评论文字。在反修的高潮中，我读过他写的歌词："山连着山，海连着海，全世界无产阶级联合起来。"在"四人帮"倒台后也读过他的诗篇。

而自一九八三年我到中国作协工作，一直在他的领导之下。我感觉到他是一个十分重视参与和掌握领导权的干部，但诗人的激情并未泯灭。长期政治生活的经验，又使他敏锐于政治的选择与斗争，尤其是党内斗争。此时他和许多人一样，都认为改革开放牵扯到兴衰存亡，改革是一场大战，然而有保守者，有抱住教条极左不放的人，有时刻准备着扑上来整肃知识分子文化人的所谓僵硬派。他不拒绝妥协与平衡，但是他自己的选择鲜明坚定，他不怕得罪他的对立面。他的名言是：一个人活一辈子，连个人都没有得罪过，太窝囊啦。

我所接触的应该说是我国第一代的革命作家，包括丁玲、周扬、夏衍、欧阳山、刘白羽、张光年等还有一个共同的特点，政治上的自信，坚持性、斗争性、原则性明显超过后人。

由于光年的资格，他的文学成就、他的始终如一的坚持与鲜明，他在作协极有威信，说到做到。他对周扬也很尊重，而对其他人自上而下的指挥就不太那么当回事。

我虽然时任《人民文学》主编，无意染指协会的运转，一般通知我参加党组会我多是谢绝请假。但我确实是光年的座上客，常与他长谈交流，互相信任，也有时相互欣赏。我也很接受光年的一些分析与倾向，佩服他的坚决与沉稳，但是我一直注意不要陷得太深过深，我正在创作旺期，我仍然保持着每天数千字的写作势头，我相信对于作协机关来说，我不过是新来乍到，我靠的是作品，而对于所谓一官半职实不放在眼里。用我的话来说，官员也是正当职业，但是真正有志于做官，何不去公安、人事、财政、物资……部门，至少也要去一个知青办、拆迁办，掌一方实权，管一方实事。跑到作协来却一心当官，不感到是一场误会吗？有哪一个真正的作家真把作协的官当成写作的做主者拍板者，有哪一个真正的领导，能把作协的官员纳入自己的干部系列？

这是说的二十世纪八十年代的情况，现在已经不同。

只当助力，不当主力，这是我自定的注意事项。请看看我在一九八三、一九八四年两年，即到中国作协任职后的写作情况吧，下面摘自《王蒙文存》附录的王氏创作年表：

感谢和呼吁《人民日报》1983.1.4
关于改革专业作家体制的一些探讨《北京日报》1983.1.4
生活呼唤着文学《文艺报》1983—1
作家应无恙，当写世界殊《文汇月刊》1983—1
青龙潭《人民文学》1983—1
雪里送炭，其善如何《希望》1983—1
音乐与我《北京艺术》1983—1
诗情词意《钟山》1983—1
风息浪止《钟山》1983—1
黄杨树根之死《花城》1983—1
祝《青春》丛刊创刊《青春》丛刊1983—1
新的年代新的梦《人民文学》1983—2
文学现状断想《民族文学》1983—2
木箱深处的紫绸花服《花城》1983—2
群山如潮《时代的报告》1983—2
西沙之什《昆仑》1983—2
英勇悲壮的“知青”纪念碑《青春》丛刊1983—2
切莫拥挤在文学小道上《中国青年报》1983.3.31
漫话几个作者和他们的作品《文艺研究》1983—3
深渊《小说界》1983—3
撰余赘语《中篇小说选刊》1983—3
偶然（三则）《延河》1983—4

对军人生活的广阔与独特的感受《昆仑》1983—4
文学与我《花城》1983—4
可喜的追求《民族团结》1983—5
淡灰色的眼珠《芙蓉》1983—5
近几年的中短篇小说创作《北京文学》1983—6
哦，穆罕默德·阿麦德《人民文学》1983—6
色拉的爆炸《上海文学》1983—6
虚掩的土屋小院《花城》1983—6
长篇小说要水涨船高《当代》1983—6
华老师，你在哪儿？《散文》1983—7
不仅仅是为了文学《人民文学》1983—8
漫话文学创作特性探讨中的一些思想方法问题《上海文学》1983—8
好汉子依斯麻尔《北京文学》1983—8
比怀念更重要的《光明日报》1983.9.8
安息吧，鞠躬尽瘁的园丁《羊城晚报》1983.9.8
灰鸽《人民文学》1983—9
创作是一种燃烧《文学报》1983.10.13
短篇小说优势谈《文艺报》1983—10
小说创作要更上一层楼《山花》1983—10
涤除污垢，迎接新的繁荣《光明日报》1983.11.7
清明的心弦《光明日报》1983.11.26
葡萄的精灵《新疆文学》1983—11
雅俗共赏的一朵奇葩《文汇报》1983.12.18
苦恼《北京文学》1983—12
光《上海文学》1983—12
妙仙庵剪影《山花》1983—12
谈党员作家不应自视特殊《红旗》1983—22
与彭荆风谈《云里雾里》《文艺报》1983—22
《漫话小说创作》上海文艺出版社1983年出版
《蝴蝶》（英文，多人译）北京外文出版社1983年出版

1984年

且说“撞车”《文汇报》1984.1.18

爱弥拉姑娘的爱情《延河》1984—1

长篇小说是史诗《长篇小说报》1984—1

文学与文学之外《解放日报》1984.2.14

来自生活的启示《民族文学》1984—2

逍遥游《收获》1984—2

大地和青春的礼赞《文艺报》1984—3

鹰谷《人民文学》19843

使命·创造·人才《无名文学》1984—3

边城华彩《十月》1984—3

读一九八三年一些短篇小说随想《文艺研究》1984—3

谱写农村的新生活交响乐章《文艺报》1984—4

能不能写得更好一些《萌芽》1984—4

南海三章《解放军文艺》1984—4

变化中的生活和文学《绿灯》1984—4

读《鸽哨》《昆仑》1984—4

张韧《中篇小说论集》序《当代作家评论》1984—4

社会进步与道德审美评价《当代文艺思潮》1984—4

对于现实生活的反映、反应与呼唤《光明日报》1984.5.3

我的第一篇小说《山西文学》1984—5

新时期文学的现状和未来《当代文艺思潮》1984—5

小事（二题）《小说界》1984—5

焰火《花城》1984—5

爱的影（三题）《文汇》1984—6

雨·船《散文》1984—6

访苏心潮《十月》1984—6

三峡《散文》1984—7

回顾与展望《中国青年报》1984.8.23

塔什干晨雨《人民文学》1984—8

我们为什么自豪《光明日报》1984.9.9

国庆小札《北京日报》1984.10.9

“面向现代化”与文学《人民日报》1984.10.22

且说《棋王》《文艺报》1984—10

我们明朝要远航《上海文学》1984—10

伊犁，我永远不能忘记你《人民日报》1984.11.5

何期泪洒“江南”《雨花》1984.11.15

苏丽珂《北京文学》1984—11

中国文学的黄金时代《文汇报》1984.12.31

访苏日记《三月风》1984—创刊号

《北京优秀短篇小说选》序

大馅饼与喀秋莎

致习作者

我看微型小说

再谈微型小说

《木箱深处的紫绸花服》上海文艺出版社1984年出版

《淡灰色的眼珠——在伊犁》作家出版社1984年出版

《橘黄色的梦》百花文艺出版社1984年出版

《青春万岁》（朝鲜文，金毅泉译）黑龙江朝鲜民族出版社1984年出版

《说客盈门》（匈牙利文，鲍洛尼译）匈牙利欧洲出版社1984年出版

《深的湖》（罗马尼亚文，康斯坦丁译）罗马尼亚书籍出版社1984年出版

两年，按每周休息一天计算，约六百个工作日。列表并不完全，共新发文字九十四篇（不包括新出版的集子），平均每八天一篇新作。表中的黑体字是此二年的小说作品，原创性的共二十二篇，其中中篇七篇、短篇十五篇。在此期间我去过苏联，去过南海与西沙和一些山区，乃写了游记和远远不仅是游记的散文。这期间也常常要参加一些推不掉的会议，还要交谈一些文学问题，我也都将它们转换成我的写作契机、写作缘起、写作题材，把它们写成评论与杂文。这两年（当然，还不仅仅是这两年，而差

不多是一直如此，至今如此！）是我疯狂写作的两年，是我专心写作潜心写作的时期：越是有了各种头衔与社会义务、“官差”，我越是死活不放弃写作，我几乎要哭喊：我只想写写写！列表本身就是最好的证据。一个心有旁骛的人，一个拿文学当敲门砖的人，一个官迷权迷钻营者与厚颜逐名利者，可能这样写作吗？可能保持文学的心态、诗情画意的心态、激情满怀的状态吗？那些以小人之心度君子之腹的人，你也拿出你这么多年的货色来嘛！有几个人在这个时间段这样好好地写过？

除光年外，我也时而与贺敬之副部长有很好的交流，他对待领导工作十分认真，十分动情，十分较劲，他经常与我讲到文艺界特别是作协的一些不良风气和言论等。我则是笑眯眯地且听且淡化柔和化之。我从来不认为文学界是一片光明神圣，我从来不认为作家们都比政治家更懂得政治，认为作家应该反过来影响与带领政治家。我认为从政治上不必对作家们期待过高，太以无产阶级的政治家的标准要求我们的小说诗歌同行，以指令性或指导性文字的标准要求诗歌小说。同样，在关心、理解、帮助直到容忍文学上，我的同行们、从业者们也不应该向领导人提出过分的要求。身份不一样，思路不尽一样，用语也常常不一样，一点也不奇怪。您谈起文学界的思想问题作风问题、情调问题，我并无大的异议。但是您太重视作协，认为作协最富意识形态性（这是我的解释，如有不准确处我应负责），所以领导好作协是领导好全国的文艺界的关键。我觉得说大发了。我认为在基本正常的前提下，文艺工作需要的不是时有的新精神与老“精神”的调整贯彻，不是文艺思想的苟日新又日新日日新。在正常情况下，在以经济建设为中心的时期，领导首先需要考虑的应该是国家的支持、提供的条件、拨款的倾斜与依法的管理，是文艺资源的配置，是文艺事业的激励与遏制机制——当然也包括对公害型与敌对型活动的遏制。作家们想望的是，应该是，安安静静地写作而不是时时地提醒与照拂，时时地指点与防范。一个潜心写作的作家，不可能是危险人物，不可能是颠覆势力，不可能是成事不足坏事有余的政治投机丑类。文艺问题的是非得失，只能通过从容的讨论即文艺批评来解决，而且往往一时难于得出结论，文章千古事，得失寸心知，文学史上的未决公案永远多于所谓定论。越是强调是定论，越有机会某一天被搅个人仰马翻。所以我不想响应在文学界睁大眼睛开展严肃的思想斗争的设想与部署，对这一类设想部署，如组织创作、组织批评、组织写作班子之类，我大致是偏于不得不虚与委蛇。这是事实，如有偏差，我应该负责，如果我的想法辜负了上面特别是贺同志的期望，也完全是我个人的责任。

然而，抓文艺问题，抓作品中的“问题”，人们已经习惯。你在位的领导不抓，人民也要抓，读者观众也要抓。一个后辈写作人说得好，不怕革命领导，就怕革命群众。“文革”结束以来，有多少举报控告文艺作品的信上达“天庭”！

数十年的经历，使我时时感到历史惯性的不可等闲视之。“文革”前以及“文革”中，动辄从作协开刀搞成全国性的政治运动，而文学的命题不像法律，不像文件，不像告示，也不像号召书。文学的意图全看你怎么分析，你分析起来常常是得心应手，没有逻辑上、法学上直到政治路线上的硬度、难度。大人虎变愚不测，你怎么说它就怎么是，你今天说这篇作品好，明天大骂，也必然有理。评《水浒传》能联系到“文革”批邓，便是一例。

此外，搞成那么多悲剧，也还由于一些人对知识分子特别是文人、作家的陌生感、隔膜感，觉得他们太不听话而产生的更欲使之就范的情绪。

如此这般，我讲不太清楚，而在二十世纪八十年代中期我只求大事化小，小事化无，你好我好，大家都好。我知道我想得太简单、太一厢情愿，用今日流行的词汇，就是说想得太单边，也许可以说我想得太庸俗。会有人以为我是在否定领导。我的想法接近于，领导的最重要的任务是向作家艺术家提供全局性的资讯、方针、政策，使文艺家理解全局，支持全局，有利于全局。领导是对于整个社会文化事业的领导，规划，拨款，设置机构、增加基本（硬件）建设、用人、通过教育培养人，激励与抑制（奖惩）等。当然一个革命的政党不会忽视通过自己的文艺界的成员，例如通过作家中的共产党员来传播党的纲领和战略策略思想，提供方便去创造恰恰是党所急需的文学出品，动员和教育人民跟着党走，完成党的宏图大略。同时，作为执政党，它同样有责任满足不同人群的不同的精神需要，包括休闲娱乐消费的需要，个性化的需要，大众的需要与小众的探求追索、五道八荒的需要。

我的想法在斯时是太轻松、太潇洒、太如意了，我相信我的这种态度使贺部长失望，我没有能够与他并肩对他心目中的“资产阶级”浴血奋战，更没有成为他所期待的一个披荆斩棘、呐喊冲锋的尖刀班长。他要我在北京市召集的会，我召集了，也谈了些社会责任之类的话题，但是开了也就开了，没有也根本不可能有过去毛主席时期那种呼风唤雨、一呼百应的效果。此一时也，彼一时也，老经验有时候并不甚管用。

我常常想起我刚刚当选中央候补委员时，他第一次与我谈话就讲的一句话："你要准备好了挨骂。"这其实是一句交心的话，他知道文艺界的难于"领导"，他知道让文艺人符合党的要求绝非易事，他下了决心、狠心要献身给自己的使命，不怕得罪人，不怕做"恶人"，不怕斗争，不怕牺牲自己的人缘。他确实是这样做的。

而我完全听不进他的此言、实言、肺腑之言、忠言；我想的是做好人，做党与广大作家的桥梁，做整肃文艺人时的缓冲橡皮垫，做一个居中的，绝对不脱离作家同行的，也同时是遵守党的纪律顾全国家大局的独一无二的角色，做一个健康、理性、平衡与和谐的因子。贺的想法悲壮、决绝、坚定、义无反顾一锤子砸到底，我的想法中庸、幻想、左顾右盼、适可而止。这时再加上了改革开放初期的本来是自然而然的不同角度不同观念不同掂量的所谓歧见，再加上"代"的差别与文人对于文人的未必全不相轻，我们就很难融洽如一人了。

此时的作协党组书记张光年已经七十一岁，他几次与我谈，另外中宣部与中组部有关领导（郝局长、沙蕻局长）也都与我谈，叫我接任主持作协工作。我提出，我正在写作旺期，又接手《人民文学》的工作不久，我更适宜协助支持作协的工作而不是具体管起来。我提名唐达成做下一任的作协党组书记。在张光年问我对于原班子成员谁可留任时，我特别提了冯牧，我认定冯绝对是功大于过。这可能与我以君子之风的自律与自诩有关，你愈是对我有过并不十分好的记录，我愈是要发掘你的长处，与你团结友谊。何况冯对于发展文学，帮助青年作家是真真热情无限的，我的大部分对于文学的看法与冯牧距离不远。从冯以后，再没有第二个作协的哪号领导人每天阅读那么多新人的作品了。这也可以说是从大局出发，从大方向出发吧。我也表示欢迎有另外的有关领导推荐的天津的鲍昌同志，并推荐了从维熙等人。但这样却触怒了我没有提名留任或调入的人……做人做人，谈何容易？

有趣的是此时的高行健先生非常支持我去管作协工作，他说："为什么我们老是当在野的？”开完作代会，见我没有做党组书记而是副书记，他极其不满，大呼“没劲”。是我天真了吗？是他不了解我的心思吗？当然现在说起来，已如隔世。不知高先生是否还记得。

这段经历令我想起著名的禅宗故事。

> ……后六祖为避人迫害，避难于猎人队中十八年，思量入世传法。适逢一法会，风吹旗动。一人曰旗动，一人曰风动。六祖曰：“不是旗动，不是风动，仁者心动。”震惊四座……

短短两年，我出席会议，出访外国，应对难题，交流上层，旗动，风动，树梢动，烟动，连鸟雀鹰隼蚊蚁虫豸也蠕动躁动不已，嘶叫哭闹不已，我仍然能潜心写作，一篇又一篇。无他，我的心没有动，我是写作人，我的主业是写作，没有写作，谁会选我当这个干那个？潜心写作的另一个效应就是摆脱争执的烦恼，摆脱得失的计算，不因浮名而喜而傲，不因攀缘而累而苦，不因位子与帽子而忘却自己的真功夫与实货色，与各种蝇营狗苟、纵横捭阖……拉开了距离。

一位首都的兄长作家诚恳地告诉我：“你要想办成点事，还就得拉帮结派……”

他所说的办成点事大概是指我的染指权力与事实上已经显出了的官运亨通的势头，我个人恰恰对这个势头并不那么执着。我并没有追求那个，我也并不到处解释，以免给人以得了便宜还卖乖的误解。我从那时就总结我的原则，团结所有的同行但绝不拉帮结派，尊敬所有的领导但绝不奉迎投靠，寻找最大公约数，说话考虑到最大限度接受面的可能，但是不说假话，不曲意献媚，不论是媚官媚民媚洋还是媚青年还是媚哥们儿姐们儿。

关于“精神污染”的不同的想法、不同的说法、不同的态度使人弄不清楚，也使有些文艺人大为兴奋。包括我本人，对于提出精神污染问题，感到或有的压力与惶惑，对于后来说不提精神污染了，则舒服得很，奔走相告，抚额相庆。提与不提，都是上头说的，背后有什么玄机，没有几个文艺家明晰，四次作代会就是在这种减压添彩的兴奋中开动了的。

开幕式上，宣读各领导人贺词、贺信的时候，胡乔木的声音受到冷落，周扬的名字轰动全场。有人发起了致周扬的慰问信，会场上悬挂着这样的大信，许多人去签名，我没有签。

会议的主题是创作自由。此前周扬多次讲过，他认为过往的工作中的一个失误是没有注意保护作家们的创作自由，大家都觉得他讲得好。我在会议闭幕词中讲中国文学的黄金时代到来了。当然我也痛切地号召团结与潜心创作。我从来都是呼吁团结与潜心创作，对于分裂与角斗则既恐惧又悲凉。

其实创作自由不是喊出来的，它是一个逐步实践、落实与拓展的过程。中央工作机构讨论贺词时也在琢磨这个创作自由的问题。原来的草稿里先说了要自由，再说是也不能什么什么都自由，我觉得不是好的措辞，便建议改为“我们相信，广大文艺工作者一定能够充分珍惜与正确运用这样一个来之不易的创作自由……”（大意）。我的“修辞”大受主持会议的领导的赏识。他问贺词的起草人：“这么好的说法你们怎么没有想出来？”我的一度大受赏识与此有关。

然而大会诸兄、诸公是没有人注意什么“充分珍惜与正确运用”的。人们常常是单向的、明快的，往往是求痛快于一时一刻的。群众在一个时期，只讲一种一句一项人们最爱听的话，只繁荣昌盛一个方向的风。正如一位领导兄所说的：“四次文代会上，小平同志讲了多少话，关于社会责任，关于人民是文艺工作者的母亲，都没有人提了，只记住一句话：不要横加干涉。”当时还有个笑话呢，一位作家说，怕的不是横加干涉，是竖加干涉！

四次作代会的结果是好几个重要的作家诗人落选。其中最引人注目的有丁玲、刘白羽、贺敬之、曹禺等，他们都是作协副主席的候选人，而且名字都印到了选票上，本应无疑问地选上的。曹禺的落选主要是因为他已经当选为剧协主席了。而其他几个人的落选就与舆论、与各种窃窃私语有关。在投票前的本届新选出的理事会上（按章程由理事会选举主席团的组成人员），张光年与我轮番讲话，应该叫作喊话，我们轮番主持会议，恳请各位理事顾全大局，为这些德高望重、在内外上下都颇有影响的大人物投上一票。我讲得声嘶力竭，几乎是声泪俱下。我与光年都明白，争论归争论，作代会必须扩大团结，而不是缩小队伍，必须保持相当的平衡，而不是畸形倾斜，必须强调积极正面的东西而不是嘲骂无度，打击一部分人。

我讲得嗓子嘶哑，口干舌燥。会议休息时，刘白羽老师对我说：“你真是苦口婆心啊……”会议中，刘老也参加了不少活动，还是相当注意树立民主作风与亲和形象，以及与青年作家的沟通与交流的。

但是“群众”不管那一套，怎么有戏怎么来。“群众”老是有一口“鸟气”，有一种被管理、被忽略的感觉，好容易得到机会撒撒欢，说说话，散发散发，充分乃至过分地表达一回，岂能善罢甘休？

我想起我一九五六年在七三八工厂，改选党委，也是由于几个人发言、发难使某个候选人落选。我并不认识这个候选人也不认识发言反对他的几位志愿军复员老兵——顺便说一下，多年来，我发现，越是在纪律严格的部队中锻炼过的人，越是勇于和善于使用自己的民主权利——但是我对于选举中出现了始料未及的情况感到兴奋有趣提气：出现变数是吸引人的，给上边出个小难题是很有趣的，没有变数是乏味的，一切按部就班早有结果是不好看的。这与看足球比赛一样，外行看球，其实就是想看个谁输谁赢，看个悬念，尤其希望爆个冷门，出个黑马，玩的就是心跳。这一点有志于在我国发展民主程序和选举政治的人士不可不察。

反响之激烈可以想象。我还幻想做一些善后工作，委托一些人去看望落选的作家，打电话给一些人邀请他们参与作协的某些工作，例如评选茅盾文学奖的工作，都遭碰壁，无效果。事已至此，你已很难保持距离，保持“不动”，保持超拔了。你已经陷入文坛内斗的苦海，你再也不要自鸣得意，潇洒超然，自欺欺人了。

我委托《人民文学》副主编周明云看望了一次贺敬之。我后来也与李希凡商议过看望贺敬之的事宜。我自己更靠后应约看望了一次患病的柯岩同志，并听取与转达了她对于作协的一些想法。

有一位领导很生动地形容这种文艺头面人物的内斗：从上海左联时期就斗，到了延安，斗得更厉害了。抗战胜利，解放战争胜利，成立新中国，仍然继续斗。直到“文革”，全完蛋了，消停了些。“文革”一结束，又斗起来……最后两边的人都逝世了，一看，两边的悼词，并无不同，都是优秀的文艺战士，都是杰出贡献，都是巨大损失，谁也没比谁谁多斗出个一两一钱来……

我特别常常想起丁玲，她是我少年时期最崇拜的作家之一。复出后，她在会议上讲过："艾青说，往日的是非是空，我说是无。我现在满腹经纶，但是时间已经不多了……"她说得多么惨痛。但我的印象是她一直在争这口气，她在晚年，又拿出宝贵的时间去办刊物，刊物原命名《中国文学》，因与英语法语版的《中国文学》重名，未获登记，便干脆命名《中国》，也是豪气。艾青反映说："嘀，都有了阵地了，我可没有！"然而，此时此刻，文学刊物林立，《收获》《当代》《十月》《花城》钟山》《清明》……已有的刊物占尽先机，作协领导再加上中青年作家们已经占尽先机。在中国当代，文学如海，文学如山，波浪汹涌，巅峰崛起，丁玲虽然伟大，登高一呼，应者云集的场面，已是明日黄花。《中国》《中国》，有它不多，没它不少，另办文学期刊，谈何容易？看看此刊作者的新锐阵容，与原先宣布的目标——发扬革命文学传统——相距何遥？又哪里有什么丁玲的特色？加上编委会内部分歧，她老太辛苦了。

我倒是很注意，为此刊特别写了《风格散记》一文，连载两期，有一定影响。

而四次作代会召开之际，我陪一位领导同志去医院看望已经成为植物人了的周扬。周扬处于昏睡状态，鼻子里插着饲管，工作人员大叫，某某同志来看你了，王某也来看你了，周扬的眼皮稍动。周扬同志的爱人苏灵扬还在生气，说是要"要人"呀什么的。后来作家医生毕淑敏对我说过，眼皮的活动是一个人最后剩余的自主活动了。哀哉！

倒是冰心，我陪领导同志在四代会时看望的另一位老人，让人还舒服些。她老戏言，一辈子只当副职。她老还爱说，她是真正做到了毛主席所号召的"五不怕"的：不怕撤职，不怕坐班房，不怕开除党籍，不怕离婚，不怕枪决。而四次文代会期间，新闻报道里提到了冰心的文章表达了"爱心"，马上遭到南方一位著名老作家的批评，他指出，笼统地讲"爱心"是没有阶级性的。

对巴金也是有各种说法的，但他毕竟高峰却又适度超脱，爱国人士，全国政协副主席，无人奈何得了他。冰心处境最好。他们的经验难以照搬。周扬已经植物人，丁玲正在苦战。党内的其他文艺"巨头"，则已经陷于角力较劲、谁都甭想舒服的境况中。尤其危险的是，他们的文艺见解可能引起了更大的歧见，他们包括王某已经摆脱不开实不希望存在的歧见的阴影……

王蒙，王蒙，前车之覆，后车之鉴：你最后将会是怎样的下场呢？

25. 我究竟是谁

四次作代会上巴金得票最多，其次是张光年与刘宾雁得票数相同，由于电脑的排名（笔画数相同时看是何种笔画在先，例如横是第一竖是第二之类），刘算是第二位。再往后是我还是陆文夫，记不清了。反正我与文夫相差票数很少。《人民日报》公布了各人的票数，事态更加刺激。原本四代会主席团提出的副主席候选人名单中并无刘与陆，但讨论中有些代表很强调应尊重民意，选上他们二位。我至今记得几位老延安是怎样激情满怀地为刘说话，认为刘有一种责任感和直言死谏精神，于是又加了这两位副主席。我在第一次主席团会议上被推举为常务副主席。后来有人为了说明作协四代会如何之糟，便说刘当了常务副主席，非是。

本来，按道理讲作协的主席副主席之类的职务，是最无所谓的，原因是作家靠作品吃饭行路，作家中没有等级服从。例如孙犁，在中国作协从无显赫职务，但是他风光万种，独占鳌头。

我还想起了巴金的一次嗟叹。一次出国，作协外事机构给他老印了名片，各种头衔琳琅满目，先是政协职务，再是作协，再是上海的职务，最后是“小说家”三个字。巴老叹道，小说家才是首要的，没有“小说家”三个字，哪儿来的其他？现在偏偏把“小说家”三字放在了最后。

那么一些同志，在四次作代会后，在作协硬是挂不上一个什么衔了，怎生得了？

各种说法沸沸扬扬。张光年还是硬气的，他若无其事，静观其变。胡乔木给了我一篇文稿，要求《文艺报》以社论形式发表此文，论述创作自由的非绝对性，目的是纠作协“四大”的偏。其实对于创作自由及其相关权利义务，宪法与有关法律上已经做出了明确的规定，不应该有什么人忌讳这个词。同样，没有什么像样的作家期待着、等待着创作自由的正式下发。屈原、李白、杜甫、曹雪芹、托尔斯泰、巴尔扎克、塞万提斯……谁是由于明确获得了创作自由的保证才创作出了文化的瑰宝的？多数世界文豪并不是在理想的自由的条件下，而恰恰是在不那么自由的条件下写出经典的。把创作自由问题政治化、内斗化、前提化，未必是文学本身的题中应有之义，倒更像是政治人士的亮相与聚拢人气。只有二流、三流小文人才会在这些事上大闹特闹，只有不十分自信的人也才会那么烦、那么怕这个创作自由。

胡乔木同志拿来的文章，我拿着它找了光年、达成等人研究，经过修改，磨得光润了些，以《文艺报》“本报评论员”名义发表了。胡乔木表示对文章的修改很“佩服”，下令许多杂志转载。

传出了几部电影的问题，内中有叶楠的一部《鸽子树》，说是搞人性论搞得敌我不分，我至今没有看过。如此这般，中央决定将电影工作从文化部交由广播电视部管，并更名其部为广播影视部。其中有一个动机，就是觉得几位老文艺界领导（三十年代左联的骨干）都在文化部，对文化部有较大影响，干脆转入以抓新闻为主业的部门，免得他们插手，搞得电影老出事，给领导找麻烦。

作协在一九八五年开过一次理事会，我便在会上讲，文学的超前性与歧义性有可能引起社会的不安，对此要有充分的估计与正确的应对。我们的创作自由当然是宪法原则下的自由，是符合四项基本原则的自由。我们要的是维护而不是毁坏改革开放的大局。我的讲话报道出去以后，在某些人特别是香港部分文人、友人中，一片哗然，还有人说，四次作代会上给予（？）的创作自由经王蒙一解释，已经荡然无存。

而在电影的问题与举措出来以后，一位年轻些的评论家才说，终于明白了：就是说，如果王不说，那就说明作协本身已经解决不了作协“四大”的后遗症问题，只有等待更高方面的修理啦。他们终于承认，是王某保护了作协。

当然，作协的事情不是王某保得了的，更严重的后患还在后面。叫作不是不报，时候未到，时候一到，一个也跑不掉。

一九八五年除了“大规模”访德、编刊物，为四次作代会料理善后（粗俗的说法就是“擦屁股”，这个词很野、浅黄，但非常生动，我们有多少事是拉屎的时候相当痛快，拉完屎却怎么擦也擦不干净啊，而且，人家有时候是不让擦的，人家在等着你的腹泻，看你的急腹症呢！），此外就是《活动变人形》的写作了。

上苍保佑，天地昭昭，我在一九八五年最关心、最动情的不是作代会，怎么可能是作代会？是我的时隔三十二年的第二部长篇小说《活动变人形》。

《活动变人形》的题材是刻骨铭心的记忆，然而作为小说它又是陌生的与不完全的。毕竟是童年的记忆，它很有限，日本占领的沦陷区，你会写那时的抗日活动吗？你会写那时的沦陷区生活吗？你会写那时的不同的政治力量与政治区域吗？而在日本军队的占领下不写抗日，你还能写什么呢？

然而确有一个东西叫作记忆，叫作情感，叫作痛苦，叫作纠缠。从小我常常做一个梦，梦到的是一些空屋，是我住过的房间，似乎那里的我睡过的床铺（铺板）还没有整理好，似乎那里还有我的体温与体气，然而，我已经离开那里许久了，我是匆匆忙忙走开的，连一次正式的告别都没有，我就一去不复返了。我对那里仍然不放心，我还缺少一个了断。

（从那个老房间）走了以后我承接的是许多要事，有意义的事，大事与正经事，党的事人民的事社会主义的事。然而我原来是没有要事、没有正经事与没有大事的，是吗？人并非从来就“在组织”的。这更证明了人非生而有要事、大事要做的呀。我需要一个回顾，一个料理，需要一个过渡，需要一个告别，我起码需要说一声，别了，童年！别了，老屋！别了，爹妈！没有意义就没有意义吧，不成格局就不成格局吧，不入流就不入流吧，不像一部小说就不像一部小说吧，然而它已经在王蒙的心里憋了那么久，它已经被包括王蒙在内的人忽视了那么久，它未肯离去，这毕竟是真实的啊。

所以我需要写作，我当了中央委员也还是要写作。我当了什么什么主编，还是要写作。我成了“第三梯队”了也还是要写作。一九八五年国庆期间，我应邀参加了新疆维吾尔自治区成立四十周年纪念活动，并被新疆的某些同志称为“第三梯队”，这带给我的是面红耳赤。这里也有一点背景，是年九月，在两次党的代表大会之间，加开了一次代表会议，会议投票，我成为中央委员，不再有候补的定语。

《活动变人形》的写作开始于带儿子居住武汉东湖时。回到北京，放下了。有关童年的记忆材料还是太少了。我公开发表过一个“理论”，小说来自记忆与记忆的沉淀。我到北京图书馆寻找旧报刊，有的是缩微胶片。我找到了敌伪（日军占领）时期与一九四九年以前北平出版的《小实报》《369画报》《平明日报》与《世界日报》。我重温了冬季粥厂舍粥的消息，川岛芳子被枪决的描写，“名伶言慧珠、吴素秋”等的封面照片，太平洋战争爆发与（汉奸）上街支持日军轰炸珍珠港的图片，还有动人的情爱小说《点绛唇》。更重要的是我写到小说里的有关敌伪发动的“第四次治安强化运动”的报道，运动的口号之一是：“我们要剿灭共匪，肃正思想”。这样野蛮专横的口号，注定了它的提出人的彻底灭亡。这些旧闻具体地说，不一定都有助于《活动变人形》的写作，但是翻查旧报，给我提供了全新的体验，我好像进入时光隧道，逆行着访问了一次过往。感谢文字，它使人们有了回溯时光的可能。而且恶劣的童年仍然是童年，真实的童年。恶劣的日子仍然是日子，真实的日子。其真实性超过了许多虚假、造假、以诚作假的日子。

门头沟区永定乡岢罗村西山窝中有一个西峰寺，它离著名的檀柘戒台寺都不远，但在二十世纪八十年代，斯庙独憔悴——那个寺庙和它的牌牌完全荒芜失修。一九八五年春季，通过该区区委宣传部的刘颖南同志，我找到这里，住在庙宇正殿边缘角落的一间小土屋，开始了一个多星期的孤独写作生活。时间不长，但是我绝对地独处，吃饭也是由一位陌生人送到房间。天还冷，我自己照看着一个蜂窝煤火炉，主人为我准备好了大块的、小块的、半块的与刨花、锯末做的引火用的蜂窝煤与火钳、火棍。我自小对捣鼓煤火就很有兴趣。

我开始了写作的疯狂期。从早到晚，手指上磨起了厚厚的茧子，腰酸背痛，一天写到一万五千字，写得比抄录得还快，因为抄录要不断地看原稿，而写作是念念有词，心急火燎，欲哭欲诉，顿足长叹，比爆炸还爆炸，比喷薄还喷薄。我头晕眼花，我声泪俱下。我写字再快也没有我想得快，忆得快，怒得快与悲得快，我的喜怒哀乐，我的联想想象一秒钟八千万转。我是作者，我更像演员，我在嘀嘀咕咕，我在装腔作势，我在钻入角色，我在体验疯狂。我从来没有写作得这样辛苦，这样痛苦！

寺院的墙角还有积雪，寺院的砖缝里已经长出了小草绿芽。有一两个工人在维持寺庙，有一两间土屋住着不知什么闲杂人等。我其实是一个极其外向的人，我喜欢与人交际，我耐不住一天不与任何人说话的生活，这一次我却来了个自我“隔离反省”，我的带有人为色彩的破烂小屋生活使我相当震惊，如果不说是恐怖，我坚信孤独的结果必然是发疯。

我坚信这是国人精神品质上的一个突出弱点，更是我的一个突出弱点：不习惯孤独，耐不住独处，必须从群居和群体生活中寻找安身立命的意趣。而在西方，有多少单人“户口”的家庭与住宅呀。

有了这一小小的却是拼老命完成的一段做基础，我对于本书的把握便渐渐地产生了。我可以在这一段狂写的基础上修改订正，删节补充，生发渲染，书就是这样写出来的。

到了夏季，我又去了半个月大连。我住在沈阳部队的“八七疗养院”，为《活动变人形》定稿。这是一处老房子，我们住在一幢小楼里，好几间房，好像还有地下室。年久失修，门窗都已走形，有时不知从何处刮过来一阵阴风，这个门吱扭一声，那个窗咯噔一响，这边呦地一叫，那边哞地一叹，这边一声鸟叫，那边一声蝉唑，这边一声虫吟，那边一声狗吠，这边传来酒精棉与阿司匹林（毕竟是疗养院，有强大的医药服务）的气味，那边飘来烟熏火燎的怪香，还停过几次电，还经过几次雷雨暴雨阵雨……简直是绝妙的古室幽魂，孤楼绝响，风声雨迹，夏盛秋生，在这样的环境里写半个世纪前的旧事，才是天造地就，天假我手。通过“活”书的写作，我从而更体会我自幼已接受了的历史乐观主义，积极有为的人生选择，九死而未悔的忧国忧民的自觉，对明天的、永远的向往和等待的耐心。

这些对于我来说是太幸福太幸福了，但是并非所有的人都有这样的幸福，我的人物，我的上一辈，他们就不可能像我那样自信，那样有一个盼头，那样确实有一个等待，他们的短短的一生除了痛苦还是痛苦，除了迷茫还是迷茫，除了猜疑和折磨还是猜疑和折磨，除了忌恨还是忌恨，谁也不可能原谅谁，谁也不可能开导谁……

我还有一种怪怪的想法，写作确实需要孤独，需要痛苦，需要迷茫，太充实、太积极、太自信的人写不成文学，对于这样的人来说，现实已经超过了他的需要，现实已经使他超过了满足，他何必再去神神道道，念念有词，东扯西思，上天入地地写啊写啊地写！

从大连回来，我交了稿。命题并不理想，我想命名为《空屋》，空屋的意象对于我来说十分惨痛刻骨，然而不贴切。我想命名《报应》（后来白帝社出的日语版用了这个名字），也不入榫。我最后命名《活动变人形》，我明明记得这是我小时候玩日本玩具的名称，所有的日本友人却都说日语有“人形”（玩偶）而没有“活动变”。

那么“活动变”三个字是从哪里出来的呢？它只能从来处来到去处去了。

结尾也不理想，我已经无法结尾。

然而我毕竟审判了国人、父辈、故乡、我家和我自己。我告诉了你们，普普通通的人可以互相隔膜到什么程度，误解到什么程度，嫉恨到什么程度，相互伤害和碾轧到什么程度。我起诉了每一个人，你们是多么丑恶，多么罪孽，多么愚蠢，多么不幸，多么令人悲伤！我最后宣布赦免了他们，并且为他们大哭一场。

这是一九八五年的夏天的经验。我毕竟为自己营造了真正的文人境界……此时我已经预感到，这样的稀奇古怪的夏天恐怕从今难再了。

在出版社召开的小说座谈会上，刘心武提出了“审父意识”一词。在特定的情况下，就是说是在清算作协“四大”的时候，刘白羽老师冷笑着提到了文学界有人要审父，仅仅从字面上看，你会以为是要审革命的老前辈（其实是审不革命没革命的倪吾诚），令人毛骨悚然。

一九八五年在大连也颇有可记之事。“八七”疗养院到浴场每天下午有一次班车，我每天坐上车去游泳。问题是似乎只游了半个小时，救生人员的高音喇叭就大呼小叫地叫人，说是浴场要下班了。同时放出邓丽君的歌曲：《甜蜜蜜》，“在哪里，在哪里见过你？你的笑容这样熟悉……”这样的短、浅、薄、柔、通俗的歌声一起，就该上岸了。就是这一年，在大连，我觉得此歌还好听。我也觉得世事何等奇异，渤海、黄海、沈阳部队、邓丽君与《活动变人形》之间竟也能有一种缘分。

我们也去著名的棒槌岛戏过水，那里住着一位兄弟党的领导，不是澳大利亚共产党（马克思列宁主义者）的领导希尔就是新西兰共产党（马克思列宁主义者）的领导威尔科克思。“文革”中常常听到他们的名字，不知后来如何。还有一位越南的高层人物黄国越，他在当时的情况下，同情中国。他已经享其天年，去世后回到本国安葬。

大连文联接待我们的人是老作家、文联主席陈淼的夫人岳凌超，外形与办事，她都是个利索人。惜斯时陈淼已经病逝。据说陈为人厚道，他曾帮助收留过北京一位在二十世纪五十年代落难的作家。落难人在“文革”中遭遇极悲惨，但其人又在挨斗得挺不住的时候乱咬别人，包括向他施出援手的陈淼。人是何等地靠不住，而往事又是何等地不堪回首。

陈淼在世时有一句名言，他当我的面说过，人家作家是著作等身，而他，做到了的是检讨等身。

这次我在大连多待了几天，而大连文联的经费有限，我们不断地换住的地方，同时超计划地做了多次讲演，便于大连文联以讲课费的名义接待我一行的逗留。我记得只有一点，我看了当时的一幅画，画的是赞成按劳取酬的举手，于是大家都举了手。赞成多劳多得、少劳少得的举手，于是只剩下了三分之一的人举手。赞成不劳动者不得食的举手，没有一个人举手了。这个画非常中国，非常有人情味但又不合逻辑，说明了改革中的许多问题。我在讲演中引用了这幅漫画。当时的形势已经令人感到，城市的经济体制改革远远不像农村那样明快——一包产到户就什么都有了，大连的工人作家邓刚与我讨论了不少这样的问题。

在大连的经验还是很有平民味儿的，这是最后一个夏天了，我过得那样轻松自由。

《活动变人形》是我的最有影响的作品之一。它先后翻译成意大利文（康薇玛译）、俄文（华克生译）、日文（林芳译）、英文、韩文、德文（用名《难得糊涂》）。它入选了二十世纪我国的代表作品，入选了中国文库。它在苏联一次就印了十万册，抢售一空。一九八九年年初，时任苏外长的格鲁吉亚人谢瓦尔德纳泽访华，我国外长钱其琛宴请他，我作陪，谢外长还向我提到了此书。我因为中国这边第一次印刷是平装两万九千册，精装若干，总数远比俄文版为少，我开玩笑说，我正在考虑今后是否应主要为苏联读者写作。现在，经过几次重印，已经不存在这样的问题了。

此年还有一件事我也感到尚称满意。有关吉林的《作家》杂志编辑、诗人曲有源。他可能有一些不妥的言论，还有与一些与自发性文学组织的关系问题，两年多前被公安部门收审，一直没有做结论。说是他的妻子是个工人，生活困难，很狼狈。《人民文学》的一位与他相识的诗歌编辑，后任该杂志主编的韩作荣先生把有关的情况告诉了我，我先请他去长春了解了一下情况，乃与张光年同志商议，在一九八五年年底、一九八六年年初，我们给中央主管领导同志写了一封信。如此这般，他放出来了。这是我在个人如日中天的最佳时机做成了的一件好事。无论如何，能帮助一个人是令人高兴的，能解救一个人是令人安慰的，能对人伸出援手也是自身的一个快乐和满足。而且事实证明，此事没有做错，曲不是犯罪也不是危险分子，没有违法记录，过去没有，后来也没有。许多年后，我已经离开了文化部的岗位，诗人曲有源从东北跑到北京来看我，送给了我一盆君子兰。那个时候君子兰正在疯狂涨价，如张辛欣的著名小说《疯狂的君子兰》中所写的那样。这盆君子兰至今活在我家的花盆里，它好像一直没有开过花，可能是我的摆弄有问题，但是这样一盆不开花的君子兰，倒像是有点什么象征的意义。

做好事也不见得不需要付出代价，例如你老是爱帮忙什么什么一类的人，说明你的思想感情什么什么……被助固非喜事，助人也实在可叹。后来我还多次想帮助一些人，然而，时过境迁，我已经多半没有那个影响力了。而恰恰在我完全没有力量再帮助谁的时候、在我已经是自顾不暇的时候，一些人却异想天开地要我帮他们官复原职或新掌协会权力，这当然没有门儿。于是他们对我极其失望，并开始抱怨我了。

一老同志对我说过，你帮了他九次，最后一次没有帮成，他会因了这一次的失望而怨恨你一辈子。不是说所有的人都这样，但是这样的人硬是存在。

当然也有帮助了“白眼狼”的故事，使像煞有介事的助人悲情，变成荒诞的喜剧插曲。也好，免得自己太拿自己当一碟好菜。而且所有的助人都是双向的，助人其实也是助己。

我接受过一位西方记者的采访，是不是美联社我已记不清楚，他特别提出一个问题，他觉得我的处境很像肖斯塔科维奇在苏联，并且问我的看法。我则说，中国与苏联并不一样（我想起胡乔木的说法：中国的革命从思想上说比俄国更成熟，我想他指的是中国知识分子的革命化）。我也无法比拟萧大师。但是我说，对于西方信誓旦旦地出版的《肖斯塔科维奇回忆录》我有点怀疑。它用了那么多篇幅描写多少人物见斯大林时被吓得拉了裤子，以致克里姆林宫有专门的设备与服务人员对付这种事件，为吓得屎尿横流的人洗屁股与更衣。这样的描写太夸张，反显得失真了。

我也叹息。一个作家因为追求革命被枪决了，大家都来赞美他。一个作家因为参加革命而成为革命胜利后的人五人六，于是说什么的都有。文章憎命达，不仅在国内，尤其在国外，他们倾向于论证，在你的国家，好人已经消灭殆尽，in favor（得宠，这位外国记者用了此词，我不喜欢此词，至少是不喜欢它的中译）者，多是坏蛋。这不仅是历史，也是现实，也是规则与判断的标准。你不可能赢得那么多的百分点……从舆论上看，大众是不是有点嗜血的倾向呢？

这样的讨论并不愉快，王蒙就是王蒙，不是俄国人也不是美国人，不是你心中所想的分子也不是你心目中所期待的先驱先烈。其实已经烈过若干次了。毕竟有史为证，而那些指指画画王蒙的人呢？你们都干过什么？王蒙不按照你的模式也不按照他的模式规范自身。王蒙其实很简单，他自幼参加了革命，他对待革命充满理想主义的憧憬，他的理想时有碰壁，但是他并不因为理想主义的不完全成功而干脆否定革命的初衷与实践。而且没有任何人包括外国大佬能否定中国革命的胜利与新中国的矗立的事实，能否定得了中国共产党在新中国起着决定性作用、想推也推不翻的事实。你们那么讨厌中国，你们什么手段都有，你们能动摇得了、抹杀得了、随你们之意改变得了新中国吗？你们想让谁来为你们的愿望冲锋陷阵？王蒙经历了考验，一次次付出了代价，他从来与中国的老百姓、中国贫瘠而又亲爱的土地在一起，与中国的知识分子、干部、中国社会的中坚力量、实实在在地干事业、办好事的人在一起，也是和对于中国怀有善意的理解与祝愿的朋友们在一道，有福同享，有难同当，搞好了大家的福分，搞乱了大家倒霉，认头、吃瘪，就这样一点点地发展着，过来了。

他知道旧中国是什么样，他知道新中国的道路多么曲折，他知道今后的日子也绝对不会一帆风顺，但是他并没有别的选择，他知道别的选择将不是更好而是更糟。就这么点事，可是很多人硬是解不开，这个说此人太聪明，那个人说此人求私利，总而言之，这好像一个人在认认真真地走路，可能有时走得快一些，有时慢一些，有时稳妥一些，有时踉跄一些，但是偏偏有人在研究，他是在竞走吗？他为什么有两脚离地的犯规动作？按，他从来没有将自己的走路许诺为国际标准的竞走。那么，他是在长跑吗？为什么他的记录是如此低下？其实他也没有参与长跑的意图。他是在舞蹈吗？更不沾边。为什么他缺少高难与激情动作？他简直是偷工减料，虚与委蛇。他是在轧路吗？为什么没有足够的一千公斤的分量？

你们先定了性、定了位，是你们的性与位，而不是王某的性与位，然后，你们认为他不合格。一句话，你们的可怜的智力能够接受的是一个真诚的知识分子选择了反叛、不合作，同时你们认为，一个真诚的共产党员只能选择强硬与拒绝变革。你们也是黑白分明的规则的制定者，知识分子与共产党人水火不相容的信徒，你们的报告文学写出来也脱离不了“黑白之间”的模式。

而王蒙早就反叛过了，岂止是反叛，还是地下组织的成员，一心一意做一个职业革命家呢！反叛的目的当然不可能是不断地反叛下去，不可能是天天反叛自身，反个昏天黑地。建设、改革、开放，让老百姓过上小康而且是全面小康直到中等发达的日子，这比简单地、廉价地叫几声批判困难得多。

对不起，批判理应是神圣的、庄严的与智慧的。批判是进步的阶梯。但是我患有批判过食与消化不良症，一提起批判，我就想起“文革”中的维吾尔农民，他们用维吾尔语发音整天讲汉语借词“批判”二字，而与汉语比较，维吾尔语比较难以分清汉语中的清辅音p与b，还有f与p，就是说维吾尔农民讲起批判来与逼饭或者逼板是差不多的，而且全部发成浊辅音，那听起来很吓人却又好笑。也就是说，“文革”对于我已经将“批判”一词解构了，我受不了正言厉色、像煞有介事的批判批判……而那些理解不了一加一等于二的人，那些热情地要求你按照他们自身的需要与经验范围来给自己定性、定位并按照他们的期望运转起来的人，你能不让他们一次又一次地失望吗？他们的大脑就是这样雕塑制造成形与凝固强化的，你怎么办呢？

当然，谁不知道，为了真理，批判还是需要的。问题是有些个批判是多么廉价，多么荒谬，多么寒碜，而又多么装腔作势啊。

有许多话你没有办法与人直接交谈，中国人和外国人。如果你过得还算顺心，他们不惜用最坏的估计来分析你“成功”的原因；你失意了，他们又有另一套未必友好的说法。

你只能写小说。小说，就是“大说”中无法说的“说”。

你幸亏能写小说，太福气了。

于是这一年有了《焰火》，构思与初稿来自芳的手笔。关于噩梦，关于乌鸦。我相信她在这篇独特的小说构思里运用了儿时她在济南弟弟生病不治的刻骨铭心的经验。她与弟弟同时生病，她好了而弟弟没了。而我又加上了我的政治运动中的经验。我重视，非常重视，非常感动于以下这一段：

> “快拿去，这颗心是献给你的！”空中的心在低语。……“给我？然而我……”她一时愕然，她没有想到也不能相信这一切都是真的……十年前，她已经梦见过自己的墓碑了。
>
> “当然是你的。正因为有了你，才有了空中的这颗心，正因为有了我们，才有了国庆的礼花。”
>
> “而我……”她有点凄然。
>
> ……就像在童年，她和她最喜爱的妹妹幻幻穿过小桥，沿着小溪到那几株柳树当中捉迷藏。
>
> “幻幻，好啦，你来找呀！”她喊道。她躲在树后面，只见幻幻慌慌忙忙地东跑西跑，咕咚一声掉到河里去了。
>
> 冬至那天，白天最短，黑夜最长。应该是四十年代的初期吧？往事如烟，如针刺。她边走边踢着小石头，不慌不忙。忽然，从脚后蹿出来一只小黄狗，汪汪汪地叫着……她沿着小狗指引的方向走去……来到了一片绿油油的草地上。她一阵颤抖，想起她的妹妹幻幻，怎么身边没有她？

小说写道，妹妹是在冬至那一天被一只凶狠的乌鸦叼走的。

> ……如今重又看到了，焰火在空中升腾。如今重又听见了，滴滴答答，答答滴滴。冥冥之中，空中的那颗心正在熔化，如滚烫的血。

这就是我的一九八五年的记录。还有更明白的记录：《无言的树》与《高原的风》。树何言哉？树何言哉？但是它的风中舞动的姿态受到了人们的喜爱，包括情侣和儿童，因为受到喜爱，所以受到攻击，受到怀疑。我写道：

最有趣的是风。风是一个脾气难以捉摸的朋友。它常常给你以慈祥和机敏的抚摸，用清新的气息调剂你的密集的拥挤，给你以舞蹈的启迪。于是他这棵无名无言的树或轻轻地摆头，或微微地颦眉，或舒臂从容，或移颈喜悦，或亭亭玉立，或摇曳多姿，有时候枝条的飘浮如水上行舟，有时候树叶的聚分如笑靥拂面，有时候树枝的扭结如回眸温柔地一笑，有时候突然静止了……

但也有时候风忽然大闹起来，大喊大叫，大冲大撞，向他发起凶猛的进攻……他却浑然不觉……他从来没有感到风的威胁是当真的……正是在他与风的友谊与默契之中他……舒展了身躯、预防了关节炎和湿疹、学会了柔软健身操与舞蹈，锻炼了木质部、形成层与表皮韧皮……无名树觉得风的怒吼完全是一种值得同情的自身的需要，是一时的不平衡，甚至是与他友谊非同一般的表现呢。

……他在大风里仍然从容。他最多弯一弯腰，给大地鞠一个躬。他早就想给大地鞠躬了，而且他早就为自己长得太快太高而觉得不好意思。他愿意和小草接吻，也愿意给远山行九十度鞠躬礼……

……难免要掉几片树叶，有时候是一大片树叶，他虽然不无惋惜地忧伤，却从未感到撕心的痛苦。树叶总是要落的，他最害羞的是有时候隔年的枯叶仍然大模大样地栖留在枝头……

有些人是树，贡献，沉稳，自在，无言。有些人是风，有了树他们才有了攻击的目标与显示自己存在的依托，个别时候他们也能连根拔起大树，多半是徒劳无功。当然还有雀鸟、虫蚁、蜂蝶、遮阴的情侣、伐木人。

树，具有一种怎样的无言的光明！无为的光明！高尚的光明！我愿以此来自勉。再看看周围，有多少咋呼，多少吹嘘，多少忌妒，多少高声叫卖，多少拉拉扯扯，多少牢骚和磨磨叽叽！

二十年后，年轻有为的画家李勇，以小说《无言的树》为画意契机，画了一大批树木，并举行了画展。听说他还要出画册。

而《高原的风》呢，写一个景况改善了的知识分子的自责和惭愧，写一种永远不满意自身的追求和奋争，写一种批判，首先是批判自己。我想念的批判有一种，就是敢于也能于批判自己。北京人艺院院长于是之对我说，我写的那种搬入好房子后的心情他就有过。我以为这样的小说有点苏联味儿。但是一九九三年这篇作品的英译稿受到纽约一家出版社的欣赏，收到我的短篇小说集中去了，还是文学好啊。

我出了一个难题，因为这一切都是真实的，我真实地投入文学里了，我真实地、真诚地当了十年中央委员。我仍然新作不断。我同样努力地而不是敷衍地，真诚地而不是虚伪地做着给我分配的工作，任何事情、任何场合，我希望我要求自己起的是好作用，健康的作用，团结的作用。

所以我不是索尔仁尼琴，我不是米兰·昆德拉，我不是法捷耶夫也不是西蒙诺夫，我不是（告密的）巴甫连科，不是（怀念斯大林的）柯切托夫，不是（参与匈牙利事件的）卢卡契，也不是胡乔木、周扬、张光年、冯牧、贺敬之，我同样不是巴金或者冰心、沈从文或者施蛰存的真传弟子，我不是也不可能是莫言或者宗璞、汪曾祺或者贾平凹，老李锐或者小李锐……我只是，只能是，只配是，只够得上是王蒙。

26. 不一样的墨西哥与西柏林之夜

这里，需要补叙一下我的墨西哥之行与对于美国和西德的再次出访。

一九八二年，我在纽约参加了文学研讨会后，又在新英格兰地区参观游览了若干天，其中在麻省大学观看的写作专业，一座山上的青年写作者之家，都给我留下了深刻印象。美国人是重技术的，他们对于小说写作的技术层面的研究，要比我们下的功夫多得多。他们更倾向于把小说当作一种精神愉悦的文化产品，注重小说的悬念、魅力、刺激、情节、构思的奇异与可读性。我们则更重视情思、人格与灵气，重视作品的倾向、认识价值动员价值与教化作用。所以美国的大学是认真教授小说写作的，而中国少有这样的课程。

而我所看到的美式创作中心，相当靠拢自然。半山坡上，春寒料峭，有点像护林者的木房里，有一搭无一搭地点燃着一些木材，轻烟里发出针叶树的香气。有一位奇胖的女生，声音、皮肤包括笑容又都是出奇的娇嫩和天真可爱。我从她身上既懂得了为什么减肥愈来愈成了一个大问题，同时也知道了胖姑娘可以是多么可爱。

之后重返了艾奥瓦大学，再去了旧金山。在江南——刘宜良与崔蓉芝伉俪那里住了两天，从那里去了墨西哥。此后两年，刘被台湾一些政治势力指派杀手暗杀。他是我第一次去美国时相识的，他曾经在一天之内带我去了海洋博物馆、红松林、日本花园等许多地方，还帮我复制了一批美国乡村歌曲的录音带。

是墨西哥（科）学院亚非研究所白佩兰教授邀请我对墨做了一周短暂访问。墨西哥应该算是一个较富裕的发展中国家，人流滚滚，交通拥塞，城市里到处都有施工工地，令人觉得亲切。我一到墨国就听到了他们那里的一位总统的名言，说是墨国的悲剧在于“离美国太近而离天堂太远”，味道与德国、美国这样的发达国家不怎么一样。

我参观了他们的人类学博物馆，历史上的用活人心脏祭天、祭日头的习俗与器具使我深感刺激，文化中有这样血腥的内容吗？这也是人性，也是文化——宗教——信仰吗？其时我国文艺学家正喜欢讲人性美，我在思考，世界上除了人性美以外有没有人性的丑恶、恐怖与阴暗的方面——人性丑、人性恶、人性疯狂与变态呢？为什么一个古老的民族会认定没有活人的血的供给，太阳就会熄灭呢？

我参加了与拉美作家共同举行的圆桌会议，这是墨西哥之行当中最重要的一次活动。座谈原定六月十七日举行，有墨西哥、阿根廷、智利的作家和我参加。谁料到六月十七日那天，警察局接到告密电话，说是有人在墨西哥学院埋放了定时炸弹，于是警方马上采取措施，紧闭学院大门，进行搜查。会议也不得不改期到六月二十一日。这样阿根廷的一位作家就未能参加会议了。

会议的议题是“现实主义与现实”，拟题人解释说，这个题目非常之大，可以在这个大题目下随便谈任何自己感兴趣的问题。

会议主持人，也是接待我这次访问的主要东道主，是墨西哥学院亚洲与北非研究中心的中国研究室负责人弗萝拉·巴东女士（中文名字白佩兰）。她同时是一个妇女杂志的主编，每星期还要到电视台做一次谈话，谈话主题有两个，一个是关于妇女，一个是关于中国。她的工作非常之忙，性格开朗活泼。感谢她的热心，用不到两个月的时间，组织一批墨西哥学院的汉学家和来自中国的留学生，把我的六篇小说译成了西班牙语，在正式出版以前，先影印出若干份，发给了与会者及其他有关人士。

结果，会议实际上变成了对我的作品的讨论。他们说了许多热情肯定的话，这里就不多写了，后来，围绕着两个问题有所讨论。一个是我说，我的写作是为了人民，是要对人民有好处。有几个人提出了质疑。这里要说明一下，所谓圆桌会议的参加者只有五个人，但会议是“开放”的，前来听这个圆桌会议的有五十个人，其中包括一位前墨西哥驻中国大使。这些列席者也可以提问题并参加讨论。质疑者问，难道莎士比亚写某个戏的时候会考虑到他是为人民而写作吗？质疑者还问，什么叫人民呢？人民是个看不见、摸不着的概念。

我回答说，优秀的作家都是爱人民、同情人民的不幸、关心人民的痛痒，与人民同甘共苦、跳着共同的脉搏的。因此，宏观地说，作家总是在表达着人民的爱憎情感，多多少少充当着人民的代言人的。当然，各人的自觉程度不同，历史上也会有这样的作家，不承认自己的创作与人民有什么关系，坚持认为创作只是他个人的事，然而，文学与人民的关系、与社会的关系，这是一个客观事实，并不决定于作家的意图和声明。而中国作家，多了一点自觉，自觉地承认自己写出东西来是给读者看的，是为了对人民有点好处，这是从总体上来把握的。

至于在创作过程中，作家沉浸在一种创造的冲动、激情里，他也许常常体味到一种把什么都忘了的心境，这并没有什么奇怪。

至于人民是不是空泛，我问，有什么空泛的呢？那在田野上和机床旁劳动的，不就是人民吗？包括我们大家，不是人民吗？

想不到这后一句话受到了反驳。一位年轻的女孩子说，墨西哥与中国不同，她没有经历过一场真正的革命，因此，与会的他们，算不得人民，至多算作小资产阶级罢了。

第二个问题是，一位墨西哥作家说，读了我的作品后觉得心情有些压抑。另一位女作家说这是理所当然的，因为人生本来就是痛苦多于欢乐，文学的使命正在于表达这种痛苦。

智利作家哈米耶·瓦尔迪维耶索表示不同意这种看法，他说，在王蒙的小说里，充溢着的正是对于革命的信念，对于社会主义制度的信心，中国人民将能解决他们面临的问题，这是肯定的。

我说，生活不是单一的，情绪也不是单一的。欢乐和痛苦，压抑和奋争，胜利和挫折，常常交织在一起。从整体来说，我们仍然是乐观的、有信心的，同时，我们又是现实主义者，承认现实存在的一切麻烦、矛盾。至于说人生就是痛苦多，那不见得，比如我现在和墨西哥的朋友们一起座谈，我感到的是一种友谊的温暖和相知的快乐，而不是痛苦占据着我们的心。

我说完，他们笑了。

我还说，作为一个写小说的，我愿意劝告他们不要过分相信某些小说里的那种悲观、厌世、绝望、疯狂……的情绪，有些作家就是这样，他们把这种情绪传播给读者，令读者看后不再想活下去，但这些作家本人并不准备大量服安眠药，说不定，他们活得还津津有味呢。我的这个说法引起了更大的笑声。

在此后的一些场合，我也常常引用歌德的例子，歌德写了《少年维特之烦恼》，许多读者读后学着书上的情节开枪自杀。但是歌德并没有自杀，他长寿，爱生活，八十了还与少女结婚，是作家中少有的“全福”之人。

会后，有那么多与会者拥向前来，与我握手，要我签名留念，墨西哥电台的一位工作人员还请求我同意他们在广播节目中朗诵我的某些小说的西班牙语译文。这种热烈的场面和气氛，是我在西德、美国访问时从来不曾遇到过的，第三世界国家，感情就是不同啊，我们的作品，在这里似乎也能够得到更多的理解和同情，这是多么令人高兴的事。这一天，我非常感动。

这次讨论中包含了极其激动人心的根本性问题，那就是关于革命的期待。那位年轻的女孩子，她认为自身连人民的资格都不具备。她是期待着一次像中国那样的真正的人民革命吗？看来，期待革命与后来一些中国学人提出的“告别革命”，还真引起了全球性的关注。我说，革命是人类最崇高和神圣的一种政治冲动。我没有多解释，它的崇高性、正义性捍卫了它的合理性与必然性，压倒敌对方面而不是被敌对方面所压倒的历史必然性。冲动则包含了许多感情的急切与过激，尤其在取得胜利以后，它需要更多的智慧、理性、平衡、和谐与调节能力。当时我想得并不充分和完整，我只是浅浅一提罢了。

在交谈到中国的现状的时候，我对白佩兰说：“中国是一个大国，有自己的特性，中国的改革不能急躁，要稳步前进……”白佩兰说，类似的话当年李鸿章就对日本首相伊藤博文说过，但是她并不首肯，她认为中国人很喜欢接受新事物，喜欢趋时求变，完全可以做得更快、更好。我听了一惊，我并没有记住多少李鸿章与伊藤博文谈判与签署《马关条约》的故事，我知之甚少。什么？我说的话已经与李鸿章一样了吗？我笑了。

这次访墨之行后，墨西哥学院的出版社出版了白佩兰领衔翻译的我的小说集西班牙文版。二〇〇一年，又出版了我的小说集的另一个西班牙语版本。

至于西柏林则是每隔若干年举行一次地平线艺术节，以展现第三世界的文化艺术为主要内容。我想这与当时西柏林的孤岛地位有关，周围是东德。西柏林问题是两个阵营经常斗得不亦乐乎的一个焦点。赫鲁晓夫曾称西柏林是一个毒瘤。在德意志联邦共和国与中国建立外交关系之初，中国人还尽量避免去西柏林，因为当时的“社会主义阵营”不承认西柏林是西德的一个组成部分。

早在一九八四年，西柏林艺术节组织委员会就专程来了一次中国，邀请中国作家去参加他们的节日活动，特别提出希望我能去。作协外事部门一开始表示王蒙已经去过贵国，不能再去了，再去了别的作家会有意见。这也有趣，在改革开放的初期，出国是作为一种享受、一种待遇、一种恩赐来搞平衡的。最后达成协议，我方接受对方提出的名单中的人占一多半，尤其是同意了我的前行。我方提出让对方接受和出资的人员占一小半。我是团长，鲍昌任副团长。同行的有老诗人方冰、老编辑刘剑青、老作家西戎，明星作家黄宗英，还有张洁、张抗抗、舒婷、傅天琳、北岛、孔捷生、章国锋（北大德语文学教授）等。飞机一起飞，黄宗英就被认了出来，并被请到了头等舱。大家笑声一片。

那是改革开放的初期，也许可以叫蜜月期，这些文人的情绪是天真烂漫、欢欣鼓舞、嘻嘻哈哈、一团和气。外边的人对中国的新动向也十分欢迎兴奋。西德在欧美各国中差不多是出版、介绍中国当代文学作品最多的。艺术节期间还发了翻译奖，阿克曼（又名康曼）因翻译张洁的《沉重的翅膀》而获奖。电视台做了张洁和我的专题节目，舒婷等诗人也参加了诗歌朗诵会。艺术节期间还有来自中国江苏的昆剧团演出昆曲《牡丹亭》，好像还有影片展演。对于我来说重要的是顾彬教授领衔组织了几个半天的王蒙作品国际研讨会。汉学家马丁谈了《相见时难》，瓦格纳谈的是《悠悠寸草心》，顾彬谈的是《夜的眼》，刘剑青做了综合分析，总之也算是一番热烈。可惜有一张本地的报纸刊文说顾彬的文学翻译有问题，说他是文学的杀手，使他十分不快。看来，国外的学界也有它自己的麻烦。

我还记得顾彬请了几个人到他家喝奥地利式稠粥，放了各种作料、杂粮、坚果，像是我国的腊八粥。但由于有较多的奶酪，所以味道是洋的。

我们还访问了作家君特·格拉斯在西柏林的住宅，是我第二次对他家访。第一个印象是他家里摆放着不少干红葡萄酒，似乎是以酒代饮用水。

第二是，他很喜欢画画，走廊里挂着他自己画的钢笔画，多是一些动物素描。有趣的是有一条蛇，蛇头他画的是他自己的形象。他是社会民主党的成员，他还与我交流，关于各自的政治参与性活动。他早在一九八〇年年初就到中国访问过，他描写在上海下班时间看到了街上的人山人海，吓了一跳，他引用德国谚语说，幸亏人出生时是头朝外出来的，不然，看到人间的形象也许会吓得钻回去呢。

我们在这里碰到了一些台湾背景的作家。我们第一次与白先勇见面，并请他吃了法式牛排。白先勇是桂系白崇禧将军的儿子。一九四九年以前，我关心国内战事的进展，整天看报纸上的有关报道，也熟悉了白的名字。我自己发明了一种军棋，其中有一个棋子就是白崇禧——相当于陆军战棋的军长吧。白先勇十分亲和、高兴。张洁见到他穿了一件颜色鲜艳的衬衫，便与初次见面的他开玩笑说："白先勇，你的衬衫好漂亮呀，送给我好不好？"白先勇丝毫没有感到突兀，他含笑回答说："好呀，我们交换着穿吧。"令人一粲。

我也是首次见到很有才子气的《中时晚报》原主编高信疆，他说话非常有趣，他给我讲当初台北警备司令部警告台湾媒体的一些方法，有一种方法就是请你吃饭，吃早餐，相当于轻微警告，请午餐，相当于一般警告，请晚餐，就是严重警告了。这个说法也许已经经过我的简单化处理了。但后来台湾作家提前离开了艺术节，他们感到似乎是受了什么冷遇。顾彬解释说，他们的作品确实没有引起德国人的太大兴趣。

另外，日本作家井上靖也远道坐火车横跨欧亚大陆而来。瑞士的大作家、《贵妇还乡》的作者迪伦·玛特在文学会议上朗读了井上作品的德语译文，但是他耍了一点大作家的派头，一边朗诵一边表示莫名其妙地被要求朗诵这么一段。

旅美华人作家李欧梵、刘年玲也都来了。

还有一件难忘的事情，我在第一部自传中说到的父亲当年的德国朋友傅吾康的女儿娥娜塔——她的中文名字叫傅复生，因为娥娜塔的意义是复活。但我们都认为不如干脆音译好听。她受雇于艺术节组委会，协助我们中国作家团。她小时候是在中国生活的，直到二十世纪五十年代中华人民共和国成立后才跟随父母回到西德。她也讲了些到了西德以后受到姑姑的管束，处处改按西德的规矩生活得并不轻松的过程，这也算是文化的不无冲突吧。对于我的父亲，她知道得不多，但是由于父母的谈论与我的到来，她似乎也回忆起了星星点点。时间与空间真是一个奇妙的东西，无论如何，你无法想到，你再次感觉到，在西柏林孤岛，在一个要飞十余个小时才能到达的地方，隐藏着一些与你的童年有关的记忆和见证。你的过往、你的双亲，你的那个叫作“家”与“根”的某些故事的碎片，竟然保存在这个风马牛不相及的孤岛，像一个守财奴把自己的一份财产放入坛罐，再把坛罐丢到天涯海角。这个角落和那个角落，这一瞬间和那一瞬间，这个世界和那个世界，旧中国和新中国，社会主义和资本主义，中国和德国，竟然在你的过往的日子里有过那么一次会合、一个缘分，它们竟然有着藕断丝连的关联和纪念。无论是革命战争，远走他乡，精神上一刀两断的决心，前无古人的意识形态，历史从今天开端的庄严宣告……都没有将过往消灭干净，而最多是把它击碎，任它飞东飞西，一片变成了一百片，一百片变成了一千片，化为齑粉以后就更加弥漫在空中，纷纷扬扬。

娥娜塔请我和几个诗人到她家，她住在一所白色的公寓房里。她的母亲、我见过的胡隽吟女士与来自中国的姨妈给我们做了饭。她弹着吉他为我们唱德国民歌，她也带着我们游历了西柏林一些地方。

我有时候太教条，太较死理，太跟自己过不去。在资本主义的西柏林，我有些不安，有些不舒服也睡不好觉。革了那么狠的命，现在却是人家资本主义的座上客了。这是一种什么样的滋味呢？具体访问我很高兴，我也高度欣赏邓小平的开放政策，只是好像缺少了几句更能自圆其说并且能够告慰先烈的有情有义、有理有据的话语。人需要生活、行动，也需要与之相适应的话语。

也许这正是作家所以是必要的原因。

我们在西柏林度过了难忘的几天，住在美国的连锁酒店，Inter Continental（洲际），大门是旋转的挡风玻璃门。按照那儿的习惯，我们的晚间应酬极多，常常深夜才回到酒店，那时旋转玻璃门边似乎透着凉风。一进门，又是极大的玻璃展柜，里边摆了不少的工艺品。我们一天晚上去过一个酒吧，震耳欲聋的摇滚乐立即使我反倒是昏昏欲睡，当然可怖的敲击声又立即把人吵醒。极大的声音排除了你的一切思维活动，使你无法不睡，巨大的声音又排除了你入睡的一切可能，使你绝对地无法入睡，这种经验是空前绝后的了。

另一个印象是巨大的噪声使我的牙床疼痛，我的牙齿似乎正在松动，我的牙齿似乎正在脱落。论滚石乐与牙齿健康状况的关系，我想这样一个题目还没有被医学或音乐方面的研究生涉及过。

资本主义，资本主义，剧烈的滚石乐使我牙痛，强大的音响使我反而更感孤独，我总算找到了资本主义的空虚和颓废的病灶了。

我们也看到了柏林墙。我们团的许多人都到过墙那边，有的还过去听了交响乐演奏会，再回来休息，并说那边的文艺演出票价是如何的便宜。按道理大使馆与我们打招呼不要以此种方式自西柏林去东柏林游玩，但除了本团长外没有什么人遵守这项要求。更有趣的是有一位极英俊的先生，父是华人，母是东德人，他拿的是中华人民共和国的护照与西柏林的居留证件，他由于精通华语，在西柏林找到了教授华语与担任翻译的工作，他住在东柏林，享受着民主德国的高福利，挣着西柏林的（对于东德来说）高工资，又享受着中华人民共和国护照进出东德的便利。而且据说，他在东柏林那边有来自中国的妻子，而在西柏林这边有一位金发的情人。

我们恰逢驻西柏林的美、英、法三国占领军操练演习，要不就是什么节日的阅兵式。由于苏联不承认西柏林是西德的一部分，西柏林算是仍处于占领状态。美国兵肤色、高矮、胖瘦最多样，法国兵最随意，相对说来，英国兵的古色古香颇为好看。空中也有占领军的飞机，娥娜塔向着飞机做出瞄准的姿势，她觉得厌烦。

……在二十世纪五十年代，多么你死我活的两个阵营两种意识形态的殊死搏斗，就这样无端地消失至少是冲淡了吗？它的消失怎么比它的发生还荒谬离奇？你说是荒谬离奇吧，却又什么也没有发生，没有发生战争，没有发生政权的戏剧性的更迭，不是政变也不是入侵和占领，没有声明也没有转折的脚印，然而变了，西柏林不再像原来想象的那样成为间谍的中心，成为恐怖行为的策源地，这儿生活的人很正常，有的人染着红红绿绿的头发（说是叫朋克），许多人在马路两旁的露天餐桌上吃东西、喝啤酒，夜里一两点了，人们还在酒吧里恋恋不舍。他们穿得好，大部分人像是好人。一条菩提树大街，被东、西德的分治腰斩，而柏林墙的修建无论如何不能为社会主义增光。艾青已经公开写了关于柏林墙的诗句，当然不是夸奖……我有一种怪怪的、带点辛酸与无奈的感觉。

我在西柏林的商店里买了这里的通俗歌星尼娜的一个盒带：《九十九

个气球》，首曲是德语的，终曲是英语的，同一首歌。瞎猫碰死耗子，我的购买算是十分时尚。这也与我见到了顾彬的女儿与娥娜塔的女儿有关，他们二人的闺女都名叫尼娜。回到北京，德国驻华大使费舍尔请作家们吃饭，当我说到尼娜的歌曲的时候，他甚至兴起了邀请歌星尼娜访华的念头。

我们与西柏林的一些作家也进行了很好的交流，只可惜有一次我们吃完饭就告辞走了（为时已经相当晚了），而主人以为，谈话应该才刚刚开始。据说欧洲人是极讲效率的，但是他们在餐厅、酒吧里，从来不怕花时间。

当然可以从历史与社会、国际政治与国际关系的角度上说清中国对待这些国家的政策的变化与它们自身的演变，然而，对于我来说，我宁愿接受一个笼统的估摸，这一切变化来自时间。时间，没有比你更有力量，更令人出其不意的了。

由于此团的诗人比较多，我也闹哄起来说是要写诗。诗题是《柏林墙》：

微笑从容
如墙的镇定
执拗的皮箱
提醒着路程
扶住
受伤的下巴
滚石乐咀嚼了
松动的牙齿
悲哀如恬静的石块
落寞于璀璨的亮夜
你骄傲的王子出游
——浮雕于
柏林墙上
没有声音

时隔二十多年，我不知道今天的读者能不能体会我当年逗留西柏林时的心情，那是孤独与矜持的混合。是来自尚不算太成功的社会主义世界面对灯红酒绿的资本主义时候的辛酸与叹息。我不知道我是不是很有根据，西方世界，那么多个人，包括单身家庭，包括失业者，那么少小组与组长，少集体与群体，这是不是自由与孤独的连体？那么孤独是不是自由必须付出的代价？渴望自由的人一定要学会珍惜孤独，习惯于孤独，否则，你是自由不了的。一九八五年，在西柏林，我似乎还没有找到我自己。

西柏林之后，我们又应邀访问了吕贝克、波鸿和波恩。人们说吕贝克是《茵梦湖》的作者特奥多尔·史托姆的家乡，说实话，其时我对茵梦湖的了解有限，但是这个译名太动人了，而它的青梅竹马、终未成为眷属的悲哀的故事也令我落泪。

我写了诗：《在吕贝克教堂听音乐》——

拉上门
关住
摇滚的忧伤
灯影里管风琴
天使合唱
中天撒落如星
虔诚的心里
翻转着
恶毒的念头
技巧熟练的魔鬼
——举杯祝酒
——请给片柠檬
上帝是骗人的吗
早已原谅过了
不再乞求原谅

北岛看了我的诗稿，一再用手做拉门推门的动作。

顺便说一下，我不赞成把作家分成与官方合作的与不合作的作家。

作家当然有自己的政治选择，然而，对于读者来说，重要的是作品，你的作品能感动读者，你是个好作家。作家与作家之间，即使政治选择不尽相同，也应该有文学的共同语言。所以我赞成德方的邀请，请北岛与其他作家一道，共同参加西柏林艺术节的活动。团中有些作家早与北岛相识或有私交。但是我的做法没有什么积极的效果，北岛更愿意显示的是他与其他作家绝对不同。而且此后有人不断地制造王蒙帮了北岛出国的舆论，以证明我应负责任。

我们在吕贝克的教堂里听了一次赞美诗的演唱，合唱团是站在高处特设的位置来歌唱的，加上风琴伴奏，声音确像是来自高天。欧洲的宗教的歌唱的魅力是非常有感染力的。亚洲的佛教的敲着木鱼诵经则是另外的感觉。技巧熟练的魔鬼云云，其实是自嘲，也是对于一切极端排他的信仰主义的说法的调侃：我是无神论者，是共产党员，对于教堂来说算不算魔鬼呢？而我本人早就宽恕过了，我原谅了所有害过我、妒过我、污蔑过我的人，我从来没有以眼还眼，以牙还牙。娥娜塔曾经开玩笑说：“你很会表演……”她是指在西柏林的一些鸡尾酒会与官方会见上，我穿好西装，打扮得人模狗样儿，一副准外交的绅士派头，微笑、点头、仰头与摇头、做一点偏洋的手势，我乃自嘲，举杯祝酒啦，要片柠檬啦……什么转型啊，什么开放啊，什么走向世界啊，却原来也有点幽默有点把戏呢。

二十世纪八十年代的出国还有点激动人心。也有种种说法。我听到过领导说让谁谁多出几次国，作为优待与示好。我也听到过人说，也不能老让某一个人出国吧？或者说，也不能让他成为出国专业户吧？

是的，时至今日，出国对于某些人仍然是美梦一般。

有的相当高层次的人几十年没出去了，一出去就忙着给自己的孩子活动留学奖学金呀什么的，还被海外作家写到小说里挖苦。我觉得挖苦者与被挖苦者都够没劲的。甚至当友人劝我为孩子们办办出国留学之类的事时，我也采取了消极的态度。

有人说出国是“受洋罪，开洋荤，发洋财”。罪是辛苦与陌生、隔膜、彻骨的孤独。至今我多次见过在外国活受罪的人。荤是指西洋景吧，尤其是与性有关的景儿。财呢，其实可怜了，学者访问，也许能进点外币。官员出访，则只能半合法半不合法地节约一点零钱了。而我最大的收获是想一想世界之大，想一想，观念与生活之不同。多一点参照，多一点思考，多一点容积。少一点狭隘，少一点坐井观天，少一点先入为主，指鹿为马。巨大的信息量，思想与情感的冲击，保持稳重、保持思考、保持新鲜感、保持大些更大些的内存空间与保持接受输入编码功能，平衡新的信息与老的数据库间的不匹配与误读从而生成的乱码，这是别有一番滋味的。

27. 你怎样与西方作家对话

国际笔会是一个世界作家组织，中国作家协会在二十世纪八十年代初期决定以中国、上海、广州三个笔会中心的名义参加它的活动。我算是笔会中国中心的副会长。“入会”时听说只有钱锺书先生提出了异议，因为国际笔会的章程中强调了文学与政治互不相干（我没有自原文或译文读过这个章程）。可见钱先生做事的认真和绵密周到。我们则认为章程不章程的还不看人解释发挥?

第四十八届国际笔会确定一九八六年一月在纽约召开，并来信邀请陆文夫与我作为特邀嘉宾参加。于是我们二人还有黄秋耘、朱虹教授等人前去了。

笔会组织方面要求各国作家谈的论题有二，一个是“作家的想象与政府的想象”（imagination of writers and imagination of goverment），一个是不同文化的交流。而且头一个题目一定要有一个人谈。文夫选择了后一个题目，我只好硬着头皮去谈头一个题目。头一个题目到底是什么意思，我至今一头雾水，请教了不少英语专家仍然是糊里糊涂。我的第一个题目的文章大意是讲政府的想象脱离了现实和人民的生活，带来的就是灾难，而如果政府的想象符合人民的愿望与实际的情况，它就会得到人民包括作家的支持，例如中国如今的改革开放。文夫的论文该怎样写，他也与我商量并吸收了我的意见。

主办方提供了机票，我们是坐泛美航空公司的航班自北京出发，经停东京成田国际机场，再直飞纽约的。文夫好有个性，飞机提供的饮料他一概不要，自己带着苏州的碧螺春，吃饭的时候他还拿出了小瓶的“洋河大曲”，飞行小姐对他也是笑个不住。

我们是按照主办方提供的地图自己打的来到圣莫尼克酒店的。纽约的黄颜色出租车之肮脏与混乱，大大出乎我们的预料。

然后发给我们一大堆请柬，然后是日程表，然后是要求我们签署的合同，声明对使用我们的讲稿之类无（知识产权方面的）异议。然后是早餐券与现金（两千美元？）。全部的组织工作就是这些，然后一切你自己解决，会议你愿意去就去，不愿意去你就开你的小差好了。宴请和朗诵之类的活动也悉听尊便。我想，如果是我国召开这样一个盛会，光大会秘书处得多少人？翻译组、交通组、膳食组、秘书组、联络组、简报组……

开幕式上有当时的美国国务卿舒尔茨先生参加并致辞，为此，我们去市公众图书馆的礼堂的时候经过了严密的安全检查，在寒风中排了半个小时以上的队。

等到一开会，舒尔茨一致辞，美国本地的作家就闹上了，有喊的、有叫的、有笑的、有挥拳的。我亲眼看到了一九八〇年在艾奥瓦结识的俄裔女作家格丽丝·佩丽脱下皮鞋来乒乒地砸着桌子。过去说赫鲁晓夫联合国开会时脱下皮靴砸桌子我还有点不明白，要砸桌子何劳脱皮靴呢？看来，这也是一种“抗议文化”吧。

抗什么议呢？我不知其详，但据说是有一条，不知是不是此前还是此次美国政府拒绝给哥伦比亚作家、诺贝尔文学奖得主加西亚·马尔克斯发签证。马尔克斯是古巴领导人卡斯特罗的朋友，是反美的。

然后是会议主持人、美国笔会中心会长诺曼·梅勒发言，说是一些同行的表现使他感到耻辱，他的话当然又引起新的咆哮。

与会的有老朋友、德国的君特·格拉斯，有法国的诺贝尔奖的新得主西蒙，有大名鼎鼎的南非女作家拿丁·戈尔迪默。她讲什么作家与政府的想象的时候第一句话是：“政府是没有想象（力）的。”她的充满自信和优越感的话引起了笑声。

有一个发言人是自苏联流亡到这里的阿克肖诺夫，他的一篇小说《带星星的火车票》我曾在西山读书会期间作为反面教材读过，似乎是写苏联的新的迷惘的一代的。他在发言中发了一点牢骚，说是流亡美国的滋味不那么好受。结果他讲完了君特·格拉斯就上去消毒，说是刚才讲话的那位先生是要把我们拉到冷战中去，我都有点替他感到羞辱。

我的发言被《纽约时报》所嘲笑，他们说，所有的作家都抨击和蔑视他们的政府，除了王蒙，与会的所有作家只有王蒙在与政府的关系上感到舒服。

还有一位女士，在陆文夫的发言后提出质问，说，陆先生，听说你的发言稿是事先经过王蒙看过的，她无非是指陆的言论与行为在国外要受王蒙的控制。她与湖南的一个学潮中的积极分子梁衡先生（与新闻出版署原副署长同名）结婚了，她也是赴中国的留学生，这次学潮发生在一九八〇年年底。

她有她的逻辑和定式，荒谬绝伦而又幼稚可笑。尤其可笑的是她发言的时候得意扬扬，颇有探听出了绝密情报、爆出了猛料的意思。陆文夫当然说明王是他的作家同行、友人，我们事先交流一下发言是很自然的事，根本不是你所想象的那种性质。另外一位美国人，曾在中国的外文出版局当过我国外籍专家的斯通先生立即起立发言，他大讲王蒙在当代中国文学与思想解放中的作用与贡献，并批评那位女生的态度不对。

怎么说呢？美国作家充分表现了他们对于本国政府的不以为意，他们的自由言论，视高官如粪土的精神优越感，我要说，他们像炫耀自己的崭新汽车一样地炫耀着自己享有的自由，这确实是我们中国作家所不熟悉的。一个台湾背景的女作家著文说，美国作家享有的言论自由，足以让大陆作家们吓昏。

说这样的话才是活见鬼。有什么办法呢？我们的情况不同。We are different.一位德国作家曾经问我，你们是怎么样经历了那么多变故存活下来的。如果是我们，一是会自杀，二是会发疯。

从他的话里我体会到，如果换一个位置，如果我换成了美国作家，也许我会感到空虚和寂寞。在中国，有读者卖了血做路费来城市看望他或她喜爱的作家（我不赞成这样），有无数热心的读者给作者写信，与你谈心、与你切磋。我曾经到上海的棚户区看望过一位给我写过极动人的信的读者。中国作家活得是多么热闹呀，好事坏事，都比西方的作家多好几倍。甚至，中国作家会接到多少异性的示爱的信件！这方面我还算比较少的。女作家们分析说，王蒙的作品太政治也太刻薄，吓得女性读者们对王不敢轻举妄动。一笑。

如果他们换了我，成了中国作家呢，我也不认为他们能表现得一定比我们好、写得比我们好或者活得比我们有意义。至于发疯或者自杀，这当然不是我们的首选。

例如南非的反对种族歧视的大作家纳丁·戈迪默，为了她的理念坐过牢，她富有斗争性和硬骨头精神，她拥有极高的道义威望。她在四十八届笔会上讲到与政府的关系的时候高傲而且不屑，一笔抹杀而且气势如虹。当然，在此时，她拥有与国际社会一道痛批种族主义的自由，她拥有整个国际社会包括东方和西方的认同与支持。联合国不承认南非的种族主义政府。连标榜不怎么问政治的国际奥林匹克运动委员会也制裁南非白人政权，故而从不吸收南非的运动员参加国际赛事。她在国际笔会上其实处于主流位置，只是在本国还会受一点压。后来戈迪默获得了诺贝尔文学奖，更权威而且红火，势不可当。后来南非的种族主义政权下台，拥有盛名的民权运动领袖曼德拉主了政。再后来至今，戈迪默的声音已经微弱下来。我在新的世纪看到过记者对她的采访，问及今天的南非，戈迪默的话很少。她似乎还没有找到在斗争胜利后的南非、在曼德拉与他的继任者们主持下的政府下（这个政府有没有想象力呢？如果她承认有，是不是她会跌份儿呢？如果照旧断言没有，是不是又否定了自己一生的坚决斗争呢？）的自己的新角色，也许这个新角色只剩下了告老与淡出了。

至于我，对不起，我岂止是“批评”过政府，我冒着生命危险参加了推翻它的斗争，那是指国民党政权。而在新中国，我也为某些包含类似批评内容的文学作品的创作付出过高昂的代价。那么，那些嚼着口香糖的自由作家有理由轻看王蒙对十一届三中全会以后的中国政府的富有想象力的改革开放政策的欢迎与期待吗？我可以清楚地告诉你，朋友们，为了占世界人口四分之一的中国人民的自由与权利，王蒙做过什么，王蒙付出过什么代价，请问阁下呢？您做过什么？您付出过什么代价？包括国人中的那些大言不惭的朋友，你究竟做过什么，你能拿出什么样的纪录来？

不仅为了推翻旧政权，为了改革开放王某也在尽力，他以四十六岁的高龄，开始下定决心学习英语，虽仍不满意，毕竟可以与世界各地的作家、学者、百姓们亲近交流一番了。他在力所能及的范围内创下了许多纪录，你呢？你除了模仿过一些翻译腔调与照搬过一些外来手法外，你的纪录在哪里呢？既然你连“继承”两个字都如此反感，起码要另创一套语码才是，否则，用中文不是继承了中国文化吗？用英语、西班牙语、印地语，不是继承了英美、西班牙、印地文化了吗？

多么无知！这倒应了王朔的戏言：无知者无畏。

当然戈迪默是来过真的的，她有过为与种族政权做斗争而献身的经验。但是谈到为自己梦魂萦绕的，不惜以生命和鲜血去争取的，战胜了白人种族主义的，以当地人为主体的政权主导下的南非人民，如何做出一个受世人尊敬的大作家的应有的新贡献，她有经验吗？她的经验何在？如果她不是一九八六年而是二〇〇六年去参加国际笔会年会，如果她谈同一个题目，她会说些什么呢？她是不是也感觉到了difference——不同呢？革命前、革命中与革命后的作家，你们的处境与经验不好比较，不要以此度彼，以此求彼，以此责彼了吧。

我有一点点沮丧，更多的是一笑了之。却又觉得没劲，有什么必要呢？每个人有自己的良知、自己的经历、自己的环境与自己的判断，谁有资格对谁说三道四？喜欢充当教师爷的人远远不仅是极左派或者以老子党自居的人。越是无知和幼稚，越习惯于认定自己可以教导旁人、指挥旁人与纠正旁人。越是无知和幼稚，越是会觉得自己就是那把万能的尺子和剪刀，有权去衡量与剪裁世界上的一切。沟通的困难，简单化幼儿化的判断（如那位女生），一个以欧洲为中心的世界对于中国的少知与忽视，对于中国当代文学与当代作家的无知与忽视，这些都不足为奇，这些都令人觉得无趣。至少对于文学与作家们来说，开放的路还有很长很长的距离，误解与偏见还有很多很多的积存。其实我自己，我们对世界的了解也是刚刚开始，他们对我们的了解，也许还没有开始。我写了一首诗，发表在上海《文汇报》上。

致A.W
并答《纽约时报》

你嚼
口香糖
反对国务卿舒尔茨
嘘
离过的婚超过
结过的婚

好棒
炫耀独立不羁
像炫耀雪佛兰
豪华型立体音响空调
我知道你的舒服
你却
不知道
我的舒服
我
地下斗争
没有糖嚼
有“特种刑事法庭”（“特种刑事法庭”是解放战争期间国民党政府为镇压人民反抗特别是学生运动所设的“法庭”）
绞架不只是意象
胜利
历史的误会
十年
又十年
天山白了头
才有今天
才有
今天
我亲吻今天
期待明天
不爱吸大麻烟
珍爱我的妻子
经验塑造着不同的人
人
却期待
理解
谢谢三克油

夏衍老注意到了这一首诗，而且非常激动，他说我们国家太需要能够与西方作家对话的人了。

再回忆一下此次纽约之行的一些花絮。圣莫尼克酒店规模不大，是旧式的，大部分物件漆成白色，据说这样的旅馆更加昂贵，因为它在一个没有太多历史的地方引起了历史感。

它的电梯也是老式的，电梯到了，你要先拉开门，然后栅栏分向两边，然后上电梯，然后关门上行或者下行。这样的电梯运转缓慢，但是很有味道。

我受洋人的影响，冬天，仍然穿着薄薄的单裤，外边穿一件呢大衣，进屋就脱大衣，还凑合。我应邀与友人去过一家咖啡馆，它的房顶糊着“二战”时代的旧报纸，也是历史感。在我国，用旧报纸糊顶棚，是贫困与因陋就简的表现，而在这里，化寒碜为神奇了。

文夫被一个滞留未归的中国女作家邀去吃饭，吃完饭让文夫签字好拿到一个什么流亡政治机构那边去报销，令文夫大怒，后来干脆由文夫付了钱，改成了文夫请她吃饭，此事让我幸灾乐祸地笑了半天。文夫真是好人，而好人总是难做的呀。

著名的《民族》（Nation）杂志邀我为美国独立二百一十周年的纪念专刊写稿。我写了我几次来美的印象，我写了金门大桥、波士顿的教堂、秋天的枫叶与《回首往事》的电影插曲。我写到美式英语的发音和密如蛛网的高速公路。我写了美国人的豪爽、自由、接受新事物的兴趣等，最后我说，如果美国人知道他们知道什么，同时知道他们不知道什么，如果美国人知道他们做了什么和能够做到什么，同时知道他们做不了什么，不能够做什么，那么他们就更可爱了。后来，我曾经把它的复印件拿给陈香梅看，受到她的赞扬。

我还应邀到联合国秘书处去做过一次演讲。一位先生提出，听说中国的一切出版物都是要经过政府的审查才能与公众见面的。我笑了，我说你知道中国有多大、有多少出版物吗？每年六七千种杂志、十几万到几十万种新书，如果一切靠政府审查，那么太好了，中国的外交部、国防部、财政部、公安部、民政部……人人都在忙于夜以继日地读书……中华人民共和国国务院可以更名为中华人民共和国读书俱乐部了，这是何等奇妙的乌托邦啊。

其实，越是离谱的说法越容易回答。当然，这并不意味着我们的出版体制与审稿审批制度不需要改进。

还有一个问题我多次与外国的公众讨论，他们问，中国的政治与社会环境，能够出现大作家吗？

我说，我希望中国的社会与政治环境越来越好，我希望作家越来越自由，而且收入大大提高，我希望一切好事而不是坏事降落到作家的头上，但是，这一切都不代表伟大作家、伟大作品的出现。曹雪芹是怎么样出现的？是由于清代的文艺环境的美好与作家的生活条件的理想？什么叫“举家食粥酒常赊”呢？十九世纪末俄罗斯文学的辉煌是由于沙皇尼古拉的开明与对文学的扶植吗？不，他的“扶植”就是惩罚那些他不喜欢的作家，直到把他们流放到西伯利亚……当然，如果环境恶劣到像中国的“文革”时期，作家们的生命安全都没有保证，也是无法考虑写作的事情的。

当然，我这里有为中华人民共和国所做的辩护。我并不认为把文学问题、作家的资质的问题政治化，由政府承担责任是正确的。但是万也想不到的是，也有人从匪夷所思的“左”的角度来攻击我，说我是否定了党的领导，把作家与佳作的涌现完全看成一个自发的过程、神秘的过程。看来他老兄要把党的领导的命题用到曹雪芹与吴敬梓，托尔斯泰与屠格涅夫身上。

呜呼，我们有多少呆傻和作茧自缚，有多少偏执和强词夺理，不是损害了旁人而恰恰是损害了自己。当一个人千方百计地调动一切精神资源，向不太了解中国的人解说中国、讨论中国，为中国赢得理解、尊重、友谊包括各种有价值的意见与建议的时候，他怕的恰恰不是外国人的找别扭与偏见，中国的文化、中国的智慧、中国的历史经验，使我们能够从容应对所有的“酒宴”，不论外方设宴的是该国政要、社会文化名流、反共老手，哪怕是潜在的敌人。相反，他怕的是不怀好意的国人，是自己方面的暗算者。他们在断章取义地歪曲你的言论，根据海外传媒的失真或片面报道来整理你的黑材料，上报上送，力求毁掉你，让你再也不可能专心致志地、光明正大地去从事对外的文化交流、友好交流了。而他们这些心理阴暗的人却又根本应对不了任何外事，叫作上不去台盘。

其实对外与对内一样，不能靠假大空套话交朋友，要待之以诚，言之以真，要礼尚往来，要平等互利，要互相尊重。没有这些，你无法在本单位、在国内交上朋友，也无法在境外找到朋友，取得信用。你还要善于用海外时兴的名词语式说明国内的情况，你不可能照背文件，无一字无来历，无一字无出处。八股腔在内部吃不开，出去更无人买账。说点过头的话或不准确的话也不要紧，作家而不说一句过头话和不准确的话，这才令人惴惴不安。于是你的话，而且不是原话，是西方媒体的报道，便成了阴暗角落里的人的材料……这才是最最令人痛心和寒心的呢。

还好，说起来这也不过是插曲而已，不必太认真对待的。是非自有公论，时代毕竟是发展了，我们的方式方法，我们的分辨分析态度，我们对于世界的认知，已经有了长足的进步。

我也想起一九九三年我在伯克利学院演讲时一位朋友提出的问题，他问，中国目前面临着官员腐败的问题，请问中国作家准备采取哪些对策？

我说，作家当然痛恨腐败，作家当然会在自己的作品中揭示生活中的毒瘤与病菌，但是对策却是应该问纪律检查部门与检察部门。如果是在中国，如果是中国的读者询问一位美国作家对索马里局势采取什么对策（其时刚刚发生过美军进入索马里并悬赏捉拿索的一个领导人未果的事件，为世界议论纷纷），你不觉得荒唐吗？我的话引起了笑声，然而，这就是改革开放年代的文学交流中难以避免的奇观。你也幼稚，我也不见得不幼稚，你也有偏见，我也不见得没有偏见，你刚刚被A误解，紧接着却是B的误解。怎么样使这个世界变得更加和谐，也不要说和谐，怎么样让别人听得懂你的话，你确实还要费很多时间、很大力气。而且你还得四面提防，脊梁背也长上眼。

此次在纽约，我买了一个窗式空调，产自西屋电器公司。回京时是午夜，海关一看是空调，先说要上税，后来问我是不是那个作家王蒙，我点头，算了。这也是中国，人们对于作家是多么尊重和开绿灯啊。这个空调马力不大，噪声不小，一开机，像是开动了老式蒸汽火车头。在我家也还是起了些制冷的作用，最后我把它拿到了我在平谷区黄松峪乡雕窝村的一处权作别墅的农民房屋，数年后寿终正寝。不像其他电器，多半是正当盛年便因技术落伍而被贬入冷宫，终身再不能翻身。

卖给我空调机的是电影导演谢晋的儿子，他到美国不久，开了个小门市部。他的一段话实在难忘：

王蒙叔叔，你知道我来到美国最怀念的是中国的什么吗？是咱们的学习，一屋子的人，坐在那里，打盹的打盹，抽烟的抽烟，看报的看报，翻杂志的翻杂志，发发牢骚，骂骂不正之风，提前半个小时就下班了，工资照发……美国人一辈子也想不到世上有这样的好事啊。

他的话激起了我的许多回忆。在新疆，老夫子郝关中学习的时候睡着了，叼着香烟，口水浸湿了烟卷，亮晶晶的挂在地上。一推他，他人还没有全醒，先说了一句："打得好！"那时说的是一九七六年清明节追悼周总理的事件。而另一位北京画家，高谈阔论，用油子腔大讲南疆开卡车的司机的不正之风，说是你想搭便车，就要拿出一块羊腿，挥舞着羊腿求车。然后总结起来，说是右倾翻案风造成了这些问题。

而在北京市文联，二十世纪八十年代初刘导生同志主持文化思想工作，调来了原在团中央系统工作的陈谋同志。陈的一大成绩是多次组织党员作家集中学习。有时讨论太多，梳着娃娃头的陈祖芬感到疲倦了，便找李陀，说是"陀爷，来一段，我太困了"。只见李陀抖擞精神，摩拳擦掌，开始高声发言，他大讲第二国际与考茨基堕落成机会主义的教训。他将考字不读成第三声的考，而是第一声的尻。陈建功乃小声笑曰："蒿！"语出老舍话剧《茶馆》，小牛麻子（英若诚饰）有一句台词，说的是他的长官："人家说好，不说好，说蒿，洋味多足！"

《茶馆》在德国演出时，由曾在我外文出版社任专家的乌苇先生做同声传译，他说，瞧人家，good不说good，说成geood，多么神气！问题是至少在美国，有人喜欢略显装腔作势地把good说成geood，就是说那个g的音发得特别重，好像是加上了一个e音。他的翻译引起了全场的轰动，非常结合实际。

对我，文友们也有所嘲笑。说是当老作家们（阮章竞、雷加、杨沫、管桦等）发言时，我会不自觉地也是不停地点头不止，很有点做拍马屁状，我于是想起了我在区里工作时的"旧警察作风"的美誉。

确实对于老同志我是比较注意的，与我同住虎坊桥的，老资格、经历坎坷的舒群同志，患有体位性低血压。他有时与你刚开始说话，突然蹲了下来。遇到此时，别人可能茫然不知所措，而我立即条件反射地也蹲下侍候，舒群同志曾在正式的场合表扬过我。

陈谋同志热情肯干实抓，有成绩。只是他太爱把"我是管作家的"这样的话挂在嘴上，当属不智。这里确实有需要调整的自我感觉。他一调入北京，立即急着把自己的作品放到《北京文学》丛书里出集子，也有一些反映。当作家难，“管”作家又谈何容易？

也有不轻松的回忆。原来，北京文联的党组书记是赵鼎新，并兼市文化局局长。此后，他先从文联退出，继而因到了年龄也离休于文化局。他退二线后，完全不能适应新的生活方式，每天早晨起来点一支烟，再不划火柴了，一支烟没吸完，第二支烟已经接上了……一年后，肺癌，走了。

赵鼎新同志厚道老练，人们多怀念他。

28. 要你当文化部部长

这时，却出现了要我担任文化部部长的问题。最早在一九八六年年初，一次有外国记者参加的场合，一位美国记者问我：“你要担任文化部部长吗？”我回答说：“It will be terrible！”（那就太可怕了！）她对我的幽默竟然无反应，不知是由于我的英语太差还是由于别的。

事情是这样的，从一九八五年就传出了上边正在物色新的文化部部长人选的消息，一会儿一个说法。一会儿说是作协党组书记唐达成将去文化部，一会儿说是吉林省委书记高狄是人选。一会儿说是总政宣传部文化部长作家徐怀中少将已成定局……对此，我未加注意。

一九八五年五月我带领一个庞大的作家访问团，去西柏林参加地平线艺术节。回京后，不久，一个星期天得到通知，要去参加一位高级领导同志召集的会，参加此会的还有唐达成、徐惟诚、北京人艺的演员和院长于是之等。领导同志开宗名义，让我们提名新的文化部部长人选。我们就胡乱提了一些，包括高占祥、徐惟诚、贺敬之、艾知生（时新任广播影视部部长）、李彦（时为中宣部秘书长或副部长）。领导同志都未加首肯，还或有说到一点未必有利于该同志担任此职的因素。后来领导同志突然问：“你们几个人行吗？”

这就是中国的文化了，大家一听，个个做屁滚尿流状，尤其是于是之，拿出了老北京的特色，头摇得如同拨浪鼓，鼻音说“呣呣呣呣不行”，他像是在说“不行”，又像是在说“不灵”，总之，大家都笑了。

如此这般，说话到了一九八六年早春，一天下午，我正在其时包容了文化部、《红旗》杂志、文联与作协的沙滩大院的破旧礼堂看新片《美食家》。由于此片的原著是老友陆文夫，我便饶有兴味地观看着。看到一位先生为主人公介绍对象，强调对方长得漂亮，而美食家回应说：“脸子好又不能当菜烧……”我笑了起来，就在此时，一位同志摸着黑找到了我的身边，说是中组部负责同志找我。

当文化部部长的事就这样开始正式提出来。我大惊，我虽然参与一些研究讨论，也已经具有一些不俗的头衔，但绝无思想准备去掌管一个部门，我只希望我以一个文艺从业人员的身份去起一些桥梁的作用、进言的作用，提倡健康与理性的作用，缓和可能有的意识形态领域中的斗争整肃的作用，却从来没有想自己去管，去决策，去负责，去拍板。对于作协，连党组书记我都谢绝了，岂可到货真价实的文化部？

我连连活动起来，不是为了跑官而是为了辞谢。我说，我现在创作正在盛期，如果改为行政官员，我太痛苦了，我一辈子就是想写点东西，前边二十多年，由于政治处境太坏，不能写作，后二十年，由于政治处境太好，太受信任和器重，结果也是不能好好地写作，这可真是悲剧啊……

我没有公开说出的是，什么，去当部长？岂不成了众矢之的？岂能不陷入凶险的所谓文坛的人际斗争，斗到势不两立，斗到上下皆烦，斗到捶胸顿足，斗到乌烟瘴气……在所谓的《肖斯塔科维奇回忆录》中，有一段是说萧与苏联作曲家协会的书记谈天，抱怨作曲家协会的会员团结得不好，作曲协书记说：“我们这里还算好的呢，你看看作协，那边，一个作家恨不得把另一个作家生吞下去……”（大意）

而且我已经感觉到，这不决定于主观意愿，你不想斗，人家斗到你的身边，人家的箭镞已经击中了你的咽喉，你能无动于衷吗？你能不闻不问吗？你问了一次就有第二次，有第二次就有第三次，然后你有你的朋友、伙计，他有他的朋友、伙计，你们成了山头、圈子直到团伙，你们成了小团体的坏头头，你的许多弱点都暴露了，你的许多不优美的心绪都发泄出来了……连你的生理功能细胞品质都可能从而恶化……我不想内斗，我极端害怕内斗，害怕那些内战内行、外战外行的人。我说的是不想，一点也不想，倒不是完全不会，越会越不想，非不能也，是不为也。

我找了胡乔木，我找了胡启立，我通过张光年给乔石带了话，请不要考虑我。我大肆活动不是为了跑官而是为了相反——辞谢。这种辞谢的事例不是太多，我知道的还有吉林《作家》主编宗仁发，他辞谢了升一级的可能的职务。还有外文局黄友义，他辞谢了可以从副局级升到正局级的可能，他强调自己毕竟是业务干部，我很佩服他们。

一九八六年，我在中央书记处的一次会上被有关领导问到这个问题，我说你们现在对我印象颇好，是因为我是一文学从业者，却能顾全大局，起些健康的作用。如果我去负责，去主管，去处理日常事务，我成为你们任命的部门领导，我的缺失定然逐渐暴露，我的局限定然日益明显，我的蹩脚定然日益狼狈，最后，连现在这点好印象也没有了，有什么好处呢？

胡乔木当场表示支持和理解我的意见。说他与王确有交往，他认为王说的都是老实话。

也许对胡乔木同志的意见做了别样的解读，总之他帮我说了话后，一些其他同志任用我的决心反而更坚决了。于是其时协助负责人事组织方面工作的中央领导习仲勋同志找我谈了话。他讲得很确定，要求我服从，并且说，如果我仍然不接受，还有政治局常委和总书记要找我谈话。我谈了我的想法，仲勋同志说，你还可以写作，不需要你抓得过分具体，你可以多依靠旁的副部长嘛，反过来，你担任部长也有有利于你写作的条件嘛。他没有细说，似乎包含着组织班子写文章的含意，也许是我没有听明白，我想他指的不是写小说。当然，党的领导人、高层干部不认为写作是一个人的事而是革命的事、党的事、人民的事。

此前此话越传越广。我妻子是不赞成我担任领导职务的，她喜欢更本真、更自然的生活，她支持我多写东西。我的小女儿说：“爸爸哪像个文化部部长啊……”她那时在上高中，对领导有一个她的直觉标准——模式，觉得我不对路。她甚至给部长起了一个代号，就是多咪，多咪，用简谱表示就是13，含义是只有一米三，当然是不长个儿的谐音即不（部）长。我的儿子则认为不妨考虑，这毕竟是一件大事，也是一件荣耀。

最后与仲勋同志谈话的结果是我只干三年，三年中请中央物色更合适的人选。

我有些难过。有一次在一个场合看到作家叶楠，他见我就说：“把你牺牲了……”我知道他这是一种变相的道喜之词，至少不全是本意，但我听了仍觉刺激和沮丧。

适逢“两会”，张贤亮、冯骥才、何士光等到我家来，还有香港《大公报》著名记者叶中敏，非问我有无此事与我的态度，我支支吾吾，结果张贤亮替我回答说，共产党员服从党的决定。这些都刊登在香港报纸上了。

冯骥才则说，他与外国读者接触时，强调的是，王蒙是一位作家，一位真正的作家。我感谢他的说法。

从一个青年团干部变成青年作者，再变成另册分子，再变成“专业作家”，再变成中央委员，再变成内阁成员——文化部部长，真的不无辛苦和尴尬，也不是没有“青云直上”的得意。得意之处不在于我当了什么什么，而在于确有一些人，一些熟人、一些同行，为了当这当那简直拼了老命，为了反对某某人当这当那，简直拼了老命。有的哭爹叫娘，有的不惜远走他乡，有的自我宣布，谁谁让他干这个干那个了，其实是死无对证。而我从来不追求这个，不想干这个，拼命辞谢着这个，头衔与使命却频频光顾到我这儿。

冯骥才的爱人小顾说过，王蒙像阿凡提一样地整天开着心，说着笑话，这也成了那也行了。另外一位仁兄，又哭又闹，又叫爹又喊娘，仍然是什么都没成。而张贤亮呢，则像是西部大侠或马贼，打家劫舍，带上女人飞奔。

我有一种失落感，有一种目前挺时髦的叫作自我认同危机，该怎么生活、怎么做人呢？

一九八三年，我就任《人民文学》主编的同时，法国总统密特朗邀请我与丁玲访法，作协根本没有告诉我这个邀请，是事后才透露给我的，他们觉得我刚刚任“要职”新职，不宜出国，而改派刘宾雁代我到了法国。一九八〇年是我代刘去了美国，而此次是刘代王去了法国，倒是谁也不欠谁的了。但传出说法，说是法方对我不满，认为我对他们的总统不够尊重。你能说啥？

一九八六年，我已经被邀是年暑假到洛杉矶一个大学搞系列讲座，谈中国当代文学，一闹成部长，当然也吹了。我的生活方式、出国方式都得重新调整，我又要“重新做人”了吗？哪怕再等五年，至少等到我英语过了关！难从人愿，何曾从人愿也！

一九八六年四月初，我开始以党组书记的身份主持文化部的工作，至六月，经过全国人大常委会的通过程序，我正式就任文化部部长。

上任之前，作协的班子“欢送”我，我记得最清楚的是张锲的几句话，他说，他要说几句话以壮行色，在中国想做点事，没有点权怎么行？

不必想东想西，就去干吧。最后几句话怎么说的我记不太清了，回忆起来倒是有点“妹妹你大胆往前走”的味儿。他说的也是实话，心窝子里的话。

我家住虎坊桥，我常常与芳一起到陶然亭一带散步游玩，其时芭蕾舞团、戏曲学院等都在那一带，我知道到了文化部，就要与这些单位打交道，有相当的责任来联系他们的工作了。人生就是这样奇妙，我已经在虎坊桥住了三年了，从来没有想到我会与自己的近邻芭蕾舞团呀戏曲学院啊发生亲密的接触。我想起了有幸认识的一些艺术家，我有一种特殊的感受。我知道芭蕾是美的，戏曲是美的，音乐是美的，与陶然亭一样的美。我且悲且惊且喜。我突然对于它们他们她们有了责任、有了义务也有了说三道四的权力。我能帮助艺术？我会亵渎艺术？我假装要指挥艺术？还是认真地掌握着、规划着、安排着当然也要保护着——艺术还有无所不包的文化？我想起了一位老爷子，他是老新四军，听说我要去文化部，他说，一个文化部部长能不糟蹋文化就好了……他是在讽刺吗？

我酝酿了以下的诗：

拟唱词

醒转一觉
曲牌平方十一
昨夜掌声斗室
淡化也
千古象征荒诞
豆浆西皮清水
敢问十娘茶女
同行冤家
何不政协开会
正午夜餐
速速去则个
认领慷慨激昂
三毛演出补助费

名优奥赛罗娃
录制玲珑护照
酒吧冲浪
澳大利亚北美
归不得也哥哥
影后歌星圈阅
三室一厅住宅
端端地
天上人间美景
飞来矣
三十八年过去
未突破
三十五个年岁
水银灯下
犹有豪情潇洒
唱吧唱吧唱吧
乐器打击如雷
且挥手跺一跺脚
三杯两盏
热泪
如雨

这是一个新的领域。有趣的是几次让一个作家去文化部主政，而文化部只在理论上管理或者服务文学事业，文化部最忙活的是表演艺术，其次是造型艺术。表演艺术中的风云人物是演员、明星，他们中许多人当了政协委员。同行是冤家，演杜十娘的与演茶花女的也许说不到一块儿。法国有茶花女，中国有杜十娘，她们在为了所爱的人牺牲了自己的一切这一点上有共同性。你唱花腔女高音的咏叹调，我唱西皮流水，诗里则是戏加上了的豆浆清水，这也令人遐想，令人困惑，令人觉得个中有无限玄机。演员们那时普遍住房太窄小，而演出的补助每晚只有三角人民币……不免憋气。演员们也常常瞒岁数，三十八年过去了，只承认三十五岁（其时谌容有一篇小说叫《减去十岁》，说是中央有了文件，由于“文革”误事误时，人人可以减去十岁。好生哭笑不得）。住房面积、夜餐费与年龄，一起向下压。当然，现在鸟枪换炮，今非昔比。那时有的演员一心出国，还有人因为出国造假证件而被对方国所惩罚。另外的演员则走请高级领导批条子的路子，就是要部里给某某名演员解决房子问题。是激变的年代，也是匆忙和幼稚的年代，也是好时光，人们又尊敬乃至宠爱艺术了。毕竟是艺术家，有一些豪情，有一些悲欢节奏。而突然一下子，我与这些个性鲜明有趣的人物产生了关系，堪称匪夷所思，却又是一见如故，缘分深了去啦。

我听到人们议论文化部的某一位首长，他听到一个演员来诉苦，大怒，立即打电话给下属做了指示。第二天，他又听了另一位艺术家的意见，他又立即指示。下属告诉他，他昨天刚刚做完相反的指示。他奇怪，同样一件事，由不同的艺术人讲起来就有了不同的版本。艺术家和作家是一样的，都有很好的表达功夫，都能声情文理并茂地表达自己的观点，申明自己的诉求，都是说什么就有什么，需要什么就来什么，他们过了许多苦日子。现在他们的事情极多，亟待解决的问题极多。一些省市的文化厅局领导描写自己的生活时是：“吃饭有人陪，电话有人催，上班有人追，回家有人候……”也不还怎么怎么的，反正这些厅、局长沾了文化，也都个个能说会道起来了。

首次去文化部见面、“报到”的时候，部里是派了司机张守忠来接的我，我路过作协时下了一下车，取一份材料。按，文化部原办公楼在朝内大街上，“文革”中因属“砸烂单位”，办公楼交外交部使用。作协的办公地点原在王府大街，同样命运，“文革”中此楼被商务印书馆与中华书局使用。这样，“文革”结束后，文化部、文联、作协全进了原中宣部沙滩大院，与《红旗》杂志一起分享办公房屋。文联作协很惨，用的是一九七六年唐山大地震、波及京津时在沙滩院内修建的轻便防震棚，一直用到了九十年代。

我在作协取了一件东西，没有想到张师傅的车仍然在我下车的地方等着我，还有几十米距离，竟然也以车代步！

我反复考虑我与文化部局级干部的第一次见面会，我特别强调希望刚刚退下去的老领导也与会，其中如周巍峙、林默涵、陈荒煤等都是文化界极有影响的人物，他们之所以长期在文化部工作，不仅仅是靠任命，更靠的是他们在各自领域中的成就与贡献。

我能给大家讲些什么呢？官话、念稿，不像王蒙。没有官话，不像部长。做一个数学不等式，就是王蒙实在不像部长。

我知道那个改革开放的探索期，文艺界的资深领导人一讨论就会争辩起来。领导人对领导人的反感大大大于对个别不喜欢的、找麻烦的文艺人的反感。四次文代会期间，林希翎曾经住进了会议代表的住地西苑饭店。林是一九五七年人民大学的著名右派，被批了个一塌糊涂。她几乎是最后一个被“改正”的，而且历经这个领导批示那个领导批示，最后是不是真的改正了，我至今说不清楚。我想如果让我决定，我是不敢同意她入住文代会代表住地的，但当时这是林默涵同志批准的，这就证明林并非一味严厉峻急，而是有他宽容与善意的另一面。另一位后来被海外攻击为“左公”的兄长，对“一位先生”也一直算得上友好，甚至当最高方面下令要采取某些惩罚措施的时候，他还是为之说话的。所以他对别人攻他如何如何“左”很感冤枉。问题似乎是，如何对待某一个作家，这好办，用不着起火，如何调节文艺领导与领导之间的歧见，这很麻烦，令人火冒三丈。

所谓态度严峻的人，并不拒绝对个别文艺工作者示好、容忍、友谊义气、广结善缘。有时他们在一些场合为特定的作家争一个奖、争一个好评，是非常动情、非常真挚的。但是在总体上，他们不赞成多讲自由啊，反封建啊，宽松啊，反极左啊什么的。另一些领导则以广大中、青年文艺工作者的保护人自居，无论听到什么责难，先保护，再分析。其实他们也不是拒绝一切批评，或者吹捧至少是容忍一切作品。强调中、青年作家们的成就还是强调老作家的指导，这也不一样，前者会是“放”，而后者会是“收”一收。是不是口子开得太大了？是不是要修筑一点堤防？这样的准水利学的讨论常常发生。

有时令人长叹的是，这两派领导斗得不亦乐乎，而具体作品、具体问题并没有人关注。有一位同志谈当代文学，谈了半天仍然是刘心武的《班主任》，再就是他的亲人的　部作品。我想原因不在于他喜欢刘心武，相反，他不喜欢刘心武。也不在于他内举不避亲和外举不避仇，他多半是一时想不起另外的作品来。

而读了大量作品的是冯牧，其次是陈荒煤。光年也读了一些，包括我的一些东西，而且他都写下了笔记。

而我有时不明白，文艺问题，究竟是个案多呢，还是总方针、总口号上问题多呢？无论如何，曹雪芹是一个个案，晚清的小说家只有一个曹雪芹，如果曹某小时候出天花死了，中国历史上就不会有一部《红楼梦》。与此同时，曹雪芹虽是最优秀的，却代表不了吴承恩、吴敬梓、蒲松龄……丁玲也是一个个案。作家向往革命，革起命来了又产生困惑和麻烦都不是个案，但是丁玲的个性、风格、为人特色与曲折经历等都是独一无二的。她同样也并不代表艾青、萧军，乃至不代表陈企霞。“丁陈”云云，不但是言过其实也是思想懒汉的说法。在取得全国政权以后，面对的是老百姓的全部文化生活包括精神消费，你哪些能管，哪些其实不可能直接管，可以有一个估量，我实在不想花费时间精力去争论那些整体性的估价与举措。

早在读爱伦堡的《谈作家的工作》时我就接受了他的观点，在文艺问题上，质量比数量更重要，个人比集团更说明问题。五双质量一般的鞋子可能相当于一双高品位的鞋子，但是五个或五十个或五百个一般的作家，顶不上一个契诃夫，更不要说托尔斯泰。你找不到白玉牙膏了，你可以用中华牙膏或者固齿灵牙膏替代，现在还时兴高露洁与佳洁士。但是你没有找到你喜爱的例如梅里美的作品，你无法以欧·亨利的小说顶缸。个人，才华，有时候是天才，这些概念充满个人性、偶然性与不确定性、不可替代性，而我们的某些人士，他们注意的是必然性与整体性，概括性与普遍性，指导性与一般性。

我一直很注意不要太陷入某一方面，而成为另一方面的“对立面”。但是，事情已经不由自主，经过“清除精神污染”，经过四次作代会，我再被任命成文化部部长，我已经被认为跟人家“对立”上了，同时，我不能辜负例如周扬、张光年等人的信赖与期待，但我又非常不愿意搞成某个圈中人物，堂堂王蒙，正在创作盛期，下笔千言，倚马可待（这话里有自嘲），十四岁的地下党，十八岁的十八级干部，岂需要投靠谁？岂需要与权威结盟？岂需要搞一个自己的队伍？王蒙能堕落到这般田地吗？

我开了一次干部会，特别注意邀请了原部领导一些老同志参加。我大讲要争取文化事业的长期稳定的发展。我从经济工作的说辞中借用了长期稳定发展的提法，这也是一种方略，一种模式，一个法门：谈文艺文化工作，要多用谈经济社会政治党务工作的提法，你的提法一定要离《人民日报》社论近，而离文化文艺专业远。

我提出维护改革开放以来的大局，维护文化工作的已经明确的方针政策。发生了什么事情，是什么问题就解决什么问题，不要因为个别事件而动辄调整政策提法，只有这样才能保持政策的稳定性，保持事业的稳定性。

我至今觉得讲得还算得体，也很关键，也实在，我还要说，有些领导看了有关材料，予以首肯。后来的实践证明，这样做比动辄变口号、变政策好。当然也有匪夷所思的挑剔，如认为要维护的大局是什么什么分子占了上风的大局。

至于当时，周巍峙同志表示对于我的尊重老同志颇感兴奋。林默涵同志拉住我的手说："够你呛呀！"我相信他说得很友好，我的心情好了一些。

上任伊始，参加过一次出头露面的活动，是纪念外文版《中国文学》的一个会议吧，那时外文出版局是由文化部管的。我应邀上台讲话的时候掌声热烈，我立即说："上台的时候不要鼓掌。我希望的是下台的时候能有一点点掌声……"

陆天明给我写了一封信，和悼词唁电差不多。总而言之，他认为一个他唯一寄予期望的中国作家，从此不再存在了。

而最最鬼机灵的信件是河南作家张宇所写，他的一本小说集《活鬼》即将出版，他要我给他写一个序。他说，有人对他说王某现在当了什么什么，不会有工夫给你写序了。他说，他不信，他认为，区区一个文化部部长，当了也就当了，怎么可能影响王老师的文学活动呢?

这个家伙是太能看穿王某的心思了，明知是变相奉承，是夸大其词，是游戏其词，其实是请君入瓮——你要是不写就等于承认自己一入"官府"就没有能力与人格再文学啦——我还是高兴得大笑起来。知我者张宇也！

一位领导同志找几个刚刚被任命为文化思想宣传部门的领导的人开会，说我们几个是"跨世纪"的干部，我听了，觉得很重压，一直干到下个世纪？太沉重了。

朋友给了我一份香港出版的刊物，上有台湾剧作家马森教授的一篇文章，是对王某人担任文化部部长的几点期望。马是我在河北高中时的同学，一九四九年年年初，他已报名参加了人民解放军的“南下工作团”，报到前夕被家人带到了台湾，从此走上了不同的道路。

同时我也听到一些我喜欢的年轻人的议论，他们根本不了解王某的背景与共青团工作的历史，他们认为王某能够官运亨通，是由于王的处世奇术，圆滑应对，最好的情况下是智商与经验的果实。他们不能理解，一个真诚的与并非庸才的作家，能够同时当一个领导干部。我能说什么呢?

而这时的某些香港刊物则在说王蒙是“乡愿”。其实乡愿云云，是“大跃进”时提出来的，是批判那些跟风太过的人的。这个词的提出在“文革”中被猛批了一通。而一个基本上采取反共立场的杂志，从“大跃进”中学到了一个词来批判王蒙，堪称有趣。

这倒也说明，王某确是稀有品类，叫作只此一家难有分号，王某担任文化部部长也确是中华改革一景，昙花一现，过了这个村，没有这个店。

五月初，我应邀去烟台参加作协的儿童文学会议，初尝走到哪里都得到部长式的尊敬与完善接待的滋味。后来又去了济南与曲阜。在曲阜，碰到旅居美国的学者董鼎山，董后来写文章，说是在孔子故里人们放鞭炮向新任文化部部长致敬，非也。那是是晚在那里举行宴会的一个商人的排场。董先生也是我的朋友，他与民盟的冯亦代先生很要好，连他都会对我的就任部长做出不实的报道，唉。

而在烟台时，住在靠海的迎宾馆中，在非游泳、非旅游季节看到了略显寂寞空旷的悄悄的大海，我有些震动，因为过去一直是看游泳旺季、人头攒动的海。我写了一首诗：

畅游

畅游过你的忧伤豪迈
去年夏日的阔海
令我思绪徘徊
在陆地与大洋分界处
我们不期而遇

……终其一生亲近
注视你围绕你吟咏你
又怎解得开你的风采

你只是你
你只是海
你的解释你的微笑你的
无言，都是典型的海的
没有增加没有减少
无力无形一切承载
无论太阳生出你怎样的辉煌
月光生出你怎样的怜爱
风怎样抚摸你激怒你震摇你
你只是你
你只是海
幽深处一样的从容自在
无始无终如童年的梦
……漫不经心
至尊至爱
永远滔滔
永远讳莫如深
如成人的皱纹
如少年的心事
点点滴滴
无涯无竭
涌去又涌来
……倒平添几件
为你的赞叹——悲哀

……

这就是一九八六年王蒙处于“红里透紫”时期的心象。这当然是自我感觉良好的产物，却也有“分界处”，“不期而遇”，“讳莫如深”，“忧伤豪迈”，“无言”“无力”“无形”却又“把一切承载”的“赞叹——悲哀”。

这是我最“牛”的一首诗，然而我自己至今为之感动。

29. 换老婆的风波

“文革”发生后，文化部作为砸烂单位取消了，原办公楼给了别的部门，“文革”后，文化部与《红旗》杂志社共用一个沙滩的办公楼。这里有一个有趣之处，美国、联邦德国、澳大利亚、日本等，是不设文化部的，一些英联邦国家则只设半官方的艺术委员会或理事会，实行所谓与政府“相距一臂之遥”的领导。其说法是文化应该是社会的民间的事务，不应由政府管。法国、意大利则因为有大量文物，故设有实力很强的文化部。想不到我们的“文革”小组在这样的问题上竟与超级西方国家美、德、澳、日等暗合。

我上任时，那时的文化部临时用着沙滩灰楼的西面部分。我进到一个套间办公室，办公桌上摆着好几部电话。红机是党政领导机关内部用的。一个电话机是要通过总机（部电话班）使用的，另一个是直拨外线的。外屋有两个秘书，里屋就是我。过了大半年，又搬到了孑民堂，在后院，是很高大的中式房间，中间一个大客厅多用于外事活动。当年，周扬任中宣部副部长时曾住在孑民堂，那么，一九五七年年初，他“接见”我时，应该就是现在用来会见外国客人的大会客室。孑民堂与我有这么大缘分，三十年后我在这里办上公了。人的命运，也还有房的命运，还真有戏，有故事，有巧遇。

每天早晨一到办公室，一定会有一大堆文件等着你处理，简言之，叫作“批文件”。文件是五花八门的，涉及文化、文艺者占不到半数，其他多是某次会议的计划，某个项目的兴建，某个活动的举行、规模、参与人名单和经费，此种叫作人财物的问题，非常考验一个人的知识与生活经验面。我是很注意横向尤其是纵向分工的原则的，就是说，该哪一级领导管的由哪一级领导去干，你不要越俎代庖。一个处长、局长把事情做坏，你可以批评、处理，直到撤换，但是最好你不要直接指挥局里、处里的工作，更不要代替处长、局长去做事和做决策，这样，我很少把自己活活累死，这是一；充分尊重原有的干部与规则，这是二；不搞什么上任三把火，不搞什么大呼隆，这是三；什么事都多多商量，避免摩擦更不要顶牛，这是四。

中国办事不兴在党组会议或部务会议上搞什么表决、少数服从多数，就尽量多协商，哪怕有一个人有保留，也等待一番。实际上，依惯例，所谓领导班子成员对一把手还是尊重的，除非你异想天开，做事完全离谱，你想做的事情往往是能做成的，你不赞成的事情，往往是可以至少搁置一段时间的。关键在于，你要一心为工作，不要从你这里就整天价斗心眼，合纵连横外加太极拳和暗器。为什么有些人官做得那么痛苦，那么压抑！

但同时我也体会到，各个单位，各个方面，已经运行了三四十年了，好也罢，赖也罢，从思路到说法到制度到习惯到程序已经形成了一套，作为新到的人，哪怕是第一把手，你能做的仍然十分有限，不可轻举妄动。

兹后多年，我读到唐浩明所写历史小说《张之洞》，里边描写我的这位南皮老乡就任两湖总督前与他的一位长辈亲戚用餐，长辈赠送给他四句话，十六字箴言：

启沃君心，恪守臣节，厉行新政，不悖旧章。

太深了。第一句说的是对上要多宣传沟通新的思想观念资讯。第二句是守纪律。第三句是主心骨。第四句是尽量先立后破，不树敌，不搞得鸡飞狗跳。

上任后处理文件，第一次，我略感生疏，我将我批了的文件拿给办公厅的老秘书们看，他们告诉我："就是这样的，就是这样的……"我乃放心大胆地处理起文件来了。

有一回，见到了我原在的北京市文联的作家同行们，他们问我在文化部门工作的情况，我自嘲说，每天要读许多文件，要画许多圈。我有意识地不但低调，而且带自嘲味儿地说话。都是写小说的，作家这一行，个个认为是老子天下第一，你切不敢当着同行露出得色，而且实际上也并没有得意之感，反有点诚惶诚恐，有点自己也弄不清楚自己到底是怎么了。可笑的是，一位文友居然把一个人当上了一官半职，学会了画圈变成了他的小说的一个情节，不知道他这样写是表达酸意还是实在不会写“官场”。其实南方某刊物早有一篇微型小说，说是一批人留“墨宝”（书法），一位官员拿起毛笔，不假思索地写上了两个字：“同意”，盖他每天写得最多的就是此两字。

说实在的，能够像我这样平静地看待自己的“官场”上的飙升的，也不多见。而这位朋友，此后整天自己制造一些有关他本人高升的消息，一会儿是要担任三本杂志的主编，一会儿是曾经被建议担任什么什么要职而他谢绝了。一个人想一件事想得太多，就会产生幻觉。例如美国一个“童后”（被传媒评为全国女童之冠）被杀，此事太震动了，于是一位老兄就认定自己是那个杀人犯。

此时出了一个不算太大的问题。一位记者写了内参，说到电影的评奖中，尤其说到了评得比较专门、比较细的“金鸡奖”的繁复情状。一位领导同志看了内参后批道，怎么这个奖搞得这样光怪陆离（大意）？恰恰此时，刚刚评出了的最佳故事片，是根据贾平凹的小说《鸡窝洼人家》改编的《远山》，里面有一个有点通俗的情节，两户农民对待改革开放的态度不同，而每户农家的夫妇又恰恰对待改革开放的态度各走极端，一户是男的开放一点，女的慎重一点，另一户则是男的慎重一点，女的敢干一点。两家之间与各家内部发生了许多纠葛，最后，两个男人换了老婆，两家日子过好了，和睦了也逐渐发达了。

领导同志看了此片，显然不甚满意，便让一些人看与提意见。

这是一位很得人心的领导同志。对于文艺，他喜欢讲的是大鼓劲，大团结，大繁荣。他也常常就一些具体问题说话，如说他不赞成唱什么“党啊，亲爱的妈妈……”他说：“妈妈就是妈妈，党就是党，怎么党成了妈妈？”

按，这个时期确有这么一首唱起来蛮好听的歌，它唱道：“……你用那甘甜的乳汁把我喂养大/扶我学走路教我学说话/唱着夜曲伴我入眠/心中时常把我牵挂……你的品德多么朴实无华……你激励我走上革命生涯……幸福的明天向我招手/四化美景你描画……”

其实领导同志说得很平常也很正常，但是大家习惯了夸张与矫情以后，说一加二等于三却要有点胆识了。

他还说过一些文艺争论是“从概念到概念”，这也很得罪人。

他还说过，为什么舞台演出时，观众还没有怎么鼓掌，演员就自动加演起新的节目来了呢？让观众鼓一回掌，证明你的节目确实受到欢迎再加演再“返场”不是更好吗？

这也是一个例子，有了行规，反而违背了常识了。这种不待鼓掌就自动返场的做法，在行内业内倒已是司空见惯。

他还有十分精当的意见，各种演出应该面向百姓，不能动不动就调到北京来给领导干部看，求领导的夸奖。那样的话，我们搞出来的只能是宫廷文艺。

但是这次关于电影金鸡奖的说法却有点难办。金鸡奖包含二十几个奖项，诸如（最佳）导演、男演员、女演员、男配角、女配角、故事片、合拍片、摄影、化妆、美术片、科教片、儿童片，还有剪辑、音乐等等，并无不正常之处，也谈不上光怪陆离，只是领导同志对之不甚熟悉罢了。

问题是他是大领导，领导说了话就要当回事，就要贯彻实行，为此金鸡奖拖下来了。

其时文化部已经不管电影了，但是有的领导特别让我去看片子，并强调说王是内行。我看了，怎么办呢？

稍稍再沉了沉，这也是毛主席教的招数，叫作冷处理。然后我起草了一个书面意见，第一，影片《远山》的主题是积极的，是歌颂农村的改革开放的；第二，原著已经得到了好评，作者也是很有成绩的作家；第三，改编成电影后，换老婆的情节显得突出了些，可能放映后有各种说法和反映。

然后我发挥说，评奖并不意味着评出的作品完美无缺，评奖云云，可交由评委会正常操作，评出奖来，应该由社会各方面特别是广大观众评论其得失成败，因此还要“奖评”，即各方人士可以评论评奖，对于获奖作品可以也需要说长道短，百家争鸣，指出不足，以利改进。

这后一段意见其实是受到周扬的一些议论的启发，他多次说过，要搞评奖，还要搞奖评。

我找了高占祥同志联合署名，向领导同志做了报告，我需要注意的是不要突出个人。

领导同志圈阅，此事乃告解决。

人一生要修桥铺路，要搭台阶，要垫平坑坑洼洼，要代遮风风雨雨。

要当一个和谐的因素而不是生事的因素，要当一个稳定的因素而不是搅乱的因素。

还有，有时一件事，一上来一开头很难办，你一认真办下去，反而没有事了。

台湾有一位歌星，我说的是邓丽君，在大陆颇有影响，于是一再有人鼓动邀请她来大陆演出。一家报纸还公布了该报记者与她通电话的情况，炒得很热。但是高层领导的意见并不一致，有说不宜来的，有说可以来的，有说文化部外其他方面不必干预的，有说来了没有好处的，这些意见都很有来头，哪个我都得执行。同时，还有一个大城市也跟着起哄，它的某位有关部门领导，也是文艺界的一个资深人物来找我，说是如果文化部不敢做主，可以交给他们所在的城市来出面做。

我的对待是，第一，都是领导，都有理；第二，干脆从源头查起，口说无凭，找出档案为证。此事到底是怎么出现的，怎么引起各领导的注意的，怎么到了文化部，怎么变成了今天这个样子的。

我调来了全部原始档案，我的研读证明，这其实是媒体炒起来的，从头至尾，没有任何大陆的文艺演出单位或文化单位文艺团体或涉港、澳、台事务部门与这位歌星联系过，没有任何一个有关人士与此位歌星见过面谈过赴大陆演出的事宜。此位歌星也从来没有正式表示过到大陆来演出的意愿，没有任何文艺机构向文化部提出过此歌星前来演出的事宜，没有任何正式的报件、批件……因此，作为政府部门，现在就争论某某歌星前来大陆演出的安排，全无必要。文化部本身，无意也无须出面邀请，更无须反对邀请制止邀请此歌星前来演出，现在的争论实属庸人自扰，无事生非。她是否适合来大陆演出，完全可以待今后确有此事后，即一、本人确实有意来演出；二、确有文艺团体或剧场或演出公司愿意主办这一演出，这样，他们应该向文化部呈报文件，有关文件报上来后，各种情况明朗以后，文化部才需要研究表态。

就是说，这样尖锐的一个问题，其实压根儿就不存在。我把以上情况给各领导写了报告，建议暂停有关讨论与报道。他们都满意，也都不再说什么别的了。

但是我并非事事模棱两可，大事化小小事化无。就在我到文化部上岗的前几个月，一些大报上还刊登着由一些宣传文化部门、工商管理部门与执法部门联合公布的告示，严禁举办营业性舞会、舞厅。我想起了一位年轻一点的作家约我描绘，说是工人宣传队的队员在舞会周边巡逻，生怕一男一女之间产生了相互爱慕之情之意。这也未免太前现代，太中世纪了。我在与万里同志的一次接触中，听到他讲，舞厅的开设、夜晚娱乐场所的开设是人民的需要。我乃起意要开放营业性舞厅。摸摸底，说是有关部门主要担心开放舞厅后会有流氓地痞前来捣乱，核心问题还是怕影响风化。我乃说，那就太好了，各地舞厅应该欢迎执法部门派员前来监督视察，可以穿制服来维持治安，也可以穿便衣前来调研，可以长期蹲点蹲坑（后者是行话，专指缉拿犯罪分子的暗等）。我还说，原来社会上有些流氓无赖，不知会出没在什么处所，使执法部门难于防范。现在可好了，如果他们有进入舞厅捣乱的习惯，那不正好乘机守候，发现不法行为便依法予以痛击吗？

我的雄辩使此事顺利通过，从此神州大地上开舞厅才成了合法。但仍有一个省，是江南的市场经济极其活跃、各方面发展迅速、生活富裕的一个省，特别在一九八七年年初，恰在胡耀邦辞去总书记职务之时，由省人大常委做出一个正式决定，不执行文化部等部门关于开放并管好营业性舞厅的文件。至今他们并未正式取消这一决定，但这样的决定实际上已成废纸。他们那里的歌厅、舞厅一点也不比别处少。从这一点上说，在中国办一件事真的是太难了，光一个舞会，近几十年经历了多少摇摆，多少反复！

我在小说《活动变人形》中有一段专写舞会在中国的变迁的文字，评论家张颐武先生为此还写了论文，有趣。

此后许多年，有一次黄苗子先生在香港一家报纸上撰文，说王蒙主持文化部虽无什么政绩，但对人还是好的。我见面后表示不服。黄老问，那你有什么政绩吗？我立即回答，是我开放了营业性舞厅啊。

有一件事我做得非常不成功。部内有一些元老、大家、权威，我很尊敬他们，常常与他们座谈，听取意见等。而每次开会，他们都大骂通俗的、消费性的文艺文娱活动。王朝闻老师扭着身子学歌星，论证歌星是何等的不堪。吴雪老师干脆提出文艺这样搞下去，中国会是“卫星上天，红旗落地……”张庚老师则更是上纲上线地批判。文艺家革起命来政治家都会吓一跳，因为他们富有激情，善于煽情，身心投入，声音洪亮（尤其如果是演过话剧的话），手势感人，用词精当，怎么表达怎么成功，而且记忆力好，像卫星红旗之类的说法，还是当年反修九评年代流行起来的，经过“文革”，经过改革开放，一般人早就忘记了，但是我们的德高望重的文艺家还牢记着，以此作为批判的重炮炮弹。

我不能不表态，否则等于组织老权威否定当今的文艺生活与文艺发展。我一表态就会与老人家们发生摩擦，也果然发生了摩擦，我毫无办法。

我后来的继任者，根本不再开这种听取意见的会议了，找来吃吃饭还偶一为之，找来提意见，谁会干这种傻事？会议室里炮声震天的场面再不会发生了。这是不是说明我还是太书生、太君子气了呢？中国不兴搞什么反对派，但是退下来的人，有时会自觉不自觉地具有不同一点的意思，或者会在一段时间成为淡淡的影子班子，掌权和不掌权，看问题的角度立即发生变化，无意中炮声隆隆起来，倒也不恶。

我的上任也引起了一些年轻有为者的兴趣。一时求见者甚多，我尽量来者不拒，但每人只见四十五分钟，是标准的一节课的时间。有几位女士、艺术家、名门之后，她们的到来与进言给我留下了深刻的印象。

一位本身也应该算是社会活动家的艺术家，一见面先问：“你是真的要当好文化部部长还是假当？”此话堪称横空出世，当头棒喝。我自然表示会尽心尽力地做好工作。她马上说，你如果是真当部长，就一定要抓一个什么什么事：一项艺术上的技术创新，一种新符码呀什么的。从不应有疑问的当好部长始，到我一无所知的符码终，中间一个大飞跃，便使结论带有不容置疑乃至咄咄逼人之势。这种逻辑或更应名之为非逻辑的运用是很有特点的。

有一位名门之后提出一个方案，组织一个无所不包的熔人才管理、艺术创作、演出票房、意识形态与市场营销于一炉的机构，成为一个无所不包的改革方案。她的想法有一定的道理，但我又怀疑这不等于另成立一个文化部至少是一个艺术司吗？这会不会等于另成立一个文联、一个艺术家协会呢？这将怎么样与现行体制接轨呢？改革改革，是从现有情况出发予以改善改良，而不大可能是凭空创世啊。

有一位地方上的文化厅局领导，据说以观念新、思想新为特色，曾被一些人力荐。我与他交谈了一次，近两个小时，他连珠炮一般地滔滔不绝，口若悬河，我根本没有提问更没有插话的余地，我也只能对之敬谢不敏喽。

我曾经半开玩笑地说，有的人你听了他一两句话，你觉得他可以当部长，再说上十五分钟，你觉得还是去做局长吧，再过半个小时，你想还是让他当个副处长就行了，再过一个小时呢？你觉得不大好用了。

这也是我国特点，谈什么都是高屋建瓴，势如破竹，修齐治平，经天纬地，然后是“问以经济策，茫然坠烟雾”。纲是都会往高里上，就是不知道能具体干些什么。有一位近年来很引人注目的才女求见，就是章诒和女士。她一直是中国艺术研究院戏曲研究所的研究员，学位导师。她是通过她的中国戏曲学院的老同学、我们在新疆的老朋友、曾在新疆京剧团当过编剧的贡淑芬女士来与我联系的。和尚不亲，帽儿亲，知道她是章伯钧先生的后裔，我立即约见了她。她声明无事相求，只是认识认识，见个面。她很有个性。她说到一点，即“文革”开始时，章先生与全家谈话，说是中国政治史上的黑暗一页开始了，全家要相约好好活下来，任何情况下不要自杀等（大意如此）。此时，章女士说，她表态道，不但不自杀，她还要履行一个任务，就是说她要生一个孩子，要给章家留一个后代。然后她说，她此后确实有了一个孩子，为此她受到无尽的侮辱。

太动人了。我要说的是非常刺激。中国的政治，使生儿育女也高度地政治化了。一个《赵氏孤儿》，这是连歌德读了都深为感动的故事，故事里保护一个婴儿成为政治斗争的生死决战。一个章氏育子（女），也变得惊天动地。生孩子、保孩子，都意味着严重的政治：犹如留取丹心照汗青，犹如生命不息战斗不止，而且是即使生命已息，还要一代一代继续战斗下去。

我表示了对她的遭遇的慰问与同情，我表示了对于她今后的工作的最最良好的祝愿。

此后贡淑芬来信，说是她收到了章的来信，对与我的见面十分感激、感动。这与她本人后来的叙述有些不同，时间与处境的变化，会带来心态与角度、语气与气势的不同，这也是在所难免的吧。

有一位中层干部多次给我写信，他提出过许多建议，他的文字不错，讲什么也都头头是道。在一项职位出缺的时候我便想起了他，但是我一提就遭到了强烈的反对，未成。我们的干部工作制度确实也有不少需要改进的地方，否则，“领导”接触的人，能够有直接印象的人太少，任何一个机会都可能给某个人带来升迁的机会，而另外的埋头工作的人却没有这样的机缘。无怪有一阵传出来一个说法，说是与领导一起出差是获得提升的重要手段，正是在出差期间，你才有较多的被领导了解、被领导满意、被领导赏识的机会。还说是某某的特点是你只要与他共同出一次差，他就会提出你的工作职位的更好安排的问题来。

有一位国际得奖的艺术家找我，主要是他得到邀请要去拉美参加一个音乐活动，没有人给出国际旅费，对此我也没有想出什么办法。文化部和一切其他单位一样，钱分成几块，人分成几拨，事分成几组，都在运行之中，你不可任意变更，不可瞎指挥、瞎下令，尤其不可谁来找就给谁批钱。我是部长，我不是账房先生和出纳，我自己的口袋里没有什么钱，我做不到给谁解决万儿八千块钱的问题。

同样为难的还有房子问题。有地位极高的领导给我写信或批字，要我给某某艺术家解决房子，我问来问去，文化部并无现成的空房供有特殊背景或得到特殊关照的人使用，我也只能回答尽力照顾。

有一位极敬爱的老领导，找人给我传话，说是文化部工作人员房子太困难，我去了应先抓房子建设，带及其他，我唯唯。

有另一老专家兼老领导，则告诉我，文化部的门卫太紧，戒备森严，不好，应放松门卫。显然这位老领导属于那种更注意亲民与民主的类型，我也唯唯，但并无想出其他警卫方法。

我的特点之一是，注意自己应该做什么，更注意自己做不成什么，尤其是根本不可能改变什么。做官方知官小，掌权方知权微，上下左右一观，这个比你“大”，那个比你强，这个比你老到，那个比你硬气，这个比你有根底，那个比你有经纬。这个早有先例，那个早有成规。这个早有指示，那个早有条规。你应该明白，在十几亿人口、几千万党员、几百几千名“部级”人士中，你太渺小了。

30. 部长的滋味

有一次正是刘宾雁前来文化部办什么事，我见到了他，他问："怎么样？当部长的滋味如何？"

受尊敬，说话管用。文化部可不是作协，部长说什么，在文件上批注什么，都有人记录、传达、贯彻、落实。好多年了，我很不喜欢"调演"这个词，文艺不是物资，不是部队，不宜于用调拨之类的指令性字眼。过去，这样想了说了，和没想没说一样，现在，一说，立即改过，变成文化部邀请进京演出了。

当时的许多艺术大专学校的毕业生，一毕业就出国走了。这里有一个问题就是教育成本，培养一个艺术高等学府的毕业生比一个普通高校的毕业生要多用许多人民的钱。我于是下令制定了一些管理与补偿办法，使享受国家的艺术教育的学子也遵照契约承担毕业后一定的服务义务。恰恰是我的意见变成了管理条例，也限制了一些人的自由出走，包括一些大人物的子弟。我为此还批评了一位拿国家利益做人情的副部长。

所以，日后当一位文化部的临时领导大骂文化界那么多反动派的时候，我不免为他捏一把汗，部长讲到了本工作领域的反动派，可不是说着但为表达义愤的，有关行政司局处科与工作人员，是必须弄清的，指哪些人，哪些单位，哪些活动，需要做哪些部署：监控、取证、防范、起诉还是扭送等，丝毫含糊不得。

一九八八年，高行健受到西德一个官方文化组织DAAD的邀请，邀请他以画家身份访德六个月或更长一段时间。其奥妙在于，DAAD已经以作家身份邀请过高先生访德一次了，而该组织规定，一个人只能被邀请一次，故此次的活动以画家的身份相邀。德国也一样，你有政策，我有对策。高行健怎么成了画家？负责审批此事的文化部外联局的同志，拿不定主意，迟迟不肯批准。说起此事，我乃说，西德人承认他是画家，并承担一切费用，我们何必管那么多？按法律规定，除有未了刑事、民事官司或服刑及掌握国家重大机密人物以外，都可以出国，外联局的任务是将这些活动纳入对外文化交流的总体格局，而不是分辨某某人的业务成就。再说在外语中，画家是painter，但painter也可以作油漆匠解，根本没有中文里那种成名成家的辉煌含义。我的一句话，高行健就走了，从此没有回来。

我是做了一件好事还是一件错事呢？

说是高先生画大写意，在国际市场上有一定行市，得了诺贝尔奖定价更加走俏，可惜我至今也没有见过他的画。

中央音乐学院有一位硕士生，迪里拜尔，因为是新疆维吾尔族，我与她熟识。最早还是在一九八六年年初李一氓同志主持的国际交流协会成立会议上，我见到了她，用维吾尔语与她攀谈，把她吓了一跳。她为自己的婚姻问题而极苦恼，她有一个恋人，但家乡人包括亲属考虑到民族宗教问题，多有阻拦。我乃找了当时的民委主任司马义·艾买提同志，以我们两个人的名义写信，说明迪的未婚夫的民族属性不会有问题，并请新疆的老领导赛福鼎同志亲自做他们的主婚人，主持了他们的婚礼，也算做了一件好事。只是她成婚时我正出访英国，乃委托高占祥同志代表我去祝贺。

一九八六年八月，我首次去到了西藏，参加雪顿（戏剧）节。西藏的自然风貌与人文特色都十分迷人。那里的天蓝润如玉，那里的雪山晶莹美洁，那里的寺庙高大雄伟，依山高耸，那里的经幡迎风飘舞。到处都有歌声，到处都有祝祷，到处都有礼节，到处都有新风吹来。属于假日酒店系列的拉萨宾馆，宴请了美国总经理主事。可口可乐饮料与美国water man牌钢笔、美国式牛仔裤也都在西藏流行。

我写了一首长诗《西藏的遐思》，我歌唱了西藏的自然与宗教、风习，我表达了对于雪域高原的人们的质朴与天真的怜爱，我呼唤了理解与和睦，我表达了对于自然与人的无限伸延与变化的可能性的相信，我期待着更永恒与阔大的境界。李一氓同志写了诗评，刊登在《人民日报》上。此诗译成了意大利语，并成为我获得蒙德罗文学奖的由头之一。

我有机会在拉萨近距离接触到歌唱家才旦卓玛，她的《唱支山歌给党听》与《北京有个金太阳》永远无与伦比，催人泪下。对于这样一个农奴出身的歌唱家，我确实有深情焉。得知她的住房还很困难，我与西藏自治区当时的书记武精华同志认真谈了谈，我特别向武书记介绍了周总理生前对才旦的关心。后来，在该区换届时，才旦被选为区政协副主席，副省级待遇，各种生活问题迎刃而解。此后，新疆的维吾尔歌唱家帕夏·依仙也成了自治区政协副主席，咸有荣焉，咸有乐焉。

也有的事说了基本白说。我参加在人大会堂小礼堂的招待外国元首的文艺演出，发现麦克风的使用令人震耳欲聋，更不要说声音的失真了。我也正好在晚报上看到新凤霞的文章，说到扩音器的滥用如何违背了戏曲表演的优良传统。我说了多次，我写过文章，我还写了一篇讽刺小说叫《音响炎》，结果收效等于零。我记得有一次是一个高级别高规格的演出，其中有男女声的西洋歌剧清唱。结果有高级人士喊叫：“加个麦克风！”技术带来便利也可能带来灾难，尤其是带来艺术功力与趣味的退化，信然。

我在小说《音响炎》中采取现在来说应该算是“恶搞”的手法，我幻想音响的效能正在操纵着人，我说：

> ……Y国出现了音响综合征的第三次浪潮，号称流行性现代丙型音响炎。这次浪潮以一切音响的颠倒错位为特点，病人喝茶的时候喜欢发出汽车急刹车的声响，喝酒的时候发出做爱的声响，握手的时候发出不断打喷嚏的声响，睡觉的时候发出猫打架的声响，见到老友发出刮大风的声响，见到自己尊敬的长者发出大便干燥时用力排出的声响，见到小孩子发出杀猪的声响，吵架的时候发出碰杯与大嚼的声响，碰杯与吃饭的时候发出木匠拉大锯的声响。求爱的人不再发出“我爱你，你是我的灵魂”的话语，反而要说：“你绝无好下场，你个死挨刀的！”这两句话使思春的少女们如醉如狂，倾倒没治。医生想给这第三次浪潮患者治病，留医嘱时却无论如何说不出话来，他按顺时针方向旋转微型按钮，结果发出的是武打与拳击的砰砰、嗨嗨声，再拧按钮，他说的“一天四次每次四片”的话语竟然变成了“球进了”，是足球赛现场的海潮一样的欢呼，后来又出现了警棍抽打在闹事青年的肉体上的闷声与挨打者的尖声号叫。

现在滥用扩音器的毛病已经愈演愈烈，几十名观众在场也要用扩音机，然后发展到愈演愈烈的“假唱”，假得连观看转播的电视观众也看得一清二楚，恶心极了。这样的嗓子，还能唱歌吗？

还有几件别的事想起来略有安慰。一个是上任不久，我去参加外文出版局的一次活动，我说上任的时候不要鼓掌，下台的时候你们再判断值不值得鼓掌，前面已经说过了。

文化人是能够告状的，有一次对某副部长的一些意见反映到更高的领导机构，有批示要我们解决。但所述情况不十分准确，我专门跑了一趟领导机构，找到负责领导同志，做了说明，替这位被反映意见的人洗白了一番。每做一件类似的好事，我都颇感快乐，虽然并非每次都做得成功。

此次我还谈了一个音乐家的事情，他因涉嫌违反海关法而找上了官司，后被从轻处理。对于他的党内处分，我希望留有余地，不做太伤感情的事。此事有一定难度，但还是做成了。

能帮助人是令人高兴的。帮助而未成，则会收获抱怨与恼火。而求人帮助，并非易事。在互相帮助、互相支持的过程中也能体会到世态变迁，冷暖炎凉，一切尚属正常。

有一次参加一次会，谈到一本标榜是“文革”史料的书，当时领导的意图是不要再老出书谈“文革”了，便责备此事，并准备将此书封冻。我拿过来翻了翻，我说，这本书还是比较严肃的，有些史料也有参考价值，可以搞一个内部发行，不再多印就行了，后来采纳了我的意见。这是一个事例，证明那时我能起些什么样的作用，不可能起什么样的作用。我能做的是有限的，但是有我没有我，是有所不同的。

一次讨论一个与社会不太和谐的学人的出国事，与会者对他屡屡获得出国机会不大高兴。我提出，他不是官员，不是领导，他的被邀出国完全是他个人的事，不需要高层研究审批，不属于公派性质，我们亦不必为他的海外言论行事负责。他完全可以申请私人旅游护照，由公安部门依法核准。这个意见也被接受了。

有一个稍大一点的事：天安门广场其时还挂着马恩列斯的巨幅照片，上面让我们一批做意识形态工作的人员研究一下，研究的结果竟没有一个人（包括我）敢说不挂，而是向后拖，说是等到什么什么节日再摘吧，最后只好由最高领导讲了话。其实让我们讨论，就是不准备再继续挂下去了，其实是希望我们提出建议，为领导分一点忧，承担一点分量。而我们辜负了领导的期望，就这么点出息，硬是只能请总设计师自己出来打冲锋。难啊。

文化部属下有一个艺术研究院，院中有阵容强大的戏曲学家、文艺学家，张庚、郭汉城、王朝闻、胡芝风等。除戏曲、音乐、美术等外，这里还有外国文艺研究所与独一无二的红学研究所，马克思主义文艺理论研究所和中国文化研究所等。原有的领导班子年龄偏大，我采纳党委书记、很重规矩的老同志苏一平的建议将李希凡与冯其庸请来主持院务工作。他们的年龄使他们在各自的原单位（李是《人民日报》，冯是人民大学）已经面临退休。李希凡虽然二十世纪五十年代曾经批判过我，我是绝对不会因个人恩怨而影响用人的。我最讨厌的就是搞小圈子，拉拉扯扯，同样讨厌的是搞对立面，钩心斗角，这样的事对于我来说实是奇耻大辱。后来证明，李是一个认真正派的人，他的某些文艺与学术观点可能有偏于守旧的一面，但是他也是不搞那种蝇营狗苟乃至偷鸡（投机）摸狗、低级趣味的一套的。此后发生过一些情况，他曾被要求揭批王某，但是他坚持实事求是，坚持只讲真话，坚持不当跟风派，我是感谢他的。我要说，我们问心无愧，做人，我们要做对得住旁人也对得住自己的人，就是说不因私利而做违心的事、说违心的话。我很得意于自己做人、对人的这种坦荡无私的原则，而十二分地瞧不起低级庸俗之风。

帕瓦罗蒂的来访，是先我之到文化部就安排好了的，我不能贪天之功为己有，但是，我高度重视这次访问演出。我在人民大会堂欢迎帕瓦罗蒂的宴会上讲话提出，真正的艺术是超出国界的，帕瓦罗蒂属于意大利，属于拿玻里，同时也属于人类，属于中国。我的这个说法不无新意，而且起了很大作用，此后，一些大艺术家、大知识分子到中国来，部里的其他领导同志也讲过类似的意思。

由于胡耀邦才刚访问意大利归来，他在中南海宴请了帕瓦罗蒂，我们还邀请了刘唯唯、彭丽媛等与帕共进午餐。此次午宴中，根据耀邦同志意见，增加安排了全体意方客人到桂林—漓江一游。是由于意大使盛赞桂林风光，而耀邦盛赞意大利的自然风光。胡启立同志还指示我们把帕的压轴演出从展览馆剧场改到人民大会堂举行，那一天的演出各方面重要人士出席得极多，是真正做到了辉煌鼎盛。

那一天的帕瓦罗蒂也极兴奋，白天他去大会堂试了音。他还参观了故宫的曾侯乙编钟，用编钟敲出了拿玻里民歌《我的太阳》。他拿着一块小手绢上场下场，大个儿显出一种妩媚。他一个人的声音充实了整个大会堂，激动了整个大会堂，震撼了整个大会堂，到处都是金声玉振，摇曳多姿，深情似海，雍容丰满。人人的脸上都显出了感动、惊叹、满足与幸福。唱完《我的太阳》“噢苏罗密噢”以后又加演了《重归苏连托》，这后一首歌竟然比前者还多情。多情应笑我醉心意大利歌曲。一个帕瓦罗蒂就让你体验到了生命、宇宙、万物、青春与欧洲的。作为文化部部长更是作为听者，我太满足了。这样的满足，一生能有几回？

帕的前来演出的后续效应应该说是普拉西多·多明戈的前来。为此，我与西班牙驻华大使进行了特别顺利的协商。那时的中国的经济状况决定，我们不但不付演出费用，而且负担不起全部国际旅费，我们能够尽地主之谊的是演出人员来到中国以后的住宿、用餐与参观访问的费用。但西班牙大使提出，多明戈夫妇还有一位身边工作人员（抑或是钢琴伴奏者？），似乎还有一位经纪人，共四个人的国际旅费希望中国方面负担，以显示中方之待客心意。我立即同意并回答此四人一律头等舱。我还表示，我们将向多明戈赠送高档礼品以表敬意与友谊。我还提出由文化部与西使馆联合在人民大会堂召开新闻发布会。大使极为高兴，全部达成协议，说办就办。此后过了十几年，再请什么“三大男高音”就要讲几十万美元的报酬了，这倒也是一例，证明中国发展得何等迅速。

多明戈的演唱活动同样取得了极大的成功，此后，时隔十几年，多明戈到上海演出时遇到西班牙驻华大使，转了一圈，二十世纪八十年代的大使在中国开始了他的第二个任期。多明戈见到老大使，特意在他的演出说明书上写了一段话向我致意。

上海的传媒竟说什么后面这一次在上海的演出是多明戈第一次访华，太不像话了。

二十世纪八十年代，对外友协曾计划请另一位西班牙裔美国歌手胡里欧·衣德里塞亚斯来华并在人民大会堂演出。我考虑到他是唱通俗唱法的，不知在人民大会堂演出是否合适，便否决了此事，现在，这些讲究已经没有了，但是我觉得对于大会堂的演出仍然应抱较严肃的态度，我不知道我当时的处理是否适当。其实我个人早就自美国买到了胡里欧的唱带，我也喜欢听他的热情的歌曲，他的一首《致所有我爱过的女孩子们》，光看这标题也够浪漫的了。

事物是慢慢发展的。早在我到文化部以前，我的前任朱穆之同志就在日本看过日本版的音乐剧《猫》，当时的日本剧团的导演千田是也先生是日中文化交流协会的主要代表人物之一。他曾经希望此剧能到中国访问演出。但是中国负责人看了却觉得不宜拍板，原因是此剧给人以一种群魔乱舞、一舞台的牛鬼猫神的感觉。我到部里后，调看过一些《猫》的片段，我也不敢说让他们到中国演出。此后若干年，此剧来了，在上海也在北京演出了，票价不菲，还是满成功的。你想了解从设防不让《猫》进口，到解禁的过程吗？让我告诉你这个过程就是“期以时日，自然而然”八个大字。最好的、最成功的过程是没有过程，见得多了就不会少见多怪，就不会引起社会的不安，就不会成为事件、成为话题、成为争议的焦点甚至成为路线斗争。这不是什么大事，《猫》是一出成功的音乐剧，它的主打歌《记忆》非常动人。我在美国百老汇，后来在伦敦共看过三次《猫》的演出，都看得津津有味。你乍一看，一群女星，披上黑色猫皮，确会一怔，看一会儿听一会儿，也就习惯了，没有恐怖，没有邪恶，没有敌意，更没有颠覆与恐怖。外国人相对喜欢让动物形象上银幕上舞台，牛鬼蛇神一词，译成英语的时候是不可以将牛与蛇译过去的，牛与蛇不可能是贬义词。所以这出戏能不能进来，根本没有人注意过、讨论过、争执过、批示过、决定过、贯彻过，这压根儿不是一件“事儿”。我们的领导已经够辛苦的了，不要什么事都等他们拍板负责吧。这才是最理想的文化氛围，这才是最正常的艺术交流。

同样，我在任期间，曾经发生过深圳计划举办准选美活动的“事件”。那时岂敢用“选美”的名义，可能是叫作什么评选“礼仪小姐”或“时装模特”之类。但已有媒体提出疑问，还有一些著名的妇女界高级领导人、著名的“大姐”做出批示，说选美是旧社会拿妇女当作玩物的一种活动，表现的是腐朽的资产阶级生活方式，绝对不可以在我们的神圣国土上举行。我当然读到这些指示，并贯彻执行，通知深圳的文化部门注意掌握。

那个时候不会想到，十余年后，在我国的海南岛三亚市，连续两年举办世界小姐评选大会。很受内地观众欢迎的凤凰卫视，也不止一次举办中华小姐的选美活动，著名作家余秋雨先生、香港城市大学校长张信刚教授等多次出任选美的评委，这也是一个没有过程的最佳过程。我相信不会有什么领导机构研究讨论过选美问题，没有哪个权威部门的批示，幸好没有这些过程，否则搞得成搞不成还不一定。这就是小平同志的“不争论”的妙处。一争论就绝对搞不成的事情，没有争论反而做成了，不是坏事，没有玩弄女性。欣赏女性的美丽并非注定会低级下流，女性粗陋化、男性化、无线条化也无助于文明与治安。关键是一个社会的文明程度与成熟程度，是否懂得追求“大美”，即体形、生理与教养、风度、举止、精神面貌的全方位的美丽。减少争论与审批的过程，提高文化教养的程度，瓜熟蒂落，水到渠成，许多时候是成功的经验。不争论，这里边甚至继承了无为而无不为、无为而治的思想智慧。

时间本身具有一种改变的力量，时间可能使美丽变成衰老，使锐气变得迟钝，使迅捷变为慢慢腾腾。然而，时间也会使陌生变得熟悉，使格格不入变得能够接受，使大惊小怪变成不过如此，使先入为主变成以实求实。

乐观主义者期待时间，悲观主义者则只能痛哭时间的不待人、不饶人。

令人感叹的还有与外国互设文化中心问题。我在任期间，是没有这个条件的，我方的合理防范心理也比较重。我们花了许多钱，但是只同意在一些非洲不太大的国家设立我们的文化中心，却不希望西方国家在中国设立他们的文化中心。为此，我专门与外事工作方面的权威做过探讨，但是我方的防范仍然占据着主导地位。有一个国家，两国政府首脑已经协议了该国在北京建立类似文化中心的机构，我们的任务仍然是限制其在华活动不能超出教授语言的范围。

现在的情况已经是多么地不同了啊。除了贝宁、毛里求斯、埃及以外，目前我们与法国、德国、西班牙、韩国、印度、埃及、英国、俄罗斯、哈萨克斯坦等多少国家已经或正在互设文化中心了啊！

仅仅从这样一些文化生活中的细节，也可以看出，中国社会、中国生活已经发生了怎样巨大的变化。

还有一个敏感问题，一些文化产品，是否具有商品属性。这本来不应该算是一个问题，但是长期以来我们强调文化、文艺是阶级斗争的尖兵、阶级斗争的晴雨表，文艺工作者是毛主席的文艺战士，作品是反应的神经、攻守的兵器、点燃炸药的雷管，是精神的原子弹。不符合上述要求的文化产品进入了市场，成了商品——消费品，岂不是背叛、堕落、革命文化的土崩瓦解？

有一位已经退下去的老艺术家、老副部长就说是商品。另一位也是老副部长则绝对不承认，甚至把意见提到党的组织生活上。

与之有关的例如演员走穴问题，我们的演员都有单位建制，但是各个国营剧团、制片厂都苦于大锅饭，老化，经费不足，叫作只够“人头费”，即只够发当然比较微薄的工资，却无钱排演新曲目、剧目，他们是不演出还凑合，越是演得多越是赔钱。与此同时，广大人民群众的文艺生活的要求完全得不到满足。于是有一些现在应该叫作演出经纪人的人，那时被称为“穴头”。这些人便自行组织演出，收取报酬，大家有份。过去，领导认为这是演员的资本主义行径。但是这同时反映了我们的大锅饭行政化艺术表演机构的体制与机制的呆滞。而“走穴”的灵活机动与市场杠杆、经济上的自足有余，良性循环，它的对于满足人民群众的文化需要与增加演职人员的物质收入方面的作用，又是不能简单地一笔抹杀的。正确的态度应该是发展、完善、规范与管理演出经纪人体制而不是仅仅取缔、查禁，长期以来，往往是查而不禁。

但是这样的观念的树立谈何容易。许多老前辈怀念的是电影《英雄儿女》里的梳两只小刷（辫）子的王芳式的文艺工作者，是行军快板、即时创作——歌颂王成式的文艺演出。他们对于世风日下、人心不古是痛心的。他们甚至提出，要让全部文艺工作者轮流到中越边境的猫耳洞去体验生活，接受教育。我当时私下叹道，原来没有了战争正气就硬是树不起来了，无怪乎古代欧洲就有哲学家认为战争带来的是美德，而和平带来的是败坏。

这些问题，实在是谈不清楚，你也不要想着去说服谁。多少年来，一个小小的剧（以及其他表演艺术）团改革的事情比想象的难办得多，原因就在于它既牵扯到市场作用与文艺经费、文艺工作者的生活待遇，又牵扯到了敏感动情的意识形态问题。包括那些十分著名的演员，除常香玉等少数人外，一听到剧团改制，就会明明暗暗地问道，是不是又改成了一九四九年以前那个样子呢？请想一想，风波浪里危险多的靠走江湖靠捧角大佬过日子的演员们，中华人民共和国成立后，成为党的文艺战士，成为革命队伍的成员，有些人还成为周总理或是什么领导人的座上客，至少是捧上了铁饭碗，他们如何愿意回到市场上讨生活呢？文化部剧团改革，从来都是不轻松、不顺利的。

同样是时间完成了当年无法完成的工作，积极发展文化产业的方针已经进入党和国家的正式文件，文化单位的改（为企业）制的工作正在试点与推广。幸亏我在部里的时候还没怎么常用这两个词，否则不知有些好同志将会痛心疾首、义愤填膺到什么程度。当然，文化产业、企业化也都会产生新的问题。所谓“新左派”也正热衷于、感兴趣于批判现代性、批判文化产业、批判传媒的市场化与批量化。发达国家的一些偏左翼的思想者，面对的是一个过分膨胀的商业社会，而我们国家，远远不是商业文化占了统治地位，我们从来是首先强调社会效益，强调文化的意识形态属性的。步子只能一步步地走，过程在于时间。

与两位世界顶尖的大歌唱家的成功来访成为对比的是不成功的意大利著名作家阿尔贝托·莫拉维亚的来访。莫出生于一九〇七年，墨索里尼时期他坚持不合作态度，数次被逐出意大利。他一生总共写了十七部长篇小说、十二部短篇小说、十部剧作、十部评论集和游记。他是意大利新现实主义的代表人物，他的《罗马故事》描写小人物的辛酸和社会的异化，堪称脍炙人口。他当过国际笔会主席，他的作品的数量与影响都非常大。他以八十岁的高龄前来中国，说明他对中国的变化极感兴趣，他希望能见到中国的领导人，并写一本关于中国的书，结果未能如愿。而正如国人有喜欢猜测生事者一样，意方也有喜欢无中生有地分析问题的长舌者，他们分析并向莫拉维亚传话说，莫拉维亚一见到我就谈起他喜欢读中国古代小说《肉蒲团》，是大大的失策。因为《肉》书内容色情，为中国所禁，正因如此，中国领导人拒绝与他会见。

当时国务院有个规定，说明什么什么样的人才可以由有关部门提出要求与国家领导人会见。这样的人当中包括达到一定职位的外国高官，也包括跨国大亨，其中没有文化人。此前，文化部希望国家领导人见一下英国的梅纽因，也没有成功。梅对中国是极其热情的，也是重量级音乐大师。我上任文化部以后，他每年都给我寄有他与夫人的近照的贺年卡来。我专门起草了一个报告，以文化部的名义上报国务院，建议在领导人考虑会见的外国客人中加上那些卓有成就和影响巨大的文化名人，这个报告得到了原则上的肯定的答复。

据说莫拉维亚回国后心情不好，对他的中国之行颇觉无趣。我听说后也有些不安，每次途经或逗留罗马时，都委托我驻意大利使馆文化处以我的名义向莫拉维亚赠送鲜花一束，并附上问候。但是再没有得到莫老的回应。

从一九八六年四月到一九八九年九月，我一共在文化部上岗三年零五个月。至今我仍然受到文化部的多方照拂，受到文化部新老领导与工作人员的善待，我是很惭愧的。

大约二十年后，王蒙写到这一段往事时，恰逢《诗刊》五十周年选了他的一首短诗《旅店》：

需要一把钥匙
哪一把呢
是宿命也是随机

有了这钢铁的数码
一瓶香槟一桌酒席
不问你是谁

比爱情还温柔也许
声音形象色彩香气
窗下的街道和海翻腾
许多镜子一个自己

能够忍受比妻子
还周到的体贴吗
像忍受猫爪的捉弄

电梯总是板着面孔
接受你与你的行李
吐出你与你的行李

无须告别门已关闭
对旁人如法炮制

一个潦草的故事
一个陌生亲切的世界
在时限内结账前
属于你

诗作于一九八八年，正在部长任上，相对比较顺利的时期。我写到了宿命、随机、周到、体贴、捉弄、翻腾、许多镜子，一个自己，板着脸的电梯，不待告别——已经关闭，陌生、潦草、亲切、时限……好极了，这首诗写出了我的人生的滋味，旅行——住店的滋味，也写出了一些部长的滋味。

31. 任凭风雨疾

作为我不能不承认的政府官员，我还是太幼稚、太天真了。一九八六年十一月，我上任后约半年，到上海参加作协召开的关于中国当代文学的国际讨论会。参加者主要是一些外国的活动于文学领域的汉学家，其中有瑞典的马悦然教授，苏联的费德林教授，英、法、意、日、澳大利亚的一些专家等。此会早就计划要开了，有关外事部门一直未批，我一担任部长，此事批下来得也快了些。

会议在上海的宝山举行。我坚持与与会作家同住一个旅馆，只以一名作家的身份参加。而另外委托文化部主管外事的副部长刘德有以部的名义举行一次招待会祝贺此会的闭幕。

会议完全交由作协主办，主要是作协外联部组织，包括名单，我的一个特点就是不愿意介入太多的具体事务。会后戴厚英等还有一些旁人著文对于会议没有邀请她或他对我表示不满意，其实我并没有过问会议组成人员的名单制定工作，当然，即使我过问了也没有把握一定会邀请她。这件事和任何一件文艺方面的事一样，缺少公认的如同奥林匹克赛赛事一样的入围标准。

会议碰到一个麻烦，经费太少，捉襟见肘。作协外联部的负责人邓友梅告诉我，会议如果只承担与会正式成员的伙食住宿等，就勉强可以维持下来，但一些媒体的记者来得很踊跃，你邀请了的，他来了，你没有邀请的，他也来了。还有我们的一些作家头面人物，如刘××，自带了两位女记者来。特别是遇到一些如开幕式招待会、宴请等标准高的膳食，实在负担不起与会记者的入席。作协方面提出拟请记者另行用餐，标准低一点，我未有异议。

孰知这是犯了忌的。我国的记者不是个体户，不是所谓自由职业者，他们的习惯是受到会议的良好待遇，他们也会尽力报道会议的有关消息做好宣传。我在新疆时，出差和田，时和田地委书记工作很有成绩，为人称道，人们说，他的一个特点就是礼遇记者，超规格接待，也就时时能在媒体上露脸。在一个更注意上级观感的地方，有没有记者给你吹，给上级的印象大大不同。

果然，只一个开幕式没有请记者同志一起出席宴会，就引起了较强烈的不高兴，当天晚上一些媒体同志到我的宿舍来找我，我的秘书挡驾挡不住，我被叫了出去，我表示我已相当疲劳，并正有别的事情在处理，有什么事第二天再说，记者同志你一言我一语，我无法脱身，我的态度也渐趋急躁，直到近乎大叫起来，完全失态，完全丢人，完全失败。

我也服了，果然，此次会议虽然开得不错，媒体上是一句不提，封杀得十分彻底。还有一些人在境内外写文章，将此事与反右前夕的“左叶”事件相比。左是当时（一九五七年）的一个领导干部，说是他对记者态度不好，说过：“是我重要还是你们重要？”还有一老文人著文，叫作“一阔脸就变”，算是够恶心人的了。

这当然首先是我的一个修养问题，对于记者同志的尊重问题，我必须接受教训。

这里也有一个悖论，上下左右，都提倡打成一片，提倡官员应该成为群众（同行）的贴心人，自己人。但是，事实上人们宁愿接受异类的管制，而不接受自己人的安排。刘绍棠就有名言：“作家是管不了作家的，只有领导，才能管作家。”我确实认为我是同行、是自己人、是可能范围内的最贴心人，结果一贴心，差点没有真的“打”成了一片。

如果我是做官当老爷，如果我干脆不懂、不搞文学创作，如果我一张口全部是《人民日报》社论上的话，如果我只有一个身份就是官儿，如果我只擅长传达文件与做批示，那么，第一，我不可能参加会议的全过程，最多参加一个开幕式讲几句大面上的话就行了。第二，我不可能与众人住在一起，不可能敞开室门任由同行同业与兄弟行业的人投诉。第三，不必直接面对那么具体的事务，如作协开幕式宴会的规格与邀请人员。第四，不论什么事，我根本不要表态，不是说的作协吗？好，转达给作协就是了。哪里会自取其辱呢？

官有官的做法，（专）家有（专）家的当法，民有民的方略，你接受了官职明明是老八了，却又要酸如老九，你不是自找麻烦吗？

我想起文怀沙先生的一个说法，说到一个大家都敬爱的领导同志，说他没有架子，文老喝道：“没有架子怎么行呢？”

我是彻底服了，对于任何人都是不能够怠慢的。不但记者，对于任何人都不能怠慢，领导决定你的浮沉，售货员决定你需要的商品的品质，邮递员管你的信件，司机管你的交通……记者决定你的公众形象。第一，我记住了早在新疆便知道的箴言：一粒沙子也会迷住你的眼睛，一粒石头也能绊你一跤。第二，改革是改革，国情是国情，你必须服从自己的国情。第三，你已经当了官啦，法兰西的谚语，有两种职业当一天就会被人记一辈子：部长和妓女。你半推半就，你一心不失文人本色，然而你的责任在那里，不找你找谁去？

我还要进一步检讨，此事上我受了全盘西化思想的毒害。我已经到外国开过不少研讨会了，人家都那么简单利索。一名教授，拉到一点钱票，什么都齐了。邀请例如八十个人，邀请函发出，来不来给个答复，会期接近了，那么再确认一下，发出正式会议通知，一个会议日程，附一个地图和有关事项规定。与会者大多自订机票，而少数特殊需要会议主办方提供机票的（那时的中国人多数要求邀请方提供机票，现在已无这样的问题了）另说，自打的士到达旅馆，入住时领到一大堆请柬（包括招待会宴会酒会与礼仪活动），一张支票，签个字，最多再报销一下打的士的钱，再发给你一张居住说明书，一般主要内容是会议主办方不负责电话费与迷你酒吧的饮料费用之类，全部事情都完了。与会记者，最多是需要与与会成员签一个采访合同，付费或不付费，然后，你开你的会，他采他的访，或者你溜你的号，他趁机会他的朋友。以会议为由旅游与私会、幽会，中外皆然。此外再无干涉，没有一个人会为媒体有关事务发愁。媒体自有其权威、收入、名气、运作方式、吃喝安排，怎么会有劳会议主办方的殷勤周到？整个会议，教授一人最多加上一个妻子或异性伙伴帮忙就够。费用也极节省。我们这儿呢，同样的一个会议，联络组、保卫组、交通组、会务组、宣传组……工作人员至少是会议成员（我国俗称为代表，其实与代表的语义无关）的二分之一，光机构与人员你得搞多少？作协此次的事情不就是由于没有一个好的得力的“宣传组”才搞出来的吗？中国者中国也，你想按外国的办法简化，只怕是天也不容。

我类似的做得不漂亮的事还有很多。催促一位老局长的工作引起了反感与抗议。想为文化产业与文化市场说两句话，却得罪了老文艺战士。征求意见，征求意见，越没完没了地征求意见，越是有意见。反正在我之后，再没有哪个文化部的领导动辄诚惶诚恐地征求老部长们的意见啦。我来了文化部，但放不下作家的身段，英若诚到了部里则仍然坚持他的表演艺术。有一次去香港、上海等地演《茶馆》，走得时间偏长，我说也不是不说也不是，左右为难。

从整个中国来说，这一段是最强调干部的专业化的，成败得失，值得总结。不过至少在文艺界，早已不那么强调专业化了。

顺便说一下英若诚到部里来的事。一九八五年领导找人谈文化部部长人选时，找了于是之。是个误会，领导同志听到有人向他推荐英若诚，他与工作人员说时忘了名字，便说那个演《茶馆》的著名演员。工作人员一想，于是之是主角、著名演员、剧院院长，还是北京市委委员，当然是他了，便通知了他。于的做派谈吐更像北京市民，领导同志便觉好生奇怪，后来才知是英冠于戴了。

我到部里来后，拜访了老英，又从曹禺等老人那边“考察”一回，正式提名他到部里工作，分管艺术。

一九八六年冬，几个大城市发生学潮，学潮的规律之一是，如果你讲那么一点点人们所理解的与国际接轨的“民主”，他就一定大闹学潮，一直闹到想讲一点那类民主的领导下台为止（我无意反对民主，我也希望更多、更好的民主，但是我必须告诉读者实情，我同时不希望发生大家都不愿意发生的事情）。

一九八七年一月，胡耀邦同志辞去了总书记的职务。为此，一些意识形态部门的工作人员与头头都很震动。我也说不明白，为什么改革开放以来意识形态方面的争议会这样厉害。左了，右了，封建主义作祟了，资本主义危险了，民主了，社会主义了，举最高理想的旗了，社会主义初级阶段了……还有什么乌托邦主义、封建专制主义、社会民主主义、修正主义、唯意志论、教条主义、列宁主义、格瓦拉、胡志明主义、爱国主义、民粹主义、斯大林主义（徐宝伦为此送了命）、冒险主义、和平演变、改良主义、文化冲突与文化相对主义、有计划的商品经济、计划经济为主市场经济为辅、社会主义的市场经济、私有化、趋同论、系统论、情意结论……所有这些来自欧洲的、无人知其原文的辉煌而又庄重的名词正决定着人类的与中华的命运；还有专政、民主、党的文学、齿轮与螺丝钉……的译法是否正确，还有伤痕文学、反思文学、倾向性、双百方针、宽松、现代主义、抽象印象与具象，琳琅满目。而三无小说、玩文学论（黄子平讲过，为什么搞文学？因为文学好玩，被称为“玩文学论”）、创新疯狗论（张辛欣说过，创新像一条疯狗追得我们不得安宁）、审父论、地球村论……都在某些地方被说成了敌对思想的侵袭。连唱通俗歌曲用“气声”与歌星的出场费是否过高（其实够不上现在的百分之一）都是引发争议的大麻烦。二十世纪八十年代的意识形态的追寻、争论与杂陈……真够火的！

最最意想不到的是，一九八四年，我在莫斯科询问苏联科学院的专家：列宁的《党的组织与党的文学》中的“文学”，到底应译作“文学”还是“出版物”？他们回答说，我们也有争论，简单地说，当刮起强硬风的时候，就解作“文学”，当刮起宽松风的时候，就解作“出版物”。

中国人有中国人的简化从事的办法，就是某某领导是开明的，保护知识界的；某某领导是“左爷”，是“事儿妈”，是整人的……前一种领导当权，知识界一定会过几天舒服日子，后一种领导当权，就等着整肃吧，您哪。

胡总书记辞职的事引起了部分知识人士的不安，一位作协的同志甚至对我说：“是不是咱们气数将尽了呢？”

一九八七年年初，对我个人也传出了说法，要换掉王蒙了，云云。

很奇怪，此时的我还真不想就此罢手，还不到一年，我还有许多话没有说出来，我还有许多事没有办，我还不想就这样“转瞬即逝”，我还想试试我自己的也是我国文化事业的可能性。

有一个情况鼓励了我，据说有人将我的两篇文章送到了最高领导人那里，一篇是发表在《读书》上的谈马克思主义的，题名为《理论、生活与学科研究问题札记》，一篇是发表在《红旗》杂志上谈双百方针的。我相信上送的人不像是为了传扬王某，倒更像是送上去找“问题”的。最高领导人看了，说是写得“是好的”。这是由一九八七年年初负责文化部工作的中央领导正经传达给我的。

前一篇文章我的中心意思是不能用马克思主义的大道理取代具体的学科研究，有一些比较大胆的话语：

> 马克思主义学科研究的最大优势在于，它善于把学科对象放在社会发展的全局、历史发展的全局当中做宏观的考察，较易于抓住根本，抓住要害……但同时也存在另一种可能性……即……满足于用马克思主义一般规律的推演和重复，用一般规律的自我循环，代替对一门具体学科对象的把握、考察和研究……大道理与小道理、普遍性与特殊性、纲与目，马克思主义与学科研究的关系其实是双向的。大道理指导小道理，小道理丰富大道理。大道理的革命引起小道理的革命，小道理的突破也会影响大道理的更新（例如考古上的一个或一些新发现会影响历史的写法乃至关于这段历史的理论）……
>
> ……马克思主义哲学研究虽解决了哲学的最根本的问题，但也不能取代科学的哲学的全部。
>
> 文艺学、美学之类更是如此。在文艺学、美学的总的范畴下面，还有许多分支学科，诸如创作心理学、接受美学、文体学、（文学）语言学、风格学、（文学）版本学、（文学）书目学、诗韵学、和声学、构图学、建筑美学、园林美学、工艺美学、音乐美学、舞蹈美学、摄影美学以及对于各种文艺对象、文艺创作家的史的研究，这些大多都难以包括在马克思主义文艺学、马克思主义美学的范畴之内。难道所有这些分支学科都可以概括区分为马克思主义的、非马克思主义的、反马克思主义的吗……

当然，这些皆是可以争鸣讨论的，我的论述并不精彩深邃，但是，至少，在一九八七年年初那段特殊的日子，我的此文并不会带来政治上的灾难。这说明，我们的祖国，已经向前跨了一大步了。

而第二篇文章，则在学习讨论有关胡耀邦总书记辞职的国务院会议的小组会上被当时的林业部部长发言批评，说是此文的“味道不对”，他没有点名，也没有记清作者是谁，或者是记清了没有好意思点也在场的王某的名。我只好保持沉默，我不想在这种场合把国务院组成人员的注意力吸引到我自己身上。有趣的是，或者说是意外的是，不久，这位林业部部长同志因大兴安岭林区大火事件而被大张旗鼓地撤职了。开始，国务院会议上宣布的是他的“免去”，另一位德高望重的主持工作的老同志则多次重复是“撤销”，最后，会议主持人临时下了狠心，确定是“撤销”了。然后一位资深的电视节目主持人赵忠祥先生随机地采访一位刚刚从飞机上下来的美国游客，问他对于中国林业部部长被撤职事情的看法，当然，这一问一答的结果都是“莫名其妙”四个字。

此时苏联刚刚发生了一个德国青年驾机降落红场的事件，戈尔巴乔夫撤了一组空军高官的职，不知此事是否影响了那位同志的命运。

多年的风雨，使我沉住了气，我个人也相当熟悉和敬爱耀邦同志，但我也知道他纯洁得未免天真，热情得未免冲动。同时我不相信一个人的职位的变化会引起中国形势的逆转。意识形态、宣传口径，可以时有调整变化，中国社会，尤其是中国的和平时期的核心事务经济建设已经走上了不可逆转的改革开放之路。而当意识形态的大轰大嗡与社会经济生活脱节了以后，各种高谈阔论、言语压人也就失去了许多威力。我相信时间，相信时间有利于改革开放、经济发展与社会进步。我希望能够逐渐培育开放、开明的气氛，还有意识形态上进行解释与发展的更大探索空间，但我追求的是稳妥的开放，是稳定的改革，我主张不必要也不可能说太多的大话，办一蹴而就的事。什么观念更新，什么松绑，什么上下都好、唯独中层干部梗阻（有一篇小说就叫《肠梗阻》），什么提倡能挣会花……这些当年十分流行的说法判断我都是将信将疑，以疑为主。

到了一九八七年初夏，我个人的处境稳下来了，回想这一段考验，我反而觉得可以告退了，最好现在就下来吧。与其让别人费力地、夜以继日地整材料，何不自动回避？我找了王任重同志，说是请他向中央转达，我最好还是退下去写作。任重同志说：“你这是个好意见……”但没有下文。

这里还有一件旧闻。一九八七年的敏感时刻，派来了原烟台市委书记王济夫到文化部任副部长，排在高占祥后。有关领导建议由王济夫同志分管人事工作。其实我压根儿就无意于人权、财权，原来人事也不是我分工管。领导介绍济夫说，他在烟台，不搞包产到户。这种介绍是否妥当，另议。改革开放初期，争议尚多，不足为奇，反而证明了小平同志的贡献之大、之勇敢，克服的艰难之多。问题是，我后来与烟台人说起此事，烟台友人大笑，说是恰恰相反，是更早的烟台领导人对搞包产到户不积极，才换成了济夫去主政。事实证明，济夫的思想一点不保守，我们的工作配合与思想感情的交流也极融洽。领导人是太忙了，忙中难免出错。靠听汇报来定印象分，不应该作为人事任免升降的依据，希望日理万机的领导们在意。

等到一九八七年胡耀邦同志辞职以后，部分在四次作代会上受到打击的文艺界头面人物兴奋也悲愤起来。对于文艺工作的指责再也挡不住、包不住了。四次作代会问题提到了正式日程上。一个文件指出作协"四大"有严重的问题。这使我感到意外与沉重。在一定范围内，组织了对于张光年同志的严肃的批评帮助。会开了许多次。我也被邀，由于时在文化部工作，我参加了一次会后即全部按规定请假，未再参加。会上有的老作家同志进行了情深意切的发言。如指出张在一次清晨盥洗时向他说过什么什么话，并深情地说，许多烈士为了革命抛头颅洒热血，我们难道有什么缺点错误舍不得丢弃吗？还有一位非党老作家在帮助张时挂上了我，并说王与张还有一位文艺人，似指刘再复，是文艺界的铁三角。另一位老诗人则责备我说，我写的诗，他看不懂。什么三角，这个词我是第一次听到，觉得比较有戏剧性和"黑色幽默"以及陌生感，乃记了下来，一般说我是从来不记忆这些的。

有一位长期在作协担任行政管理工作的老同志，他是在等额选举中因得票不够半数而落选的。为此，他也很怒，提出要追究宣布等额选举必得有半数以上的票才能当选的人的责任。我一下子完全糊涂了，莫非应该是不问票数一律当选？中国的选举文化的培育，看来还有很长的路要走。

我一直在想，四次作代会怎么闹得这样难崴鼓，这样后患无穷？文人相轻，自古已然，这是曹丕先生那时候就指出过的呀。五四以后的文人，什么时候平稳过？别说左翼和右翼了，同为左翼的鲁迅、郭沫若与茅盾，创造社与别的文学团体，中华人民共和国成立前，他们能鳚到一壶里吗？

再看斯大林死后的苏联第二次作家代表大会吧。肖洛霍夫与奥维奇金联手大闹苏联作协，攻击苏作协领导人西蒙诺夫，搞得法捷耶夫出来说话，搞得《士敏土》作者、元老级的革拉特考夫发表声明谴责肖大师——不知道是不是由于法捷耶夫做了工作，请出革老来镇一镇。而且，此次代表大会上，时任政治局委员的马林科夫与后来双双就任政治局委员的谢皮洛夫（《真理报》总编辑）、福尔采娃（文化部部长）都参与了文学讨论，照样有不鹏的，全无一鸟入林百鸟压音的功效，但是苏共中央与赫鲁晓夫没有说啥。肖的行市日牛，他深受赫鲁晓夫赏识，赫带着他访问美国，称他为苏维埃知识界的卓越代表。肖还是靠实力的，再说肖的反气反骨只针对西蒙诺夫与苏联作协。肖在大会发言中说："西方一些人攻击我们是按照党的指示来写作的，不，我们苏联作家是按照自己的良心来写作的，而我们的良心属于苏联共产党！"他讲得多么招人爱。而且他获得了诺贝尔文学奖奖金。这当然是四卷《静静的顿河》的力量，也与西方世界正关注苏联的变化发展有关。

但是中国作协"四大"则不幸地卷入了上层的事情。我们没有《静静的顿河》与《士敏土》，但是有更激烈的作家与作家的内斗。而四次作代会被认定具有犯上的性质。虽然上海剧作家沙叶新提出过"犯上不作乱""离经不叛道"，还有什么不什么什么的三项巧妙主张，但恐怕更多的人会感到犯上就会作乱。其实中国作家斯时也未必真敢犯上，上面前后说法不一，作家、文人们自然是取其所需、所爱、所喜。包括在作代会上放放炮，也是人们以为是得到了领导的某种眼神的暗示。谁知听了这个领导的，却冒犯了更高的领导。真到这时候，一帮文人也就傻眼了。

而兴奋起来、出起气来批评帮助起别人来的诸公，并没有高兴多么长时间。月盈则亏，水满则溢，自作多情地以为自己代表了正确路线的文人们，一激动，一鲤鱼打挺过龙门，一带个人情绪，又不那么正确、那么一致、那么硬气了，他们再次蔫了，而且被说成僵化、保守、圈子太小呀什么什么的啦。他们也够憋气的。

这大概是只有人类才有的悲剧，为××而××，使手段变成了目的。为艺术而艺术，你批判了半天也难于禁绝，而且有它的魅力。为偷窃而偷窃，阔小姐阔少爷却要偷，这样的例子我看到过。争一口气也是这样，本来是争一个见解、一个方略，后来，争这口气才是核心利益。我让你难受就是胜利，你让我难受成了你的胜利。这算不算异化呢？

32. 闲坐说玄宗

我有一篇文章，发在新华社编的一本杂志上。提到文艺问题，有两个系列的词汇经常使用，A系列是解放、双百、个性、艺术规律、艺术民主、创作自由、真实、风格、技巧、创新、团结、繁荣、胸怀、调动积极性等。B系列是倾向、方向、思想性、二为、（为人民）代言、时代精神、社会责任、亮色、本质、教育意义、整顿、加强领导、斗争正未有穷期（把鲁迅也拉上来了）等。我写道，我不明白，为什么动辄只讲一个系列的话，讲A系列时B系列入鞘藏库，讲B系列时A系列销声匿迹。然后轮流强调两个系列的词汇……如果不搞A与B的轮流坐庄，而是同时把A与B系列的词汇都用一用，会不会更好呢？

高占祥为之叫好。他干脆把文艺人也说成A系列与B系列。占祥的名言是，那几年，“（A与B二系列）轮流高兴，轮流住院”。

其实A与B的分法正如我前面多次讲的，太简略了。例如，在一九八七年年初的震荡中，我听到过一位以严峻认真著称的领导同志骂影片《芙蓉镇》，大声疾呼说：《芙蓉镇》的结尾是什么呢？是一个疯了的乡村干部敲着锣高喊：“三五年来一次，三五年来一次……”（语出毛主席，是说“文革”每隔几年要搞一次）。但不久我就接到胡乔木同志的电话，找我了解《芙蓉镇》的有关背景情况，并坚定地说，他要为《芙蓉镇》辩护。我同样听到那位严峻认真的同志大骂社会科学院的一位领导，说是他主张“人道主义就是拿人当人看”，似是别有用心。但做出此种主张的表述的同志一直安然无恙。这些地方，都有非A非B、亦A亦B的同志出来保护了他们。

比较一下，就知道中国社会的发展变化了，也就知道达到今天的局面，容易吗？

看来“文革”中没完没了地讲什么路线斗争、讲站队，起了坏的作用。这等于是让你选择投靠对象，参与高层争论，再说得难听一点是让你押宝。正像有人喜欢在群众中划分左中右一样，也有人喜欢把上面的人划分成改革与保守。有人以参与上边的斗争为能事。有人以参与上面的斗争为晋身的窍门，走到哪里都敏锐地寻找上面不合的征兆，判断领导层人员的行情消长。

我还希望，总结经验，政治家慎于参与文人的争议，而文人也不要使出浑身解数从上头找靠山。我说过一句不太好听的话，我希望领导不要让作家斗作家，作家们也千万不要为自己那点文辞争论，动辄找后台，找领导，各找各的领导，等于挑动领导去斗领导。有些作家一听说上面有不同意见就那么来情绪，就不把自己当外人，合适吗？说得严重一点，这是不是会自我培养成一种“乱臣贼子”呢？

河北农民作家申跃中有一句名言，不要那么不把自己当外人，并非所有的作家都能做得成人民的儿子，有的能做到人民的侄子也不坏嘛。此虽不经之论，但可参考其大旨。

革命与作家有一个互相选择的过程。多数中国作家选择了革命（按照舒乙先生的说法，一九四九年时，九成作家选择了革命的新中国，一成作家选择了对立方面），但是不等于所有的文人革起命来都符合革命阵营的要求。

那是由于中国革命的特殊的严酷性。我们的革命的主体是农民，革命的主要形式是武装斗争，革命需要的作家是严守纪律，说一不二，勇敢斗争，视死如归，招之即来，而又挥之即去的战士。革命并非照收欢迎所有强调个性、强调独立思考、强调批判意识、超前意识、创新意识的张扬放纵的作家。延安时期就有过对于王实味的批判，对丁玲、艾青、萧军等人的批评。作家爱恋革命，包括一九四九年以前并未实践革命的人如巴金，也在《灭亡》《新生》里迷恋革命，但是这种爱恋的结果并不总是成功的。

而在这些思想斗争中，同时也培养了一些忠心耿耿、响应号召、冲锋陷阵、不怕“挨骂”的作家。有时他们斗得上纲上线，深文周纳，义愤填膺，超过领导要求。

当然，也有不可避免的思想斗争，有思想与行动的必要锻炼。

事物还有另一面，革命与文学相得益彰。文学完全可能，实际已经成为动员革命的精神力量。革命完全可能，实际已经成为文学的梦想、文学的灵魂、文学的千古难觅的题材与主题、文学的魅力与光环。

革命是多么有戏！戏剧是多么革命！

文学为革命提供了更加周详、更加原生态、更加立体、更加形象和充实的记录、画面、热力，提供了对于革命全过程而不是单一的具体任务进行生活化、整体化、亲和化即切近化思考的契机，提供了体验与追寻革命的心路历程的可能，实际上也提供了咀嚼与反刍的过程，审美与间离的清明。

文学有可能为革命提供思考的契机。革命需要理论的张扬，更需要实践经验的受用，有时也需要文学的补充与诘问，同时注意不为文学的诗的（用王小波的话来说，就叫“瞎浪漫”）幻想与激情所左右。

一九八七年春，“两会”期间，政协委员冯骥才、张贤亮、何士光来看我。他们也才看望了另一位文艺界头面人物。张贤亮正在内心“打鼓”，乃表示谦虚与听话，说自己认识上需要大大提高，准备暂停写作，下乡生活与反思，还说不然自己会被“双开”（开除党籍和公职）。头面人物板着脸回答：“那好嘛。该双开就双开嘛。”大冯乃调侃张作家说：“我听了这话，浑身都结了冰。”

一位作家还描写说，那位人物的眼睛里，流露了“杀机”，当然这是小说家言。然而我怕。不是怕我被杀，而是怕我的眼光与心胸也会发生变化。无怪许多年后，山西的一位青年评论家谢泳分析说，王蒙的特点是内心的恐惧。

我像害怕瘟疫一样地害怕这种内斗，但是到了作协“四大”，我已经脱身无术。

而这时的内斗问题又与严酷的革命战争时期不同。邓小平多次讲过，改革是一次革命，这说明改革的幅度、深度、烈度都相当可观、可惊、可叹。这个断言同时也说明了作为老革命家的邓小平的革命情怀、革命壮志。革命从来都是充满激情、充满战斗性的，作为一次新的革命的中国的改革开放，一上来，也引起了许多浪漫的幻想。改革又是“摸着石头过河”。就是说到底能改到什么程度，哪些能改哪些不能改，哪些只能放在将来再考虑改不改的问题，尚待摸索。

而且，近二百年以来，哪个救国良策不是火急火燎？于是，咸与维新以来，想入非非者也许不少于实事求是者。各取所需各执一词者，很可能不少于全面思考、顾全大局者。大话连篇、廉价吹嘘者，很可能不少于真抓实干、步步为营者。

一位领导同志说过应该提倡用刀叉代替筷子，这可能与一九八七年上海的闹毛蚶传染肝病有关。

《人民日报》上刊登过一位老革命学者的文字，提倡吃面包代替蒸馒头。说是面包含水分少，易于保存和消化。

《人民日报》副刊上还登过一个新人新事，提倡能挣会花，说是一伙富起来了的农民坐火车，向餐车提出要什么什么高标准的伙食，他们提出的付费标准超过了餐车菜肴的可能性，但餐车如何勉为其难，挖空心思，做出了超标准的餐食，收取了超标准的费用。

为这一类说法，韦君宜在《北京晚报》上发过一篇小文，她问："我们什么时候发了横财啦？"我则感到恐怖：愚昧如果与权力结合，会出现什么场面，我们已经在"文革"中经验过了，愚昧如果与财富结合起来呢？

而另一方面是革命传统的自负与光荣感、警惕感、敌情观念与唯我独革心态。你越是想入非非我越是如临大敌。你越是频频试探，我越是俨然守护神，而且历史的经验已经证明，归根结底，"左"比右吃得开。使这些同志不能瞑目的是，一九四九年后辛辛苦苦确定下来的一些思想定式，被打破了，他们真诚地叹息，思想搞乱了，思想搞乱了，这比什么都严重啊。

其后果是，你越是为了捍卫而岿然不动，我越是为了突破而勇敢地举起炸药包。你走了一趟深圳、珠海，你大哭"辛辛苦苦几十年，一觉回到解放前"，你大哭"所有的红旗不见，只剩下了旗杆"……他却著文开始批民主集中制，批一不怕苦，二不怕死的口号，直到鼓吹干脆引进一个总理，干脆让西方发达国家在我们这里殖民二百年……

于是四次作代会留下了后患。至今，人们仍然时时防范着类似的局面不要再发生，为此而采取了不知多少措施。权宜的措施变成了常规，代价太大了。

我毕竟经受住了一九八七年这些事件的冲击。形势也渐渐发生了变化。这方面周巍峙同志给过我一句忠言，他说，说话做事，都不要太满。他此言对于我是太重要了。

一九八七年夏天我到文化部在辽宁兴城的一个文艺之家住了五天，在那里游了泳，然后从那里坐火车去哈尔滨参加一个话剧方面的会议。体会到了在松花江上坐游艇，在太阳岛边乘快艇的感觉。深深感觉到《太阳岛上》这首歌写得真好，没有这首歌，就没有太阳岛的名声。

此前在河北某地开了一次什么文艺工作的座谈会，据说会上指名道姓地冲锋攻我的人不少，我觉得这也正常，不必太在意。不攻你攻谁？提起王某来气不打一处来，酸不打一处来，叫作五味俱全。严文井同志早就忠告过我，你现在的地位、头衔，是多少人多少年梦寐以求的……太抱歉了、太羞愧了，连我自己冷静下来，也对自己觉得难以容忍。

天从来不遂人愿。

你只好自己干自己的。我想起了那句话，叫作你打你的，我打我的。这话该不会是出自林彪吧？

你批我就请批吧，我抓我的业务工作。根据我的建议，确定了举行第一届中国艺术节。过去文化部门常常搞什么文艺调演，现在集中地搞成一次艺术节，不是更有意思吗？讲这个问题的时候，我说名称也是重要的，例如春节这个名称里，过年这个说法里，积淀着多少文化与历史传统，如果改称饺子会呢？还有那个味道吗？我也介绍了我在英国访问时对爱丁堡艺术节的了解。

有一位老领导同志在政协小组会上批评搞艺术节是搞“虚假繁荣”，这个词很有杀伤力，但因过去常用，便显得虚而不实，恶而不善，更像是欲加之罪，何患无辞。

有时候是树欲静而风不止，有时候是风欲静而树不答应。可能树在风中舞若天仙，也有魅力、有瘾头、有成就感。上级不想横加干涉了，但是一批感情真挚的文艺家告急：狼来了，再不干涉了不得啦，救命呀！

一九八七年初夏，《人民日报》上刊登我请文化部党组秘书徐世平同志代写的关于艺术节的文章，文章指出，文艺的繁荣需要正确的方向，而方向的正确也离不开文艺的繁荣，没有正确方向的繁荣不是我们需要的繁荣，而没有文艺的繁荣，正确方向也不过是一句空话。有些人就是会扣大帽子，但是推动不了文艺生产力的发展，不具备文艺创作的驱动程序。你抓批判，我抓繁荣，你重在斗争，我重在建设。你越批越寂寞了，我这儿的繁荣却是渐渐红火起来。

此后，我们通过中国画研究院邓琳同志的帮助，请邓小平同志为艺术节题写了节名，更是获得了中央领导的大力支持，我已经化险为夷了。

第一次中国艺术节就是这样搞起来的。中国国家图书馆的“历史上的今天”栏目中，对于首届中国艺术节是这样写的：

1987年9月5日晚，首届中国艺术节在北京首都体育馆隆重开幕。开幕式由首届中国艺术节组委会主任、文化部部长王蒙主持。首届中国艺术节主席、中共中央政治局委员、国务院副总理万里在开幕式上致贺词。来自全国各地的3000多名文艺工作者表演了精彩的文艺节目，那一个个明朗大方、花团锦簇的艺术画面，洋溢着喜庆欢乐、生气勃勃的情绪，寓意着我国艺术事业美好的发展前景。

举办全国范围的艺术节，这在我国还是第一次。第一届中国艺术节是由文化部和北京市人民政府共同主办的。中国艺术节的宗旨是：集中展现我国一定时期内艺术创作和演出的优秀成果，丰富人民群众的文化生活，提高人民群众的艺术审美水平，扩大我国与世界各国的文化交往，促进我国各民族艺术事业的繁荣和发展，并为巩固和发展安定团结的政治局面，加强社会主义物质文明和精神文明建设服务。艺术节的基调是“丰富多彩、健康欢乐、团结进取”。

第一届中国艺术节以展现我国民族音乐为主。从9月5日至24日，来自全国各地的50多个艺术团体，为首都的中外观众演出了44台专场剧（节）目，演出近180场，观众超过20万人……这届艺术节还设有几个分会场。在华东（上海）、中南（武汉）、西北（兰州）、贵州、四川（成都）、新疆维吾尔自治区（乌鲁木齐）、大连市和天津市分别举行地区性活动。联合国教科文组织总干事姆博称赞说：“在一个具有几千年历史的文明古国，第一次举办艺术节活动，充分体现了中国的开放政策，不仅将在世界上引起强烈震动，而且对人类文化的发展会起到很大的促进作用。”

中国艺术节从此成为我国一个盛大的艺术节日。

九月六日，首届中国艺术节的民间艺术展览在中国美术馆开幕。习仲勋、邓力群、王任重、缪云台等领导人出席了开幕式。

闭幕式则是在首都钢铁公司举行的，万里同志参加了闭幕式。首钢工人艺术团与一些专业文艺工作者表演了精彩的节目。

首届艺术节的基调十二个字是我部领导与艺术节组委会拟定的：丰富多彩，健康欢乐，团结进取。这十二个字经受了历史的考验，会徽则使用至今。

我前往乌鲁木齐参加了天山之秋分会场的艺术节活动开幕式，观看了自治区歌舞团演出的《木卡姆》，演出的内容与气势大大感动了我，我写诗道：

你热烈的呐喊如岩浆迸发穿透万年的地壳
……你灌溉茫茫荒野戈壁千里泻下情感的大雨

你朱红的唇儿如石榴绽开把夏天苦苦留住
……你扫荡沓沓心田端端愁绪吹过语言的飓风

你温柔的体态如鱼儿游过飘浮洁白的云朵
……你打开千渠万河的门禁瞎子看到了遍天星斗

……你撕裂了每一个粗暴的灵魂又拂以再生的泉水

……啊寂寞的世界荒凉的山岭深皱眉头的黄沙丘啊
因为有了你我的木卡姆世界不再荒凉山岭不再……

……因为有了你维吾尔的木卡姆灵魂不再孤独老者
不再惧怕遗忘孩子找到了母亲再也不会失去

……原来这才是世界这才是人间充满青春爱情
充满痛苦希望这才是生命才是活着的我们

我们活着我们有了世界的一切我们不会忘记生命和世界

因为有了木卡姆因为有了木卡姆生命的永远木卡姆

一台歌舞，强烈震撼，并非多见。赛福鼎同志生前一再提倡，在《十二木卡姆》的基础上作一部交响乐，他与我多次讲过，我也与新疆的同志讲过，据说已有一些动静，但是尚未真正启动。

现在可以告慰的是，《十二木卡姆》已经被联合国教科文组织认可，列为非物质文化遗产名单。

这次赴疆，检查了新疆艺术学院的筹备工作，我使了力气，争取到了国务院的批准，将他们的中专性质的艺术学校升格为高等教育机构。我看望了艺术学校舞蹈系的老师陈诗绮。她的先生，我在干校结识的北京人祖颖之不久前因食道癌而去世。他一直想移民到澳大利亚，终于通过原在新疆、后到澳大利亚的俄罗斯族朋友，办得差不多了，他的儿子已经到了澳大利亚，他也已经去了一趟澳大利亚，却在此时患上了不治之症，命运是多么能戏弄一个人呀。陈见到我就哭了，她说，太可怜了。时在任上，我去陈家也是前呼后拥，非我所愿。不久，他们全家都移民到了澳大利亚。还有一个笑话，说是仅仅一个新疆艺校，就去了那么多人，足以在澳大利亚开办一个新疆艺校的分校，在澳大利亚成立一个新疆文联的分会了。

我也到武汉参加了中国艺术节中南片的开幕式。中南几省的几个大戏曲家陈伯华、红线女、常香玉、尹羲（小金凤）……都来了，还有时任武汉市文化局局长的歌唱家吴雁泽等济济一堂，盛况难再。共同用餐时陈伯华给我表演她的眼功。并告诉我她年近七十，眼睛不花。在武汉也见到以健谈著称的作家祖慰，他给自己起了一个绰号：“把你聊死”。另外一位熟朋友见到我，说是觉得我的神情非常疲惫，我只好苦笑。

本年秋，召开了党的十三大。因为斯时西藏的形势颇受瞩目，我乃安排西藏歌舞团进京给代表演出，也是加强对西藏的关心与了解之意。来京后，文化部、国家民委联合宴请西藏众艺术家，西藏党委书记伍精华同志也在座。我讲了话，请时任国家民委主任的司马义·艾买提同志讲话。他说他没有准备，没有讲稿的话怕是用汉语讲不好，我乃怂恿他用维吾尔语讲，我当翻译。他说不好意思。我说我想过翻译的瘾。他开始讲了，我熟练流畅地进行翻译，还时不时用维吾尔语与司马义主任交谈说笑。伍精华大惊，喊道："哎呀，新疆可占了便宜啦，下次王蒙再'犯错误'，我要向中央报告，把他派到西藏去！"

不仅历史事件的出现如马克思所言，第一次是悲剧，第二次是喜剧；时间能使事件本身从悲剧也变成了类喜剧，如果具备了化险为夷因祸得福的某些因子的话。逝者如斯夫，不舍昼夜！没有永恒的号啕痛哭，也没有永恒的山呼万岁，只有永恒的悲悯的微笑。

一九八七年，以震荡始，以天下太平终。然而天下是不太平的，树与风都拒绝休战，"文革"中一篇洋洋洒洒的大文章就叫《路线问题岂能休战》。已经到了一九八八年年初，在作协的主席团会议上，我的诗人朋友做了充满悲情的发言，为某个人歌功颂德，为他鸣冤叫屈。会后，他的发言立即在境外全文发表。他讲完话，与会者特别是作协的领导干部，面面相觑，一声不吭。谁也不想惹这一身臊。但是我是常务副主席，我是会议的主持者，我是这个那个，我不能默许默认附和跟随，我也实在不想将会议的主题往这方面引导，不想加大对于某个人的打击或正名的力度。我确实非常为难，我努力做一些疏导和转移，我强调顾全、理解、维护大局，我强调作协只能做好自己的工作，在稳定的大局下推动改革开放。大局来之不易，改革开放来之不易，创作自由来之不易。

此事立即使另一位文艺工作的领导同志大为警惕与激动，他给上边写了报警与要求整肃的书信。

我正在天津出差，被紧急叫回，还好，幸亏有我的关于顾全大局与来之不易的谈话，反映完情况后没有酿成什么大事。

当然，从另外的观点，也可以说，正是由于各种歧见解决得不彻底，才酿成了此后的更大的劫难。

这一类的事还多了，通过这一类的事件，我深深体会到，人生当中，包括私生活、感情生活、家庭生活、社会生活与政治生活当中，人最能够伤害的是亲人，是朋友，而绝对不是对手。伤害朋友，帮助对手，这是许多人的能干儿，是许多人的成就，是许多人的悲情的与勇敢的记录。

这样搞下去，只能使作协这个桥梁拆掉，桥梁变成火力的桥头堡。使文学的声音进一步地规范化、社论化、文件化。文学终于变作"人学"，文事变成人事，文章变成规章，小说变成大说，诗歌变成高歌，戏剧变成过场，然后大伙都舒服了。

这些都属于旧事，属于“（寥落古行宫，宫花寂寞红。）白头宫女在，闲坐说玄宗”。只看一时一事，难以弄明白得失成败，也许所谓“化险为夷”的结果是更大的险，也许化险的结果是积险、增险，最后搞得险不胜险，这些都有待读者、论者、当事者赐教。回首旧事，我感到的更多的是惭愧与内疚。是我本来可以做得更好一些，更更好一些，少一点意气，多一点沟通，少一点各自为政，多一点协调努力。我欢迎批评指正。

风风雨雨的一九八七年我收到过天才地（乡土）才兼人才鬼才的同行贾平凹兄的一封信，这是他给我的不多的信里的一封，他夸奖我说：“你不仅得了道，简直还得了‘通’……”

虽说是好话，回想起来或有美滋滋的一面，但他还是说早了，他没有看到我兹前兹后尴尬狼狈的许多故事。我的面子永远是快乐的、光明的、通达的与无限开阔的。里子就不好说，个中甘苦，谁人与知？当然与前辈们相比，我的难处、我的尴尬狼狈，实在算不了什么，人们是一代更比一代幸福了。

33. 官场一瞥

官场云云，这个词里说不定有无政府主义与空想社会主义的影响。我从小就极其厌恶官场呀、仕途呀、升迁呀这一类的臭话。有一位文艺界领导干部曾经在一个场合发言，指出作家们说什么“官方”，乃是立场有问题，因为今天的领导本来就是代表人民的，哪里来的什么官方？他这也是美丽的理想主义。

去文化部时我倒是说过一句话，官员也是，至少是正当职业，这已经务实多了。当然，这里远远不仅是正当职业的问题，中国有的或者说是应运而生的是一个强势的政府与强势的执政党，它是中国的发展与命运的决定性因素，是中国治乱、兴衰、进退与存亡的关键。这是任何人不能否认的事实，与你个人的观点、选择与倾向无关。

越是升官越是感到自己的官小，这是第一个感想。当官方知己太小，掌权方知权有限。有一位兄长，刚升了官，一见到我就说“咱们人微言轻啊”，我当时听着挺扎耳朵，转眼自己就体会到了，他说的是实话。对于中央来说，你的事不是什么太大的事，你的话分量相当有限。有一个“怪话”，就是说文学、文艺云云只有在需要整顿的时候才可能提到重要的议事日程上。《新疆文学》办了多少年，从来没有什么人过问过，而“文革”一开始，全自治区领导都来谈论这本刊物的“问题”，对它的主编王谷林的批判登了党报两版，而且全区上下表态，一直表到一个生产队麦子割得再好，由于没有及时批判王谷林，硬是得不上红旗（见《半生多事》）。《人民文学》杂志，也是只有在一九八七年，由于刘心武担任主编时发表了一篇名叫《伸出你的舌苔或空空荡荡》的有问题的作品，刘被停职，《人民文学》杂志云云居然上了各大报头版头条，通栏标题，甚至连副主编周明的名字也上了标题，这样的盛举肯定是此生难再了。而且为了与广播电台的各地人民广播电台联播节目同时发布，延迟了中央电视台的《新闻联播》，到了全套节目播完后，宣布将有一条刚刚收到的消息……其规格登峰造极。第二，你升官的结果是接触到了更多、更大的官，更高、更管事、更权威也更掌握资讯的机构部门。第三，部门也罢，组织也罢，是一个客观的存在，已经存在了三十多年，它的运转、它的规则、它的人马都已经形成了自己的章法格局。

外国，minister一词是部长也是大臣，其实“大臣”的翻译更准确，他或她是内阁成员，是整天伴随着总理与国会打交道的政治家，是屁股坐在内阁而有时到部门里去看一看，去指导一下公务的官员。而部门，是由国务秘书或一名副部长来“顶摊”的，那只算是公务员。“不管部部长”，那是指专职的大臣，专门辅佐首相或者总理工作而不必往某个特定的部门去跑。这样的“不管部部长”往往作用更重大。而中国的汉字有极大的暗示性与主从意识，一个字越是简单，越是主、是本、是纲，而从一个字繁衍出现的词，则是从、是末、是目。部长的含意是部为先，既有了永远的与根本的部，那么部需要有一个首长，就是部长，部长的屁股当然必须坐在部里。当然此话也不能太认真，由于体制的区别，也由于国家规模的区别，也许中国的这种做法是适宜的。

话说回来，越升官越琢磨着自己的官小，包括与洋官们比较也是这样的观感。

琢磨自己官小并不是急于“做大”，而是明白了谦虚谨慎的必要，请示报告的必要，遵守规则纪律的必要，知道自己许多事做不成、不能做的必要。

升迁与惩罚体制对于维持官员或官场的运作不可或缺。我去承德，看到行宫里不同级别的官员的行走有着多么严格的制度，我确实非常感慨。有的小官，离行宫老远就必须停下通报，等候恩准才能继续前行，否则无异谋反。有的大一点的官可以走到门口。有的可以往里走一层院落，有的两层……所以皇帝“书房行走”是很大的恩宠，就是说此人有权走入皇帝的书房，岂不乐死！打个不完全恰当的比喻，这样一个系统就像体育竞技，打了预选赛还想打小组赛，打了小组赛还想争区域名次，打了地区还想打全国，打了全国还想打亚洲，打了亚洲还想打世界杯，进入了半决赛当然不能止步，要进决赛，进入了决赛就是要争冠军。这与其说是野心家不如说是驱动程序，驱动能源。是运动员就无法不对这个系统起意。而一进入官员这个阶梯，你自然会产生登堂入室——更进一层门儿的愿望。咱们也有这方面的规则，例如参加国庆天安门城楼上的观礼活动，第一感觉是场面何其宏伟，事业何其伟大，第二感觉是与尊敬的层层中央领导同处城楼之上，你这种小萝卜头儿是何等自惭形秽。

而“责任”是一个沉重的词儿。那几年，每天下班回到家，我常常感到语言信号的高度疲劳，我最怕的就是回到家里有人与我说话，因为听话、说话、看文件（无声的话），我已经搞了整整一天。我无法想象那些习惯性加班加点的工作狂是怎么样工作的，我其实是怕吃苦的人。

由于林业部的事件，我专门拿出多少天到故宫、恭王府（时由艺术研究院与中国音乐学院使用）等地检查消防。每到夏季雷雨闪电，我就心惊肉跳，生怕故宫火灾。无官一身轻，戴乌纱好比是囚人的帽（河北梆子《辕门斩子》唱词），从反面说明了官的责任。

外国也一样。法国社会党领袖密特朗，一九八二年以在野党领导人身份访华，我在中联部组织的贵宾与中国知识界人士会见的活动中见到过他，有所交流。密特朗先生签名送给我一本他的著作：《此时此地》。作为回报，我之后寄给了他我的法语版《蝴蝶》，收到了他的亲笔签名的回信。收信的“该时该地”，他已经是法兰西共和国总统了，我感到荣幸。

几个月后，密特朗先生以法国总统的身份对我国进行国事访问，我应邀参加法国使馆为总统访华而举行的晚宴，里三层外三层，随员一批，保镖一批，重臣一批，应邀参宴的中方客人排着长队等候与总统握手，热气腾腾，汗流浃背，其景象当然与数月前来时大不相同，那么“此时此地”，我只能退避三舍，自动放弃了与总统阁下拉手的机会。

一九九八年我在美国康州三一学院任高级学者（presidential fellow）时，曾有机会聆听克林顿总统夫人希拉里的讲演，礼堂里水泄不通，大家比通知的时间早一小时左右提前到达，夫人比预定时间迟三刻钟到来，使我认识到政要就是政要，不论怎样强调民主，官就是官，大官就是大官，元首就是元首。

那还用说，民也就是民。

二〇〇一年我访问印度，一天晚餐后，由于总理瓦杰帕依的车队要在此时此地此路经过，交通处于严格管制之下，我们只好干等了一个小时才能动弹。后来我们原定的访问泰戈尔国际学院的计划也因近期该国总理将去视察而取消。

中国的官方活动当然有自己的特点，例如巨大的合影，最多时可达数千人，整个参加人民大会堂会议的全体人合照一张照片，分三次揿快门，再通过技术处理连接成一长卷照片，相信这在世界上是独一无二的一种政治文化。遇到拍摄这样的照片时，那些荣幸地襄此盛举的人，要提前两个多小时集合上车，到了地方，按图纸在梯形排排长条凳上站好，每个人只能露半个身子，略带倾斜地站成一排，如不倾斜站不下那么多人。这样的亲密接触使人如置身烤炉中。

比较危险的是最后一排，一是太高，二是后面没有挡头了，如立悬崖，脚一软或头一晕就会出事，为此安排了一个个年轻机敏的武警战士立在后面待命，照顾好照相者的安全。

中国是个大国，中国的政治在相当程度上是盛况空前的政治，是人山人海的政治，是人民的政治：其规模，其气势，其热烈，其雄壮威武都是少有的。

顺便说一下，二〇〇六年举行的“文代会”“作代会”没有搞此种大规模的合影留念，使与会代表少了些劳累，不知是否意味着某些做法的改进乃至有中国特色的社会主义政治文化的发展。

说实话，不要说我们的社会风气与某些方面的体制被讥为“官本位”（例如，宗教神职人员也是分级别的，四大皆空的和尚也有正局副局、正处副处之分），就是在一个标榜多元的社会里，官员仍然是一个被人仰视的角色。能干成大事，能决定别人的命运，自己使劲就会带动一大批人使劲，自己消极就会带领一部分人消极。官员，不仅是你自己，而且是政权（一个有机环节），是社会，是比较感得到看得见的历史创造者。官员有高于一般国民的待遇，不在于表面的工资，更在于看不太明显的一些条件，例如出差，例如治病，例如宴请与被宴请。官员容易得到尊敬，一升官，好像原来一米七的个子霎时间变成了一米八五，你的一言一行、一怒一笑都增加了内容与影响。一般老百姓对许多事并不内行，他们很容易以看官职来决定评价：据说在书法市场上你是不是书协理事，是不是书协副主席或主席，是全国的还是省级的书协领导人，都会立竿见影地影响你的字的行市。这有点可笑，但是完全可以理解。

官有官的效率、方便和办事服务系统。如果讲公关，没有什么系统比官员系统更能运用一切公共关系，调动一切可以调动的资源。不管走到哪里（包括友好的外国），你有天下官员是一家的感觉。我们的官房（这是一个日本词），提供了多少办事、旅行、信息、医疗、研究、协调……的便利！没有这些便利与具有这些便利，是如何地不同！

官当然也有官的麻烦，许多会你必须参加。有时连续多少天会，我开始怀疑我的神经的坚持能力。许多事你必须表态和负责，许多话你必须说。你常常被妒被告被"参"乃至被诬，你会成为某些对立面的眼中钉。你必须把个人的、自我的因素减少再减少，把螺丝钉、零件与部件的因素增加再增加。你必须学会说一些官话套话、穿靴戴帽的话，已经讲过无数次的重复的话。所有的个人因素，累了、不快、别扭，兴奋了或者没有在意，对于旁人是完全自然的与无可指责的，对于官员却是无用的借口，是不可原谅的失误……

我曾经企图在任职期内做一两件影响全局的事，有些虽然开了头，但不算成功。一个是一九八八年开了全国的有主管文化工作的副省（市）长或副书记参加的文化工作会议。制定了艺术演出团体改革的文件，基本上明确了分类改革的方针，即分别哪些是国家重点扶植的，哪些是推向市场的。这也引起了很大争论。有一次我在广东，忽听得说是报上登了，说是我们的艺术局局长说了某些文艺团体只能"生死由之"（后该局长声明并无此话），一句话，轩然大波。还有一个青年艺术剧院，设立了艺术总监一职，事后受到严厉批评，说是艺术总监的称谓来自香港。这也使我不服，我说岂止艺术总监，国务院、总理、部长、书记、专员、董事长、经理等称谓哪个不是来自外国，要求绝对民族化，我们应改称宰相、尚书、府台、道台、掌柜的……

中央实验话剧院选拔新的团长，采取了"招标"方式，至今颇受争议，我还有待进一步认识。

另一件事，是我一直希望建立国家文艺评奖与荣誉称号体系。世界各国，包括号称不问文化事宜、连文化部都不设立的美国，都有国家奖。如普利策奖，就由总统颁发。日本的芥川文学奖，则由天皇颁发。另外像原社会主义国家的人民演员、功勋演员、列宁奖金、斯大林奖金体系，也很隆重。我国只有零零星星的奖与号，例如陈伯华被湖北省授予汉剧大师称号，葡萄常被授予工艺美术大师称号，老舍被北京市授予人民作家称号，夏衍晚年被授予人民艺术家称号等。我认为建立全国性正规的文艺评奖与荣誉称号体系，有助于文化艺术事业的发展。我开了多次会，部里制订了一套方案，未克落实，搁置下来了。

我还有过一些双向的想法，一个是吸收更多的党员文艺家到党校短期学习，使他们了解更多的全局事业。同时，我建议研究选拔一些文艺家出任驻外文化参赞的可能性，因为我接触过许多国家的驻我文化官员，人家都是作家、艺术家、学者、教授，而我们的人清一色的外语干部。现在这两方面的事都不无进展。

有一位学富五车的教授，我说的是金克木先生，他在一次小会上讲到（旧）中国的特色，他说那就是“官场无政治，文场无文学，情场无爱情，商场无平等竞争”。这话说得有点深不可测，我其后也没有得到机会进一步请教。商场不必多讲。文场就是如今所说的文坛，文场无文学，一针见血。变成了名利场、商场、官场、公关活动场、明枪暗箭发射场，还能有什么文学？而情场变成贩卖、炫耀、比试与发泄风流的杂技场，当然也就没有了真情。至于官场，有待研究。

我的有限见闻体会到的倒是有“文场多政治，官场多文学”之虞。那些年的文人谁不是政治神经绷得比弓弦还紧？而政治问题上讲感情深不深，讲甩石头、掺沙子、唱《国际歌》、评《水浒传》、鸡毛上天、蚂蚁啃骨头、小脚女人、气可鼓而不可泄、两条腿走路、神仙会、引蛇出洞、伊索寓言、东郭先生、四海翻腾云水怒、五洲震荡风雷激……多么文学！

官场无政治的说法，也可能是指旧社会官员只顾个人升迁、人事沉浮，全不关心政纲政见政绩政声政治理念。官员们对于同僚与上司的升降、进退、荣辱、消长、亲疏、冷热行情特别敏感，甚至超过了对于民利、民瘼、民生、民心的敏感。一句话，官场可能使作为手段的权力变成目的，使作为目标与原则的政见、政纲变成（争取权力的）手段。国人是很喜欢讲纲目之辨的，但是历史上与事实中不乏纲目颠倒的例子。这也应该叫异化吧？确有这样的人，只管升降，不管方针、政策、路线、利害、荣辱、分寸、潮流，这倒是值得特别警惕的。从人治到法治，有很多路要走。

有一位担任过领导工作的政协委员，曰：有三个三七开要明白，第一，个人努力与出现机遇；第二，个人能力资质与是否被承认；第三，为领导服务与为人民服务，都是三七开。前二者大多是事实，了解这一点有利于谦虚谨慎。第三句话，不太好听，更不准确，但言之有因，有警示作用，值得我们参考，有则注意改之，无则加勉。

幸亏我还有一个写作的身份，而且自己很看重这个身份，我从来没有忘记有言在先，我最多干三年，我从来没有忘记部长王某人是很容易取代的，换一个人，至少与王某各有长短，多半会更好；而作家王蒙，不论你对他的评价比较高或者比较低，他是不可替代的。一个作家可以远胜王某，比王某更深刻、更勇敢、更细腻、更天才、更浪漫或者更富有想象力，就是代替不了次一等的王某。作家互不代替，哪怕是一个极优秀的作家也取代不了另一个作家。

即使如此，一到文化部，我的新角色仍然是有魅力的。国内国外，更多的人在注意我。日本的报纸说，俄国的农业部部长、法国的内政部部长、美国的国防部部长与中国的文化部部长，都是最难当的。我有了秘书、有了专车，有各个有关部门、有精明能干的干部们执行我所解释和贯彻的中央的意图。我对于天下大事的一己之见，有机会在大庭广众之下发挥解释，只要不背离大杠杠，就可以起作用。我的某些话已经被传达、被讨论，已经有人在重复我的话。有些我看不惯的现象，例如本部门与所属司局、所属单位，开一些无新意无针对性的会议，完全可以由我来阻止或者推迟。我读到许多文件，使我大开眼界，能够更宏观地理解与思考许多事情，例如邓小平同志与希腊时任总理的帕潘德里欧先生（同时是一位著名经济学家）的谈话，就大大推进了我对于改革开放的热情与认识。我衷心地相信，中华人民共和国正处于前所未有与来之不易的最好的发展时期，反正个人还想不起此前有过更好的时期。而我，至少在文化部范围内感到了被信任、被依靠的滋味。说话算话的感觉真好。你还从来没有这样地相信自身的确实存在。被周围的人所期待的感觉真好。不断地思考，计划，商议，听取，决定，实行，分析，讲解，辩论，扯满智力的风帆的感觉真好。受到优待受到礼让与照顾的感觉也不错。不论出席什么演出晚会，都是先进贵宾室，后坐全场最佳座位。新皇冠车的音响真好。工资条的排号是0001也有令人一笑开颜的感觉。到处受到欢迎和（哪怕是）讨好的感觉真好。

张贤亮爱说一句话，说我们这些人是“三中全会路线的既得利益受益者”，他说得确实粗鄙，但又绝对不是无稽之谈。

……后来在写《季节》系列的时候，我调侃地说官欲如同性欲，你有，你想，并不特别的寒碜，但是它毕竟需要文化节制，需要提升境界，需要文明化与（至少在我国）含蓄化。过去、现在和将来，对于那些粗俗的、不知羞耻的、肆无忌惮的、只考虑一己的满足而不考虑对公众的责任与自律的不择手段的跑官追官者，我觉得是太恶心了。

同时，一九八六年上任以来，我无时无刻不在提醒自己，不要沉迷于权力、地位、官职、待遇。我甚至觉得一个作家写着写着小说当起部长来了，令人惭愧，无颜见笔墨同行。确实有的文人羡慕或嫉妒官，也有官利用官职附庸风雅。确实也有文人与官尿不到一壶里，文人与官员互相都有看法。

那个年代我看到过秦兆阳老师给朋友的一封信，信中大骂那种以写作求高位的人，想来想去更像是说我。问题是我确实未有所求。求没求你上去了就证明你不怎么样，这恰恰是一些同行与老师的逻辑。你的“芝麻开花节节高”（这是至今我很不喜欢的一个俚语，用这个形容自己我会感到恶心，我是诚心恶心自己才在这里这样说话），无法不令处境不如你的人硌硬。有一次我陪日中文化交流协会的会长作家井上靖去见政协主席邓颖超大姐，大姐对日本友人说，王某是一个好的作家，他文章写得好，（故而？）我们任命了他。这样说我也是首次听到。

我去广东看望黄秋耘，黄秋耘毫不含糊地向我进言，说是“寄语位尊者，临危莫爱身”。人道主义与知我、爱我、友我如秋耘者也已经把我当成了爱身胜过（至少是可能胜过）爱理想爱人民的“位尊”者，岂不痛哉！我表示谨受教矣。想再像二十世纪六十年代那样，到小羊宜宾胡同他的家，听他讲文坛各种难处，彼此说悄悄话，涸辙之鲋，相濡以沫，其可能性已经一去不复返啦。从黄的赠诗中，你已经感到了凉意。

起码二十世纪八十年代，文人们对高官有疏离感，不像现在，愈来愈多的文人认同咱们的体制与风习，不掩盖自己谋个一官半职的心思。我与冯骥才聊起过一位热衷于写作的官员，我说，一心当作家的官员比一心当官员的作家可爱。其实这话也说得既不准确也不明白，因为也有相反的例子。

果然不妙。

浩然有一句名言，作家都是人精、人核儿（读胡儿），都是作家，你成了官员，你享受到了更多的一切，简直是世无天理。至今有一些精儿、核儿爱说，王某已经得到了一切的一切，叫作什么都得到了。你就等着吧，有精儿们、核儿们看笑话的那一天！

我还必须承认，如果我再多干几年，也许我也不想再回到写作的案头了。这正是我最怕最怕的。实话明说，部长是可以做出瘾来的。官也可以做得有滋有味，权也可以掌得利国利民，话也可以说得高屋建瓴，事也可以办得外圆内方，与自己不喜欢不一致的对手（资本主义国家叫作“政敌”）也可以练一练、耍一耍、陪一陪，如同体育竞技，如同人格与智慧的较量，可以很投入，很刺激，很满足也很昂扬，至少可以很有趣味——与人奋斗，其乐无穷嘛；可以动真情，生真气，燃三昧真火；可以考验自己的品质、忠贞、度量、经验、学问、沉稳、耐性、智慧、技巧、机变……这样的身份有挑战性，有十年生聚、十年教训的充实性，有丰赡的作为，有大眼界，有大思维，有崇高信念也有成就感满足感，而且，也有回报，大回报。当然，有风险，但是与巨大的重要性与吸引力相比，一个男儿可以也应该顶得住，站得牢，走得正，有模有样，有声有色。你做得到的我未必做不到，你做得很好的我可能做得更好，你做得不对的我可能早已看出、料到……而且，活得连一星半点的风险都没有了，他的生活是真实的吗（这最后一句话学自余秋雨先生）？

这样的想法令我感到恐怖。我会变成另一个王蒙吗？一位外国友人，来到我的办公室，看到我案头堆积的文件与数个电话，他叫道：“你是艺术家，这（指行政工作）会毁了你的。”顺便提一下，他实不像有对我实行西化分化的政治动机与意识形态背景。还有一位与我相熟的汉学家，我说的是德国的顾彬，他早在我任职以前就问过我：“听说你要出任什么什么，你觉得你是政治家吗？”我知道他说的“政治家”是英语中的politician，一般译作“政客”的，而在中文里，“政客”绝对不是一个好名词，我当时甚至觉得尴尬。我第一次做陪同团长在机场迎接一位外国元首的时候，碰到一位知识界的熟人，我感到不安，面色不好，举止僵硬。所有的看到了电视新闻的有关报道的亲友都说我的样子别别扭扭，而芳的样子大方自然，比我强得多。

我完全相信，全心全意地投入政治会使我更像一个真正的男人，勇于承担，敢于出手，不怕牺牲，意志如钢，目光远大。而文学与艺术更多的是女性的事业，许多符号（包括话语），许多情感，许多幻想，许多眼泪。我总是心太软，心太软，这是一首流行歌曲的名称与核心唱词，也恰恰是我的特点与弱点。直至今日，如果阅读起元稹的“谢公最小偏怜女，自嫁黔娄百事乖……”我仍然会泪流满面。听一曲京韵大鼓《剑阁闻铃》（描写唐玄宗避乱归来，归途中夜难成寐，思念杨贵妃的故事），我会柔肠寸断，依依难舍。

最难堪的是任部长期间，我去听过一回李世济等演员演出的京剧《哭塔》，是说白娘子的儿子，在二十年后长大成人，到雷峰塔前痛哭母亲，感天动地，最后将塔哭倒的故事。这个故事与精妙的唱腔令我想起白蛇与青蛇的命运，想起多少情感与愿望被法海与雷峰塔所重压，多少人生的痛苦无法解释……我竟然泪如雨下，而且是涕泪交加。我根本止不住。这完全是失态。要知道不是我一个人看戏，周围都是我的下属呀！

我写过有关白娘子的诗：“寸断的恩情/……有谁爱得像蛇恨得像蛇/爱是蛇的恨是蛇的/灵魂/蛇是爱的蛇是恨的/形体/……迷恋痴情忠诚/纠缠冤仇怨毒/……/死去活来……”

我还写过对于《白蛇传》与《巴黎圣母院》的比较。我从雨果写的那个变态的神父想到了法海和尚，是不是法海实际上“爱”上了白娘子呢？否则他那样地掺和些什么呀！

我说过，早晚我要写一首长诗，写白素贞、许仙、法海和尚、小青（是男还是女）之间的爱与仇，恨与纠缠，生与死，正义与邪恶。我没有忘记我的这一雄心壮志。

我喜欢文学的方式，即想象的方式，虚拟的方式，总体的方式，观察思考描摹雕刻的方式，穷根究底却又不急于做结论做决断的方式，语言修辞的方式。

我喜欢语言，喜欢抒情，喜欢奇想，喜欢与众不同，一鸣惊人，喜欢出其不意，喜欢给大众以冲击，喜欢大开大合，喜欢拈花不语，含泪而笑，欲说还休，摹桑画槐，横看成岭侧成峰，草蛇灰线，却道天凉好个秋。我喜欢自由、自在、谈笑风生、潇洒诙谐、多一点个人与个性，我做不到太严肃、太不幽默、太组织化纪律化（虽然我从来遵守组织与纪律）。我希望靠自己的本事而不是一个强大者的撑腰来出成绩。我所信赖的一个好友一再告诫我：“朝里无人莫做官。”尤其是我一直相信我的文字比我的发言讲话更精彩，我的文字很可能长期存留下去。它的影响比任职两个任期长久多了。我必须对得起文学（争取成为真正的文学大家），对得起作家同行，对得起历史也对得起读者。我一边当着部长一边不忘写作。一边当着部长一边设想着下来的那一天。我甚至在与外国官员会见时，听到人家介绍我“文化部部长，并且是一位作家”的时候，用蹩脚的英语补充说：“I’d like to correct the saying：I am a writer，mean while I am a minister.”（更正确地说，我是一个作家，同时是一个部长。）我还说过：“I was a writer，I am a writer and will be a writer only.”（我过去、现在和将来，都只想当一个作家。）这样想起，我又不能不感到愧对我们的共产党，愧对那些信赖我、任命我的领导人，更愧对文化部的同人们与文学界的同行们了。

34. 走向世界

在我自一九八六年春至一九八九年秋三年半担任文化部部长期间，曾多次以政府文化代表团团长身份出国访问，实践了促进文化交流的使命，增加了光荣感与责任感，打开了眼界，增加了许多见闻、知识，受到许多启发。加上此前与此后，改革开放以来，我访问过朝鲜、韩国、日本、印度、尼泊尔、不丹、新加坡、马来西亚、泰国、印度尼西亚、菲律宾、越南、土耳其、约旦、格鲁吉亚、乌兹贝克、哈萨克斯坦、俄罗斯、英国、荷兰、比利时、罗马尼亚、保加利亚、波兰、匈牙利、瑞士、希腊、德国、法国、西班牙、意大利、奥地利、瑞典、挪威、美国、墨西哥、加拿大、澳大利亚、新西兰、埃及、阿尔及利亚、摩洛哥、突尼斯、毛里求斯、喀麦隆、南非、乌克兰、爱沙尼亚、立陶宛、伊朗等国，路经过摩纳哥、梵蒂冈、丹麦、卢森堡等国，也走过我国的所有省份和大城市包括中国港澳台地区，有幸倾听和亲见世界、祖国，有幸驱散一点自己的坐井观天、抱残守缺、少见多怪与听见风就是雨（只是靠道听途说来认识世界），我不能不感谢我终于生活在一个改革开放的年代，感谢各国的友人、一些机构（主要是我驻外使馆与当地大学）与有关方面的安排与接待。

首次官方访问是到朝鲜民主主义人民共和国，一九八六年十月。时朝方文化艺术部部长为张澈，我的前任朱部长期间，张是代部长，故我的前任朱穆之同志未访问过朝鲜，后来，张已任部长，我方依例让我将朝鲜列为首访国。

平壤极清洁，到处是青松翠柏，偶有汽车驶过，女交通警察都极神采奕奕地挥动指挥棒。说是平壤市民响应领导号召，公交车三站以下的距离尽量步行，以有利节约能源与锻炼身体。我们住在高丽饭店，是一个很高层的建筑物，但住客似不甚多。到处能看到中国货，包括饭后吃中国的水果罐头。所有的接待人员都极热情，我到咸兴访问时迎接的当地领导人见到我就热烈拥抱，把我的眼镜蹭到了站台地上，我们是乘火车去的。

我最感动的是十月十五日那天晚上，东道主从护照上发现是日是我的生日，便为我举行了生日宴，做了生日蛋糕。放在蛋糕上，代替奶油的是麦芽糖一类甜品。张澈部长即席讲话，他说，王蒙同志经历坎坷，今后路还长，会有阳光明媚的日子，也会有新的试炼与风雨（大意），不论在什么情况下，请记住，你在朝鲜有一位同志、朋友、同行，他就是张澈。我曾经在美国得到突然的惊喜，一九八〇年在艾奥瓦，友人们临时才宣布为我举行生日派对，在国情完全不同的朝鲜，他们的对于我的生日的友谊，也是同样地感人。张澈同志的友谊我不会忘记，他的讲话可谓出自肺腑，乃至可以说是“语重心长”，谢谢了。

此后，张部长任副总理，估计现已退休，谨致以最好的祝愿。

朝鲜的习惯是先称官衔，再称同志，如称委员长同志、书记同志、副总理同志等。中国斯时曾经在《人民日报》上三令五申，党内不要称官衔，没有任何作用。从理论上说，可能我们希望废除官与民的区分，所以才管一级党组织的领导人叫“书记”，书记的原文本与秘书并无区别，就是说，我们承认一个机构需要有一个做日常事务的管理人员，略等于一个秘书，却不需要一个官员老爷。后来，“文革”中成立的所谓群众组织与所谓革命委员会，一开头将负责人称作“勤务员”，而且分为一号勤务员、二号勤务员等，最后也还是摆脱不了官员之为官员的存在。其实早在一九五二年年初，毛主席发动“三反”“五反”运动时，已经说过各省、部领导在为“保官”而斗争了。

此次出访，我还结识了一位朝鲜民主主义人民共和国的翻译，我们称他为小金，他的中文极好，给我讲了许多朝鲜谚语与故事，如说朝鲜那边，家家腌泡菜，但是有些男人，总是觉得别家的女人的泡菜腌得好吃（意为老婆是别人的好）。还说到一个吝啬鬼，家里做大酱，一只苍蝇飞入酱缸又飞起，此吝啬人奋起直追，最后的结果是他要把苍蝇腿上沾着的大酱刮下来。

我还有一个印象，就是平壤市如同一个巨大的金日成纪念馆、纪念城，凯旋门、主体思想塔、大学、文化宫……一切都是对于金日成的丰功伟绩的永久纪念。可惜我们在朝访问时未获朝鲜最高领袖的接见。而是后来，一九八七年五月，我陪来访中国的金日成主席观看了在人民大会堂小礼堂的文艺演出，并获得了他相赠的一种特制的瓷器，内外两层，制作精美。其实这种瓷器在平壤已得到过一份了。我在平壤还买了几双不锈钢筷子，为别处所无。韩国的钢筷，做成空心，较轻，朝鲜的是实体，方身圆头，压分量。

是年十一月底我访问了阿尔及利亚。去阿尔及利亚的时候经停巴黎，回程时经停罗马。到达巴黎是凌晨，我在戴高乐机场上看到了奔跑着的灰色的兔子。休息了一天，看了罗浮宫、圣母院，在塞纳河上夜游泛舟。端的是美差、美景，美不胜收。

阿尔及利亚是经过艰苦的武装斗争才取得了独立的，我还记得当年社会主义阵营支持阿国人民斗争的情景，我也看过一部描写阿国人民斗争的电影片。据说该国独立后面临发展经济的任务，还要想办法与原来的宗主国法国合作。我不禁想起了二十世纪八十年代流传于民间的一个捣蛋的却也只能说是玩笑的说法，五十年代李劫夫有一首著名群众歌曲《社会主义好》，歌词中有一句叫“反动派被打倒，帝国主义夹着尾巴逃跑了”，说是改革开放后被不知哪个坏小子改成“帝国主义夹着皮包回来了”。说来是不是尴尬呢？世事难评。争夺主权时与列强浴血斗争，发展经济时与西方发达国家有所合作，都是为了本国人民的利益，这二者是不能互相取代的，两者可能都是对的。话虽如此，历史中也有半幽默半讽刺、半灵活半顺应的无奈与解嘲。想不过于聪明或者不难得糊涂，也未必办得到。

阿尔及利亚的建筑多为白色，非常美丽。特别是当飞机从巴黎飞行一个小时到达首都阿尔及尔机场降落的时候，你不能不为之赞叹。

回程经过了罗马。我们在一个起名丁香的中餐馆用餐，开店的是一位来自上海的新移民。他一眼认出了参加我们的访问团的艺术家邝建廉（红线女）的不同凡响，请她签名留念，她始终未露红氏身份。她身上穿的水獭大衣，是她在香港演出时获赠的。

丁香餐厅的老板来自上海，他受过高等教育，极文明礼貌。类似的新海外移民，我没少见。不免叹息，受过良好教育的中国青年，为什么宁可到海外做降格以求的职业，却不肯在国内多奋斗两年？现在可以自慰的是，同样的条件下，留在国内的人多半会有更大得多的发展。这已经是事实了，是一二百年来首次出现的这类事实。

我们到罗马的圣女喷泉，转过身来往脖子后面掷硬币，说是如果能够掷到喷泉里就意味着下次还将会到罗马来。

罗马与巴黎都是文化名城，比较起来，我的感觉是巴黎更雅，罗马更亲。

一九八七年二月，我正式访问了泰国。泰国可亲可爱，善良真诚。泰教育部（这里文化与教育合在一起）一位官员告诉我，他曾在英国留学多年与一英裔女子结婚，后又在美国做事若干年。回到泰国，形同异类。在英国时，他是陌生者。回到祖国他又成了陌生者。他的话使我五味俱全，第三世界国家的一些知识分子，可能都或多或少地经历过这种源自文化差异特别是某些差距的尴尬。我坚信出国留学是必要的，不可缺少的。同时，我在国外见到过许多中国留学生，包括所谓十分成功的留学生——无非是：有了终身教授或讲座教授职位，当了老板，挣了钱，买了中高档房屋等。我有时感到他们像是长期地或一时地被过继到他者家里的子女，总有那么一点点隔膜的吧。也可能这反映的是我自己的小农心态。

最难忘的是在泰国夏都清迈与公主诗琳通会面的情景。事先有关方面告诉我，公主接待外国来客一般是十五分钟。我到了十五分便告辞，公主挽留。过了三十分钟了，再告辞，公主说我们还没有谈文学呢。公主很喜欢写作，并著有童话作品与各地游记等。我们谈了将近五十分钟，我不好意思再打搅，告辞了。此后传出来诗琳通公主要翻译我的作品《蝴蝶》的消息。二十世纪九十年代，终于译好并以泰语在曼谷出版了。此后公主多次来华，我们都有机会见面。二〇〇一年，公主到北京大学留学一个月，其间还驾临寒舍对我进行家访。公主的好学不倦、友好质朴，都给人留下了深刻印象。至今，公主每年都与我互致贺卡，祝贺新年新春。

泰国的政治社会体系也引起了我的兴趣。我说它是两项基本原则。泰王至上，佛祖至上。国王与王室人员平素不介入政务，发生政变了陛下也只是承认事实。平日，王室做的是类似慈善事业，访问麻风病院与孤儿院，收受慈善捐赠。但一旦遇到国内各政治派别出现乱局、不可开交的时候，国王一语定乾坤，百分之百执行，街头抗议人士也是只要国王有话，回头就走，政府也是只要国王有话，立即释放因政治原因被羁押的人犯。

至于佛祖，当然与泰国是佛教国家有关。泰王至尊，但是泰王见了佛祖，要给佛祖行礼。就是说，泰国永远有一个精神领袖，不是为了进行政治斗争，而是为了安宁与寄托。

泰国的意识形态，调子不高，也有好处，大家都不用超高的标准互相要求，互相指责。

其后一九八七年四月，我应日本外交部与日中文化交流协会之邀首次正式访问了日本。本来是邀请芳与我同访的，此时芳尚未走出过国门，我很兴奋。后来办手续时有关部门未予批准。其实上一任文化部部长是曾带夫人应邀出访过日本的，此一时也，彼一时也，这也就随他去吧。

斯时日本外交大臣名仓成正，他是一个教授，只短期担任过外交部部长。他很友好，宴请我时即席为我表演魔术，如给绳子系扣、解扣，好像还挺专业，反正我是看得津津有味。我体会到表示友好与亲近的途径也是多种多样的。

那时的日中文化交流协会阵容强大。会长井上靖，坚毅持重；画家东山魁夷，正襟危坐；戏剧家千田是也，丰赡老到；音乐家团伊久磨，从容潇洒；作家水上勉，精明敏锐，与司马辽太郎等都是这个团体的活跃人物。后来司马访问李登辉，搅进“台独”，离去了，现在也不在了吧？其余各位也先后去世，令人伤感。

其中东山先生的风度非常“东方”或者可以说是非常“东山”吧，他慈眉顺眼，似笑还无，一副循规蹈矩、谦逊平和的既高雅又质朴的风度，令人难以忘怀。水上勉的特点是绝顶的聪明与个性化，闲谈中我不知怎么用了一个“狡兔三窟”的成语，日方诸友人拍案叫绝，说王某简直识人如神，因为水上勉的特点恰恰是“三窟迭斯”，他有许多住处，你不知道他下一刻会到哪里。而团先生相对要西洋一点了，例如，他受不了日本式的跪坐。

我也感慨，其实我曾与井上先生在西柏林谋面，我主动去与他打招呼，未获注意，也可能他不熟悉我的名字，后来当然不用说了。我想起了《史记》里《苏秦列传》里的一个说法：

> 此一人之身，富贵则亲戚畏惧之，贫贱则轻易之，况众人乎！

当然，这段话引得不伦不类，我不过是在文化部上了几个月的岗，如果想到“富贵”什么的，只能说明我的思想认识不纯洁、可恶，再说我也不存在被轻易或被畏惧的问题。而井上先生着眼于两国文化交流的大局，他不可能对任何找上门来的自称作家的陌生人厚待，也绝无“轻易”即简慢之心。我写了这些，不过是承认自己有过这样的一闪或不止一闪而过的俗念，实话实说，争取坦白从宽。

有一位很有身份的先生，赠给我们代表团一些礼金，我请日中文交协的朋友辞谢退回。居然有人认为可以收，说不定有中国客人收过这种礼金，我算是大吃一惊和脸现红晕了。

访问日本的感觉与其他地方不同，在一次大型招待会上，有一位年纪不轻的很文雅的女性，她含着泪用优美的北京话对我说：“战时我在华北……”一下子想起了我的童年，胡同时里住家的日军家属。日语童谣，玩猜“手心手背”时唱的歌曲什么“萨枯拉瓦阔阔阔尼尼那玛也尼尼尼”，胡同里的东口，低低的窗子里传出日本住户（估计是随军家属）的话匣子（收音机，那时收音机的普及程度还不如现今的MP3、MP4……）的放送声音（日语用放送二汉字代表我们说的播送）。老人为什么含泪？她在“二战”中受到了哪些伤害？或者有过什么痛心疾首？如今提起中国来她是什么滋味？呜呼。

一九八七年秋，意大利西西里岛的一个机构要给我颁发“蒙德罗文学奖”，我为此走了一趟意大利。那时与苏联关系尚有问题，去欧洲，先在阿联酋的沙加停一站，再继续飞，不经过苏联，要多飞好长时间。我们到了罗马已经很累，不行，继续向西西里岛的首府巴勒莫飞去。参加蒙德罗这一活动的还有老诗人冯至与较年轻的诗人舒婷、周涛、叶延滨等。

他们乘坐的是邀请方提供机票的飞机，中间还多了一站法兰克福，估计会更疲劳。到了那里是当地时间傍晚，是北京时间午夜近凌晨，我们要先参加晚宴。而意式晚餐进行得非常之长，每道菜之间有差不多四十分钟的间距，便于交谈。吃得中国来客个个疲惫不堪。尤其是冯老，干脆哀鸣起来了：“怎么还不完啊……”

按，拉丁民族的宴会都以时间长为特色、为礼遇与规格。有些中国同胞怀疑，他们起床皆晚，吃饭甚长，酒吧里一坐也是几个小时，他们究竟什么时候才工作呢？他们的效率何在呢？

还是舒婷鬼，她以照顾冯老身体为名，与东道主打了招呼，陪同冯老回旅馆房间休息了。走的时候向我坏笑，幸灾乐祸加得意已极。过了一会儿，似乎又有同胞走矣，剩下了我，为了中意文化交流，为了中意人民的友谊，为了大局，坚持在那里，直到吃完正餐，再吃完甜品与乳酪，再饮用了开胃烈酒，再喝完红茶与咖啡，回房间时我确实连抬腿都觉得沉重了。

第二天见到冯老，向他道辛苦，他说，他是读了我的小说《轮下》才决定来意大利与会的。《轮下》开篇，是说主人公一口气爬了九层楼，然后说了几次："我还行……"冯老告诉我："我还行。"一篇普通的小说能被冯老阅读和引用，我感激也惭愧。冯老在后来的集会上朗诵了自己年轻时写欧洲的诗，他的声音洪亮，精神饱满，全不是头一晚上哀鸣时的状态了。

主持蒙德罗（巴勒莫市的一个区）文学奖的是原该地大法官林蒂尼。由于我来领奖，意国文化部部长也专程前来接待。参加接待的还有意大利中央政府驻西西里岛代表。这倒也是一个办法，地方官选举产生，中央政府则委任代表驻地方监督。

发奖时我致了答词：

当人类变得愈来愈事务化;当贪欲得到技术的支持;当争斗发展了人类的智慧而智慧又发展了人类的争斗，使斗争达到毁灭自身的边缘;当生活变得愈来愈匆忙，匆忙得似乎忘记了生活;当浅薄、迎合、刺激、猎奇的油彩差不多淹没了艺术的真容;诗能帮助我们吗？诗能拯救现代人的灵魂吗？

诗，是太古老了。诗，冲撞着诗。甚至电脑也能写诗了。可怜的诗。

在我们与诗相互忘却以前，为什么不再看她一眼呢？

这次发奖会上的一个收获是与英国女作家多丽丝·莱辛的相识。她获得的是最佳外国文学奖，我获得的是特别奖。本来是给我外国文学奖的，因为我迟迟不能决定能否与会，乃先决定了给莱辛颁发此奖，再定了给我以特别奖。女作家曾在南非长期生活，写过许多同情当地黑人生活的作品，她的作品《金色笔记》后译成中文并在我国出版。她的写作风格明快流畅，故常被世界各国选了作英语教材。在学英语者中，多丽丝的名气很大。使我们接近的还在于一项共同爱好：游泳。我晚上爱困，但清晨起床较早，由于从旅馆一出门就是第勒尼安海，我起床后第一件事是下海游泳。可能是由于西西里岛的形势，意方为我安排了两个保镖，一男一女，精悍少言。人们对西西里与巴勒莫的印象不佳，是受了美国奥斯卡奖影片《教父》的影响，其实那里还是平静的，说是除非你与黑手党有利益瓜葛，即使有黑手党也并不会找一般人的麻烦，甚至黑手党还能“保一方平安”。

第勒尼安海与欧洲其他海岸一样，是白色的珊瑚海滩。游起水来，可以看到海底的沙石，其清澈可想而知。只是游得稍远一点，海底就是黑乎乎的一片杂草了，令人恐怖。回国后我写过关于在那里游泳的诗：

在西西里亚的太阳下，
我命定的追求和诱惑。

我说的是海，是自由，是理想，是文学梦与人生梦。

不然，还有什么呢？

我一次又一次地抵达，
……忧伤而又骄傲……
洁净可人的浪花可是归宿？
……还要不要回来呢？

是的，海上游泳的最大诱惑与恐惧，最大的浪漫与诗情，最大的黑洞与幻梦就是一去千里，一去无回，永远成为海涛中的一朵浪花，一丝泡沫。

我还写了巴勒莫：“山与山之间是海/海与海之间/是山/山与海之间/是巴勒莫蒙德罗/诗与诗之间……/是失却的失误/是永远的遥远/是不可能的痛哭无声……”

是酸吗？是得了便宜卖乖？某种获得一定同时是某种失落。某种失落肯定是某种获得，这不是哲学，也不是禅，是老王的心曲。当然与今日比，那时更酸一些。那是一九八七年，王蒙时任文化部部长。

此前王蒙还写过《春天》：“鸟儿归来/巢呢巢呢巢呢/……骗人/你还要为每一棵树的不再发芽/接受审判/虽然那是冬天的事/因为你是春天/你是一切的春天……”

舒婷告诉我，她读了这首诗，受到感动。她这样说过一次，哪怕说完了以后忘掉了，只记得她如何挖苦我、打击我了，我也满意。

在蒙德罗，每天清晨我去下海游泳的时刻都会看到秀丽精悍、风度高雅的多丽丝·莱辛去旅馆的游泳池。我们互道早安，交流清晨游泳的感觉，彼此觉得亲近。

一九八八年我访问英国时与她再次见面，并邀请她与另一以关心与介入现实而著名的英国女作家玛格丽特·德拉伯尔访华。一九九三年，她们二位访华时我已自文化部下岗，但她们二人到寒舍来访叙旧。而此后一九九六年，我再次访英时，也与她们二位见了面。德拉伯尔主持我的讲演，称赞我的“伟大的幽默”，又与莱辛共同出席了英中文化中心为我举行的晚宴。

一九八八年一月我作为嘉宾出席了在伦敦举行的世界出版工作者大会。作为嘉宾出席的还有埃及总统夫人，诺贝尔文学奖得主、尼日利亚的索英卡和印度的外交部部长辛格。会后对英国进行了正式访问。在剧场观看歌剧时，我在贵宾室与英首相撒切尔夫人会见。她穿一身天蓝色呢料服装，很夺目。她一见我就讲了好几位中国领导人的名字，说是她与他们相熟，既表达了友好，也显示了身份层次。她果然极其有派。

此后不久我在北京接待了来自大洋洲的一位文化国土部部长，我说到才从英国回来，他立即猛烈抨击起撒切尔夫人来。他本人是工党，是反对保守党的，而他的所属国家也属于英联邦，故不把自己当外人。我不好答话，便说到撒切尔夫人的着装极佳。大洋洲的客人乃说：“你能肯定她的也只不过是着装一点。”我不能不佩服我的这位同事的说话技巧。

在英国我们参观了丘吉尔爵士的故居，领教了他的巨大影响。然后到莎士比亚故乡看了皇家莎剧团演出的《麦克白》。英式发音的魅力确实令人倾倒。参观莎氏故居的时候听到非常感人的地板吱吱声，从中似乎靠近了莎士比亚的时代，叫作发思古之幽情的。莎士比亚故居其实很简朴。出版大会举行正式宴会时，英方主人向地板砸着麦克风以唤起注意，然后带着全体宾客起立，山呼："为女皇陛下（干杯）！"也很有特色。

我们还参观了伊顿公学，那里是专门培养政客——议员和行政官僚的学校，那里的学生，年纪轻轻就穿上了燕尾服，精通各种社交礼仪，说话也极有腔调。去伊顿公学时经过一个展览馆，其中有一个据说是现代艺术馆，内有一荧光屏，上面唯一画面是撒切尔夫人的讲话，从早到晚没完没了地播，不知何意。

我也与当时的反对党工党影子内阁的文化大臣费舍尔见面，我与他谈到了少年时代阅读费边社会主义者的著作时的感受。世上诸事，似有定数。十二三岁时读费边，从此再无瓜葛。四十余年后，却在英国看到了费边的后续代表人物。

时驻英大使为冀朝铸先生。他为我的到来举行招待会。英前首相希思应邀前来。他迟到半小时左右。说是他根据来访者的身份决定自己是否准时乃至提前一点到达，如要迟到，则视身份确定迟到幅度。这种官场习气，殊为有趣。

此招待会上致辞我用英语。与我同行的助手兼翻译是黄友义先生，现为外文出版局副局长。他推辞了要他担任局长的建议，这样的人，已属极珍稀品种了。他特别能够掌握我的英语程度，在我能胜任时不发一言，一遇困难他立即接上，接一个词就行的地方不说第二个词，他与我的默契出神入化。他更是我的英语辅导老师。此后某种特殊情况下有人找他调查我的访英言论，他断然说明，王某访英的言论绝无疑点。

与英国艺术大臣卢斯会见时我讲了几句英语，卢斯自言自语说："他们没有说王蒙能讲英语啊。"好有趣。卢文质彬彬，颀长风雅。据说他在香港问题上的言论，曾被我批评。

最有风度的是不列颠理事会（BritishCouncil）的负责人奥尔爵士，他的微笑与亲切令人难忘，我算是知道啥叫绅士了。

此前不久，我在北京见过他，他陪希思爵士访华，希思是应邓朴方同志之邀指挥交响乐队义演，为中国残疾人联合会募捐。北京之后在上海也有一次义演，上海的义演中不但是希思的指挥，也有时任上海市市长的江泽民同志上台指挥演奏的管弦乐。

在伦敦，有几名长期与中国打交道的英国官员请我吃午餐，那天阳光灿烂，照得满桌生辉，我们就餐的地方更像一个阳光室。其中有担任过驻英首任与继任大使的人，还有原香港总督等。我们说起意大利名导演贝纳尔多·贝托鲁奇拍摄的《末代皇帝》，我说，个人被历史所裹挟，个人的弱点恶性地发作起来，这是人类的悲剧呀。一位资深官员立即举杯向我致敬，说是为了我的悲天悯人的这一句话。

按，一九八六年出访阿尔及利亚后在罗马暂停与一九八七年我到意大利领奖时，都逢贝纳尔多·贝托鲁奇在罗马。头一年，正在拍摄《末代皇帝》，我与女演员陈冲与贝导演都通了电话。是陈村建议我打这个电话的，说最好与他“say”一下“hello”，我乃学会了使用这个词。贝是意共党员，他拍此片，意国总统与意共总书记都给中国领导人胡耀邦写了信，请求关照。次年，他刚刚完成制作，为我的到达退换了前往伦敦的机票。他请我看了片子的试映，英籍制片人（投资人）特意从中国餐馆买了茅台酒来碰杯祝贺。后来因为文化部为贝导演提供的条件过优，如在故宫也拍了一些镜头，是不符合文物保护原则的，文化部还在次年的“两会”期间受到人大代表的质询。

美国的一位外交官夫人，一直畅想在紫禁城上演一次歌剧《图兰朵》，她认为把中国的古典与意大利的东方情调歌剧结合，效果一定惊人。她的想法当时未能成真，但后来终于由张艺谋导演，意歌剧团演出，这样一个创意还真在北京原太庙、现劳动人民文化宫得以实现了。

不用说，这十几年也走过了国内许多省区与城市乡村。一九八三年我到了延安。一九八四年我到了湖南湘潭的韶山冲。说来可叹，“文革”中大搞个人迷信那些年我没有可能去看看这些“圣地”，二十世纪八十年代才补上了这些空白。延安的窑洞，韶山的风景，令人难忘。

我也有许多次应《花城》杂志之约去深圳、珠海，光是各种大宾馆也参观过不少。现在说来可笑，但当时，这样的大宾馆也是稀罕。奇怪的是，每次到广州，就感觉气氛不同，似乎一下子放开了许多。

在西安，在太原，在石家庄，在长沙，在厦门与福州，在桂林与南宁，在长春与哈尔滨，在银川与呼和浩特……我结识了多少同行文友。他们中的一些人已经仙去，逝者如斯夫，不舍昼夜。

35. 世界真奇妙

一九八七年十一月我访问了罗马尼亚、波兰与匈牙利。齐奥塞斯库时期的罗马尼亚仍然动人。时值初冬，从机场到宾馆，看到公共汽车站上候车的穿着老式大衣的欧洲人和绝不“现代化”的老式的非高层房屋，你更容易想起你相对熟悉一点的巴尔扎克的《人间喜剧》和塞万提斯、狄更斯、雨果与莫泊桑的小说里的世界。从审美的观点上看，发展有时候不如停滞，现代化不如前现代化。老的欧洲永远比现代的欧洲更好。审美常常向后看，所以作家的眼光是有特点也是会与例如领导人的观点相龃龉的。

而布加勒斯特的湖泊与树木极其感人。虽然是城市、是首都，然而你没有离开自然。清晨散步，我动心于深秋黄叶大树，动心于清凉的湖泊，寄情于栖息着、飞翔着的成群的鸟儿。散步在街巷的石路上，时而看到美丽的猫儿与狗子，看到稀薄的炊烟、古旧的门牌与缓缓启闭的门户。东欧由于发展得慢反而更亲切和迷人了，当然这只是游客的心理反应。

其时布加勒斯特常常停电。看电视，一般为黑白片，“领袖”齐奥塞斯库与埃列娜·齐奥塞斯库一出现，立即改成了彩色片。这种做法显得相当儿童化。使我想起老子的名言：专气致柔，能如婴儿乎（不必考虑老子原意）？我想起我在美国建议为齐与夫人干杯的故事来了，希腊裔的我的英语教师尤安娜拒绝为埃列娜干杯。不知这是酒桌无政治还是酒桌太过政治的一例。我其实很在意，当时我国与罗马尼亚的关系极好，我也不应放过加强中罗友谊的机缘。齐氏的统治使罗人民儿童化了。

罗马尼亚的文委主任是一位高能物理学女教授，她此时还在大学里带着研究生，这无论如何令我佩服。究竟是由有文化的人还是不怎么有文化的人管文化好？是文化多一点容易管好文化还是文化少一点有利于管好文化？是不是文化多了的人本身反而不好管了？这样的貌似可笑的问题并非不需要动一回脑筋。除非你的文化高到了脱离生活与常识的境界，或者你的懂事与务实达到了回避文化的地步。我得到机会与罗国作协副主席乔治·巴拉依查、我的老朋友见面。我说到巴在美国帮助我避免了一次火灾的事，女主任说，威瓦（犹俄语之乌拉）乔治，女主任还说应授予乔治以名誉消防队员的称号。我去了乔治的家，见到了他的貌美而且显得那样文静柔顺的妻子。

波兰的文化部部长出自一个“民主党派”，个子不高，小眼睛，貌甚静笃，侃侃而谈，批判资本主义的文化失落了人文理想，只剩下了物质消费与通俗的消费性文化。一些我方外交官说，有时民主党派的朋友，比共产党干部还要坚守革命立场，想来可以理解。同样地对于资本主义缺少人文理想的指责，此后听匈牙利的文化部部长、摩洛哥的文化部部长……都讲过，知道人文理想、人文精神等是东欧也许还有别处的意识形态方面的一个坚强堡垒，也确实是发达资本主义的一个软腹部。资本主义当然不是“历史的终结”，资本主义与人文精神之间有许多悖论。对资本主义过去批判，今天与今后都应该批判。但是苏联东欧的实践并没有解决这个问题，不能认为苏联东欧经济虽然搞得不好但是人文精神搞得成功。经济越发达，人文精神不足、不理想的问题就越加凸显，但这不等于说经济搞不好了才证明自己的人文精神有成。资本主义人文精神没有搞好反映了资本主义的问题。苏联东欧的人文精神与经济发展其实也都令人失望，则同样值得总结另一类经验教训。我联想到晚清时分中国的国粹主义者的最后一道防线，叫作西方有物质文明，华夏才有精神文明，味道与逻辑也差不多。就是说物质上当你相对滞后，难以与对手叫阵的时候呢，你抓住了精神呀人文呀这些相对抽象一些的也是很难缠的东西，以便有个说法，图个吉利。例如中国，批评人文精神的缺少是可以的，说成失落则有点语病，好像原来计划经济、经济不发达的时候才有人文精神似的。访问东欧等地时，与东欧文化官员关于人文理想的讨论，影响了我此后在讨论人文精神问题时的观点。

我还要说一句，强者是不怕自我批判、自己找缺陷的，弱者如果是批判强者的弱点，或者是循着强者的思路找自己的弱点，则还应该多加分析筛选一番。我想起后来在一次会议上听到的国家图书馆馆长任继愈先生的精辟的说法：比如踢球，你确实进了球了，有一定得分了，讲讲精神方面的问题、发扬发扬风格是完全应该与有说服力的，如果你场场进球是零，你再吹你的精神好也有些滑稽与可怜。

在波兰的雷泽衣斯基教堂，我欣赏了它的午间音乐，管风琴四面响起，令人肃穆幽然：

左面响了，右面响了
上面响了，下面响了
沉闷的响了，雄壮的响了
温暖的响了，忧郁的响了
……管风琴显灵了，心显灵了
……然后
一切归于沉寂

我不知道应该怎样描述我的心情，对于神性的感动，对于感动的犹豫，从而迅速归于失落，归于寂灭的虚空，沉寂中仍然保持着的对于黄钟大吕的记忆与向往。

在波兰参观了名为旺楚克的地方的一个马车博物馆，豪华的马车比当今林肯、雪佛兰、奔驰、宝马气派多了，深叹观止。尤其令我感慨的是马车主人在战争中仓皇逃走的故事。富贵荣华于一时，展览叹息于永远，命运有时比古迹更动人。固一世之雄也，固不可一世也，而今安在哉？

而华沙的王宫也启发了我此后对于故宫的管理与发展方向的思路。华沙王宫被德国法西斯惨重破坏，炸毁、焚烧成为废墟，战后波兰人民把它建设得比原来还辉煌。重建后这里是一个很庄严的地方。参观的人神态凝重，举止小心，入门要换鞋。而想一下此时的我国故宫，更像一个休闲公园，可以在宫中吃喝玩乐，谈情说爱，好好的御花园，被游客踩实了地，许多高龄珍贵植物因之死亡。回国后我提出了压缩故宫服务业与提高故宫门票定价问题，目的在于限制参观人数，改变故宫的公园性质，但未获物价管理部门核准。现在当然是加了许多价了，但各休闲公园也都跟随着涨钱，仍然没有体现出故宫的特殊性来。

有一个细节不知道是否反映了波兰的“向西”心理，从地理上说，它是属于东欧，但是在时间标准上，它与巴黎看齐。这样，初冬季节，我到达旺楚克后午餐时喝了一点伏特加酒，睡着了，下午三点多起来，天色已经完全转黑，深夜一般，令人难过而且惋惜——时间与季节，青春与年华，过得都太快了。

匈牙利的布达佩斯早已闻名。多瑙河分开了布达与佩斯，可惜连接两城的桥梁上空气污染得厉害。该国的苏式建筑与苏联红军塑像显得过大从而有一点膨胀。该国的文化部部长是一位教授，举止潇洒，口若悬河，天马行空，旁征博引。谈到西方现代哲学，谈到古希腊与巴比伦，谈到东方，谈到马克思主义与该国的马克思主义文艺学者、一九五六年匈牙利事件中几乎被枪毙的卢卡契……都是天花乱坠，滔滔不绝。他最喜欢谈的是法兰西，他的法语也极好。我方工作人员反映，幸亏是王某成为他老的谈话对手，否则简直无法应对他的忽悠。他忽悠，我抡侃，内容多是汲取西方左翼思潮对于资本主义的批判论点，大批资本主义的人文构建、人文精神，为人类的社会主义实践、实验加油打气。最后我邀请他次年到中国访问时用法语讲一次学，被他愉快地接受。

我应约与匈牙利作协与笔会座谈过一次。我说到中国作家与中国社会的一些情况，例如啤酒价格涨了多少倍，匈方同行们颇为共鸣，一面听一面用英语大喊："兄弟国家嘛！"

我还见到了若干年前翻译出版了我的短篇小说集《说客盈门》的富态的鲍洛尼先生，他在匈牙利党校工作。二十一世纪，我有幸又在北京见到了他，他瘦多了，说是由于糖尿病。他在"苏东波"后提前退休，他介绍说，他们那里，过去积极跑莫斯科的人现在正积极地跑布鲁塞尔（欧盟与大西洋总部所在地），过去反苏的激进主义者现在忙于反欧盟。他强调：匈牙利是小国呀！其中酸甜苦辣，谁人解得？

一九八八年三月我访问了摩洛哥、土耳其、保加利亚。摩洛哥的文化部部长也是一位健谈的学问家。顺便说一下，各国文化部部长大多是该国的大知识分子。文化部、文化部部长毕竟是一个国家的文化门面，我的一个极端的说法是，即使取消文化部建制，也应该任命一个有文化符号意义的文化部部长。摩部长在官邸深夜设宴，我到达的当天，夜九时了还在站着喝冰水，十一时半了刚刚上凉盘，使重视睡眠的我惊喜惶惧，骑虎难下。他这是法国派头。他的官邸极佳，如一园林，比我辈的什么"高干楼”好老鼻子啦。他给我讲成立石油输出国组织的意义，它改变了世界格局。他将他的有关著作送给了我。他批评有的伊斯兰国家未足够重视保护自己的语言与文化传统。他也讲西方资本主义社会的人文精神的失落，远比我国的知识分子二十世纪九十年代初期的大讲特讲更早。他给我讲政治笑话：苏联与美国元首在华盛顿从一个能预告未来的电脑中测算本国五十年后的命运，美国总统一看脸色变了，因为测算结果是美国五十年后将生活在共产主义制度中。苏联元首一看，更是魂飞天外，因为电脑测算的结果是，届时苏联通用的语言是中文。

在摩洛哥我观看了阿拉伯文的书法展，世界上只有中文与阿文有书法艺术一说。阿文写出来，有的像绳索，有的像龙蛇，有的像哈密瓜纹路，有一种特殊的图案美，也使人联想起伊斯兰宗教的肃穆与虔敬。这儿令人感到了一种形而上的神性。面对如此多的阿拉伯文书法作品，你不能不叹服于它的似有的超自然的力量。

此后多年，即二〇〇六年，我又在伊朗看到了伊朗所用的大体也是阿拉伯文的波斯文书法，伊朗这里更多了些浪漫、飘逸与狂放，更像中国的草书，像敦煌的飞天彩绘了。

从摩洛哥首都拉巴特到相当欧洲化外观的大城市卡萨布兰卡很近便，我去了一趟，想起电影《北非谍影》（原名《卡萨布兰卡》），像是走进了电影故事，走进了第二次世界大战。与我们熟悉的平型关战役啊，斯大林格勒血战啊，略异其趣了。路经中国援建的体育场。我至今记得我们用午餐的宾馆大堂的堆积如山的鲜花。

在土耳其，从机场到宾馆的路上，土方东道主问起我中国的改革与经济建设情况，我说经济发展迅速，但有通货膨胀的问题。便问我去年中国的通货膨胀率，我回答后，他紧握我的手表示祝贺，因为土国的通胀率要高得多。

在我驻土使馆同志帮助下，欢迎晚宴上我致答词，用土耳其语讲了最后的祝酒词，盖有维吾尔基础也。土耳其文化与旅游部部长甚感激动，并称，等他访问中国时，他一定用中文讲一段话。这也算我的一个小乐子，我的一点小小的自我表现，用新疆汉人的话来说，叫作要了点花式子。

伊斯坦布尔位于欧亚分界上，一城两洲，叹为观止。一座跨洲大桥，是欧洲技术修建的。我在时，另一座大桥也在修建，引进的是日本技术。周末，在古堡里表演称之为宫廷舞蹈的肚皮舞，令人觉得有趣。

伊斯坦布尔有一座巨大的圣索菲亚教堂，同名教堂在乌克兰的基辅也有一座，说是索菲亚的意思是智慧。

在保加利亚，我受到了当时保国最高领导人日夫科夫的接见。他谈了一些希望迅速结束阿富汗战争的话题，我全部通过大使馆报送中央。他还谈到保加利亚对于该国作家的优厚对待。一个是作协与安全部门争夺黑海沿岸的一个疗养所，他批给了作协。一个是有一位作家对他有批评，他干脆请他来与他共同生活工作一个时期，结果，作家的认识有了极大转变。幸福还是麻烦？不知道此位保国作家此后怎样考虑和说起这件事。

在保国首都索菲亚，我住的是日本连锁的新大谷饭店，与在东京住的饭店是一家。

在索菲亚，我见到了原在美国见过的担任过保教育部部长的丽丽安娜女士，头回生，二回熟，已找得到老友的感觉了。她很擅长投资与交际。保国改制后，据说她经营一家出版社，靠出售一批黄色书籍为生。

在保国，我首次乘坐了苏联出产的海鸥牌豪华车，略等于我们的老式“红旗”牌。

其实保加利亚也在搞改革开放，到了二十世纪，所有的社会主义国家差不多都改革上了，中国起了带头作用。

不同的是，苏联东欧，一改革，垮了。中国，越改越牢固。

一九八九年三月，我首访大洋洲，先到澳大利亚参加了文学节，并在此活动中再次见到英国女作家玛格丽特·德拉伯尔。在悉尼参观蚌形大剧院时，黑灯瞎火，我一脚走空，几乎落入乐池，幸亏反应及时，左手紧急抓住了侧幕处的一根铁杆，七十公斤的体重，拉得我左手虎口撕裂，但侥幸保全了人身，太险了。

在大剧院只听了一次一位希腊青年钢琴家的独奏音乐会。在小剧场，看了一个话剧《与女王在一起》，描写一位澳大利亚人，有事想去找英国女王帮助，乃远走重洋，飞往伦敦，逗留了若干天，根本无缘见到英国王室人员，徒劳无功而返。不知道是否有所讽刺。在澳大利亚，保留不保留英联邦国家的地位，一直争议不断，如保留，则必须承认澳大利亚的元首亦是英女王。小话剧，有一些模拟手法，如站在舞台上用手比画，做飞机起飞前空中小姐们的那些职业手势，说明飞机的安全设备及使用方法，由于不用布景和道具，只用四肢，便把观众带进了空中旅行，观众大笑，其实这是中国戏曲的表演方法。

从澳大利亚又到了新西兰。在昆士顿，我们曾乘摩托艇行驶于急流中，很是刺激。在那里还看了剪羊毛的表演，使我想念新疆。

新西兰的国土文化部部长友好随和，带我到他们的议会午餐，与该国的女总理以及各部部长见了面。在大洋洲，我向各界介绍了中国的文化生活与文化政策。

这位部长还问我上次访华时会见他的谷牧副总理改任政协副主席，是升了还是降了，我解释后他说中国真好，他们那里是今天落选，明天就卷铺盖。“太残酷了。”他说。

有趣的是在新西兰，忙里偷闲，我看了奥斯卡获奖影片《雨人》与用英语演出的话剧——契诃夫的《樱桃园》。在奥克兰我见到了汉学家闵福德，他把他翻译的《红楼梦》英语版赠送给了我。在访问一个土著毛利人聚居区时，没想到中国诗人顾城等也穿着当地人服装在那里迎接，他还戴着一个回族式的小白帽。由于机场工作上的误会，我们没有搭上预订的航班，新方主人临时要了一架小型飞机搭我们过去，我坐在副驾驶座位上，也算一个新的经验。

与顾城等的见面给我一种感觉，有些个诗人对于国内的环境不满意，这本来不足为奇，但是跑到新西兰来生活又谈何容易，戴着白帽子的他给我一种异样的感觉。如果他在国内自处异类，那么在新西兰，他岂不更加另类了？他最后的不幸结局，应与他的一次次的失望与挫折有关。我想起了鲁迅的话，大意是：比如演员，上了装你演戏，卸了装，你要从戏里走出来，走到日常生活里，如果你回到家见到老婆、孩子，仍然是大花脸，仍然是关云长或者李逵，谁受得了？诗人是受人尊敬的，诗人也可以有点特立独行，但是如果诗得脱离生活、脱离地球，诗得成了与这个世界的格格不入的异类，其结果是够呛的。

最后一次以部长身份出访是一九八九年五月去法国、埃及与约旦。

此时法国的文化部部长是有名的雅克·朗，他以自由派政治家而著称。他为我设的午宴请来了一九八五年诺贝尔文学奖得主、蔫蔫的克劳德·西蒙，据说他创造了极古怪的文体，他曾在苏联、中东、印度等地旅行，后来一面种植葡萄，一面批判一切令人腐化的潮流，一面写作，后面这个三位一体倒是符合张炜的文学理想与小说故事。我们在纽约已经见过一次，他的谦逊与相貌使我时时想起巴金。

参加午宴的还有皮尔·卡丹，一位热心于与中国做生意的企业家。玛休儿，是曾在中国访问演出的歌唱家，她会用中文唱《好一朵茉莉花》，在北京我们共在马克西姆餐厅用餐，她一再要我随她唱“茉莉花”。有一位汉学家被临时雇用做法方的翻译，他只能翻话却不能吃，饭没有他的份，他只能吃随身携带的两块巧克力糖缓饥。他一面翻译一面悄悄地用中文发牢骚：“什么人权，连饭都没有……”

在法国我参加了米开朗琪罗的一批素描的首次陈列仪式，又去戛纳参加了电影节开幕式。我住在尼斯，那里的海面干净极了。海水与天空，都像蓝宝石一样。那里也靠近摩纳哥，一个位于法国内的小国，据说全国只有两三个警察。

在那里我会见了荷兰导演、中国人民的老朋友伊文斯，并向他赠了礼金。

在法方外交部的招待会上我看到了旅法的中国作家高行健与李翰华，他们二人都曾在作协外联部供职，二人都通法语。高后来获得了诺贝尔奖，李则因他的小说《红高粱》（不是莫言的小说）获得了龚古尔奖。有一阵，似乎小李还与刘晓庆要好。

访法中途，我到意大利的都灵参加了当地书市，我的《活动变人形》意文版（康薇玛译）在那里首发。那儿的旅馆在山脚下，花木丛中。住了一个晚上，我把西装丢到了那里，但最后还是找回来了。

在埃及，卡纳克神殿令人震撼，狮身人面像令人眩晕，众木乃伊令人惊叹。埃及的文化部部长年轻热情，一见到我先到下榻的希尔顿旅馆查房间，然后立即做主临时调换更加豪华的大三套，其中一间房四面墙都摆满了鲜花。后来我的一首诗是这样开头的：左面是海右面是海/左面是鱼右面是鱼/前面是玻璃……这其实是说的我在开罗居住的酒店的类似一个封闭的阳台的观景印象，许多人以为是说坐在汽车上呢。

古迹胜地卢克索太炎热了，我吃冷东西过多，急性腹泻。搞得参加设于开罗会议（“二战”中的苏美英三国首脑会议）旧址的宴会时滴水未进，狼狈得很。人应该照顾好自己，照顾好自己才是对工作、对国家、对同事、对友人负责。

在约旦，首相侯赛因国王的弟弟与我们见面。我与当地作家会面，并获得证书，约旦作协吸收我为他们的名誉会员。我被邀访问著名的“一线天”佩特拉。我们走过“赛格”小道，它长约千米，最窄处只有三米，想不到的是走进去以后会发现一座规模巨大的玫瑰色宫殿。这个世界是太奇妙了。

我也曾在约旦的死海游泳，浮力太大，反而无法游了，躺下以后想站起来，也更加麻烦。

我们还在约、以边境观看了侯塞因桥，一座桥，那一边是以色列军守卫，这边则是约旦。当时气氛还好，只是汽车尾气太呛。

归途经过泰国。与泰国同事会面。泰国的部长说：“多待几天吧，让我们一起打麻将牌，等中国的形势好一点再回去……”当然这是玩笑，世间诸事，有的是那样痛切、紧迫、严重，而换一个视角，又似乎不是不可以宽松一下的。当然，我不会迟归一天，我在这个时候已经完全没有开玩笑的兴致了，我心情十分沉重，我一心祝祷刚刚过了几天好一点日子的中国不要出大乱子。

当然，世界并不完全在国门之外，我深刻体会的不过是走出国门，有利于认识世界。而世界也正在向中国走来，好的与坏的、强梁的与友善的、有益、有用与有害的或一时无法用终于还是有用的。

除了前面提到的一些文化大师以外，我在北京还接待过二十世纪五十年代红极一时、与智利的聂鲁达齐名的巴西诗人亚马多，日本原共产党员作家野间宏，美国新闻总署署长（名字是不是叫沃克？），苏联文化部部长查哈洛夫以及圣马力诺、毛里求斯、贝宁、朝鲜、巴基斯坦……一系列国家的文化代表团，美国、苏联、马来西亚、德国的作家访问团（我觉得作家团用代表团的称呼不一定准确），还有伊朗的妇女代表团。圣马力诺的女性，长得与文艺复兴时期的油画上的形象特别接近。伊朗妇女的兴趣在于中华人民共和国成立以后是怎么样消除列强对中国的文化侵略的。贝宁代表团坐了几个小时的飞机，一下机就开始了访问活动，我非常佩服他们的吃苦耐劳精神。中午宴请他们时由于时间晚了一些，四川饭店大部分员工已经下班，我们在一个雅间里用餐，忽然传来争吵与盘子砸掉的声音。我向客人道歉，客人说，没有关系，这儿好像有一种家庭的气氛。我憋了坏话在肚子里，我想说的是，这个家庭可能正在闹离婚。

苏联戈尔巴乔夫时期的这位文化部部长，显得很诚朴。他引用他们的领导的话说，苏联面临的任务是多一点民主，多一点社会主义。他说过一个笑话，说是斯大林时期曾经物色过一位演员当文化部部长，当领导找他谈话时，问他："你做得了文化部部长吗？"他回答说："没问题。我连彼得大帝都演过啦！"

这时的苏联新任大使名瓦西里耶夫斯基，他在美国上过中学，与他的前任谢尔巴科夫比较，他就算潇洒得多也友好多了，形势正在向中苏关系正常化发展，大家都已经感觉到了。

查哈洛夫访问了深圳，他在那里买了一根伸缩式钓竿，非常高兴。后来他给我的印象一直是一个快乐的钓鱼人。

此时正处于戈尔巴乔夫的禁酒时期，我招待来自苏联的客人时，常常在他们回国前夕看到他们一面痛饮一面叹息："明天就喝不上了。"查哈洛夫有没有过这种叹息，已经记不清楚了。

苏联作家访问团的团长是俄罗斯作协的主席、苏联国歌的词作者米哈尔衣洛夫，他很健谈。他讲了一个故事，一只猫追捕一只老鼠，老鼠躲进洞里。猫急得嗷嗷地叫，老鼠越发不敢出洞，于是猫儿改学狗叫，老鼠乃大胆走出（莫非苏联也有狗拿耗子，多管闲事的谚语？）。猫儿叹道："这就是学习外语的好处了……"我趸了就卖，到处讲这个故事，人人为之捧腹。米团长还有一个语不惊人死不休的话，他说，带着一帮子作家出访，还不如带一个动物园出来呢。米团长对中国的某方面的医学也表现了兴趣。我仿佛觉得，他身上很有俄罗斯气质：粗犷、直言、幽默、大大咧咧。

同团的有叶夫图申科。他在赫鲁晓夫时代出过一回风头，反斯大林呀，新潮呀什么的。他喜欢扬着大头深思，皱着眉忧国忧民，悲情地与义愤地抨击时弊，他的长相、面容、表情、举止与自我认定的角色都与我国某作家相似，可称一绝。

苏联解体后，叶诗人题签赠我一部他的诗集的中文版，由中译者带给了我。他的序言说，他的国家好比陷入泥沼的一部汽车，他与许多人都致力于推动这部车，使车离开泥沼，以便他们乘坐前行赶路。然后某一天，突然汽车开动，一声怪吼，汽车溅了他与众人一身泥污，然后，车子已经不知去向了。

他的这个体会有点味道。

美国就是美国。新闻总署署长前来，不待中方邀请，自己说来就来了，大使馆接待就行。美方使馆要求我方派警车开道，我方未同意。因为规定是只有国家元首、政府总理、外交部部长、国防部部长才派警车。我部当然按原则办事。

但到了我在人民大会堂请他赴宴那天，他是有警车服务的，原因是他们以商业方式解决了这个问题。他想怎么干就怎么干。他有众多美籍华人工作人员与中方雇员为之找路子，他们了解中国运转的路径，自行其是，确有几分“牛”市气概。

当然那天我们谈得不错，署长表示，他对改革开放以来的中国的发展与新一代官员的面貌留下了深刻印象。

对于朝鲜客人，我很注意帮助他们解决某些购物上的需要。朝鲜作家团给我讲了该国领导人对于文艺的指示。我乃知道，朝鲜著名的三大歌剧：《卖花姑娘》《血海》《一个普通士兵的故事》都是金日成创作的。他们的领导指示，歌剧的曲调要能上口，好歌唱。领导人还指出，文学创作要选好种子（可能是指素材或原型）。这些，我都记下来了。

美国人就是什么都关心，什么都发言。我收到过一封美国游客的来信，批评十三陵的神道（两边石雕，通往陵墓）的混乱与不郑重，车辆任意在神道上行走，摊贩在神道上招揽生意，果皮、果屑在神道上乱撒、乱抛等。我将信转给了北京市政府，果然，此后进行了修缮与整顿，大大加强了管理，现在，完全不同了。这里也有一个敬畏感的问题，对于先人、逝者，保持一点敬意，不是不必要的。

还有一个美国人寄来一本旧的《圣经》，说是他看到一张照片，是中国青年男女在公园休息长椅上，举止颇不检点，他深恐中国青年人在物质生活迅速发展提高的时刻，丧失了精神信仰与道德约束（也可以算是担忧中国人的人文精神），乃寄《圣经》来，希望中国的文化部部长尽到为下一代树立正气的责任。他的意思也是非常好的。我们有许多人，从好莱坞的影片中得来印象，以为美国人都是花天酒地、荒淫无度者，这确实是一个误会。美国有清教徒的传统。当然，作为多元社会，它也有种种我们所无法容忍的放肆。我在美国旅行时，经常看到一些著名的大学，方圆几十英里，连一个超市都没有，更没有酒吧、舞厅、三级片的放映。而越是家庭状况好的，越是要把孩子送有利于修身养性的地方读书，不希望孩子学坏，其防范心理与中国家长并无不同。

36. 虫影

其实担任部长期间我也写过一些小说，个中有许多酸甜苦辣。

一个是《球星奇遇记》，我自称是通俗小说，因为我写了一个类似单口相声里的“黄蛤蟆”的处处歪打正着的走运故事。一个叫恩特的人，被误认为是球星，又因为运气奇佳在球场上居然创造了奇迹——从底线一脚把球踢到对方的大门里，又用屁股顶出了对方的攻球，成了某国的足球霸主。此时真正的有希望的青年足球天才勃尔德出现了。恩特在曾是风尘女性的妻子酒糖蜜怂恿之下，对勃尔德下了毒手，终于良心发现，向着圣母像做忏悔。在这篇貌似荒唐的小说里，我在恩特身上与勃尔德身上都寄托了自己的感受。第一，我像恩特一样地赶鸭子上架，成了头头了。第二，我像勃尔德一样，成了被一位兄长、一位同行切齿嫉恨的对象了。

但其中最为小说的因素还是女主人公酒糖蜜，她的走红歌曲是《你可曾知道》，唱道：

> 你可曾知道，你可曾知道，
> 黑风怎样吹灭了火烛光照？
> 兀鹰怎样扑向快乐的羊羔？
> ……玫瑰色的梦幻破成碎片，
> ……你怀着爱心来反遭暗算……
> 我怎样变得恶语如刀……

她是哲学家，是军师，是热情之花、交际之花也是迷恋于纵横捭阖的“阴阳家”（新解）。在堂堂正正的大纛下，她是不但参加运筹帷幄而且参加冲锋陷阵的资深美女，深谙混合双打之道并起着主导作用，确实有她的魅力也有她的刺激。

《球星奇遇记》中我有一个发现或发明，当然带点调侃，我说：一个人由外行经过苦学变成内行，这很可贵，但是，如果此时你能从内行再变成外行，就更是百倍的可贵了。作为内行，你却能外行一般地只讲套话、原则话、隔靴搔痒的话、大帽子压人的话、人云亦云的话，呜呼，真正的金不换也。这话说得有点刻薄，但是有一点点预见性。二十世纪八十年代还是强调干部四化——革命化、年轻化、知识化与专业化的，现在，至少在文艺工作上，不那么强调专业化了吧？这里也是有经验教训的，起码有一条，许多人会同意下述见解：两个内行的相处与合作远远要比一个内行加一个外行或干脆两个外行，困难得多。你可以较容易地要求一个或几个外行服从大局，听命于尊上，一、二、一，齐步走，立正，稍息，向左转……而所谓内行一旦上了那个见树木不见森林的专业劲儿，士可杀不可辱的劲儿，同行是冤家的劲儿，我乃一代宗师、在本业务领域中舍我其谁的劲儿，谁也没治。

例如您，您喜欢说文艺只有一个中心，我却认为，文艺本身难于树立或者形成什么中心，能说法捷耶夫或者日丹诺夫是苏联文学的中心吗？能说周扬或者茅盾、巴金……是新中国文学的中心吗？也许你可以说党在文艺界的工作，党对于文艺人的工作是有一个主要部门、主要单位或主要负责人的，但是你可不可以不那么在乎某某人就是中心呢？您记不记得，包括林默涵、孙犁都说过文人“宜散不宜聚”呀。

我同意胡乔木二十世纪八十年代末期对我与吴祖强说过的话，必须废除文坛领袖制度。

您喜欢骂与您不一致的人是反动派，您的逻辑与把人划分成人与妖有什么不同？

您整了多少某某的材料，而且在“其人其事”的名义下引爆，你太辛苦了，代价与成就太不相称了。

还有你呢，我的令人哭笑不得的朋友！老兄！你自以为是救世主，你自以为是人民的领袖，你的自负与自信也感动过人。这一点你曾经与不止一个外国人谈过，你公然声称你不拒绝做“中国人民的领袖”。闹得连一个普通的也是神经正常的外国人都觉得你的大脑、你的自我感觉出了问题。你甚至于批评中国作家有了创作自由却不会用，竟然去写大海写爱情，却没有去写人民的疾苦。一个排斥大海与爱情的文学理论文学观念该有多么恐怖，它距离丰富的精神生活、民主的艺术氛围、自由的创造想象有多么远！这种文学的“思大情结”，你与计永佑、唐因他们又有什么不同？

而后来，当有人向你谈到国内经济发展的情况的时候，你大叫：“这怎么可能！”你没有能力也没有勇气面对真实了。

还有你这个侃爷，一会儿提倡现代派，一会儿批判现代性；一会儿要，一会儿不要纯文学，你的每一次发言的开头都振聋发聩，耳目一新，听上三分钟后开始找不到思路，找不到线头儿了，再听两分钟，已经渐入五里雾中，再往下，就纯粹是信口开河，驴唇不对马嘴了。你连一本书也没有出过，而也成了事，成了作家、思想家、批评家、带头人。我们的国家真是充满着机会!

而你堂堂一个作家只知道伸手要官。你等待着接收基金。你借小说大出私愤。你奴颜婢膝。你一张口就是攻击同行，你一面讲着高雅诗意与极其抽象的言语，一面注意的全是蝇头小利……

……本来文人不怕个性，艺术不怕夸张，构思不怕夸张，虚拟不怕迹近乖戾刺激，想象不怕荒唐，风格追求不怕略显极端……本来文学与生活的距离的默契能够保护文学也保护实务，不会相互取代，不会错位而互害。但是我们这里，一切都是怎么了？

嘀嘀咕咕，嘀嘀咕咕，各种亦文亦官非文非官的流言蜚语是多么烦人！为此我写了小说《虫影》，写一个工程师忠强家里时而出现一个红色的棒棒式的虫影，向他传播关于他的头发的流言蜚语。他的头发比与他同年龄的人的头发长得好，因此被怀疑是造了假。关键是，出现了他可能接局长的班的传言，一有此传言，他的头发就成了众矢之的。而他本来是一心做好本职工作研制机床的，却也终于被拨弄得起了火，劳神费力地去医院检验头发。而即使获得了权威医师的证明，仍然无法取信于人，更无法说服对立面去承认他的头发的真实性。“我不信”三个字足以把一切事实抹杀。他的好友以向他报告对于他的流言蜚语作为友谊的表示。他的妻子以提醒他注意流言蜚语作为对于他的关爱的体现。不用说，他的对立面以传播与制造对于他的流言蜚语作为对他的打击。总之，是友是敌，是亲是仇，都强调着流言蜚语的存在。而他奋力以搏的目标就是证明流言蜚语的不存在。不存在，你还搏什么？这不是更加证明你也承认流言蜚语的存在了吗？

最后，他尤其痛苦的是由于受到莫须有的攻击，他不甘心变成流言蜚语的手下败将，变成流言蜚语的牺牲品，自己也被动地产生了对于当局长的兴趣了——为了证明流言蜚语的不存在呀。如果他当真被任命成局长了，不就是证明头发的问题，脑袋的问题，帽子与上衣与裤腿与鞋，直到脚鸡眼的问题即所有的问题都不存在吗？如果一个不想当局长的人最后逼得很想当局长了，那么从逻辑上推演，一个头发从来没有造假的人变成造了假，又有什么不可能呢？最后，他自己的肚子里也都是似有似无的虫子与虫影了。

> 五天以后，早晨醒来，在一个充满希望的时刻，在他系鞋带的时候，一个似曾相识的精灵向他吹了一口冷气。
>
> ……精灵吃吃地笑。一股冷气顺着衣缝领缝钻了进去，围着肚脐眼转了一圈……肚子剧烈疼痛起来。“嗯，嗯！”他叫着，“你们这些朦朦胧胧的玩意儿快走开！你们不知道吗？我有了医院体检报告……”
>
> 吃吃地笑，辘辘地响，声音从肚子里发出来。
>
> “你的头发，你的头发！你偷了头发，染了头发，做了头发的手脚！医院证明只能证明你暂时没有患发炎发癌发血栓发结石，却不能证明你未偷未染未做手脚！再说，你相信中×友好医院是你的事，我们为什么要相信呢……我们照样攻你的头发，非攻倒不可……你的二十根头发早已调到病痛坏死发学会常任理事会综合研究室去啦……”
>
> 肚子里的逻辑推理无懈可击，义正词严，气贯长虹！这就是他的肚子，他噢了一声，虚脱过去了。

我以为这篇东西写得不错，全部真情实感，用一种特别的方式表现刻画出来。但是没有任何人注意过它。

类似的还有《要字8679号》，写一个案子，上级派了工作组去查，通篇都是调查记录，不知道叫不叫新新闻主义，随便拉拉近乎吧，也像是走向世界或者世界已经走近了我们。

没有什么人故意说假话，但是每个人说的都不同，让你无法下结论，而被冤屈的人也完全无从为自己分辩。有一位正在为自家先生的官运而不平的女士读了感到共鸣，就是说世间没有弄得清的是非吧。

著名评论家南帆为此作写过一篇评论，大意是，事实是无法摆到公众面前的，摆出来的和看得到的只有文本，文本最后会取代事实，而文本与文本又是这样的不同。这是历史的悲哀，也是社会的悲哀，还是事实与真理的悲哀。

一九八七年我写过《选择的历程》，写一个人牙痛，自己有些讳疾忌医，尤其是怕痛怕拔牙。他挂了好几次号，请教过不止一个专业的与业余的医生，听到了互相对立的许多对于牙疾的观点理论意见，最后仍然没有治成牙更没有治愈牙齿。基此拍过一个电视短片，但是没有播放。

……会长滔滔不绝，古今中外牙疼诸例、诸论、诸派，他无不知晓，从拿破仑的上右五齿讲到希特勒的情妇爱娃的假牙拍卖行情，从东汉女尸的门齿讲到佛牙的导电性能与种种灵验，然后讲对待牙疾的保守疗派与激进疗派两大派数千年论战公案，就在他讲到最精彩之处，我突然大喝一声："痛杀我也！"昏了过去。

史会长歉歉然，谦谦然。他声明他是痛牙学会会长，而不是牙科门诊部值班医生。他解释学会是一个学术团体，而县以下的牙医都是由手工业管理科管理和由农贸市场管理处发执照。他善意友爱地批评说我的牙疼得太具体，是一个形而下等而下的问题，他可以借给我一批《牙疼大全》《痛牙指南》《护牙刍议》之类的书参阅。

……拿走两本。读之愕然如堕五十里雾中。痛感牙也有涯知也无涯，拔时有牙拔后无牙，思之既无牙又无涯，无比悲观地摩登起来。

我的大舅子近日才从外国进修研究归来。他痛斥我的愚昧无知与史会长的清谈误牙……他一针见血地指出"痛牙学"是伪科学……我下定决心再去拔牙……我的同事关切地告诉我拔牙一定要找男医生而不要找女医生……同事们亲友们向我提出了关于治牙的种种经验、教训、忠告、窍门、守则。"君子赠人以言，小人赠人以财"……君子之牙，痛矣哉，何况挂不上号！

……说是号儿都从后门走了，群情昂然，牙疼不已……回家与妻一说，妻道：咱们也有后门儿……我便提了两瓶茅台（是否冒牌，责不在我）去找我妻子的远亲，在卫生部门工作的刘处长。刘处长说，第一，他分管中医院而不认识西医……第二，他反对去看西医……一些欧美的名医对中国留学生说过：真正的未来医学出于中华，盛于中华，尔等为何舍近求远到西洋来学医呢？是欧美诸士子到中华神州去求教才是！其实类似的意思毕加索当年就对张大千说过，世界上只有中国有艺术（按，此事见于汪曾祺一文王对此说存疑）……我大喜若无痛牙……始知有科学而无哲学，有科学哲学而无关系学，是一颗牙齿也救不得的。

这篇作品的思想来自我的感慨，这里有国情。为了选择何种路径，我们争了个不亦乐乎，永远在议论，永远在斗争，永远确定不了方向，却缺少治疗或者用鲁迅的话叫作“疗救”的实践。也许好几种方法都能对牙疾有所裨益，不过当人们为不同方法的选择而争斗得筋疲力尽之际，谁还记得病人的痛牙呢？

类似的主题我在微型小说系列《欲读斋志异》的《孝子》中也写过，一位老人的数位儿子都是孝子，老人微恙，孝子们各有各的对策医案，互相争得打破了头，都坚持只有用自己的方法才是尽孝，而与之不同的方法，也即是自己的兄弟们的不同方案，完全是忤逆弑父。愈争，愈要强调一己的方案的特色，因此各种方案都走向片面和离奇……骇得老父出逃，隐姓埋名，只求眼前无人尽孝才能侥幸安度晚年。

我早就提出，理解比爱更高，因为人们会在爱的名义下排除异己，褊狭溺纵，一己所欲，强加于人，以爱的名义行占有垄断之实，等等。

所以后来我特别赞叹一个词，就是“不争论”。

《欲读斋志异》是应当时编口袋小说的大冯（骥才）写的。最后，他的此刊不办了，我的小说还没有登完，他笑说，我的“总供给”超过了“总需求”。我用荒诞手法写了些讽刺小说。

一九八六年我写过《来劲》。一次我听到一个来自上海的同人，说起当时的特点是“红灯绿灯一起亮”。改革初期，一件事可能是不允许做的同时又是许多人做成功了的。这个说法极其有趣而且形象。这使我突发奇想：写一个什么都不确定、什么都是、什么都不是的小说，反映或者说描写一下这样一种亦此亦彼、非此非彼的红灯绿灯一起亮的人生体验。

> 您可以将我们的小说的主人公叫作向明，或者项铭、响鸣、香茗、乡名、湘冥、祥命或者向明向铭向鸣向茗向名向冥向命……以此类推。三天以前，也就是五天以前一年以前两个月以后，他也就是她它得了颈椎病也就是脊椎病、龋齿病、拉痢疾、白癜风、乳腺癌也就是身体健康益寿延年什么病也没有……

单是这样的小说开头确实够骇人听闻的了。我的一个好友，我很尊重的一位有思想、有见解、见过世面、懂得洋务的年轻同志读了，发出忠言道："你是该下来了。"他是在我下岗后读到这篇小说的。他可能以为，我当部长当得，或热心改革开放热得，或在文坛内部斗争得有点发高烧了。

一位我不算不熟悉的地方宣教部门领导读后气得头晕，他立志一定要批这篇小说。果然，等我一下文化部的岗，他主管的报纸便发出了批评此作的文章，美中不足的是，批评者竟然弄错了标题，误写成《评〈来劲儿〉》，看来评者更多的是听领导讲了此作，却没有怎么拿来看过，只听口语，肯定是会把"劲"字儿化的，也算一乐儿。

《来劲》全篇约两千字，各种争鸣文字多达二十余万字，辽宁的富有幽默感的评论家刘齐（他的名作《回国须知》颇为人知）曾经告诉我他计划编一本题为《来劲不来劲》的评论集，后来他出国留学去了，也因其他变故未做。

与《来劲》同类型的还有《铃的闪》与《致爱丽丝》等。

> 然而信号灯绿光一闪一闪……也许它来自一个沉默多年的老人，由于他的慧眼，在我的拙劣的诗里发现了吸引他与我对话的东西。也许它传达的是一种邀请，邀请我到那青青的草地去……也许是一个抗议，因为庸俗，因为渺小，因为怯懦，名实分离。也许只是一个灵魂的寂寞的呼声，是一声没有回应的呼唤。你哭了？也许是预言，是咒

语，是人心的情报，是芝麻开门的秘诀，是醍醐灌顶的洗礼。也许它来自外星，来自地狱，来自谪仙和楚国的三闾大夫。然而，它更可能只是大漠只是雪岭只是冰河只是一片空旷寂寥遥远的安慰的深情。是我的诗我的生活里太缺少的悠久。它有许多话要告诉我。它要告诉我真正的诗。还有友谊。

这一段出自《铃的闪》。下面的则出自《致爱丽丝》：

半夜里我叫醒了全家，我说你们看天上出的绿色的太阳是不是我们家的电子石英挂钟得了诺贝尔奖。妻子说我捣乱说没有太阳说让我煎两个气球吃了止泻补气。儿子推开我继续睡他说他明年如果去不了外国就和那个拉胡琴的大姐结婚。父亲说天有九日后来都长大了翅膀硬了远走高飞一去不复返。女儿说她要买卖丰田汽车她要上函授夜大电视大学算学历拿文凭交上千块钱的学费全部由机关报销。妻子说你如果不吃苹果苹果就会烂得更多而且说不定又涨价。

我扛着铁锹在公共汽车站旁种树。我幻想在树上结出蘑菇云以前也许直升机能降落下来。挖坑挖出了一个会说话会写小说会阿谀奉承的蛤蟆。蛤蟆不但会蛙鸣而且会犬吠会马嘶会牛吼会鸡啼一共会四五种外语不知道是从哪里留学归来的。我问蛤蟆为什么不戴蛤蟆镜它说怕脱离群众影响不好。我恍然大悟我的提级升迁出名中彩为什么都没有了希望。汽车来了却没有轮子，乘客们纷纷掏兜给它一些乒乓球卫生球黑枣小铃铛大烧饼当车轮。司机不开车售票员不售票大家便民主推选我去推车。我推车推得太快被国家体委选去做长中短跑教练。我干了一个月嫌领导不给我发西服台灯沙发灭蚊器美术日记羊皮夹克便退职写小说并到火坑参加笔会住宾馆。宾馆经理悄悄与我谈情。请我吸罐装液化石油气。问我愿不愿意担任美容粥公司的名誉董事长。说是美容粥已经在大西洋跨国公司登记了专利权并受到免征所得税十五天的特殊照顾。说是美容粥内含维生素UVWXYZ和有机物无机盐两千四百三十七种。经过国家检验颁发了优质奖杯服用后单眼皮变成双眼皮双眼皮变成四层眼皮而且大腿延长四厘米……

像是热昏梦呓？它反映了二十世纪八十年代的兴奋与躁动，一切可能性突然释放，一切戒律突然解除，一切洋货洋曲洋词突然潮涌，一切匪夷所思突然变成了不妨试试……于是你产生了新奇感、重叠感、幻化感、旋转感与狂热感。于是它们的出现不属偶然，它们也不仅仅是短路错位的狂想与被文学创新这条疯狗逼出来的语言错乱的产物。人们还说到过大街上卖报的小孩大喊，快来买呀，国民党的报呀。其实只是民革中央的机关报《团结报》。说是有人说“乘着共产党没有明白过来赶紧赚俩钱儿吧”，他们断定，共产党早晚会清算钱多的人的。

至于《铃的闪》中，更有五彩缤纷、光怪陆离之中对于真情、对于诗，或者说得时髦一点，是对于人文的呼唤。

这就是中国的二十世纪八十年代。现在回忆八十年代也时髦了。我为八十年代留下了一些奇作异篇，我没有完全辜负它。

在任期间我还写过一个中篇《一嚏千娇》，描写一个精致的、温文尔雅的精神施暴者，夹叙夹议，受了米兰·昆德拉的影响。而其中的关于视角的议论来自我的生活感受，我与互相不同不通的两种或几种人都太相熟了，太亲热了：农民和城里人，少数民族与汉族，作家与官员，首都人与边疆人，强势人与弱势人，上层与极下层，欧美人与国人，他们的相互观照与互相评价我都不陌生，我相信那是很有趣的。那个时候我已经感到了作家的优势，能说能写，一己的爱憎哪怕是被窝里的一点事也通过你的生花妙笔十倍百倍地扩展、发散与升华，成名与获奖。而被写的人呢，如果他们也能写，如果他们掌握了话语权，他们会怎么样地去写作家们呢？

……换一个视角是对智力与胸怀、对自己的道德力量与意志力量的大考验……换一个视角会不会引动古往今来建起的文学大厦颓然崩塌？契诃夫写了那么多庸人……爱吃生蚝和醋栗。如果生蚝与醋栗的嗜好者也有一支得心应手的笔……把契诃夫写成一个软弱的、缺乏男子气的……肠胃功能衰退（所以对别人吃……反感）的……人呢？刘宾雁把王守信写成了半人半妖的怪物、蠢物。如果王守信也拿起一支生花妙笔或如椽巨笔呢？也许这正是笔者王蒙往往做不到板起像煞有介事的面孔……批判他的反面人物的主要原因？多么没有出息、多么不够伟大……而被你讽刺的人物将会怎样讽刺你，这又将是一个多么引人入胜的问题！

其实我早在一九八八年已经提出了王守信的问题。

得罪了，朋友们！然而这毕竟是小说，不是论文，小说毕竟为精神与语言的游戏赢得了多一点空间。

底下，我的小说恶狠狠地说：

> 总有一天，那些被自作多情而又自以为是的作家（包括笔者）们不公正地描写过的人会联合起来，他们将撕下作家的假面，割断作家的毒舌，把作家们肚子里的那点狗杂碎全抖搂出来！

回忆往事，一面当着部长一面抓紧一切机会写写小说，这很难说是一个成功的经验，却更像是一种矫情，一种任性胡为，一种过分的个性张扬，一种无奈。如果我说我确实也还是尽心尽力地而且是中规中矩地上了班、开了会、传达了文件、执行了部署、化解了矛盾、做了部长的工作，我不知道能不能被承认。我甚至还认为，保持我的一个文艺从业者的形象、身份、地位、自我感觉，有利于做好桥梁，做好纽带，做好一个健康的与理性的因素。此一年我收到一张新年贺卡，上书祝你身体健康，使中国文艺中国知识界再健康二十年。我不排除致贺人的奉承因素，但我喜欢这个话是真情。

还有一个具体做法与特质。我写作进入情况较快，一九七九年以来，我一直处于待写状态，临战（写）状态，欲写不休的状态，欲喷发而不得不增压压紧的状态。比如出差去某省某市，飞机坐了一两个小时，下了飞机拉到宾馆，离晚餐还有一两个钟头。我可以泡上一碗热茶先关上门写小说。我说过，我好像有两个脑袋，一个脑袋工作、开会、会见、谈话，一个脑袋写作。我也说过我的写作是全天候抗干扰的写作。我的一些亲人读到我的双头论说是他们感到难受。另外在新疆，双头论是一个很难听、很危险的说法，是指那些里通外国分子的。当然这与我的写作话题无关。

同时我也原则上同意胡风的到处有生活的主张。到处有生活，当然。不等于说所有的生活都有同样价值，也不等于说不需要特别地、有目的地到什么地方走走、看看、挂挂职、蹲蹲点，补充新的生活经验与生活知识。虽然，后者的做法理论上的正确性无法代替实践上的并不怎么成功的事实记录。做到后面一点的，最最好的，无人能超过的是柳青老师。而柳青的最大成就仍然是《创业史》，他写得很苦，很主题先行，是硬按着文件找生活，造生活，硬把生活细节生活故事拉、扯、转到文件的高度。它的细节催人泪下，它给人的总体感是，作者在那儿咬牙切齿、勉力支撑，拼了老命，绝无行云流水，绝无神来之笔，绝无汪洋恣肆，绝无妙想奇思。

部长的生活当然也是生活，重要的与难得的生活经验。部长工作给了我最可贵的生活资源、文学资源。政治生活中我看到过急躁，看到过失误，看到过纵横捭阖，看到过高高在上与颐指气使与各种不正之风。但是我看到的更多的是救国救民的理想，是改变面貌的热情，是不惜一切的爱国心、社会主义心，是毕竟扭到一起来了的效率与组织性，是当机立断，敢于对历史、对人民、对人类负责的大气。我们不能要求每一个作家关心大事，关心祖国、人类、未来，有的作家热衷于写点趣味、写点当年我阔多了的吃喝玩乐声色犬马，写点荤段子、写点损话、写点猎奇、发点牢骚、变相骂骂大街，正常，或者基本上正常。但是关心了政治，关心了哲学，关心了路线与国际形势至少不算是一个写作人的缺点。李商隐其实是一个很感性很精致乃至有点颓废的人，毕竟他还有那么多咏史诗、政治诗，否则也还不就是李商隐。

从二十世纪五十年代我阅读党内机密文件时我就常想，为什么不把这些文件全部或稍后全部公开？从这些机密中恰恰看到党的关注、党的襟怀、党的认识过程与辛苦探索。把官场想象成漆黑一团，与想象成神祇一群一样，都并非事实。

但是你没有办法。权力的透明与运转规则，权力的监督与交接，权力的制约与问责，这些还有待于完善。自以为无权的人对于权力当然有难免的恶感。不同制度、不同意识形态、不同价值理念的政客们在使出吃奶的力气把对方妖魔化的同时，把整个权力系统包括他自身也妖魔化了。

真相，关键是更多的渠道提供真相，减少先入为主与坐井观天，减少把大千世界看得那么扁、那么窄、那么黑、那么鸡零狗碎，减少以小人之心度君子之腹，减少出卖自己的怀才不遇、怀忠不遇、怀春不遇、怀色不遇的情意结，减少误解与敌意。

而小说，好的小说也是可以提供一种健康的方式的，包括思维方式与生活方式、表达方式与排解方式等。它否定了独断论、唯意志论、简单化与唯一化。

写小说的最大乐趣之一是，尽情书写，抡圆了写，立体地而不是平面地写。小说从东向西射击完了再从西向东扫射，丢完原子弹再抡大刀片。大鲍翅与红烧肉与臊子面与老虎霉素全部上席。掰开了再粘起来。辗成片再揉成球涂上不干胶。横看成岭侧成峰。F调C调降D大调与G小调，加上非调性，然后提琴与三弦，破锣与管风琴一起奏。预备，起！思想之活、运用之妙、学问之博、情感之深、求索之全方位，全看你怎样解释。

不仅是写小说。我也写诗、写散文、写评论。写诗多少有点小资，有点白领，有点人面桃花，青青河畔草，钢琴独吟，提琴自响。人越活越粗放、越辛辣的时候写几首诗细一下、酸一下、甘甜一下，有必要。写评论有点引导，有点桥梁，有点寓庄于谐，有点“得大自在”的自信、狂傲，还有仍然没有忘记的自控与精细。这一段，我以山石的笔名写的评论文章《文学：失去轰动效应之后》与《自由与失重》，都是先发在《文艺报》上再被《人民日报》转载的。顺便说一下，我用“效应”一词，来自芳的一个短篇小说，她是教物理的，爱用这种物理学名词。但此后，“轰动效应”已经成了形，广为流传使用。这是我们夫妇对文艺名词的一个贡献。请好事者查一查，此前，哪有什么“轰动效应”这样的词组？

至于笔名用山石，是我的两个儿子的名字的组合，一位国外的“中国问题专家”则研究山石此名与梁效、初澜等“文革”中写作班子化名的关系，也殊令人没有脾气。

至于小说，基本上是无产阶级的玩意儿，失去的是锁链，得到的是全世界。

但是人们习惯于先看结论，先看答数，先看收尾。如果结论、答数、收尾与自己期待的不同，宁可放弃对于过程、对于数据、对于事实的考察与研讨。我们习惯是，我们有时的思维方式是，只要结论可心，过程错了也不要紧。只要答数对，运算一塌糊涂也不在意。只要结尾光明，其他都好办。

作家同行们，读者知己们，我是爱你们的，你们的智商……长太息以掩涕兮，哀作家之多……多什么呢？哀读者之少……少什么呢？

37. 十八岁出门远行

老觉得自己有一个使命，充当中央与作家同行们之间的桥梁，充当文艺探索的保护者，谁让我有这样的叫作“说得上话”的条件？

一天下班回到家，很疲劳，晚饭尚未做好，我随手拿起一本新到的《百花洲》杂志，看到一篇比较短的小说：《四个四十岁的女人》，作者胡辛，用《一千零一夜》的方法结构，四个女人掷硬币决定顺序，先后叙述自己的命运。贫贱女流百事哀，何况又赶上了政治运动啦，灾害饥荒啦，天南海北啦，但她们又都没有失却爱心，失却善良，失却向往，失却生命的力量。我说的是向往，没有用理想这个词，理想用在这里可能显得太理念化、标准化乃至规范化，从小不就进行远大理想的教育吗？

我很感动。我向《小说选刊》推荐了这篇小说，它获得了当年度的短篇小说奖，然后作者的工作岗位也有变动，我不能说我的偶然发现与推荐改变了作者的命运，我只愿说毕竟推动了作者此后写出了更多的作品，例如《蔷薇雨》就写得不错，仍然饱含着对同时代姊妹的命运的关爱与叹息。

在一九八七年年初，芳推荐我读了《北京文学》上刊登的余华的小说《十八岁出门远行》，这是他迄今为止写得最好的短篇小说之一。情节有点忽悠，新一代年轻人的心理状态写得极妙，满不在乎，饶有兴味，视险如夷，前途无限……而且，他这篇东西的题目起得太好了，用“十八岁出门远行”来表述一个年轻人的精神生长点，上哪里找这么好的言语（不叫语言）去！

我写了《青春的推敲》一文，重点赞扬了此作。

此前一九八三年我首次去贵州，住了一回花溪，读到了石定（本名石邦定）发表在《山花》上的小说《公路从山下走过》，为它的乡土气息与文字的含蓄精准而大为赞赏。我将它推荐给《小说选刊》，同样评上了当年的短篇小说奖。后来石定担任过遵义文联主席、副市长，第八、九届全国政协常委，民革贵州省副主委、遵义市主委等。

我也喜欢刘西鸿的《你不可改变我》与《黑森林》。那个年代的广东、深圳、珠海都给人以不同的感觉，不仅是经济，而且是气氛。以至于胡乔木同志向我提及，说是有一篇小说写改革的艰难，最后以改革者离开原工作生活地点迁往深圳终篇。乔木同志抱怨道："这不成了一九四九年以前的小说描写一个有为青年最后到了解放区吗？"

我笑了，我还想到，百老汇的音乐剧《屋顶上的拉提琴者》的光明的尾巴是主人公即将移民美利坚合众国。

笑归笑，有这么个气氛，幼稚也罢，幻念也罢。

回到一九八七年，同时我也为残雪的《天堂里的对话（续篇）》而感动，有一些凄美，有一些酸楚，有一些奇绝，也有一些呦呦鹿鸣，食野之苹的好意。我立即写了一篇评论。

> 每次你不由自主地吻了我的嘴唇，我就说："亲爱的。只要我说了这句话，我马上变得苍白而冰凉，然后左右环顾，躲开想象中的黄蜂。"（此段引自残雪小说）
>
> 完全是诗一样的句子。一种可以意会、不可以言传的对于爱情的苍白而冰凉的体验……
>
> 有绚丽和火热的地方就一定有苍白和冰凉……比如说林黛玉，如果她终于对贾宝玉说了"亲爱的"，她难道不会因苍白和冰凉而晕厥倒地吗？也可能是因为"想象中的黄蜂"，这一句在残雪的小说中已经够直露的了。也可能只是因为病态的、哈姆雷特式的怀疑。请看，作者又写道：
>
> "我的左腿患有萎缩症，你把我错认成某个黄昏蹲在河边扔石子的男人啦……因为你说不定会在一天早晨消失在人流中，成为无数陌生面孔中的一个；也说不定我不走开，只是我认出了你不是黄昏扔石子的那个人……"
>
> "黄昏扔石子的那个人"，可以把他理解为作者的一个回忆、一

个幻影、一个梦想，总之……正因为它是主观的，所以它常常使作者对客观的存在不放心。这种对于客观世界、对于所爱的对象的不能肯定、不能确认、没有把握的感觉，谁能说仅仅是一种病态吗？

有一年在南京的一个座谈会上我听到了一个可敬的好作家（《柳堡的故事》的作者）对于残雪的无法接受与颇多声讨。残雪的特殊风格使她难于被理解，同时我认为，如果我们的文学能够容括残雪，那至少说明我们在艺术上已经有了更好的雅量，我们的精神生活有了更广阔的空间。我在评论中不得不边评边讲解，充当一个绝不讨好的解说员的角色，因为人们之所以不接受残雪，首先是因为“看不懂”，人们已经习惯于只读自己懂的大路货了，而且，要想让人家读了就懂，首先得主题鲜明，教育意义突出，故事有头有尾，题材便于划分，在二十世纪八十年代想请读者接受一点艺术上心灵上的拓展，你不能不费点力气。

后来残雪告诉我，本来当时已有某级领导部署了对于残雪的批判，后来因为王某有文章，才保了她。

我一直以支持过她、保护过她的年长的朋友自居，直到二十世纪九十年代了她还诉苦她的作品常常发不出去。她面临一种困难，坚持独特写法，她会自我重复，改变怪异写法，她会失去自我。我乃帮助她与例如《花城》杂志建立联系。直到近年收到她的一封几近切割的信，此信表示，她感到我的近作读不下去，感到王某确实已经太老了。使一个有艺术特色的女作家感到了本人的衰老，我该怎么样自处呢？

你希望中国的文学园地接纳更多的异数与变数，然而有一种数更习惯于唯我一数，排斥其他的数，包括排斥你。你以为，你是文学之海的一个符号，你号召不择细流（地容纳一切），不论那细流如何遥远与各色，自珍与封闭。然后细流宣布决不容忍海洋。文学能不哏儿吗？其实早在一九八八年我喜欢的评论家吴亮已经著文宣布王某的“过时”了。我在当年的旧体诗《阳朔行》中，曾经流露了我对于为某些青年所厌的伤感心理：

烟雨

朦胧非做意，烟雨共春多。

须叹眸瞳浅，何伤峰嵯峨！

马象石

亦马亦如象，凭君视不同。
白石焉有诈，神异是天成！

大榕树

树大难为用，横生未可知。
何劳问轮理，留影便相思。

青蛙石

青蛙踞山脚，欲跳欲淹留。
留去难知命，客将教我否？

怪石

君作桂林游，君称漓水秀。
良朋集四海，谁解怪石愁？

到了二十世纪末与新世纪初，学者朱学勤教授又多次宣称王某之过时。我又

为诗道：

过时雁唳意陶然，心在白云苍狗间。
发未萧疏身已旧，文犹酣畅兴初阑。

再闻时过喜如狂，旧浪推前唱大江。
日月光华纠漫漫，易薪传火本寻常。

过时非过笑非时，谱罢新章谱旧词。
何当共饮趋时酒，却话悠然过气时。

我想起了有名的马克·吐温的笑话："没有比戒烟更容易的了。我已经戒过许多次香烟了。"同样可以造一个句子："没有比王蒙更过时的人了，从二十年前，每隔几年我们就宣布他过时一次……"

回想起来，二十世纪八十年代的桥梁感、使命感未尝不是另一种形式的"中心感"乃至于"领袖"感。这样的"感"确已过时了。虽然我至今仍然爱管闲事，例如新疆维吾尔族作家买买提明·乌守尔的小说《胡子的故事》也是我近年推荐给选刊的。桥梁，做得好了是左右逢源，弄得不好了，却是两面夹攻，自找霉头，猪八戒照镜子，里外不是人。

老子的知白守黑我很感兴趣。我想如果知黑守白也是可贵的，我却没有做到。我常常在一些谈话中指点激扬，对旁人的作品评头论足。文章是自己的好，绝大多数作家是不许旁人说自己的作品的不字的。我在与王干的谈话中说到此长彼短，乃犯了同行间的大忌，当我说到某人的作品重复某个情节——从河里捞出女孩儿来成了配偶——缺少创新之后，被说的同行大怒，一直讲："请问王蒙在党性问题上怎样创新？"河里捞美女婚配，这怎么成了党性问题呢？我想起了马林科夫的名言，典型问题是一个党性的问题。

张辛欣的《同一个地平线上》一出，显露了颇不俗的才华，但是有领导对她的作品不满意，视为现代派的标本，视为宣扬了什么极端个人主义。时值《中国青年》杂志讨论一个被捏出来的人物"潘晓"的人生观价值观上的困惑，被认为这两件事显示了思想战线上的问题。一位有一定影响的评论家正式著文批评了张作。一时像是出了什么事情。我一直欣赏张的才华，倾心助她。待气氛稍稍好转便专门去组她的稿，后来在《人民文学》杂志上刊出了她的大型散文《回娘家》。但此后一次文章中我说到作家的精神状态，我说巴金和张承志是我知道的两位最痛苦的作家，而张辛欣现在的写作是太快乐了。据说也引起张的极大反感，她见人就说王是一贯地迫害她，我只能苦笑。

我其实还是自视太高，我喜欢指手画脚。我相信真诚地批评讨论对于文学永远是必要的，即使为之付出代价，也是值得的。天日昭昭，我的指手画脚为的只是文学。是我错了吗？是我迫害了一个又一个作家——至少是得罪了一个又一个朋友了吗？

张辛欣曾经策划过一次少有的文学活动，在首都体育馆举行一大批活跃作家与观众见面，加上一些歌咏朗诵、歌舞表演等，张是在中央戏剧学院学导演的，她有这个策划力。相信也只有在中国才可能有这样的活动，其他国家你是组织不起一批作家来的。作家的特点、特长当然不在舞台，而是独坐书案之前。读者有兴趣读书，却未必有兴趣看舞台上笨手笨脚、歪瓜裂枣式的作家。李準有言：“作家别见面，见面熊一半。”有一位诗人，被一位倾心于他的女读者所迷恋，二人通信经年，定了结婚日期才见面，一见面，女读者差点晕了过去……这个故事有名有姓，有鼻子有眼。

而一九八七年年初的这次晚会，我也领了任务，就是在演出区的水银灯下高声念《青春万岁》的序诗。可惜的是，时值学潮未息而胡耀邦刚刚下台之日，人们很担心此次见面演出会出现人们不希望出现的情况，最后紧紧张张，采取了各种特殊措施，包括对观众也做了相机组织处理，总算平安无事地按期举行了活动。文艺文艺，本来多半是赏心悦目、歌舞升平、轻松愉快之事，却时而显现出危机四伏的紧张，这也算奇了。问题在于，当文艺真正恢复了赏心悦目的特色以后，又有多少人大呼失落、惊呼堕落、怒斥萎缩、哀鸣自己被边缘化啦……

也有些创造有些艺术超出了我的鉴别能力。一九八八年，在美术馆举办了一次人体绘画展，造成了少有的轰动。团区委的一个早先的同事（女）问我，都露着大屁股，有什么可美的呢？我不知道该怎么样回答。反正我出国时已经体会到，中国人穿衣服是为了遮蔽身体，而外国（欧美）人穿衣服是为了彰显身体的形状与线条。

后来又举行了一个据说是带点现代派味道的展览，开始，我始终未看，我甚至于想不看也好，免得一些人为了攻我而揪住这个展览不放。后来据说是展览十分乌烟瘴气，一些作者拼命地向外国人兜售自身。为了制造效果，还有当众的枪击事件，即在某一类似英国的公用电话亭似的“雕塑”前，作者突然拔枪射击。有洗脚表演（行为艺术？）有吹胀了的避孕套的迎风飘扬。留言簿上有观众愤怒地责备王蒙，为什么不出面取缔。还有人写匿名信，声称已在现场置放了定时炸弹。人们对自己不喜欢的艺术也能激怒到这种程度，这是发人深思的。北京市的有关领导同志给我打电话，建议提前关闭此展览。

我不希望这个展览的存废演变成为一个意识形态事件，更不要变成政治事件。我在澳大利亚访问时参观过悉尼的现代艺术馆，也与澳大利亚同行讨论过对于美术品的鉴定与价值判断问题，他们说，他们没有把握，可能是创新，也可能是垃圾，可能有天才，也可能有骗子。但是与其急迫地由官员下结论，不如姑妄观之，让时间、历史、人民与专家们以后再做结论。可失之于宽，该淘汰的早晚会淘汰，不要失之于严，扼杀了创新的萌芽。我觉得这种态度大体可取。但同时我在文化部的党组会议上提出，美术馆的任务是展示那些相对有共识的、达到一定水准的艺术作品，亦即相对比较有定论的作品。对于另类实验型新作，可以采取慎重态度，可以暂不进入此馆展览，但是也不要轻易批评它们腐朽或者反动，我们可以说它们脱离观众的欣赏习惯，乃至会引发某种不安，不妨到另外的影响小一些的地方展出，以观后效。

至于此次展览，由于收到了定时炸弹的信息，需要停展三天进行安全核查，再开馆，没有多少时间了，可仍在原定时间闭幕。我提出，避免出现意识形态事故，避免出现主管机构与艺术家更不要出现主管部门与观众的摩擦冲突，否则弄得沸沸扬扬，于人于己，害多利少。

许多年后，在美国，一个学汉学的研究生的硕士论文题目竟是此次先锋（？）画展。

我相信拓展艺术视野、拓宽精神空间的必要性。我也完全知道急功近利的一些泡沫必然出现，打着先锋的幌子，投合某种“国际市场”的胃口，为了卖美元或出国而艺术的人，并不比为了升官或卖人民币而艺术的人少。当然，中国外国，都有其实不懂艺术却要附庸风雅的起哄者、上当者，无疑义。

我只是在闭馆核查安全形势期间，一天晚上去看了看展品，我是吗也没看出来，不觉得有什么必要特别加以支持保护，也不觉得有什么必要动手动脚，六神无主。总体说来，我对这些作品评价不高。此后，即使仅仅按照我讲的精神，也再不会发生这样的尴尬事件了。

对于某些演出艺术我也提出了自己的看法。一个是曲艺。在四川成都看当地的曲艺表演时，我感到了现代剧院的灯光音响的舞台与曲艺的规模与特质并不协调。为歌剧、芭蕾舞而准备的舞台剧场，为乐队准备的音乐厅，用来给一两个人最多加三五个操琴者来表演曲艺节目，显得衣冠过大而身材太小。有些曲艺品种便拼命往大戏上靠，如北京的曲剧，运用曲艺的旋律表演某种类似民族歌剧的东西，固然也创造了新的歌剧品种，却失去了曲艺的特点，你总不能把相声改成喜剧，评书改成话剧，有唱腔的都改成歌剧；那样的话，曲艺就消失了。这使我想起内容、阵容、形式与场地的关系，是不能任意改变的。曲艺表演往往在茶馆酒肆，并非偶然，我提出曲艺要保持自己的特点，精悍、灵活、方便，以少胜多，一两个演员一（或二）身数任，兼具多种角色的表演、叙述、旁白乃至器乐功能。

以此类推，通过对于恭王府戏楼的维修与开放，我开始体会到戏曲表演与西洋歌剧表演的不同之点，京剧昆曲等类，重表演，（相对地）轻剧情之发展，人们一面吃茶用点心一面听戏，接不上茬也没关系，剧情早知道也没关系，剧情不甚合情理（如《武家坡》）也没有关系，剧情的价值观念有问题（如《杀嫂·祭兄》《大劈棺》）也关系不大，因为人们看的是“角儿”，是唱做念打与扮相。我提出戏曲表演场地不一定往西洋的大剧院上靠。中华人民共和国成立初期，我们把本民族的表演艺术的场地是嘲笑了一个够的，侯宝林就专门有一个相声段子，嘲笑旧式剧场的不合“国际标准”。

我很看重恭王府戏楼的恢复表演，我一次得到机会向外交部副部长刘述卿同志进言，可以在此处接待外宾，后来我当真陪新加坡李光耀总理在这里听了一次戏。

后来的长安戏院新址，也吸收了这样的思想，预备了一些八仙桌式的雅座，斟茶品点，多少恢复了一点过去听大戏的气氛。

这里我顺便谈一个心得，艺术、空间、时间、内容、环境、市场……之间是有着一个相互作用的规律的。不能随便换地方、换环境、换场子。曲艺、戏剧都是如此。餐馆也是如此，北京有许多老馆子、名餐厅，一换地方场子，完了。如同和居是在西四，名馆子，现在搬到月坛去了，没戏了。四川饭店，在西单绒线胡同，中式套院，多有特色，现在原址给了中国会，专供外国人使用了。而四川饭店迁到了后海，今非昔比了。至于名噪一时的江苏馆子康乐酒家，原在东单椿树胡同，奉行政命令迁到了安定门，现已倒闭。万物的形成都有规律，随便下令搬迁，不可取。

这一段时间对于“先锋”性的电影也争论极多，如认为某些电影是以中华的贫穷愚昧做卖点吸引老外观众的眼球。我也写过文章，对此做了尽量实事求是的分析，我的态度是鼓励创新，鼓励实验，具体分析，承认有得有失，有成有败，不笼统地赞扬或者否定，但也不轻易地把不足往政治动机上扯。

号称川剧“鬼才”的魏明伦兄的“新编荒诞剧《潘金莲》”，到北京来上演。有关司局已经为我定下调子，只看演出，不上台会见演员与演员合影，不讲话。其实此戏并无各色之处。想为潘金莲这个角色翻翻案，欧阳予倩早就做过了。加上“荒诞”二字有点吓人，也不过是让安娜·卡列尼娜等跑个过场，为潘金莲女士的事困惑一回、嗟叹一回。干脆说，没有任何麻烦可能因之而生。

但我仍要妥为应对，以免造成王某提倡荒诞戏的印象。我看完演出，没有表什么态，同时，在部会议室召集了座谈会，听取与发表对此戏的意见，使之走入正常范围。

还有些非艺术的事丰富了我的阅历。例如，我一直注意保持文艺界的敬老尊贤。我上任不久，接受音协一位老领导的建议，去看望老延安、老文艺工作者塞克，为他贺寿。他是冼星海的名曲《二月里来》的词作者，但一九四九年后新作不多，未免寂寞。我常常在歌本上看到他的名字，也觉得《二月里来》的歌词写得很好，但从不知道他的底细。我的贺寿使业已偏瘫失语的塞克同志十分激动，他含着泪紧握我的手。我也深感自己的责任重大，人家感谢的并不是我王某人前来，而是我所代表的国家部门。

但我也有糊涂与失策。一位老同志去世了，他的家属告诉我他生前的愿望，不搞遗体告别，不放哀乐（他最不喜欢哀乐与歌曲《让世界充满爱》），不通知外地亲友……我立即称赞此老的高风亮节，并说他是我们学习的榜样，并表示要召集追思会回顾他的光辉一生。如此这般，想不到的是我被投诉到另一个主管干部的部门，大意是，作为家属，他们可以这样传达老人家的遗言，作为文化部的领导，王某人岂可这样轻率地处理他老的丧事？也对，我需要的是既称颂他老的高尚，又实现老人的葬礼的哀荣……如何处理，也是经验。我们的党、我们的领导，不但管生，而且管“走”，真是太辛苦了。

回想丁玲同志去世，令人难过。她生前最不愿意的就是为抢救而割开喉咙，但是未能免此一苦。当然有关部门必须执行全力抢救的指示。家属要求为她的遗体覆盖党旗，说是请示了组织部门，以级别不够为由不予采纳。近几年我与几位老同志的遗体告过别，什么级别不级别，想盖党旗的都盖了。丁玲的经历，更应该盖党旗。我要斗胆地说，党有责任将自己的镰刀斧头红旗，盖在丁玲同志身上。

还有一件事做得不成功，并留下了后患。法国一些文化团体通过外文局邀请了十好几个中国当代作家访法。在法国，一个是某位先生有所表现。说是法国电台请了几位作家去访谈，节目主持人说，今天大家随意谈，有个话题，可以，没有固定的题目，也行，可长可短，不拘形式。那位先生一听，不知道怎么的，火了，他立马抗议，说是他做好了准备要谈一些重大的问题，怎么变成了拉呱闲扯？类似情况还出现过一次，详情可参阅《海南大参考》上刊登过的一篇用笔名发表的记叙文字。主编先生对那位先生也是早有所亲见，早有看法。

另外在一个讲演提问的场合，一位旅法华侨起立发言，批评某几个作家的讲话讲中国的负面的情况太多了。此事报到国内，想做一些内部报道。我很不愿意将此事闹大，国外发生的事情更难对证查清。我建议冷处理，先放一放。这里边确有对几位作家略施保护之意。后来这件事被搞得相当大，可能要证明我的包庇放纵造成了恶果吧。遇事先想保，我其实是满死心眼、满幼稚、满单线条的。被动挨打，活该！

我还有一种尴尬，就是当讨论基建问题时，我无话可说，常常是糊里糊涂拍板，我懂得太少了。我想起英国帕金森的《官场病》一书，他有一章谈到，越是数额大的预算越容易通过。比如，讨论政府部门工间饮茶休息时的饼干补助标准（英国人的习惯是饮茶时必用饼干），争论最热烈，费时最多，因为人人懂得饼干的质量与价格。而讨论空间计划时，天文数字的英镑，没有几个人对之有什么概念，也没有几个人懂得那些钱该怎么花，所以，反而会极快地通过。我曾经十分想调一个真正懂得财务、基建、物资、管理的人来做副部长。我曾经提名过作协的张锲，我看他居然从无到有地操办起了文学基金会。我也提名过天津的冯骥才，我看他同样有这方面的才能，在天津搞成点气候。这些，都未能落实。

而最最"桥梁"的是每年正月十五的联欢活动。一九八八年，我倡议在元宵节举行中央领导人与文艺家的联欢活动。我专门向领导做过一次汇报。我的提议被采纳了。我过问了从参加人员到领导讲话到文艺家各人自我介绍一直到文艺表演的各个程序。首次活动是在中南海举行的，气氛极好。尤其是那些演员、明星，会后纷纷与领导合影，有的人还拿着纪念封什么的请领导签名留念。缩小缩小领导与文艺从业人的距离，我想这是个好事。此事一直坚持下来了，并增加了科、教、理论、新闻出版等方面的知识分子，成为上层领导联系与亲和知识分子的一项活动。

桥梁是交通的管道，也是活动的一个界面。向前向后，桥梁提供了交流沟通互补互助的便利，同时提供了平稳过渡、安全过渡的保障。对于急躁与粗率的人，他们也可能感觉桥梁是一组绊脚的石头或木头或洋灰板，何况桥梁两边还有妨碍自由行动的护栏。咒骂桥梁、轻视桥梁、非摧毁桥梁不可的人可能人为地造成隔膜与分裂，也可能失足落水，落入僵硬误国、孤家寡人的浊流而灭顶，这是一种危险；落入大言欺世、一事无成的浊流而灭顶，这也是一种危险。

可哀的是已经有这样的事例摆在那里了。那些从不同的角度极端痛恨桥梁的人，究竟完成着与完成了一些什么业绩呢？

38. 北小街46号

回忆一下自己自幼住过的家，也是很有意思的。

头一个记住的是（北京后海）大翔凤，门牌号记不清了。那是先父最“阔”的时候。

后来搬到南魏儿胡同14号，有藤萝架的那个院子，它使我怀念初夏，喜欢藤萝花的蓝紫与清香。家里人则说那是难味儿，那里的日子最为艰难与混乱。

后来是报子胡同甲3号，有假山石和竹子。它使我怀念月夜。我想在那里学郑板桥画竹，未果。在那里，我们只住过一两个月。

后来是受壁胡同18号，小绒线胡同27号。

小绒线胡同是自己的房，分两个极小的小院，堪称“袖珍”或“残缺”型，前院只有南北房，后院则有南房北房与一间小于四平方米的东房，两院都没有西房。后院还有一株大槐树，一到春夏，到处都是“吊死鬼”——一种青虫吊在树上。时至今日，这两个小院仍大体保留。

童年与少年的我喜欢北京的西城区域，北海、什刹海、北京图书馆（现国家图书馆）、白塔寺、护国寺、平则门（阜成门）、西直门，特别是西直门外的动物园、颐和园、香山与西山八大处，都是仙境。

在新疆住过乌鲁木齐文化路五巷6号。东口对着所谓“大银行”，高高的石阶，严谨的门户，那还是盛世才当督办的时期修起来的。乌鲁木齐市第七中学。三间房子，都是土地。伊宁市解放路二巷6号、伊宁市新华东路一巷5号、乌鲁木齐团结路十四中学等。我常常想起在新疆坐着俄式四轮马车搬家的情景，只有一次是两车，一车拉行李与少量家具，另一车拉煤炭木柴，其他各种“家产”，一车就拉下了。

搬回北京，一九七九年至一九八三年住前三门。前三门，两居室，卧房二十三平方米，我已经很满足，一个重要原因是洋灰地。而在新疆，最好的情况下我住的是红砖地，红砖踩黑了，仍然不如洋灰的清洁明亮。新楼房也显得方正，全部犄角都是九十度。就在这儿，来过日本的汉学家相浦杲，他把《蝴蝶》译成日语，在大阪出版了。她的夫人相浦绫子，至今每年与我交换贺卡。从这里往南望，可以一直看到故宫，无限风光是京城啊。往南，一片灰瓦顶子，可以看到天坛。现在，两边都修起了高楼，吗也看不见了。

一九八三年至一九八七年住虎坊桥作协的高知楼。号称四室、六楼、无电梯，也好，利于锻炼。有时楼下邮递员大吼："602的信……"我匆匆跑下，却忘记了带图章，或带下图章又缺少了什么东西，连续跑上跑下。到了这儿，北京的东城西城崇文宣武，我都住过了。

我在这里请曾在新疆担任领导工作的赛福鼎与司马义·艾买提同志吃过"拉面条"，我找作家艾克拜尔·米吉提帮忙，他找了一位哈萨克女子帮忙执炊。赛老饮酒后叹息，他曾经想搞文学，后来还学过医，后来还有什么什么搞教育的理想，但最后搞了"政治"……类似的话我也听万里同志不止一次讲过。

顺便说一下，我这里又用了"搞"字，而南方一位文友听到"搞"字就痛不欲生。二十世纪四十年代后期，"搞"字在解放区流行开来，似是来自四川方言。我不认为此字有什么不良含义。当然，有乱搞男女关系的词组。但也有搞好团结、搞好生产等好话。我的朋友不必对解放区这一套语言认生认得一听"搞"字赶紧做惊晕状吧？

一九八七年搬到原夏衍同志住宅，朝阳门内北小街46号。

张承志有一次在这里坐着说："我喜欢老房子，老房子有历史，有故事，新房子没有。"

这个房子有点历史，说是早先，李宗仁的一个什么关系人住在这里。又说，"文革"中周总理想起了曾经当过毛主席的老师的湖南人、语言学家、国语注音符号的发明人黎锦熙，为保护与照顾他，安排他住到了这里。他的继女是钟红，当年一担石沟的难友，原北京市委文艺处干部。黎先生就是在这个院子里去世的。

夏衍原在北京站附近有一处小院，"文革"中被占。"文革"结束后，落实政策，他来到这里。

夏老在这里住时我来过，他的卧室只有六平方米，倒是很向阳。挨着他的卧室是一间大约二十平方米的客厅，然后是另一间十平方米的卧室。然后东房两间，西房三间，每间约十平方米。南房是厨房与饭厅，院子倒是方方正正。各房都没有前廊，各房的“进深”都很浅。

说是夏老在此居住时习仲勋同志来看望，发现他住得太窄，乃帮助他将家搬到西单绒线胡同附近去了。

我搬入此小院后，原夏老的秘书李子云说我“全面夏化”了。

这里是一个相当平民化的地区，王朔小说《动物凶猛》（后改编为影片《阳光灿烂的日子》）里提到的烧酒胡同呀，军区医院呀，就在近旁。对面东四三条，很长一段时间是自由市场，活鸡活鱼，当场宰杀去毛，颇显生猛。我的小院左邻是开一间小杂货铺并卖小包子的，右邻是自行车修理铺。主人爱饮酒，有一次醉中告诉我的儿子，头晚上他看到个人站在我家房顶上，经他喝问，那人走了。

我们家斜对过有一处大院子，不知道能不能算大宅门，住过胡厥文与严济慈副委员长，那里是有人站岗的。

平房，老百姓的说法：“接地气”，这个词实在好。夏天，有几次在树下吃西瓜喝绿豆汤，还有过在院里吃炸酱面的经验。但由于有风、有尘土、掉树叶等原因，院子的夏日利用率不太理想。冬季在这里堆过雪人，也因年来降雪日少，没有达到令人雀跃快乐的程度。院内有一个压力很大的自来水龙头，夏日火热时，等到夕阳西下，我的孩子们喜欢捏着龙头滋水，倒还有点趣味。

有一阵，出门往右，对面有一个卖炸油饼的小贩。我由于习惯于早睡早起，常常穿着拖鞋前去排队买油饼。此事通过邻居二中毕业生鄂力之口，传到了新凤霞、吴祖光那里，居然传为佳话，成为王某生活平民作风的事例。其实我是像害怕瘟疫一样地害怕脱离百姓脱离生活的，我始终没有放弃骑自行车与挤公共汽车，每年都有一两次这样的体验生活。

其实也不光是我，有一次我买完油饼回来，正好碰到英若诚，骑着自行车从他家住的南小街过来，说是为了到三条打一碗芝麻盐面茶。当然其时他已经退下来了。

院里有一棵老枣树，品质极佳，只是无人疏枝，产量年年减少，此树已现老态。另有沈宁（夏公之女）手植的香椿。此香椿长势凶猛，如在地下爆炸，它的根系膨胀得使院子里的洋灰砖凹凸不平起来。可惜的是每逢吃香椿芽的季节，我不是出国就是出差，很少吃到鲜。院中有一株石榴和一株柿子，是我们自己栽的。柿子的品质也好，大扁柿，香甜可口，只是没有摘柿工具，每年只是摘几个从房顶上够得着的，其他柿子只供观赏，睁睁地看着红黄艳丽的柿子一个个地堕落，发出沉闷的声音，带来人的遗憾。

而石榴每逢开花，我就默诵李商隐的诗："莫笑榴花不及春，先期寥落更愁人……"石榴阴历五月才开花，似乎是错过了开花的机遇。我曾经批评过李商隐的"先期寥落"意识，觉得他不够乐观进取。其实总得有人写点这一类不那么乐观进取的诗，才有人生的味道。如果个个勇猛精进，那就不像百姓的日子，只像是集体的冲锋陷阵了。

回想起来，我在这里前后十二年，住得最久，直到一九九九年五一节才走。中间夏老与女儿沈宁还来看过一次。人都有兴致看看旧居旧友，默送光阴的，也是自身的一部分的一去不返。

平房的最大好处是与天、与地挨得近。下雨时候，看得见水泡，刮风时，好像吹入了屋子，风声也凄厉得多。而月夜的月光照得你难以入睡。月移树影，从窗户上看得清清楚楚。

一年四季，朝夕晨昏，阴晴寒暑，全部飞快地影响到室内，冷了，热了，湿了，干了，黑了，亮了……立竿见影。不像密封良好的楼房公寓，一场大雷雨，如果你没有专门去开窗观看，也许会被你错过。

鸟声啁啾，撩人心绪。虫子就更多，室内室外都多。最多的虫子是一种可厌的潮虫，还有土鳖和钱串子（蜈蚣类），然后是蝇蚊，还有来自树木的梨椿象（臭大姐）和甲虫，但蟑螂反从未发生。蟑螂适宜公寓群居。

比虫子更引人注意的是老鼠，夜里房顶上有众老鼠开田径运动会，令人回味起老北京人的生活，也想不出来灭鼠的好办法。后来便养了猫。按当下手机短信上的说法，那个时候的猫还是抓老鼠的。现代化以后的猫，由于专吃罐头特制猫饼干之类食品，已经对老鼠无动于衷。每年春夏，联系街道办事处来人喷杀虫剂，属于绿化事宜。虫子减少了一些，过上十天半月，照旧。我毕竟在东城区工作过，北京市东城区党史上有我的名字，以我的名字与东城区街道联系什么事，挺顺利。

在这个小院子里我多次接待过日中文化交流协会诸贤：井上靖、团伊玖磨、佐藤纯子、白土吾夫、横川健等。我们在院子里边坐边喝饮料，相聚甚欢。

接待过台湾作家琼瑶与她的先生平鑫涛。平先生是颇有影响的台湾《皇冠》杂志的创办人。

琼瑶有她相对比较纯的一面，谦虚活泼诚实，给人好感。她看了一些我的书包括国外的译本，感慨地说："您这才是真正的文学呢。"

接待过我的小学老师华霞菱。对于她的寻找很有趣，有一次与新加坡朋友、建筑业的人物傅春安先生聊天。他的妻子是来自台湾的歌星包娜娜。二十世纪八十年代包小姐常常回中国大陆演出，与文化部演出公司诸友颇有来往。我说起华老师在台湾。傅先生到了台湾就通过教育界友人去寻找，一找就找到了。电话打到华老师家里，却把菱读成了"美"。说到时任部长的王蒙，华老师相当紧张，忙说不认识。待到傅先生自我介绍，打出了包娜娜的大名，才获信任。

此后数月，形势发展得很快，许多台胞回大陆探亲。我终于见到了华老师。她到台湾后主要从事幼儿学前教育，是这方面的专家。人生有破裂、有分离、有阻隔、有断绝，但历史也提供了相会、相认、相知、相联结、相恢复、相衔接的机会。什么都是能连上的，什么都是能够有下文的。谁能不为中国的百年五十年而叹息不止呢。

我很快在北京接待了于柏林相识的台湾文化人高信疆先生。他的母亲年纪不太大便守了寡，带起了好几个儿子。高先生极其孝母。我约了高先生母子在西单豆花庄晚餐，他母亲却在海关碰到了难题。据说老夫人带了数量不少的纪念手表，想拿到河南老家送给乡亲。拖延良久，只准人入了境。我们吃罢晚饭，我吩咐部里的有关人士去协助办理。高太夫人带的表上全部刻有姓名，不会用作商业用途。最后顺利放行。五年后我到台湾开会，高太夫人把几个儿子和儿媳全部集合，在大华酒店列队欢迎，对我与芳进行隆重招待。太夫人用河南腔说："人家王部长，那个可是好人哪！"

在这个不成格局的小四合院里，我前后见过英国女作家多丽丝·莱辛与玛格丽特·德拉伯尔，英中文化中心主任、作家格林的侄子格林，俄苏汉学家费德林、索罗金与托洛甫采夫和尼娜（托妻），奥地利汉学家李夏德，他现任维也纳孔子学院院长。还见过日本学者川西重忠，纽约华美协进会的成员雪莲·柯林，德国汉学家顾彬、阿克曼。

这个小院还有一个好处，离人民文学出版社与三联书店最近，有什么事我走几步就到了他们那里，我们来往频繁。诸写作同行，诸编辑记者，到我这儿来过的就多了去了。

这个平房适合养猫。我养的都是母猫，动辄产崽，猫丁兴旺。我从沈宁那边学的办法，用一个眼药瓶，吸上加糖牛奶协助猫妈妈哺乳小崽。我可称是猫奶妈。遇到猫崽太多，易传染皮肤病，我给它们抹治疗体癣的外用软膏。遇到猫崽眼睛不好，则给它们滴氯霉素。据沈宁说这边养猫易丢失，可能有人暗自盗猫，果然，不久我的一只最聪明听话、熟悉我的一切要求的大猫夜间从枣树上上房后就再没有回来，令人唏嘘不已。

大猫留下一只小崽，偏偏是人们所谓的波斯猫，一只眼绿，一只眼黄。但它的听觉似有问题，智商也偏低。它后来长得很大。一次我们出国时间较长，回来时它已病倒。我到东四三条菜市上给它买肝、鱼等，已不起作用。最后它惨叫而死，令人肝胆欲裂。我把它埋在柿子树下了。儿子王山给它行了大礼，并检讨自己在我们不在期间对它照顾得不够。

后来是女儿怀孕时向我提出，养猫或对产妇不利。我终止了养猫，至今。

住在这里有一些细节，仍然难忘。一个是对门是一个公共厕所，虽不甚雅，亦无大碍。每逢环卫工人前来处理装车时，有噪声与气味，平时没有什么。相反我觉得一天二十四小时时有客进进出出，客观上对我这边的治安有利。国人还有厕所象征聚财的说法，不知是否出自务农者喜爱肥料的心理。一个是从我的第一故乡——河北南皮来了一位小伙子，要求我介绍工作与为他的哥哥活动，他的哥哥因偷牛被判了刑。此事我当然不可能有什么作为，但根本无法与他讲清，弄得我很狼狈。从我的第二故乡，新疆，又来了二人无照经营烤羊肉串，烟熏火燎，呛得人喘不上气儿来，屡禁不止，无法是好。又往后，院旁成了垃圾收集场，噪声、黑烟、恶味，均达到相当程度——此时我已经快要走了。

斜对面是“九爷府”饭馆。我多次在那边吃饭，并戏称为“我家的另一个厨房”，可惜的是这里屡屡经营不善而更换门庭。有一次去吃饭，全馆子只有我这一桌，馆子里的人，人人面如土色，充满了不祥感。我为所动，乃写了小说《白衣服与黑衣服》。一上来我写一个不可爱的人，在一家餐馆举行（第二次）婚礼，主人公白先生参加了这个婚礼并欣赏了餐馆的豪华。但是不久后他来到这家餐馆，却发现了怪事：

……我迈进餐馆的第一秒钟我就觉得味道有点不对。八个服务小姐都靠着墙背手而直立，好像是被处罚站壁角……经理……面色阴沉，好像已经决定自焚，把餐馆与全体员工一烧而尽。我们被让到了正中间的座位上，我觉得我们是被展览被揪出来批斗——如果不是被标上价拍卖。

……有四个菜我们点了但是小姐说没有。说没有的时候小姐不说对不起，于是只好由我说真对不起。点餐馆没有的菜肴，这实在是对他人的一种冒犯。

……四下里一看，世界上最可怕的事发生了，整个一家餐馆只剩下了我一个顾客。

……一阵寒气袭来。我低下了头。我看到自己的裤腿一个长一个短……我想拉一拉裤腿，不小心却碰翻了茶杯，我想抢救茶杯，却碰落了筷子，我去拾筷子，袖子又带下了咸鱼煲，我想优雅地打自己一个耳光，却干脆把一桌菜肴掀到了地上。

……我想起了这里的盛大的婚礼。我想起了执着而又殷勤的小姐。满天星与激光效果。卡拉OK与摇摆舞。跪式服务与信用金卡。连门口都站着顾客，为了吃饭他们排队！

……我大喝一声发现是一个人坐在沙漠和荒草间。在我的面前有一条大蟒，姿态平安地凝视着天空的云。

“你是蛇？”

……我眨了眨眼……便要求付账离开。

您还有一个菜——蛇餐，正在剥皮，腌完了还要蒸四十五分钟。小姐无声地提示说。

……我深知我只是一个人而餐馆人多势众，他们个个阴郁险狠，都练过太乙鸳鸯剑和哭败家门功，可以百步之外取人首级如探囊取物。除了听话，我没有选择。

……她甚至在我与她痛苦地探讨餐馆的秘密的时候让我给她揉脚

心搓脚背，抱怨我的嘴里有五天以前的蒜味。她既丧失了思维能力同时又丧失了现实感。我决心与她断交。

我问我的女朋友B。B说，您累了，您吃不吃司可巴比妥或者氯丙嗪？

……建议自己性伴侣吃强镇静剂……教练说，好的好的，市场经济条件下，每日每时总是会有一个或者好几个餐馆倒闭的，否则世界就没有进展了。

……我知道我完全错了。拳击，就是说只应该用拳头尤其是要用脚后跟思想判断。

……我想起了我的姨妈，她是一个老处女，会看手相，会隔着信封读信，会在电话里听一听人的声音就给人诊病……出租车公司的业务员一接电话，她忘记了要车，而是告诉人家："不好了，你有肝癌，只怕过不去今年了。"……赶巧四个月后那个业务员就死了。一家小报的周末版刊登过我姨妈的特异功能事迹，为此那一家小报受到停刊一个月的奖励。

……老班主任给我出主意：可以花几百块钱雇一个人文科学教授替我读报纸。我乐了，老师长的观念更新也这么快了，真是人过七十一朵花呀啊。

……社会选择与公民选择，选择与淘汰，活着还是不活着的哈姆雷特式的永恒的终极疑团，付方与贷方，白条与金卡，政治账与经济账，羊杂碎与大盘鲍翅的转型挑战——这是一个永远的秘密，是二十世纪的最后一个黑箱。

……"反正您是又想吃好的又不想给钱，他是又想要钱又不想下功夫，都希望人都像绵羊一样守纪律，像蚂蚁一样做工，像奶牛一样吃的是草而挤出牛奶，又要马儿跑又要马儿不吃草。马儿呢，不跑还要吃革命的小酒天天醉……"

最后，小说是这样结束的：

那个黑衣人实是灾难的根源，那是戾气的化身，那是病毒的载体……

黑美人见到我惶惑的样子，她哑声说：“有一次我去庐山山麓的聪明泉——那里一个非常美丽的泉眼，一年四季流着清水，相传人们喝了那水就会变得分外聪明。我找到了泉址，那地方美极了。然而，你想得到吗？泉眼正中不知道谁吐了一口浓痰。”

……于是我给半巫半神的姨妈通电话。姨妈说：“这就是上帝的启示，这就是上帝的愤怒……婚礼上的穿黑衣服的人，就是聪明泉眼正中的那一口浓痰。你能想到这里自然会觉得豁然贯通了呢。”

如今重读，我自己也感到骇异，我也有这样的怪诞之作。如梦呓，如相声贯口（如《报菜名》和用影片名称连接起来的大段子），如有所讽喻，如笑谈社会转型中的光怪陆离，如忽然看到了生活中的另一面，非有序的，非逻辑的，非目的的，非计划的。如预感到了生活中的不确定性的增长，如预感到了牌理中出现了乱码，如文字游戏，如高速旋转中的难以分辨青红皂白与线条形象。

也有一种惊悚，一种警惕，一定要好自为之，一定不要弄得肃杀惨淡、萧条败落、孤家寡人，一定不要陷入与人为敌，与己为敌（如我写的黑衣人）的地步，一定不要往纯洁喜人的聪明泉中吐脏东西。

其实这也很现实，我与这样的人，至少是带有这种无知、恶意、粗野、毒化环境……味道的人，周旋了半辈子。

没有什么人注意过我的这一类作品，有较多的人说读不懂。只有一个人，截至今日只听到过一个人的好评，评论家季红真告诉我，她自己没有读过此篇，但是她的先生读了说，太好了，气魄真大。难得，怪哉！哪怕只此一个知音，也就没有白写。

这也算北小街46号生活中的一个变数吧。当然，这是后话，是二十世纪九十年代中后期的事，本应放到第三部《九命七羊》再写。写到这里，我越了点界。

一度，我的三个孩子都暂时拿这里当过家，后来他们各自独立生活去了。我把东屋打通，靠墙做了书架，又在房中安装了一个乒乓球台，打过几次乒乓球。

也是在这里，一九八八年国庆节，我工作正在兴头上时，正是四方看好之时，我给中央领导写了辞职信稿。我说明，原来已经讲好，只做三年。现在已达两年半了，请领导早日选拔继任人选，明确我退出领导岗位，集中精力从事文学创作与文艺评论（评论的面更广，我写过电影、戏剧方面的评论）。

有关领导找我谈话，表示完全同情我的想法，并积极物色人选。我也推荐了一些人，包括贺敬之与高狄，但领导表示尚难定论。目前我做得还算“顺”，所以再等一等。

我写此信的目的当然是写作。我珍惜自己的写作行业，前面已经屡次表述过了。同时，我隐隐有一个感觉，当时并不清晰，但是事实，如果我继续做上三五年，我也会变化的。我会越来越沉迷于权力、路线直到政治观点的研讨争拗。各种只可意会，不可言传，失之毫厘，差之千里，考验自我，挑战自我，恍惚中若有天（社会的客观发展规律）助的事儿岂能没有魅力？政治是大事，哪个男儿不关心政治？哪个男儿怵头于政治争辩？哪个男儿见了重担便“尿”便逃跑便溜之乎也？不考虑别的，就考虑个把对立面你也会不甘退缩，发愤图强，有志、有智、有品质、有底气也有本事练它个水落石出！

一九八八年秋，我已经下定了决心，我必须下来，我没有别的选择。当然，这样的决心旁人尤其是庸人是无法理解的。我还要说，对不起，在自传第一部中，我写道，我的吸烟从一开始就做了日后戒烟的准备，我一再警惕使自己不上瘾，我一再考验与锻炼自己，使我的吸烟处于可控制状态，可结束状态。对不起，我的担任部长也是这样，我从第一天就在考虑何时与如何下来，回到更集中的写作状态。很抱歉，这样的态度也许并非甚佳，甚至可以说不够负责，有负重托，但是我有这种想法挥之不去乃是事实。会开得太多、太长了我会立刻想到该下来了。被当成了靶子，我会想到该下来了。当然，我有时也审问自己，如果是另一种情况呢？如果一切顺风顺水，步步高升，你王蒙会变成什么样呢？

我敢回答的仍然有一句话，我不会放弃写作，我不会变成一个彻头彻尾的领导。

急流勇退古来难，
心未飘飘身已还……

这是我后来写的七言古体诗中的两句，我始终得意于自己的这个记录。这堪称一个黄金手，它成全了我也保护了我。

……现在，这个小院已经彻底拆除了，道路拓宽，恰恰占用了我住过的此院的全部。每天从黎明到午夜，一辆辆汽车、自行车从我原来住过的地方驰过，风掣电闪，兴隆繁华，朝内北小街46号已经寿终正寝，全无痕迹。施工过程中，我的孙子一天从那里经过，看到过一个旧的锈水龙头，他拿回来想做纪念，我们没有表示感兴趣，后来此龙头也不知所终。

我仍然微有遗憾，不是因为拆迁、不是为了纪念，而是我在那里整整十二年却还有些不那么入拶，不那么熨帖之处。这十二年，我太忙了，心忙，不是忙于各种事宜就是忙于写作。46号是我的车间啊，四部季节系列《暗杀——三三二二》，一大堆中篇短篇，关于《红楼梦》的许多文字，关于李商隐的许多文字，关于“人文精神”的许多文字，还有美国的、新西兰的小说英译汉，都是made in No.46。它不像在任何另外住过的地方，那么让人踏实，那么心安理得，那么平平静静地过日子。日子，日子，所有的日子都来吧，我仍然得趣于温习在北小街的已不存在的46号小院度过的日子，却又微感惆怅。这也是旧事了，一切都是瞬息，一切都会过去，如普希金所写，所余的只有往事和怀恋。

有一年，从烟台到来的客人，中国文联文艺之家的主任曲维刚同志给我带来了一只刺猬。我们觉得极其好玩，谁知一晚上过后，刺猬没了，大家分析，它是从泄水的阳沟里跑掉的。然而，一只刺猬，在城市里会碰上什么灾难呢？这是46号给我留下的悬念之一。再就是，很少乌鸦，而是喜鹊常常出现在46号小院里，这是46号小院带来无尽期盼的原因之一。刺猬和喜鹊们啊，祝你们好！

图书在版编目（CIP）数据

王蒙自传. 第二部，大块文章 / 王蒙著. — 北京：北京联合出版公司，2017.11

ISBN 978-7-5596-1137-6

Ⅰ. ①王… Ⅱ. ①王… Ⅲ. ①王蒙（1934- ）—自传 Ⅳ. ①K825.6

中国版本图书馆CIP数据核字（2017）第255714号

王蒙自传第二部：大块文章

作　　者：王　蒙

责任编辑：牛炜征

北京联合出版公司出版

（北京市西城区德外大街83号楼9层　　100088）

北京嘉业印刷厂　　新华书店经销

字数：413千字　　710毫米 × 1000毫米　1/16　　印张：26

2017年12月第1版　　2017年12月第1次印刷

ISBN：978-7-5596-1137-6

定价：56.00元
